# SPRECHERZIEHUNG DES SCHAUSPIELERS

EGON ADERHOLD

# SPRECHERZIEHUNG DES SCHAUSPIELERS

*Grundlagen und Methoden*

*4. überarbeitete Auflage*

HENSCHEL VERLAG BERLIN

*MEINEN ELTERN*

# INHALTSVERZEICHNIS

## VORWORT

Dieses Buch will eine Lücke schließen auf dem Gebiet der Sprecherziehung des Schauspielers.

Der Verfasser mußte dabei – vor allem in den Grundlagen – weit über den Rahmen des nur Schauspielerischen hinausgehen.

Doch leitete er seine Erfahrungen ausschließlich aus der Arbeit mit Schauspielern oder Schauspielschülern her.

Die einzelnen Kapitel sind so angeordnet, daß der Laie mit dem Buch zugleich ein Nachschlagewerk besitzt.

Es ist nicht anzunehmen, daß der Laie sich für die ganze Fülle des umfangreichen Gebietes interessiert. Aber er wird bei einzelnen Kapiteln und bei besonderen Problemen verweilen wollen.

Ziel dieses Buches ist: die reichhaltige Literatur zu sichten und auf ihre Verwertbarkeit für die Praxis zu überprüfen. Dabei kam es darauf an, dem Wissensdrang des Lesers gerecht zu werden, aber auch den praktischen Interessen zu dienen.

Dem Chaos der Meinungen soll eine Arbeit gegenübergestellt werden, die sich um Sachlichkeit und um klare Darlegung dessen bemüht, was bis heute auf den verschiedensten Teilgebieten der Sprechwissenschaften und Sprachmedizin an Material und Erkenntnissen zusammengetragen wurde.

Das vorliegende Buch ist eine theoretische Ergänzung zu dem praktischen Lehrbuch von EDITH WOLF und EGON ADERHOLD *(Sprecherzieherisches Übungsbuch)*.

Indem der Verfasser jedem Kapitel ein Verzeichnis der benutzten Literatur anfügte, ordnete er die Literatur für den Leser bereits nach Sachgebieten.

Solches Verfahren brachte zwangsläufig mit sich, daß verschiedene Titel mehrfach genannt werden mußten.

An dieser Stelle muß auch denen Dank gesagt werden, die den Verfasser mit tatkräftiger Hilfe unterstützten. So vor allem Herrn HORST ULBRICH (wissenschaftlicher Assistent und Lehrbeauftragter am bisherigen Institut für Rhetorik der HUMBOLDT-Universität zu Berlin) für die Hilfe bei der Literaturbeschaffung und die Durchsicht des Manuskriptes, und Fräulein SIGRID TAUCHELT (Berlin-Weißensee), die die Zeichnungen anfertigte.

Dem Henschelverlag, der die Drucklegung auch dieses Buches ermöglichte, gilt unser besonderer Dank.

Berlin, 1962                                                      Der Verfasser

# I. ABGRENZUNG

## INNERHALB

## DER SPRECHERZIEHUNG

Gegen alle wissenschaftlichen Disziplinen, die sich mit der Sprache und dem Sprechen beschäftigen, läßt sich die Sprecherziehung sehr leicht abgrenzen. Die Sprecherziehung erhebt keinen Anspruch, eine Wissenschaft genannt zu werden – wohl aber erhebt sie Anspruch auf Wissenschaftlichkeit! Sie nutzt die wissenschaftlichen Erkenntnisse für ihre Praxis, sie ist darum abhängig von anderen wissenschaftlichen Teilgebieten, aber sie bleibt eigenständig, da alles, was sie aufnimmt, was ihr an Erkenntnissen und Erfahrungen zuströmt, einer einzigen Aufgabe dient: das Sprech- und damit auch das Sprachvermögen des Menschen durch praktische Übung und theoretische Unterweisung zu verbessern. Das ist Aufgabe und Ziel der Sprecherziehung. Dabei ist sie streng national, d.h. abhängig von den Gesetzmäßigkeiten der jeweiligen Muttersprache, und aus diesem Grunde ist es immer falsch, Richtlinien und Erkenntnisse der Sprecherziehung einer Sprache ohne genaue Prüfung auf die der anderen zu übertragen.

Die Sprecherziehung hat ihr eigenes Arbeitsgebiet, ihre eigenen Arbeitsmethoden, sie besitzt darum auch einen eigenen Erfahrungsschatz, mit dem sie zurück auf die Wissenschaften wirkt und den sich diese Wissenschaften zunutze machen, sie ist schöpferisch in ihrer Methodik, und die Vielfalt ihrer Übungen ist praktisch unbegrenzt! Die Sprecherziehung verlangt daher auch eine besondere Ausbildung ihrer Vertreter. Ein Phonetiker, ein Sprachpsychologe, ein Sprachmediziner oder auch ein Sprechwissenschaftler ist trotz der Beherrschung seiner Wissenschaft kein Sprecherzieher!

In seiner berühmten *Sprecherziehung* weist DRACH (1953, S.6) der Sprecherziehung in der Schule zwei Hauptaufgaben zu: Erziehung zum Sprechen und Erziehung durch Sprechen. Mit solcher Zielsetzung wird der Sprecherziehung zugleich die Verantwortung für die Pflege der jeweiligen Muttersprache auferlegt.

DRACH spricht von *der Schulung des muttersprachlichen Sprechdenkvorganges* und sieht als den tiefen Sinn solcher Schulung die geistige und seelische Persönlichkeitsbildung und die Pflege des gesprochenen Wortes im umfassenden Sinne an.

Unser Sprechen ist dem Einfluß unterschiedlichster Kräfte ausgesetzt, von denen ein Teil fördernd, aber ein nicht geringer Teil auch hemmend auf die Sprechformung einwirkt, und die Sprecherziehung hat darum sehr verantwortungsvoll zu entscheiden, welchen Kräften sie auf die Dauer nachgeben, welchen aber wehren soll.[1]

Man kann von zwei eng miteinander verbundenen Arbeitsgebieten sprechen – wobei man sich bewußt machen sollte, daß solche Aufteilung nur rein theoretischen Zwecken dient: Die Sprecherziehung umfaßt Sprechtechnik und Ausdrucksschulung, wobei in diesem Begriff das Wort „Ausdruck" in dem Sinne verstanden sein will, daß das Sprechen „Ausdruck" unserer Gedanken und Gefühle ist.

Das Wort Sprechtechnik stößt bei vielen Fachkollegen auf Widerspruch, denn sie wittern dahinter eine besondere mechanistische Arbeitsweise, die sie nicht auf ihre eigene Praxis angewandt wissen wollen. Tatsächlich verstand man unter Sprechtechnik lange Zeit nichts anderes als das Herunterleiern sinnleerer Silbenübungen oder das Aufsagen z.B. der berühmten HEY-Verschen. Trotz dieser Belastung scheint uns der Ausdruck „Technik" dennoch gerechtfertigt, weil wir die Meinung vertreten, daß ohne bestimmte technische Fertigkeiten der Sprecher seinen Aufgaben nicht gerecht werden kann und daß folglich zur Sprecherziehung auch die Erlernung einer Sprechtechnik gehört. Nur ist es nach dem bisher Gesagten falsch, Sprechtechnik mit Sprecherziehung einfach gleichzusetzen! Gehörschulung, Atmungs-, Stimm- und Artikulationsschulung gehören zur Technik, aber auch das Bewußtmachen von Sprecherlebnis und Körpergefühl, wie es F. LOCKEMANN (1954) anstrebt, gehört dazu.
Die Ausdrucksschulung hat zum Ziel: sinn- und hörerbezogenes Lesen, sprecherische Gestaltung der Sprachkunstwerke, Beherrschung der freien Rede; die Ausdrucksschulung will die Stimme z.B. des Schauspielers zu einem Instrument machen, auf dem die feinsten und unterschiedlichsten Gefühle hörbar werden können, sie will dem Sprecher die Fähigkeit vermitteln, sein Sprechen und Gestalten in Zusammenhang mit den jeweiligen Raumverhältnissen zu bringen.

Die oberflächliche Skizzierung der Aufgaben der Sprecherziehung spiegelt allerdings nur die allgemeinen Tätigkeitsbereiche dieses Faches wider; in Wirklichkeit gibt es keine allgemeine Sprecherziehung, sondern nur

---

[1] Aus diesem Grunde ist die Festlegung der Aussprachenorm für das Deutsche nicht nur von der Phonetik und der Sprechwissenschaft vorzunehmen, sondern gleichermaßen von der Sprecherziehung (vgl. S. 168ff.).

14

eine jeweils auf die zu fördernden Berufsgruppen spezialisierte! Es ist wichtig, diese Unterscheidungen endlich auch in der Praxis zu treffen, sowohl seitens der tätigen Sprecherzieher als auch an den Instituten, die den Nachwuchs für die Sprecherziehung heranbilden. Die Abgrenzung innerhalb der Sprecherziehung ergibt sich aus den Anforderungen, die an den auszubildenden Sprecher von seinem Beruf gestellt werden.

Danach ergeben sich folgende Unterscheidungen innerhalb der Sprecherziehung – wobei (wenigstens rein theoretisch) der Sprecherziehung nur die Behandlung „stimmgesunder" Sprecher zugewiesen werden soll, denn der Stimmkranke gehört in die Praxis der Stimmheilkunde:[1]

### 1. Sprecherziehung nichtkünstlerischer Berufe

Hier handelt es sich um die Ausbildung solcher Sprecher, an die durch den Beruf große sprecherische Anforderungen gestellt werden. Dazu gehören:

Pädagogen: Lehrer, Kindergärtnerinnen, Dozenten usw.;

Berufe, die großen rednerischen Einsatz erfordern: Politiker, Prediger, aber auch Verkäufer, Auktionatoren usw.;

Berufe, deren Vertreter mit Hilfe technischer Apparaturen zu sprechen haben: Telefonistinnen, Nachrichtensprecher, Kommentatoren, Programmansager, Reporter;

Ausbilder: Militärische Ausbilder, Trainer;

Ausländer: Hier handelt es sich selbstverständlich vorerst nicht um Berufsunterscheidungen, sondern die Art der sprecherzieherischen Betreuung richtet sich hier nach den aus der Landessprache des Ausländers erwachsenden Schwierigkeiten;

Kinder: Die Sprecherziehung hat sich hier naturgemäß nach der Entwicklungsstufe der Kinder zu richten.

Allen diesen Berufen ist gemein, daß sie – bis auf eine kleine Gruppe – keinen Textvorlagen zu folgen haben. Sie sprechen „frei". Eine Ausnahme bilden die halbkünstlerischen Berufe, wie Nachrichtensprecher und Programmansager, worüber noch gesondert zu sprechen ist. Alle diese Berufe haben aber bereits unterschiedliche Ausbildungsziele, womit sich auch eine unterschiedliche Ausbildungsweise ergibt.

Der größte Teil sprechkundlichen Schrifttums ist der Betreuung der

---

[1] Die Unterscheidung von krank und gesund ist in der Praxis oft nicht so einfach. Tatsächlich ist der Sprecherzieher während seiner Tätigkeit vielfach gezwungen, sich mit Stimmkranken zu beschäftigen, weshalb die Kenntnis der Pathologie unbedingt für den Sprecherzieher erforderlich ist.

Pädagogen gewidmet, und zwar vor allem der Lehrer. Es gibt umfangreiche Untersuchungen und Statistiken über die Lehrerstimme, und es
hat nie an ernsten Warnern gefehlt, die dringend mahnten, den Lehrer
besser stimmbildnerisch zu betreuen (so P. NEUMANN, 1930).

> H. KRECH veröffentlichte 1951/52 Stimmbefunde an künftigen Lehrern,
> die im Laufe von fünf Jahren während ihrer Ausbildung an der Universi-
> tät in Halle das Institut für Sprechkunde besuchten, und er kommt zu
> dem beachtlichen Ergebnis, daß etwa jeder zweite Lehrerstudent den
> künftigen Anforderungen seines Berufes nicht gewachsen sein kann, wenn
> ihm nicht eine gründliche Sprecherziehung zuteil wird.
> R. ERNST führte Reihenuntersuchungen an 85 Lehrern und 15 Kinder-
> gärtnerinnen zum Zwecke der Behebung von Stimmstörungen bei An-
> gehörigen von Sprechberufen durch und berichtet, *daß ²/₃ der Patienten*
> *an Stimmstörungen leiden und dabei durchschnittlich das relativ niedrige*
> *Alter von 36 Jahren mit 12 Dienstjahren aufweisen* (1958, S. 239).

Tatsächlich ist die Ausbildung des Lehrers nicht nur für ihn selbst von
Bedeutung, sondern darüber hinaus für alle anderen Berufe. Denn in
den Händen der Lehrer liegt vielfach die entscheidende Beeinflussung
des Kindes auf sprachlichem und damit auch auf stimmlich-artikulato-
rischem Gebiete. Darum sollte der Lehrer nicht nur Sprecherziehung
erhalten, sondern auch entsprechende theoretische Unterweisungen durch
die Sprechwissenschaft, die ihm eine bessere Beurteilung der sprecherischen Leistungen der Kinder gestatten.
Uns kommt es in diesem Zusammenhange darauf an, den Beleg dafür zu
liefern, daß wir innerhalb der Sprecherziehung Abgrenzungen vornehmen
können. Der Sprecherzieher des Lehrers hat in erster Linie folgende Aufgaben zu lösen: Er muß durch ein intensives Entspannungstraining des
ganzen Körpers den Lehrer von jeder Überspannung und Fehlspannung
befreien. Das Zauberwort dieser Stimmbildung lautet „Kautherapie", in
dem von H. KRECH (1959) beschriebenen Sinne. Das Ergebnis solcher Behandlung ist eine lockere, befreite Stimmgebung, bei günstiger nasaler
Setzung, und ein Sprechstimmumfang, der sich in einem bescheidenen
Bereich der Indifferenzlage hält. Mehr wird vom Lehrer nicht stimmlich
verlangt. Mit dieser Stimme ist er in der Lage, das Klassenzimmer, aber
auch die Aula oder – als Dozent – den Hörsaal gut zu beherrschen.
Artikulatorisch wird im Zusammenhang mit dieser Entspannungsbehandlung eine deutliche und von störenden Sprechfehlern freie Aussprache des Hochdeutschen verlangt. Dieses Hochdeutsche wird aber
beim Lehrer immer mehr oder weniger stark umgangssprachlich gefärbt
sein, und der Sprecherzieher wird gerade hier entscheiden müssen, was
noch bzw. was nicht mehr vertreten werden kann. Den Maßstab hier-

für schuf die *Bühnenaussprache* von THEODOR SIEBS[1]. Die Ausdrucksschulung beschränkt sich auf die Lese- und Redelehre, auf die Gesprächs- und Unterrichtsführung sowie für den Deutschlehrer auf die allgemeinen Grundlagen der sprecherischen Gestaltung von Dichtungen. Künstlerische Begabung wird daher weder vom Sprecherzieher noch von dem jeweiligen Lehrer, dem die Ausbildung gilt, verlangt (s. *Sprecherziehung* von E. DRACH, 12. Aufl. 1953). H. FIUKOWSKIS *Sprecherzieherisches Elementarbuch* empfiehlt sich u. a. für die Ausbildung von künftigen Lehrern. Gewisse Abweichungen von der Sprecherziehung des Lehrers zeigen sich bereits bei der Sprecherziehung für Kindergärtnerinnen.

> Es gibt von seiten der Medizin zwei sehr gute Arbeiten: das sehr genaue Buch von M. SEEMANN (1959) und das Buch von R. SCHILLING (1956), welches auch auf die psychische Entwicklung des Kleinkindes näher eingeht.
> Beide Arbeiten beschäftigen sich natürlich vor allem mit der pathologischen Seite und der entsprechenden Therapie, aber gerade darum sind sie für den Sprecherzieher für Kindergärtnerinnen und auch für Kinder (beides steht in einem unmittelbaren Zusammenhang) von größter Bedeutung.

Auch für die Kindergärtnerin ist eine Entspannungsbehandlung an erster Stelle angebracht, aber sie kommt damit allein nicht aus. Ihre stimmlichen Aufgaben sind umfangreicher und z. T. ganz anders als die des Lehrers. Sie gibt keine Lektionen, sie hat das Kind nicht durch Vorträge zu belehren – ihre Belehrung erfolgt spielerisch, während des Spielens mit dem Kind. Die Methode, die H. COBLENZER in seinen beiden Büchern vertritt, ist ideal für die Ausbildung von Kindergärtnerinnen. Die Stimmgebung erfolgt hier quasi spielerisch und unter Einbeziehung körpermotorischer Aktivitäten. Lautes Zurufen (mitunter sogar Schreien), Chorsprechen und Singen mit den Kindern (wo die Betreuerin immer tonangebend sein wird, oft in ungewohnt hoher Lage), dies und mehr wird von der Kindergärtnerin gefordert. Zu Entspannungsübungen (z. B. der Kaumethode) treten Übungen, die die Körpermotorik stärker einbeziehen (s. COBLENZER). Auch auf Atemwurfübungen nach H. FERNAU-HORN wird die Sprecherziehung für Kindergärtnerinnen nicht verzichten können.[2] Der Sprecherzieher, der hier arbeitet, muß auch in der Lage sein, die Gesangsstimme wenigstens grundlegend mit ausbilden zu können. Er muß durch die Sprechwissenschaft und teilweise auch durch die Kinderpsychologie genügend Wissen erhalten haben, daß er der Kindergärtnerin weitervermitteln sollte. Die Sprecherziehung der Kindergärtnerin und auch des

---

[1] Vgl. S. 168 ff.
[2] Vgl. S. 279.

Kindes hat viel mehr die Dynamik der Körpermotorik in die technischen Sprechübungen mit einzubeziehen, als das die Sprecherziehung des Lehrers nötig hat. – Das Gebiet ist so umfassend und selbständig, daß es Wert wäre, in einer eigenen Literatur abgehandelt zu werden! Man erkennt schon aus dem wenigen des bisher Gesagten die Unterscheidungen. Der Sprecherzieher, der Redner auszubilden hat, wird sich in besonderem Maße mit einer modernen Redetechnik auseinanderzusetzen haben, er muß Bescheid wissen über die Ansprechbarkeit großer Räume, und neben eine den Berufserfordernissen angepaßte Stimmbildung hat eine Artikulationsschulung zu treten, die in weit stärkerem Maße als bei den bisherigen Berufsgruppen die Stoßkraft der Konsonanten nutzt. F. SCHWEINSBERG hat in einem Buche (1946) die Sprecherziehung des Predigers behandelt. Aus der reichhaltigen Literatur über die Redelehre seien hier nur genannt: H. BECKER, 1955; H. BIEHLE, 1954; F. GERATHEWOHL, 1949; A. GOES, 1957; L. REINERS, 1957; F. SCHWEINSBERG, 1948; M. WELLER, 1955; D.-W. und W. ALLHOFF, 1989

Die Beeinflussung von Telefonistinnen durch den Sprecherzieher hat dem technischen Hilfsmittel, durch den das Sprechen erfolgt, Rechnung zu tragen. Lautstärke, Aussprache der Konsonanten, Nasalität und vor allem Stimmhöhe stehen unter dem Gesetz der telefonischen Sprechübertragung.

Der Rundfunk hat z. T. eigene Gesetze der Sprechübertragung geschaffen. Nach diesen Gesetzen richtet sich die Ausbildung jedes Mikrophonsprechers, gleichgültig, ob es sich um künstlerische oder nichtkünstlerische Berufe handelt.

> So verlangt die Mikrophonübertragung eine besondere Konsonantenartikulation (vor allem der Explosivlaute),[1] aber auch Stimmfarbe und Stimmlage sind auf eine günstige Übertragung nicht ohne Einfluß. Es ergibt sich mithin für jede sprecherische Leistung vor einem Mikrophon eine besondere Formstufe, die berücksichtigt werden muß.
> Verlangt die Sprechtechnik vom Schauspieler auf der Bühne zumeist ausschöpfende Bewegung der Sprechwerkzeuge und im besonderen Maße die Fähigkeit, die Explosivkraft der Verschlußlaute für die Stimmgebung der Vokale (z. B. bei den sog. Ausbrüchen) zu nutzen, so hat der Mikrophonsprecher nur kleine, präzise Sprechbewegungen durchzuführen und muß sich vor jeder explosiven Lautgebung hüten.

Die Ausbildung von Programmansagern und Nachrichtensprechern hat in besonderem Maße das nachgestaltende Lesen von Texten zu berücksichtigen. Dabei steht allerdings meist nicht die künstlerische Inter-

---

[1] Vgl. in diesem Zusammenhang die Ausführungen R. TESKES (1961, z. B. S. 86).

pretation im Vordergrund, sondern vor allem die Sinn- und Hörerbezogenheit während des Lesens. Hier wirken Routine und sog. Schönsprechen des Ansagers besonders störend und ablenkend für den Hörer. Die Unart des „Schleifensprechens" – eine routinemäßige, z. T. sinnwidrige willkürliche Festlegung der Sprechmelodie – vieler Sprecher und Sprecherinnen hat in dem Unvermögen, sinnbezogen zu lesen, ihre Wurzeln.

Die Ausbildung der Kommandostimme verlangt wieder eine ganz andere Technik. Hier muß eine Ruflage ausgebildet werden, denn mit der sonoren Kaustimme allein und ihrer relativ tiefen Indifferenzlage wird man hier nicht auskommen. Lautgriffübungen im Zusammenhang mit einer einwandfreien Beherrschung der Atmung stehen im Vordergrund. Das Sprechen in großen Räumen und im Freien muß geübt werden. Der physiologische Glottisschlag verlangt besondere Beachtung.

Ähnlich wie die Literatur über die Mikrophonstimme, wo uns aus der unmittelbaren Gegenwart so gut wie nichts bekannt ist, lediglich aus der Nazizeit gibt es eine Reihe von Aufsätzen zu diesem Thema, ist auch das Schrifttum über die Kommandostimme in der Gegenwart nicht so dicht gesät. Dennoch beschäftigt sich fast jede theoretische und auch jede ernst zu nehmende praktische Arbeit unserer Tage mit der Ausbildung der Befehlssprache. Die pathologische Seite wurde vor allem in Aufsätzen von Medizinern eingehend beleuchtet. An Spezialliteratur seien hier nur erwähnt der Vortrag von H. FERNAU-HORN (1938) und das Buch von F. K. ROEDEMEYER und H. LOEBELL (1936).

Über die Sprecherziehung bei Kindern wurde bereits im Zusammenhang mit der Ausbildung der Kindergärtnerinnen gesprochen. Der Sprecherzieher kommt hier ohne umfassende Kenntnisse aus der Kinderpsychologie nicht aus, wenn er nicht folgenschwere Fehler begehen will. So gehört z. B. das als Stammeln bezeichnete Verwechseln, fehlerhafte Aussprechen und Ersetzen von Lauten durch andere schon gekonnte bis zu einem bestimmten Alter des Kindes durchaus zum physiologisch Normalen! Der Sprecherzieher muß über die Besonderheiten der Mutation orientiert sein und genügend Methoden kennen, die mit Hilfe anschaulicher Spiele die nötige Sprechtechnik vermitteln.

Auch die sprecherzieherische Beeinflussung von Ausländern richtet sich nach den besonderen Gegebenheiten. Im Grunde setzt sie bei dem Sprecherzieher wenn nicht die Beherrschung, so doch die Kenntnis der Phonetik der betreffenden Fremdsprache voraus. An Spezialliteratur seien genannt: CHR. WINKLER, 1942, und W. KUHLMANN, 1954.

## 2. Sprecherziehung künstlerischer Berufe

Ganz anders z. T. sind die Anforderungen, die an die Sprecherziehung von Sprechern künstlerischer Berufe gestellt werden. Man kann im allgemeinen drei Gruppen solcher künstlerischer Berufe unterscheiden:

Schauspieler, wobei diese Berufsgruppe wiederum unter sehr unterschiedlichen Bedingungen tätig sein kann:
unter den Bedingungen des Funks, des Filmes und Fernsehens, des Synchronisierens fremdsprachlicher Filme und der Bühne;
Ansager, wozu der vielseitige Tätigkeitsbereich des Conférenciers gehört; aber auch die stimmlich z. T. ungeheuer strapaziöse Arbeit des Spaßmachers, z. B. des Clowns im Zirkus, müßte durch die Sprecherziehung unterstützt werden;
Puppenspieler.

Eine Sonderstellung unter den künstlerischen Berufen, die von der Sprecherziehung betreut werden, nehmen die Sänger ein. Auch sie erhalten heute allgemein neben ihrer gesanglichen Ausbildung auch eine sprecherzieherische.

Allen hier angeführten Berufsgruppen ist eines gemein: Sie haben sich in ihrer Tätigkeit an eine Textvorlage zu halten. Eine Ausnahme bildet vielleicht der Conférencier, aber auch er legt sich vielfach inhaltlich und sogar auch hinsichtlich der Form seines Vortrages fest.
Zur Sprecherziehung des Schauspielers wird im Laufe der nachfolgenden Kapitel eingehend Stellung genommen, so daß hier lediglich der Hinweis genügt, daß, je nach der Art seines künstlerischen Einsatzes (auf der Bühne, im Film, im Funk), seine artikulatorische und stimmliche Leistung wechselt. Der Schauspieler hat darüber hinaus besonderen Bedingungen Rechnung zu tragen: Seine Aufmerksamkeit gilt sowohl dem Partner auf der Bühne als dem „stummen Partner" im Zuschauerraum.
Was die Ausdrucksschulung des Schauspielers betrifft, so ist mit den Anforderungen auch die Aufgabenstellung eine viel kompliziertere. Vom Schauspieler wird nicht nur die dichtunggemäße Nachgestaltung verlangt, etwa durch die Rezitation, sondern eine „Verkörperung" von Rollen im umfassendsten Sinne dieses Wortes. Diese Rollen, die Situationen einer Scene fordern praktisch vom Darsteller die Fähigkeit, allen menschlichen Ausdrucksmöglichkeiten des Lebens gerecht zu werden. Damit ergibt sich z. B. für die Stimmführung nicht nur die Beherrschung sogenannter hygienischer stimmlicher Leistungen, sondern auch die Wiedergabe pathologischer stimmlicher (und artikulatorischer) Funktionen. Dabei aber darf der Sprecher selbst nicht Schaden leiden, da er sonst im Laufe

der weiteren Vorstellung mehr oder weniger stark behindert würde, wenn nicht sogar ausfallen könnte!

In ihrem Aufsatz (1956) hat e. wolf verschiedene Probleme bei der sprecherzieherischen Ausbildung von Schauspielern aufgezeigt.

Für die Sprecherziehung des Ansagers gilt vielfach das, was über den Redner gesagt wurde. Dennoch ist auch hier die Situation, in der sich der Sprecher befindet, eine andere als in den nichtkünstlerischen Berufen. Schon die Einstellung auf das Publikum ist anders: der Redner spricht zu Hörern, der Conférencier zu einem Publikum; der Zirkusclown stellt vielfach sogar dar, er typisiert, er karikiert meist bestimmte Menschen oder ganze Gruppen von Menschen, deren Fehler und Schwächen er aufzeigt. Dabei wird bei oft artistischer Beweglichkeit des Körpers fortwährend gesprochen, meist sogar gebrüllt, da die akustischen Verhältnisse eine zurückhaltende Stimmgebung nicht dulden.

Da die meisten dieser Sprecher sprecherzieherisch nicht ausgebildet wurden, hört man gerade in der Zirkusarena heisere, oft völlig ruinierte Stimmen. Die betreffenden Künstler können nur unter Aufbietung letzter Kräfte den Abend durchhalten – bei zwei oder gar drei täglichen Vorstellungen ist zu ermessen, welches ungeheure Maß an Arbeitskraft und schließlich auch an Gesundheit hier durch fehlerhafte Funktionen vergeudet wird.

Sehr strapaziös ist die Tätigkeit von Puppenspielern. Hier wird vielfach die Überschreitung, aber auch die Unterschreitung der Indifferenzlage bei der Charakterisierung z.B. von Tierstimmen gefordert, meist in ein und derselben Vorstellung von einem und demselben Sprecher. Aber auch verhauchte Stimmgebung, Flüstern, Kreischen sowie Singen, Quieken, Brummen usw. werden verlangt.

Der Sprecherzieher des Sängers hat mit dem Gesangsausbilder Hand in Hand zu arbeiten, er muß selbst wenn auch keine abgeschlossene, so doch eine grundlegende Gesangsausbildung genossen haben, und er sollte mit den musikalischen Gesetzen wenigstens grundlegend vertraut sein. Die Besonderheiten der Artikulation beim Singen, die Technik der Klangfärbung während des Singens, die Besonderheiten des Registerausgleiches – alles das gehört ins Aufgabengebiet des Sprecherziehers an Musikschulen.

### 3. Zur Ausbildung von Sprecherziehern

Wir haben uns bemüht, die Vielzahl sprecherzieherischer Aufgaben zu skizzieren. Im Grunde hat jede Berufsgruppe andere Zielsetzungen und darum auch andere Ausbildungsgrundsätze, womit sich endlich auch die Methoden jeder Unterrichtung unterscheiden. Hinzu kommt, daß der Sprecherziehungsunterricht vielfach im Einzelunterricht[1] erfolgt, womit auch für den Sprecherzieher die Berücksichtigung der individuellen Erfordernisse seines Schülers unerläßlich ist.

Das soll nun nicht heißen, daß z. B. ein Sprecherzieher an Lehrerbildungsstätten nicht auch Kindergärtnerinnen oder Rundfunksprecher unterrichten könnte. Selbstverständlich sind die physiologischen Grundlagen des Sprechens immer die gleichen, aber schon die psychologischen Voraussetzungen sind verschieden und erst recht – wie gezeigt wurde – die einzelnen Leistungen. Aus alledem ergeben sich für die Ausbildung von Sprecherziehern ganz bestimmte Forderungen.

Die Berufsausbildung und -ausübung von Sprach- und Stimmheillehrern und Sprach- und Stimmtherapeuten ist durch Gesetz und Verordnung geregelt. Damit ist dem Kurpfuscherunwesen der Boden unter den Füßen entzogen worden. Leider aber gilt das nicht in gleichem Maße für die Sprecherziehung. Das hat z. T. in der Praxis zur Folge, daß Scharlatane entsprechenden Unterricht erteilen können, wofür sie nicht nur aus privater Tasche, sondern oft auch aus staatlichen Mitteln bezahlt werden. Wir verdanken dem Institut für Sprecherziehung der Universität Halle, daß auf dem Gebiet der ehemaligen DDR mehr und mehr wissenschaftlich ausgebildete Fachleute tonangebend sind. In den Ländern der alten Bundesrepublik gab es bislang keine vergleichbaren Institute an den Universitäten. Erst in den neunziger Jahren wurde an Universitäten der alten BRD (z. B. in Regensburg) der Abschluß eines offiziellen Universitätsexamens in dem Fach Sprecherziehung möglich. Die meisten Sprecherzieher der BRD waren und sind in der Deutschen Gesellschaft für Sprechwissenschaft und Sprecherziehung e. V. (DGSS) organisiert. Dem Institut an der Universität Halle und der DGSS ist es zu verdanken, daß sich heute das Fach Sprecherziehung in der gesamten BRD als ein Teil der Sprechwissenschaft mehr und mehr durchsetzt und es gegenwärtig drei achtsemestrige Wege zur Sprecherziehung gibt: Prüfung in Regensburg und anderen DGSS-Prüfstellen, Abschluß als Dipl.-Sprechwissenschaftler in Halle und Ausbildung zum Dipl.-Sprecherzieher an der Hochschule für Musik und Darstellende Kunst in Stuttgart (aus *Mitteilungen* der DGSS, 2/90).

Neben diese Forderung tritt eine zweite: die nach Spezialisierung der Ausbildung in Sprecherziehung: Die Studenten unserer Universität, die in Sprecherziehung ausgebildet werden, müssen neben dem gründlichen wissenschaftlichen Unterricht in den einschlägigen Gebieten der

---

[1] Über Einzelunterricht und Gruppenunterricht siehe S. 236.

Physiologie, Psychologie und Phonetik des Sprechens und allen anderen entsprechenden wissenschaftlichen Disziplinen eine sorgfältigere sprecherzieherische Betreuung erfahren. Darüber hinaus wird sich nicht umgehen lassen, daß sich der Student schon auf der Universität für eine besondere sprecherzieherische Tätigkeit entscheidet: danach nämlich wird seine Ausbildung entweder Gesangsunterricht oder das Studium der Phonetik bestimmter Fremdsprachen oder die Aneignung der Übertragungstechnik gewisser Apparaturen oder auch die besondere Schulung des künstlerischen Vortrages als Spezialisierung hinzuziehen müssen. Der Student, der in künstlerischen Berufen tätig sein will, muß eine gewisse Begabung für das betreffende Fach besitzen. Es versteht sich von selbst, daß der Absolvent sprecherisch Vorbild sein muß, weshalb die Ausbildungsstätten eine gründliche Vorauswahl unter den Bewerbern treffen sollten. Wir sind uns bewußt, daß der Absolvent einer Universität noch nicht den praktischen Anforderungen in allem genügen kann – gerade in diesem Fach spielen die Erfahrungswerte eine besondere Rolle. Auch wird der junge Fachkollege meist noch selbst mitten in einer Entwicklung seiner Persönlichkeit stehen und sich darum auch stimmlich vielfach noch nicht völlig sicher fühlen. Aus diesem Grunde sollte zu der Ausbildung des Sprecherziehers ein praktisches Jahr an einem für seine spätere Tätigkeit verantwortlichen Institut gehören. Das Institut für Sprechkunde in Halle hat in der Vergangenheit bereits seine Studenten jeweils am Ende des Semesters für einige Zeit zu Hospitationen an Schulen usw. geschickt. Auf diese Weise konnten sich die Studenten mit der Praxis des Theaters, des Rundfunks, der Schauspielschulen u. ä. vertraut machen.

## LITERATUR

ALLHOFF, D.-W. u. w., unter Mitarbeit von B. TEUCHERT: *Rhetorik und Kommunikation;* 8. Aufl.; Regensburg (bvs) 1989

BECKER, H.: *Öffentlich reden – Eine Anleitung für Redner und solche, die es werden wollen;* Leipzig 1955

BIEHLE, H.: *Redetechnik – Einführung in die Rhetorik;* Sammlung Göschen, 61, Berlin 1954

COBLENZER, H.: *Erfolgreich sprechen. Fehler und wie man sie vermeidet* (mit Kassetten); Wien 1987

COBLENZER, H./MUHAR, F.: *Atem und Stimme;* Wien 1976

DRACH, E.: *Sprecherziehung. Die Pflege des gesprochenen Wortes in der Schule;* 1. Aufl., Frankfurt a. M. 1922; 12. Aufl., Frankfurt a. M., Berlin, Bonn 1953

ERNST, R.: *Stimmstörungen bei Angehörigen von Sprechberufen;* Z. f. Phon. u. Allg. Sprachwiss., 2–3, S. 235–243, 1958

FERNAU-HORN, H.: *Prinzip und Methode der Übungsbehandlung bei Störungen der Sprech- und Rufstimme;* Kongr. Ber. Frankf. a. M. 1938, S. 250–253. Berichte über den Internationalen Kongreß für Singen und Sprechen in Frankfurt a. M., 1938; München, Berlin 1939

FIUKOWSKI, H.: *Sprecherzieherisches Elementarbuch;* Leipzig 1967, 1978

GERATHEWOHL, F.: *Sicheres Auftreten;* Bad Homburg 1949

GOES, A.: *Über das Gespräch;* Hamburg 1957

KRECH, H.: *Die kombiniert-psychologische Übungstherapie;* Wiss. Z. Uni Halle, Ges.-Sprachw., VIII, 3, S. 397–430, 1959

KUHLMANN, W.: *Deutsche Aussprache. Lehr- und Lesebuch für Ausländer;* 3. Aufl., Freiburg i. Br. 1954

LOCKEMANN, F.: *Sprecherziehung als Menschenbildung;* Werkhefte zur Sprecherziehung; Heidelberg 1954

NEUMANN, P.: *Die Stimmkrankheit der Lehrer – Ein Notruf!* Breslau 1930

REINERS, L.: *Die Kunst der Rede und des Gesprächs;* Dalp-Taschenbücher, 319, 2. Aufl., 1957

ROEDEMEYER, F.K./LOEBELL, H.: *Befehlssprache;* Leipzig 1936

SCHILLING, R.: *Das kindliche Sprechvermögen. Seine Entwicklung, seine Störung und seine Pflege im Bereich der Erziehung;* Freiburg i. Br. 1956

SCHWEINSBERG, F.: *Stimmliche Ausdrucksgestaltung im Dienste der Kirche – ein Werkbuch für die Wiederaufbauarbeit;* Heidelberg 1946

SCHWEINSBERG, F.: *Rednerschulung;* Werkhefte für Sprecherziehung; Heidelberg 1948

SEEMAN, M.: *Sprachstörungen bei Kindern;* Halle 1959

TESKE, R.: *Probleme der Aussprache in der Rundfunkarbeit.* Beiträge zur deutschen Ausspracheregelung, hrsg. v. H. KRECH, S. 80–97, Berlin 1961

WELLER, M.: *Das Buch der Redekunst. Die Macht des gesprochenen Wortes in Wirtschaft, Technik und Politik;* Düsseldorf, 2. Aufl., 1955

WINKLER, CHR.: *Sprechtechnik für Deutschschweizer;* Bern, 2. umgearb. Aufl., 1942

WOLF, E.: *Zur Sprecherziehung des Schauspielers;* Wiss. Z. Uni Halle, Ges.-Sprachw., V, 3, S. 409–412, 1956

*II. GRUNDLAGEN*

*DER SPRECHERZIEHUNG*

*DES SCHAUSPIELERS*

## A. DAS SPRECHEN IM ZUSAMMENHANG MIT DEN FUNKTIONEN DES NERVENSYSTEMS

### 1. Das Psychische an der Sprechfunktion

Wenn man der Anschauung folgt, daß das Psychische eine Funktion der Materie ist, so wird man mit uns darin übereinstimmen, daß mit der Beschreibung dieser Funktionen der Materie auch eine Erklärung des Psychischen gegeben werden kann. Die Psychologie kommt darum ohne Kenntnis des Physiologischen nicht aus. Wie aber kann man die Grenze zwischen Psychischem und Physischem bestimmen? Viele Autoren helfen sich damit, daß sie als Psychisches alles das bezeichnen, was Bewußtseinsrepräsentanz hat. Danach wäre Physisch jeder unbewußte Funktionsablauf.

Diese Unterscheidung jedoch strikt durchzuhalten, dürfte schwerfallen. So werden wir uns z. B. mancher Gefühle – beispielsweise der „Allgemeingefühle" – kaum voll bewußt, sondern erleben sie nur verschwommen: sie bestimmen unser Gesamtbefinden, wir fühlen uns z. B., anscheinend ohne Grund, niedergeschlagen. Erst wenn wir solche „Stimmungen" in Worten klar ausdrücken können, erhalten sie deutliche Prägnanz. Trotz ihres diffusen Charakters zählt man solche Allgemeingefühle doch zu den psychischen Vorgängen.

Darum verwirft L. PICKENHAIN (1959, S. 157) die obige Fragestellung und hält dagegen: *Es kann gar nicht die Frage stehen, wo die physiologischen Gesetzmäßigkeiten aufhören und wo die psychologischen Gesetzmäßigkeiten beginnen; vielmehr gibt es nur einen einheitlichen Lebensvorgang, der Physisches und Psychisches, Objektives und Subjektives in gleicher Weise umfaßt.* Dieser einheitliche Lebensvorgang wird von PICKENHAIN durch die Reflextheorie I. P. PAWLOWS zu erklären versucht.

Beim Menschen kommt zum I. Signalsystem noch das II. Signalsystem (die Sprache) hinzu. Beide bestehen nicht getrennt und unabhängig von-

27

einander, sondern das II. ist nur möglich durch das I. Signalsystem. Letzteres ist beim Menschen aber nicht gleichzusetzen mit dem des höheren Tieres, sondern es ist wiederum weitgehend beeinflußbar vom II. Signalsystem. So kann man das Psychische also erklären durch die Vorgänge des höheren Nervensystems – soweit sie uns bereits bekannt sind –, durch die Funktionen innerhalb des I. und II. Signalsystems. Wegen dieses engen Zusammenhanges sind alle psychischen Prozesse meist außerordentlich kompliziert. Der einfachste Gedanke, das Hören eines Geräusches, ja selbst die Empfindung irgendeines geringen Schmerzes lösen eine Vielzahl von Reaktionen unseres Nervensystems aus, von denen uns die meisten nicht einmal völlig bewußt werden.

Auch das Sprechen des Menschen ist in Wirklichkeit das Ergebnis unübersehbarer Vorgänge in unserem Nervensystem und darüber hinaus fast unseres gesamten Körpers.

> Nun ist das im allgemeinen bekannt, und auch die meisten sprecherzieherischen Arbeiten, älteren wie jüngeren Datums, schreiben davon, wie das Sprechen zugleich Ausdruck des Psychischen sei oder, besser: daß das Sprechen der Ausdruck der Seele sei. Dennoch werden für die Methode der Sprecherziehung die Erkenntnisse auf dem Gebiet der Tätigkeit des höheren Nervensystems kaum ausgewertet. Die Ursachen hierfür sind wohl in der Kompliziertheit des Gegenstandes zu suchen. Tatsächlich sind die einschlägigen Fachbücher rein medizinischen Inhalts oder setzen doch gründliche Kenntnisse der Physiologie voraus. Hinzu kommt, daß unser Wissen auf diesem Gebiet noch keineswegs umfassend ist und daß vieles, was über die Funktionen des Nervensystems gesagt wird, hypothetischen Charakters ist.

Dennoch muß die Sprecherziehung das wichtigste von der Physiologie der höheren Nerventätigkeit wissen. Denn nur so kann entschieden werden, was durch die Sprecherziehung überhaupt beeinflußt werden kann.

> Man muß die neurophysiologischen Zusammenhänge kennen, um einschätzen zu können, warum z. B. die Beseitigung eines tief eingeschliffenen Sigmatismusses (S-Fehler) trotz Anwendung der besten Übungen so erhebliche Schwierigkeiten macht; oder warum sich bei einem Dialektsprecher die Sprechmelodie (Melos) wesentlich schwerer beeinflussen läßt als z. B. seine Artikulation. Vielfach wird solchem Sprecher „Unmusikalität" vorgeworfen, was natürlich Unsinn ist, denn es kann einer sehr stark mit sächsischem Tonfall sprechen und dabei ein großartiger Sänger oder hervorragender Komponist sein!

Das Sprechen ist keine angeborene, sondern eine erworbene Leistung unseres Nervensystems. Das bedeutet: Diese Leistung ist einesteils am wenigsten „stabil", sie ist allen möglichen schädigenden Einflüssen leichter ausgesetzt und auch ausgeliefert als z. B. die weitaus ältere

Schluckfunktion. Andererseits ist das Sprechen als höchste Funktion unseres Nervensystems mehr unserem Bewußtsein zugängig und damit leichter beeinflußbar („bildbar").

Die Sprechweise des Erwachsenen ist das Resultat seiner Erziehung. Denn nirgends offenbart sich augenscheinlicher, daß der Mensch ein soziales Wesen ist, als an der Sprache.

> Wir übernehmen, anfangs vor allem von der Mutter, nicht nur das Vokabular, sondern die Artikulationsweise, das Melos, ja selbst die Fehlfunktionen unserer nächsten Umgebung. Es leuchtet ein, wie abhängig der spätere Erwachsene von den Eindrücken seiner Kindheit ist und welche Verantwortung die Erzieher auch auf diesem Sektor haben. Meist sind sie sich dieser Verantwortung keineswegs bewußt.

Das Sprechen wird zusammen mit anderen Körperfunktionen und Funktionen unseres Nervensystems erworben. Das Kind bildet durch die Bewegungen seiner Arme und Beine, die zuerst unkoordiniert, mit der Zeit immer zielgerichteter und harmonischer erfolgen, sowohl das motorische als auch das sensorische Rindenfeld für die Bewegungen und die Bewegungsempfindungen zuerst der Muskulatur der Extremitäten, später in zunehmendem Maße auch die der anderen Muskulatur an der Hirnrinde aus. PICKENHAIN spricht darum von einer Sonderstellung des kinästhetisch-motorischen Analysators, und zwar sowohl beim höheren Tier als auch beim Menschen. Fast auf jeden Reiz, den das Nervensystem empfängt, antwortet der Körper auf irgendeine Weise mit Bewegungen; wir werden noch in späterem Zusammenhange erfahren, wie der kinästhetisch-motorische Analysator mit der Sprache gekoppelt ist.

*Nicht zufällig entwickelt sich das motorische Sprachzentrum auf derjenigen Seite des Gehirns, in die die afferenten Impulse[1] der Hand einlaufen, die über die größere Geschicklichkeit und Exaktheit der Bewegungen verfügt (also bei Rechtshändern links)* (PICKENHAIN, S. 119).

Körperausdruck und Sprechausdruck bilden eine Einheit. Der motorische Antrieb, der zum Ausdruck drängt, ist folglich für Sprech- und Körperausdruck der gleiche. Das Sprechen ist damit Teil eines gesamtkörperlichen Geschehens, und die Sprechleistung des Schauspielers ist Teil seiner gesamtschauspielerischen Leistung! Mimik, Gestik, Stimme, Artikulation folgen dem gleichen Ausdrucksantrieb, stehen also unter einer einheitlichen Steuerung. Das bedeutet umgekehrt: Entspricht die Stimme nicht

---

[1] Afferente Impulse sind solche, die von der Peripherie in das Zentrum weitergeleitet werden, efferente solche, die vom Zentrum zur Peripherie, zum Erfolgsorgan, gesandt werden. Als Reafferenz bezeichnet man die Antwortreaktion des Erfolgsorgans auf die efferenten Impulse. Vgl. auch S. 45.

dem mimischen Ausdruck, so entsteht ein Widerspruch, der auf Unechtheit im Bereiche der Vorstellungen, Ungenauigkeiten im Denkablauf oder
aber auf störende Aufmerksamkeitsablenkung während des Ausspruchs
(etwa durch „Lampenfieber" oder andere störende Hemmungen) schließen läßt. Man kann also, streng genommen, jedes einzelne Ausdrucksmittel nie getrennt anwenden, wenn man nicht der Natur Gewalt antun
will.

> Heute kommt wohl auch kaum ein Regisseur noch auf die Idee, von einem
> Schauspieler zu verlangen, er solle etwa den oder jenen Gesichtsmuskel
> anspannen und damit Freude oder Schmerz od. dgl. mimisch ausdrücken.
> Vielmehr greift die Erkenntnis immer mehr um sich, daß das Heben der
> Augenbraue, das Herabziehen der Mundwinkel usw. Reaktionen der Ge-
> sichtsmuskulatur auf konkrete Vorstellungen, auf Emotionen usw. sind,
> die sich, je nach der Genauigkeit der Vorstellungen, je nach der Echtheit
> der Gefühle, von selbst einstellen.
> Aber auf dem Gebiet des stimmlichen Ausdrucks werden z. T. Dinge vom
> Schauspieler verlangt, die im Widerspruch zu dem oben Gesagten stehen.
> So ist die „Stimmfarbe" (hell, dunkel, weich, hart, rauh, weinerlich, er-
> stickt, schäppernd usw.) zwar das Ergebnis bestimmter Vorgänge im An-
> satzrohr und im Kehlkopf, aber diese Vorgänge können kaum bewußt
> direkt an der betreffenden Artikulationsstelle beeinflußt werden, sondern
> erfolgen reflektorisch als Folge der obengenannten konkreten Vorstel-
> lungen und Erlebnisinhalte.[1]
> Auch die Artikulation ist Teil solchen Gesamtgeschehens. Tempo des
> Sprechablaufs, Artikulationsintensität, Hemmungen beim Artikulieren
> u. ä. sind ebenfalls Folgen übergeordneter zentralnervöser Vorgänge.

Man muß sich allerdings darüber im klaren sein, daß das harmonische Zusammenspiel von Funktionen des Nervensystems einerseits und Mimik,
Gestik und Sprechen andererseits nur dort vom Schauspieler gefordert
wird, wo die Maßstäbe realistischer Spielweise angelegt werden. Das heißt
nur dort ist das Spiel realistisch, wo Körperreaktion und Sprechen ge-
boren wurden unter ein und derselben „zentralen Befehlsgewalt".

> Wenn z. B. GOETHE als Regisseur das melodisch-rhythmische Element in
> der Sprechweise seiner Schauspieler überbewertete und die Proben mit
> einem Taktstock in der Hand abhielt, so entspricht das nicht einer rea-
> listischen Darstellungskunst, sondern einer kunstästhetischen Betrach-
> tung, die das Formelement, wie überhaupt die formale Seite der künst-
> lerischen Produktion in den Vordergrund rückte.

[1] Auszuklammern sind selbstverständlich solche Fälle, wo der betreffende Schauspieler trotz bester Konzentration und größter Echtheit der Empfindungen nicht
fähig ist, diese Empfindungen stimmlich auszudrücken. Hier liegt es meist am Versagen des stimmlichen Apparates. Solche Ausnahmen sind außerordentlich selten.
Man muß in solchen Fällen besonders gründlich nach den Ursachen suchen. Vgl.
auch S. 185ff.

Solchen schauspielerisch-regielichen Forderungen entsprechen dann auch die sprecherzieherischen Forderungen. Die Anweisungen, die GOETHE seinen Schauspielern in bezug auf Gestus und Sprechweise in seinen berühmten *Regeln* gab, sind nur im Zusammenhang mit seinen sonstigen Auffassungen von Theaterspielen zu verstehen.

Die theatergeschichtlichen, aber auch die sprechkundlichen Studien zur Sprechkultur einzelner Epochen können beweisen, wie innerhalb der einzelnen historischen Abschnitte sich die Darstellungsweise immer entweder mehr zugunsten der realistischen Spielweise – also des Zusammenwirkens von Inhalt und Form, Denken und Handeln – oder mehr zugunsten einer formal-ästhetischen Anschauung (vielfach zum Schaden der inhaltlichen Wiedergabe der Gedanken) oder zugunsten einer naturalistischen Unterbewertung der formenden Kräfte des Ausdruckes entwickelte.[1]

Wir sind natürlich mit Hilfe unseres Bewußtseins fähig, die „Begleitbewegungen" zum Sprechen so gut wie völlig auszuschalten – so wie wir auch fähig sind, beim Denken die Artikulationsbewegungen zu hemmen –, dennoch darf man daraus nicht auf eine völlig gesonderte, unabhängige Funktion unseres Nervensystems schließen. Aus alledem folgt: Die Sprecherziehung muß die Sprechfunktion immer als Teil einer psychophysischen Gesamtfunktion sehen.

Wenn z. B. die Sprecherziehung zu Recht die „kombinierte Atmung" fordert, so sei sie sich dessen bewußt, daß eine solche Forderung in bezug auf den lebendigen Atmungsablauf keineswegs immer realisiert werden kann, sondern daß unter gewissen Umständen die sog. Hochatmung, bei der die Atmungshilfsmuskulatur beansprucht wird, durchaus als „normale" Reaktion auf bestimmte psychische Ereignisse zu betrachten ist.[2]
Oder: Vom Schauspieler kann nicht schlechthin für jede Situation gefordert werden, er solle klangvoll, hygienisch, unverspannt, kurz, er solle stimmtechnisch vorbildlich sprechen, denn solche Forderung wäre der Tod seines Ausdrucksvermögens, weil es Situationen gibt, in denen der Mensch mit „fast erstickter" Stimme oder mit rauhem Ton oder mit hoher, kieksender Stimme spricht.
Die Sprechweise eines Menschen ist natürlich auch noch von anderen nicht zu unterschätzenden psychischen Faktoren abhängig, deren Einfluß gerade für den Schauspieler oft recht ungünstig ist, da sie ihn in der Ausübung seines Berufes hemmen. Wir meinen z. B. die sog. Wunschbilder, die jeder einzelne von sich und seiner Lebens- und Wirkungsweise hat. Diese Wunschbilder sind ihrerseits ebenfalls abhängig und geformt: von der Erziehung – so kann die Persönlichkeit des Vaters, die akzeptiert oder abgelehnt wird, einen Einfluß ausüben (vor allem, wenn es sich um Kinder von Schauspielern handelt), von der Mode – gerade bei jungen Schauspielern und Schauspielschülern spielt die Mode eine große Rolle: Es gibt

---

[1] Vgl. z. B. die Arbeiten von E. MORSCHEL-WETZKE, 1956; I. WEITHASE, 1940 und 1949; CHR. WINKLER, 1931; W. WITTSACK, 1932.

[2] Vgl. z. B. V. BENUSSI: *Die Atmungssymptome der Lüge*, 1914.

nicht wenig junge Menschen, die ihrer Stimme absichtlich einen rauhen, heiseren Klang verschaffen, weil solche Stimmen vor allem beim Jazz und in Schlagern beliebt sind; auch die Gangart, die Haltung, ja, alle Arten der Bewegung sind abhängig von der Mode (es gibt so etwas wie einen lässigen Einheitsgang für „selbstbewußte Halbstarke"), von Filmvorbildern und vielem mehr.

Solche Wunschbilder sind im Grunde als positiv zu werten. Nur kommt es darauf an, sie schon in früher Jugend geschickt zu beeinflussen und alles Kitschige und Wesensfremde an ihnen zu bekämpfen. Mitunter sitzen solche Wunschbilder recht tief, vor allem, wenn sie in bewußtem Protest zur Umwelt stehen. Es gibt Beispiele von jungen Schauspielerinnen, die durch bewußte „Verhauchung" ihrer Stimmen funktionelle Stimmerkrankungen erwarben, die sich dann in organische Defekte umwandelten!

Die meisten sprecherzieherischen Arbeiten, die dem oben aufgezeigten Zusammenhang zwischen Sprechen und Psyche Rechnung tragen möchten, wollen durch die Stimmbildung auch die Persönlichkeit des Schülers beeinflussen, wenn nicht von Grund auf verändern. Ein solches Versprechen kann von keinem Sprecherzieher oder Stimmbildner eingelöst werden. Denn zum einen ist der Persönlichkeitsbegriff viel zu verschwommen und kaum objektiv zu fassen, zum anderen kann die Sprecherziehung allein nicht die Vielfalt von Einflußsphären, in deren Bereich das Individuum aufwächst und lebt, korrigieren oder auch nur teilweise ausschalten. Dennoch stimmen wir mit solchen sprecherzieherischen Arbeiten im folgenden überein. Ein umfassender Erfolg auf sprechtechnischem Gebiet ist nur möglich, wenn der Sprecher über die besondere Situation seiner Übungsstunden hinaus versucht, die gewonnenen Erkenntnisse und Fertigkeiten auch auf andere Lebenslagen zu übertragen.

Überhaupt sei schon hier darauf hingewiesen, daß wir die selbständige Arbeit des Lernenden für das wichtigste halten. Tägliches Training und der Wille, die erarbeitete Formstufe unter allen Umständen zu halten, sind unerläßlich, wenn der Unterricht zum Erfolg führen soll.

R. SCHILLING hat in einem *Beitrag* (1952), dem wir allerdings nicht in allen Punkten folgen können, die Ausdrücke „Tiefen"- und „Oberflächenkorrektur" gebraucht. Er bezeichnet als *Oberflächenkorrektur*, wenn wir ihn richtig verstanden haben, allgemein die Korrektur von Aussprachefehlern (etwa die Verbesserung von S-Lauten, oder einer falschen, zu offenen U-Bildung), ferner gewisse Tempo-, Rhythmus- und Betonungsänderungen usw. Solche Verbesserungen, meint SCHILLING, *sind gewiß sehr nützlich und notwendig und bedeuten auch eine Vervollkommnung der Sprache dann, wenn ihr Grundgefüge in Ordnung ist. Ist dies aber nicht in*

*Ordnung, dann sind sie nur Flickarbeit. Ein im funktionellen Hören un-geübtes Ohr wird sich vielleicht mit solchen Oberflächenkorrekturen zufrieden geben, weil es die Störung im Grundgefüge nicht erkennt. Ein im funktionellen Hören geübtes Ohr jedoch wird auch dann, wenn an der Oberfläche des Sprechgewandes keine Fehler zu entdecken sind, recht unzufrieden sein, wenn es Fehler im Grundgefüge des Sprachaufbaues entdeckt* (SCHILLING, 1952, S. 120).

Als *Tiefenkorrektur* bezeichnet SCHILLING das, was allgemein als Stimmbildung verstanden wird. Die Tiefenkorrektur setze am Grundgefüge des Sprachbaues an, und es sei dieses Grundgefüge gleichzusetzen mit den vier Sängerregeln der altitalienischen Schulen, nämlich: 1. Singe auf dem Atem, 2. Öffne den Schlund, 3. Bilde den Ton vorne auf den Lippen, 4. Stütze den Ton.

Wir wollen uns noch nicht an dieser Stelle mit den Fragen, die ins Methodische eingreifen, auseinandersetzen, sondern nur vorläufig zu den Begriffen *Tiefen-* und *Oberflächenkorrektur* Stellung nehmen. Sie sind außerordentlich glücklich gewählt und vermögen das Wesentliche auszudrücken. Nur verstehen wir unter *Oberflächenkorrektur* grundsätzlich etwas anderes. Denn auch die oben angeführte Korrektur von Aussprachefehlern darf keine nur oberflächliche sein, weil auch die Artikulation tief eingebettet ist in die unbewußten Funktionsabläufe unseres höheren Nervensystems.

Die mechanistischen Übungen, die man im Schlaf herbeten kann, stellen unserer Meinung nach eine Oberflächenkorrektur dar.[1] Ein eingeschliffener S-Fehler kann auf diese Weise wohl kaum auf die Dauer verändert werden.

Wie für die Behandlung gestörter S-Laute ebenfalls die Tiefenkorrektur nötig ist und angewandt werden kann, hat in eindrucksvoller Weise H. KRECH in seinem Buch (1955) dargestellt.[2]

Für die Sprecherziehung muß also in jedem Falle die *Tiefenkorrektur* gefordert werden. Die Sprecherziehung hat darum nach Methoden zu forschen, mit deren Hilfe es möglich ist, mit dem korrigierten Bewegungsablauf der Sprechwerkzeuge zugleich auf die zentralnervösen Vorgänge Einfluß zu nehmen!

In diesem Zusammenhang müssen noch die Begriffe „Peripherie" und „Zentrum" geklärt werden. Wir wollen künftig im Sinne der Physiologie alles, was zum Zentralnervensystem gehört, als „Zentrum" und alles, was

---

[1] Vgl. S. 245 ff.
[2] Vgl. auch S. 166 f. und S. 304.

außerhalb des Nervensystems ist, als „Peripherie" bezeichnen. Das Zentrum bilden danach: Rückenmark (Medulla spinalis) und Gehirn (Encephalon). Das Gehirn teilt man im allgemeinen weiter auf in: Rautenhirn
(Rhombencephalon), wozu verlängertes Mark (Medulla oblongata), Brücke
(Pons) und Kleinhirn (Cerebellum) zählen; das Rautenhirn umfaßt das
Nachhirn (Myelencephalon) – welches aus dem verlängerten Mark besteht – und das Hinterhirn (Metencephalon) – das sich aus Brücke und
Kleinhirn aufbaut. Endlich gehören noch zum Gehirn: Mittelhirn (Mesencephalon) und Endhirn (Telencephalon) mit der Großhirnrinde (Cortex
cerebri).[1]

Zur Peripherie gehören sowohl die Muskulatur und das Skelett als auch
die inneren Organe, wie Herz, Lunge, Darm usw., aber auch die Blutgefäße und das Blut, kurz alles, was nicht zum Nervensystem zählt.

Zum Nervensystem gehören aber außer dem schon beschriebenen Zentrum auch das Leitungssystem, also die Gehirn- und Rückenmarks-
nerven. Dieses Leitungssystem liegt demnach als dritter, verbindender
Teil zwischen Zentrum und Peripherie. Das Leitungssystem interessiert
uns in diesem Zusammenhang am wenigsten, weil es unserem Bewußtsein
gänzlich entzogen und also einer bewußten Beeinflussung nicht zugänglich ist.

Zentrum – Leitungssystem – Peripherie bilden eine untrennbare Einheit.
Die hier vorgenommene Einteilung ist also durchaus willkürlich und geschieht lediglich aus Gründen einer besseren Übersicht und Verdeutlichung.

> Die Einheit zeigt sich auch in folgender Tatsache. Eine Überbeanspruchung
> des Zentrums macht sich an der Peripherie, z.B. durch Überspannungen
> oder gar Verkrampfungen der Muskulatur, bemerkbar. Umgekehrt kann
> man durch bewußte Entspannung der Muskulatur auch auf das Zentrum
> zurückwirken und z.B. Nervosität erfolgreich bekämpfen. Im Grunde ist
> ja auch Nervosität nichts anderes als eine Reaktion des Zentrums auf ein
> zu starkes oder ungewohntes Maß von außen herangetragener Erregungen.

Als Schlußfolgerung für den Sprechvorgang kann man sagen: Die Funktionen der Peripherie sind abhängig von den Funktionen des Zentrums.
Und umgekehrt: Die peripheren Vorgänge wirken zurück auf das Zentrum und sind fähig, eingeschliffene zentrale Funktionen zu verändern.

> An einem negativen Beispiel läßt sich das so verdeutlichen: Eine Ver-
> änderung der Zahnstellung kann eine Störung im Funktionsablauf der
> Peripherie zur Folge haben, z.B. kann die Anomalie zur S-Fehlbildung

---

[1] Die Einteilung des Zentralnervensystems erfolgte nach VOSS/HERRLINGER, Bd. III.
Vgl. auch Abb. 6 und S. 48 ff.

führen. Mit der Beseitigung der Zahnanomalie wird also auch zugleich der Sigmatismus beseitigt. Bleibt aber die fehlerhafte Zahnstellung sehr lange bestehen und findet der Sprecher nicht von selbst eine Kompensationsmöglichkeit, d.h., paßt er sich nicht von selbst den neuen anatomischen Gegebenheiten an, so kann die S-Fehlbildung sich im Zentrum festigen und verschwindet dann auch nach der Zahnkorrektur nicht wieder oder nicht sogleich wieder.

Ähnliche Beispiele lassen sich in beliebiger Zahl finden. Bei Schauspielern findet man häufig das akustische Bild des sogenannten funktionellen offenen Näselns (Rhinolalia aperta functionalis). Dieses Näseln[1] ist vielfach eine Kompensationserscheinung. Die Betreffenden spüren am Anfang ihrer Bühnentätigkeit, daß eine Verlagerung der Stimme in die Nase den Kehlkopf entlastet und daß früher aufgetretene Störungen, wie Kitzeln im Halse u. ä., so überwunden werden können. Solche bewußte Funktionsveränderung im Bereiche der Peripherie – ursprünglich nur angewandt bei den „Ausbrüchen" – führt dann allmählich zu einer unbewußten funktionellen Fehlleistung, die sich dann mehr und mehr auch auf die spontanen Sprechleistungen des außerberuflichen Sprechens überträgt. Das Näseln ist nun zentral gefestigt worden, und der Betreffende ist sich seines Fehlers gar nicht mehr bewußt.

Wir haben uns bisher bemüht zu zeigen, daß das Sprechen keine isolierte Leistung, sondern nur im Zusammenhang mit der gesamten Leistung des Individuums zu verstehen ist. Diese Einheitlichkeit im Funktionsablauf hat aber noch viel umfassendere und tiefere Folgen als bisher aufgezeigt wurde.

*Abb. 1*

Die Leistungen, die unser Nervensystem, unsere Muskulatur, kurz: unser Körper zu vollbringen hat, werden nur bewältigt durch ein präzise aufeinander abgestimmtes Verhältnis von Spannung und Entspannung. Jede

[1] Vgl. S. 155 f. und 191 f.

35

Leistung setzt ein ganz bestimmtes Maß von Energie und damit nervlicher und muskulärer Spannung voraus, die im günstigsten Falle adäquat der geforderten Leistung ist. J. FAUST nennt in seinem ausgezeichneten Buch, das jedem Sprecherzieher dringend empfohlen werden muß, solche der geforderten Leistung adäquate Spannung *Minimalspannung*, da sie einem Minimum an Kraftaufwand entspricht. Da wir für den Schauspieler die Beherrschung seines Körpers, der ja zugleich sein Instrument ist, als die wichtigste Aufgabe ansehen und diese Aufgabe nur erfüllt werden kann durch ein entsprechend erworbenes Körpergefühl, mit Hilfe dessen der Schauspieler in der Lage ist, nahezu jede Spannung seiner Muskulatur zu registrieren, da wir solche Körperbeherrschung in den Vordergrund unserer Ausbildung stellen möchten, wollen wir uns im folgenden etwas gründlicher mit den Fragen der Spannung und Entspannung auseinandersetzen.

FAUST führt zur Verdeutlichung seiner Lehre das berühmte Bild des Laokoon an. Hier zeigt der Körper des Mannes im Kampf mit der Schlange höchste Spannung aller sichtbaren Muskeln. Die Ursachen dieser Anspannung sind äußere wie innere: Äußere Ursache ist der Kampf mit der Schlange und innere Ursache sind seelische Vorgänge, die als *Psychomotoren* wirken, wie Abwehrwille, Wut, Mut, Verzweiflung usw. Nach beendetem Kampf tritt wieder völlige Entspannung und Lösung der muskulären Spannung ein. Hier liegt also nichts Pathologisches vor!

Wir wollen ein weiteres Beispiel aus dem Bereich des Theaters heranziehen: Die Rückkehr des vom Galgen befreiten Roller ins Lager der Räuber (SCHILLERS *Räuber* II, 3). Roller hat soeben die zweifelsohne höchste Anspannung aller geistig wie körperlichen Kräfte hinter sich. Er kommt geradewegs vom Galgen her. Man hatte ihn schon losgebunden, den Strick um den Hals gelegt, und es waren nur noch Sekunden, die ihn vom Tode trennten. Bis zu diesem Zeitpunkt waren es vor allem psychische Faktoren, die ihn aufs äußerste belasteten. Von dem Moment an, wo er flieht, durch seine überrumpelten Henker bricht, ein Gewässer durchtaucht und endlich mit Karl Moor zu Pferde in die Wälder flüchtet, kommen höchste körperliche Anstrengungen hinzu. Aber das alles liegt v o r dem Auftritt auf der Bühne. Das Publikum erlebt a n s c h l i e ß e n d die allmähliche Entspannung Rollers. Er spannt sich nicht gleich ab, er ist noch überwältigt von der Tiefe des Erlebnisses, aber: alles, was er sagt, was er tut (Branntwein trinken, sich auf die Erde werfen, die Kameraden umarmen), alles geschieht mit einem stetigen Nachlassen der körperlichen und geistigen Spannungen. Vielfach wird diese Szene auf den Bühnen dargestellt, als handle es sich um eine Wiederholung des Erlebnisses. Das entspricht aber nicht dem Aufbau der Szene. Abb. 1 will durch eine Kurve (in Anlehnung an die Zeichnungen FAUSTS) schematisch den Spannungsablauf des Roller verdeutlichen. Diese Spannungskurve hat auch der betreffende Schauspieler zu vollziehen. Die horizontale dicke Linie stellt die Ausgangslinie dar, von FAUST auch Normal-, Ruhe-, Null- und Erholungslinie genannt.

Die schwarze zackige Kurve versinnbildlicht die geforderte muskuläre und nervliche Leistung, die gestrichelte Linie die tatsächlich durchgeführte Arbeit, d. h. die neuro-muskulären Spannungen. Bis zu dem senkrechten Querstrich etwa verläuft die Maximalbelastung vor und während der Flucht, nach dem Querstrich setzt die allmähliche Entlastung und damit Abspannung ein; die Figur rechts vom Querstrich verdeutlicht also die Situation und den Zustand Rollers vom Moment seines Auftritts an.

An Hand der Abb. 1 kann zugleich das n o r m a l e Verhältnis von Spannung und Anforderung dargestellt werden. Man sieht, wie die gestrichelte Linie nahezu parallel zur ausgezogenen verläuft; man hat es also hier trotz enorm hoher Leistungen mit einer Minimalspannung zu tun. Allerdings verläuft die gestrichelte Linie meist über die Gipfel der Leistungsforderung hinaus, d. h., die Entspannung setzt zeitlich später ein als die Entlastung. Diese geringe Phasenverschiebung kann aber durchaus noch als normal (physiologisch) angesprochen werden. Mit solcher Phasenverschiebung ist meist auch eine geringe Erhöhung der Spannung verbunden, d. h., sie läuft streckenweise nicht parallel mit der geforderten Leistung. Hier beginnt bereits – wie Abb. 2 verdeutlichen möchte – die Gefahr einer Über- und Mehrspannung. Aber in Abb. 1 gelingt dem betreffenden Schauspieler immer wieder nach kurzem Spannungs„überschuß" der „Anschluß" an die Leistungskurve, weshalb auch am Ende der Gesamtkurve die schwarze und die gestrichelte Linie fast gemeinsam die Erholungslinie erreichen.

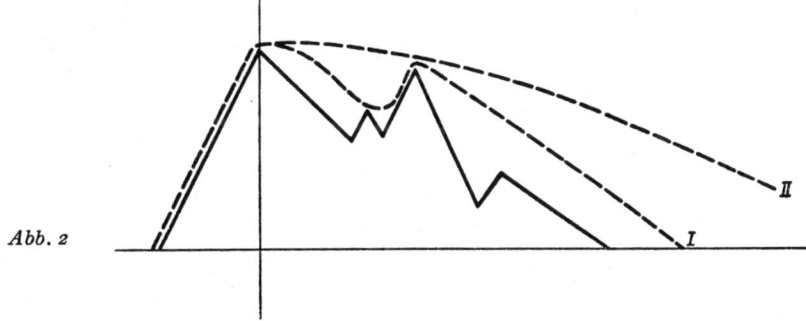

*Abb. 2*

Es soll hier die pathologische Seite nur angedeutet werden, da das Kap. III dieses Buches sich eingehend mit den Fehlfunktionen des Schauspielers auseinandersetzen wird.

Der Arzt J. FAUST stellte in seiner jahrzehntelangen Praxis fest, daß die meisten nervösen Erkrankungen auf dem Unvermögen der Patienten sich

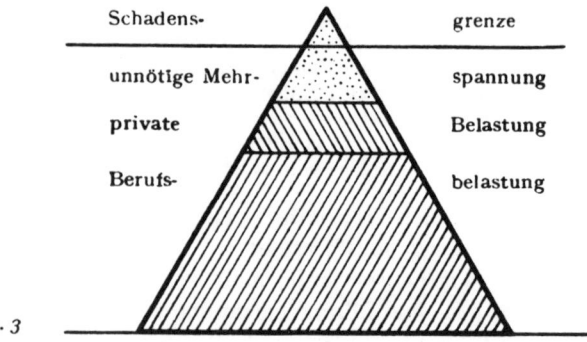

Schadens- grenze

unnötige Mehr- spannung

private Belastung

Beruts- belastung

*Abb. 3*

zu entspannen, beruhen. Der Patient verschwendet eine Menge Kraft durch aktive Mehrspannungen sowohl im Bereich der Muskulatur als auch des Zentrums. So kommt es zu fortgesetzten Verkrampfungen und sog. Dauerspannungen, die mit der Zeit zu starken Schädigungen des Nervensystems führen. Wann es zu solchen Schädigungen kommt, hängt ab von der Intensität der Belastungen und (im PAWLOWschen Sinne) dem Nerventyp des Betreffenden. Jeder Mensch hat – nach FAUST – eine individuelle Schadensgrenze (Abb. 3), die beim Nervenschwachen wesentlich tiefer liegt als beim Nervenstarken. Wie die Fig. 3 zeigt, wird die Schadensgrenze vorwiegend überschritten durch die unnötigen Mehrspannungen. Wird der betreffende verkrampfte Mensch nun durch bestimmte Übungen in die Lage versetzt, diese Mehrbelastungen abzubauen, so kann er sich in dem unschädlichen Leistungsbereich unterhalb der Schadensgrenze halten. Die Linie I der Abb. 2 veranschaulicht die Darstellungsweise eines Schauspielers der oben beschriebenen Rolle, der mit einem Zuviel an Spannungen arbeitet und darum nahezu unfähig wird, sich den realen Anforderungen anzupassen. Er gerät in Dauerspannungen, wodurch er die Normallinie zeitlich viel später erreicht als der Schauspieler der Abb. 1. Das Spiel des hier gezeigten Schauspielers (Abb. 2, Linie I) ist darum auch viel weniger nuanciert, da die Unterschiedlichkeit der belastenden Kräfte (exogener wie endogener Natur) nicht dargestellt werden kann. Die Spannungslinie II entspricht der Darstellungsweise eines Schauspielers, der während der ganzen Szene in einer Maximalspannung sich befindet, die ihn auch am Ende der Szene noch nicht verlassen hat. Er erreicht die Erholungslinie erst wesentlich später. Stellt man sich vor, daß ihn schon im nächsten Augenblick weitere Belastungen erwarten, so wird deutlich, daß dieser Schauspieler während der ganzen Vorstellung sehr leicht in einer verkrampften Darstellungsweise verharrt. Der Einfluß auf die Stimmgebung wird an anderer Stelle behandelt.[1]

Wir wollen noch einmal daran erinnern, daß die Hypertonie (Überspannung) im Bereich der Peripherie auch einer Hypertonie im Bereich des Zentrums entspricht. Durch fortgesetzte Dauerspannung scheint sich nicht nur der Tonus der peripheren Muskulatur zu erhöhen, sondern auch der „Tonus" der Hirnrinde und der tieferen Schichten; es kommt allmählich zu einer erhöhten Spannungsbereitschaft. Nur so läßt es sich auch erklären, daß die Hypertonie nicht nur auf die Rindenfelder des Kortex beschränkt bleibt, die für die Innervierung der hauptbeteiligten Muskeln entscheidend sind, sondern daß sich die Mehrspannung auf die gesamte Hirnrindentätigkeit erstreckt, so daß die Ausdrucksbewegungen allgemein hyperkinetisch werden. In dieser erhöhten Reizbarkeit und damit Mehrbeanspruchung des Nervensystems liegt die besondere Gefahr des Schauspielerberufes. Die nervliche Beanspruchung, vor allem bei großen Rollen, ist ohnehin nicht gering. Bei einer allgemeinen Hypertonie ist die Gefahr der Überbeanspruchung und damit des Nachlassens der künstlerischen Arbeit besonders groß.

Ein paar – allerdings frei erfundene – Zahlenwerte sollen die Mehrarbeit des Nervensystems veranschaulichen: Sagen wir, die berufliche Leistung fordere in einer bestimmten Situation einen Arbeitsaufwand im Bereich des Zentrums von der Stärke ..... 5

Hinzu kommen gewisse Spannungen, die aus der privaten Sphäre des betreffenden Darstellers kommen, von der Stärke ..... 2

Durch – nehmen wir an – Unsicherheit kommt es bei der Bewältigung der Szene zu Überspannungen von der Stärke ..... 2

Es kommt also zu einem Gesamtarbeitsaufwand im Bereich des Zentrums von der Stärke ..... 9

J. FAUSTs *aktive Entspannungsbehandlung* grenzt sich eindeutig ab gegenüber dem *autogenen Training* J. H. SCHULTZes. Auch das autogene Training arbeitet auf eine Entspannung hin, auch hier wird versucht, mit den Mitteln der Selbsthypnose alle Mehr- und Überspannungen abzubauen. FAUST aber betrachtet seine Methode – sicher zu Recht – als die aktivere, da sie viel stärker über das Bewußtsein des Patienten auf eine aktive Entspannung hinläuft und alle hypnotische – also mehr oder weniger passive – Beeinflussung auszuschalten versucht. FAUSTS Methode besteht eigentlich im wesentlichen aus Aufklärung und wacher Selbstbeobachtung des Patienten. Die Methode von SCHULTZ ist ein erst zu erwerbendes Training, welches zwar der Patient auch willentlich in jeder Situation

[1] Vgl. S. 186 ff.

und zu jeder Stunde anwenden kann, das Wesen dieses Trainings aber ist ein Abschalten, ein Sichversenken. FAUST wirkt auf das Zentrum indirekt, indem er bewußt die Peripherie unter Kontrolle zu bringen versucht. SCHULTZ geht das Zentrum direkt an und wirkt von hier aus entspannend auf die Peripherie. Das autogene Training entspricht weit eher der PAWLOW-schen Schlaftherapie, die ja mit dem autogenen Training gekoppelt ist.

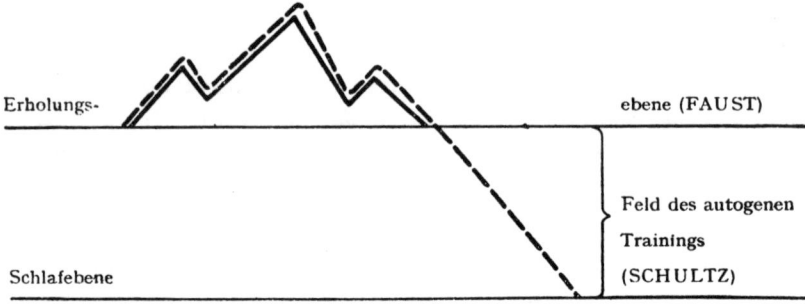

Erholungs-                                                    ebene (FAUST)

Feld des autogenen
Trainings
Schlafebene                                                   (SCHULTZ)

*Abb. 4*

Für den Beruf des Schauspielers halten wir die Methode der aktiven Entspannungsbehandlung nach FAUST für die günstigere. Wir müssen allerdings eine Einschränkung machen: Handelt es sich bei dem betreffenden Kollegen um eine ernsthafte Erkrankung des Nervensystems oder um Erkrankung etwa durch eine Überfunktion der Schilddrüse u. ä., so wird die heute allgemein in der Medizin angewandte Methode des autogenen Trainings schneller zum Erfolg führen. Aber diese pathologische Seite interessiert uns in diesem Zusammenhang nicht.

Innerhalb des Feldes des autogenen Trainings (Abb. 4) ist die Verrichtung einer Tätigkeit überhaupt nicht möglich. Die Lösung geht unter die Entspannungs- und Erholungsebene FAUSTS bis zur völligen Erschlaffung, deren idealster Endzustand der Schlaf ist. Der Zustand, in dem sich der tätige Schauspieler befindet, ist aber dem Feld des autogenen Trainings weit entrückt, ja geradezu entgegengesetzt!

Wir müssen zum Abschluß dieses Kapitels noch eine andere Seite der Spannungsverhältnisse streifen: Wir meinen das Problem der Unterspannung (Hypotonie).

> FAUST geht hierauf nur am Rande ein. Das hat sicherlich seinen Grund darin, daß echte Hypotonie sich kaum im Sprechzimmer des Arztes einfindet, es sei denn als Krankheitsbild des zirkulären Irreseins im Zustand der völligen Stupidität, der Melancholie etwa.

40

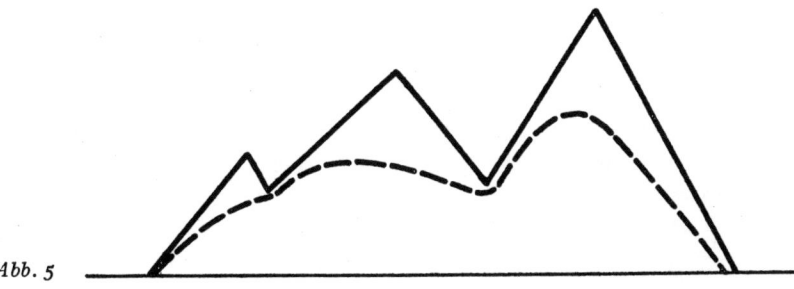

*Abb. 5*

Hypotonie kann ja – rein theoretisch – kaum zu Abnutzungserscheinungen, sowohl zentral wie peripher, führen, da im Wesen der Hypotonie Schonung, Unterspannung, zu geringer Arbeitsaufwand liegt. Solcher Funktionsablauf ist sicherlich ebenfalls typenmäßig bedingt, es liegt also wie bei der Hyperkinese eine Anlage vor. Abb. 5 veranschaulicht (rein theoretisch) die Leistungskurve des Hypotonikers.

Man erkennt: Die tatsächliche Leistung liegt unter der geforderten. Es kann also hier gar nicht zu einer echten Erfüllung der Arbeit kommen. Der Hypotoniker ist also im Extremfalle arbeitsunfähig! Das entspricht natürlich keineswegs der Realität, denn auch der labile, zur Erschlaffung neigende Mensch ordnet sich ein in die Gesellschaft und leistet befriedigende Arbeit. Diese Arbeitsverrichtung aber ist nur möglich durch Kompensationsspannung. So widerspruchsvoll es zu sein scheint: Der Hypotoniker kompensiert mit Hypertonie. Darum liefert er im Grunde ein ähnliches Bild wie der Hypertoniker. Auch er ist verspannt, auch er neigt schließlich zu den gleichen nervösen Erscheinungen – nur oft noch heftiger und früher als der Hypertoniker, da das Nervenkostüm des Unterspannten meist größeren Belastungen nicht völlig gewachsen ist, d. h., seine Schadensgrenze liegt von vornherein tiefer als die des Überspannten.

Auf der Bühne kann man den habituell Überspannten meist recht gut vom habituell Unterspannten unterscheiden, obwohl sie oft die gleichen stimmlichen Mängel aufweisen können.[1]

> Um bei dem obigen Beispiel zu bleiben:
> Geforderte Leistung 5
> Energieaufwand des Hypotonikers ursprünglich 3
> Kompensationsspannung 5
> Gesamtarbeitsaufwand im Bereich des Zentrums 8
> Man sieht auch hier wieder – rein theoretisch – eine Mehrspannung von der Stärke 3 gegenüber der ursprünglich geforderten Leistung, die mit der Stärke 5 angegeben wurde.

[1] Vgl. S. 193.

Wir haben für die Kompensationsspannungen die hohe Zahl 5 gewählt. Die Begründung ergibt sich aus folgender Annahme: Die Hauptgefahr des Hypotonikers besteht nicht sosehr in einer Überspannung als vielmehr in einer Zusatzspannung. Der Hypotoniker scheint uns nicht sosehr die für die Leistung zutreffende Muskulatur zu überspannen, als vor allem eine Hilfsmuskulatur zur Bewältigung der Arbeit heranzuziehen. Diese Hilfsmuskulatur aber ist der geforderten Arbeit nicht gewachsen.[1]

Die Frage ist, ob es auf der Bühne Rollen gibt, die der Hypotonie nahekommen. Sicherlich befindet sich z. B. ein Mensch in einem hypotonischen Zustand, der im Halbschlaf oder kurz nach erquicktem Erwachen sich mit einem Partner unterhalten soll. Hier ist – jedenfalls am Anfang des Gesprächs – die Hypotonie physiologisch, d. h. normal.

> Auch die Rolle der Frau Peachum[2] entspricht dem hypotonischen Zustand. Frau Peachum befindet sich die meiste Zeit in einem mehr oder weniger starken Benebelungszustand durch ständigen Alkoholgenuß. Auf diese Weise sind alle ihre Handlungen gekennzeichnet durch Unlust, Labilität (bis auf wenige Augenblicke), Bewegungsarmut, Arbeitsunfähigkeit usw. usf.

Jeder dieser körperlichen Ausdrucksarten entspricht selbstverständlich auch eine sprecherische Ausdrucksweise, über die in anderem Zusammenhang zu berichten ist.

## 2. Die zentralbedingten Vorgänge beim Sprechen

### a) Zum Zentralnervensystem im allgemeinen

Für den Sprecherzieher ist eine umfassende Kenntnis des Nervensystems und seiner Funktionen nicht erforderlich. Einmal, weil die Materie an sich ohne entsprechende Spezialkenntnisse viel zu kompliziert ist, zum anderen, weil auch von seiten der Physiologie noch viel zuviel in der Schwebe ist, und die Funktionsabläufe noch keinen umfassenden tieferen Einblick gewähren. Für die Sprecherziehung würde erst dann ein gründliches Studium des Nervensystems zur Pflicht, wenn es der Medizin gelänge, praktisch verwertbare Methoden zu finden, mit Hilfe derer wir direkt auf die zentralnervösen Vorgänge aktiv einwirken könnten. Bis jetzt gibt es

[1] Ausführliche Beispiele vgl. S. 192 ff. und im Anhang Beispiele 5 und 6.
[2] B. BRECHT, Die Dreigroschenoper.

solche Methoden – wenigstens in Hinsicht auf ihre Verwertbarkeit für die Sprecherziehung –, außer den im vorigen Kapitel angeführten, kaum! Dennoch sind wir davon überzeugt, daß unsere Kenntnisse auf diesem Gebiete immer umfassender und gründlicher werden und daß auch Sprechkunde und Sprecherziehung eines Tages einen Wendepunkt in ihrer Methodik erleben werden. Denn bis auf den heutigen Tag sind unsere sprecherzieherischen Bemühungen mehr oder weniger auf die Peripherie verwiesen, und es gibt – bis auf geringe Ausnahmen – kaum Möglichkeiten, z. B. eine stimmliche Fehlfunktion direkt, anstatt auf Umwegen anzugehen.

Es zeigen sich aber bereits heute schon Bestrebungen am Horizont unseres Faches – meist hereingetragen von den Nachbarwissenschaften –, Methoden einer „Tiefenkorrektur"[1] zu entwickeln, und es wurden schon einige beachtliche Erfolge erzielt (wir denken z. B. an FRÖSCHELS' *Chewing approach*[2]).

Wir halten darum andererseits ein allgemeines Grundwissen über das Nervensystem des Menschen für notwendig. Denn einesteils werden Fragen, die im Zusammenhang damit stehen, immer häufiger an den heutigen Sprecherzieher herangetragen, und anderenteils können nur durch solches Wissen die Diskussionen über veraltete „mechanistische Sprecherziehung" und moderne „ganzheitliche Sprecherziehung" einwandfrei entschieden werden.

Es gibt sicher eine ganze Reihe von Kollegen, die noch heute nach dem *Kleinen Hey* arbeiten oder die einen Korken zwischen die Zähne ihrer Schüler bei den Sprechübungen klemmen.[3] Wenn man die Frage beantworten will, warum solche Methoden abzulehnen sind, so wird man nicht ohne Hinweise auf die zentralbedingten Vorgänge beim Sprechen auskommen können.[4]

Aus diesen Gründen wollen wir hier einen kurzen Überblick über Bau und Funktionen des Nervensystems des Menschen geben, wobei wir uns in den Grundzügen an das Buch von M. CLARA halten.

Das Nervensystem hat grundsätzlich zwei eng miteinander verbundene Aufgaben zu bewältigen: Aufrechterhaltung der Funktionen des Organismus und Kontaktnahme mit der Außenwelt. Die Versorgung der „Innen-

[1] Vgl. S. 33.
[2] Siehe auch S. 261.
[3] Unlängst wurden in dem westdeutschen Film „Lampenfieber" solche Methoden der Sprecherziehung wieder mit allem Ernst dem Publikum vorgeführt, während der DEFA-Film „Auf der Sonnenseite" sie mit Recht der Lächerlichkeit preisgibt.
[4] Vgl. Kap. IV, S. 245 ff.

welt" übernimmt das vegetative Nervensystem, die Auseinandersetzung mit der „Außenwelt" geschieht durch das animale Nervensystem. Die Arbeit des vegetativen Systems schafft überhaupt erst die Voraussetzungen für das Leben, d. h., Ausfall dieses Systems hat den sofortigen Tod zur Folge.

> Animales und vegetatives Nervensystem bilden insofern eine Einheit, als z. B. jede Erregung, die zum Zentrum führt, beide Systeme zum Mitschwingen veranlaßt.

Das vegetative Nervensystem (früher auch autonomes Nervensystem genannt) bildet eine Einheit mit den Drüsen mit innerer Sekretion, wobei das Blut die Aufgabe eines Mittlers zwischen beiden übernimmt. Die Funktionen vollziehen sich ohne Mitwirken des Bewußtseins und auch meist ohne Mitwirken des Willens. Charakteristisch ist für das vegetative Nervensystem die Verknüpfung mit den seelischen Prozessen (z. B. Tränenauslösen bei Trauer und Schmerz, Erröten bei Scham usw.); und zwar werden die psychischen Prozesse sowohl durch die Funktionen des vegetativen Nervensystems beeinflußt wie auch umgekehrt psychische Erlebnisse auf das vegetative Nervensystem zurückstrahlen können. Das vegetative Nervensystem versorgt alle Eingeweide, alle Drüsen, die gesamte glatte Muskulatur, den Herzmuskel, und es ist an der Innervierung der quergestreiften Muskulatur, der äußeren Haut und Schleimhaut beteiligt.

Man kann zwei einander entgegengesetzte Funktionskreise innerhalb des vegetativen Nervensystems unterscheiden: den Funktionskreis des Sympathicus und den des Parasympathicus. Beide stehen in einem Wechselverhältnis zueinander und bilden eine Art *funktionellen Antagonismus* (CLARA, S. 220). Sie sind immer zugleich tätig (wie die Antagonisten der quergestreiften Muskulatur). Der Sympathicus fördert die äußere Energieentfaltung, er wirkt auf die Tätigkeit der Organe anregend, weshalb ihn W. R. HESS das *ergotrope System*[1] nennt. Dem Parasympathicus obliegt die Wiederherstellung und Erhaltung der potentiellen Leistungsfähigkeit, weshalb W. R. HESS ihn ein *trophotropes System*[2] nennt. – Die beiden Arbeitsgänge passen sich etwa dem 24-Stunden-Rhythmus an: tagsüber dominiert der Sympathicus, nachts in der Regel der Parasympathicus. Beide Systeme endigen am gleichen Erfolgsorgan. Die Nerven des Sympathicus laufen ausnahmslos über den sog. Grenzstrang, welcher

---

[1] Griech. ergos = Arbeit.
[2] Griech. trophein = ernähren. Wir müssen hier die Begriffe anführen, weil sie später in anderem Zusammenhang wieder auftauchen – vgl. S. 81 f.

etwa parallel zum Rückenmark, aber eben außerhalb desselben, verläuft; der Parasympathicus hingegen führt nicht über den Grenzstrang, sondern schließt sich anderen Nervenstämmen an.

Das animale Nervensystem arbeitet ganz allgemein nach folgendem Schema: Ein von der Außenwelt an der Peripherie aufgenommener Reiz wird zum Zentrum geleitet (Afferenz), hier wird die Erregung entsprechend verarbeitet, und schließlich wird von hier ein der aufgenommenen Erregung entsprechender Befehl an die Muskulatur der Peripherie zurückgesandt (Efferenz). Die Muskulatur sendet nach erhaltenem Befehl eine Art Kontrollsignal zurück an das Zentrum (Reafferenz).[1] Diese Reafferenz orientiert also das Zentrum über die Art der Durchführung des ausgegebenen Befehls. Die Zentren unseres Zentralnervensystems sind Glieder von geschlossenen Leitungskreisen, die aufeinander abgestimmt sind.

Das gesamte Nervensystem bildet zwar eine untrennbare Einheit, aber wie man einen Unterschied macht zwischen einem Leitungsapparat, der die zentrale Leitung innehat, und einem Elementarapparat, der die Befehle weiterleitet und im Sinne des Leitungsapparates die befohlene Tätigkeit bis zum Widerruf quasi selbständig weiter ausübt, so kann man auch innerhalb des Leitungsapparates Unterscheidungen treffen. Der Leitungsapparat besteht nämlich aus unterschiedlichen, im wahrsten Sinne des Wortes übereinandergeschichteten Korrelationssystemen. Das „Zentrum" besteht also in Wirklichkeit aus mehreren übereinanderlagernden, eng miteinander verknüpften „Zentren", von denen jedes höhere Zentrum – sowohl in bezug auf seine Lage als auch auf seine Funktion – eine den unteren Zentren übergeordnete Instanz darstellt. Man kann diese Gesetzmäßigkeit sowohl in der Ontogenie (Entwicklungsgeschichte der Einzelwesen) als auch in der Phylogenie (Entwicklungsgeschichte der einzelnen Arten und Stämme der Lebewesen) nachweisen.

In ontogenetischer Sicht zeigt sich, daß z. B. beim menschlichen Säugling die Hirnrinde – als die höchste Instanz des Zentralnervensystems – anfangs noch kaum fähig ist, in das funktionelle Geschehen einzugreifen. Je jünger das Baby ist, desto mehr werden seine Funktionen von tieferen Schichten des Nervensystems gesteuert, desto niedriger ist darum auch sein Bewußtsein.
Interessant ist in diesem Zusammenhang, daß das sog. Urhirn (vgl. Abb. 6) morphologisch bei allen Individuen nahezu gleichförmig aufgebaut ist, während das Neuhirn bis heute noch keine endgültige, für alle Individuen gleichförmige Gestalt hat; es zeigt sich durchaus variabel bei den Indivi-

[1] Siehe auch S. 29, Fußnote.

duen, und es zwingt sich der Vergleich mit dem menschlichen Antlitz auf. Das Neugeborene besitzt also noch keine Verbindungen zum Neuhirn und verfügt daher lediglich über angeborene Bewegungskombinationen: Atem- und Saugbewegungen, Kopfbewegungen und eine spärliche Mimik – alle diese Bewegungen werden noch vom Urhirn bestimmt.

Phylogenetisch wirkt sich die oben beschriebene Gesetzmäßigkeit so aus, daß ein Tier um so höher in der Entwicklungsgeschichte steht, je spezialisierter sich sein Zentralnervensystem ausgebildet hat, d.h. je mehr übergeordnete Instanzen sich entwickelt haben.

Man kann folgende Regel aufstellen:

1. Die übergeordnete Instanz hat gegenüber der subalternen größeren Wirkungskreis.

Das bedeutet, je höher ein Zentrum liegt, desto größer ist seine „Übersicht", je tiefer es liegt, desto einseitiger ist es. Für die höchsten Zentren stellt die Peripherie ein einheitliches Ganzes dar, für die tiefsten Zentren nur ein Mosaik von Einzelheiten.

2. Die übergeordnete Instanz regelt Vorgänge, für deren Vorkommen ein geringerer Wahrscheinlichkeitsgrad besteht.

Das bedeutet für die tieferen Zentren geringere Reaktionsbreite; sie können nur im Sinne eingeschliffener Funktionsabläufe reagieren und versagen, wenn diese automatischen Akte durch Störungen durchbrochen werden.

3. Die übergeordnete Instanz reagiert schneller als die subalterne.
4. Je tiefer eine Funktion zentralisiert ist, desto fester ist sie, desto gefeiter gegen Störungen ist sie.

Das ist kein Widerspruch zu Punkt 2. Wie wir gesehen haben, bilden sich die Funktionskreise der höheren Zentren ontogenetisch erst später aus, sie sind damit qualitativ höher, besitzen aber geringere Festigkeit und arbeiten weniger „automatisch sicher". Das ist z.B. von Bedeutung für die Atmung.[1] Die „stumme Atmung" (respiratio muta) wird vorwiegend durch das „Atemzentrum" im verlängerten Rückenmark gesteuert – also von einem sehr tiefen Zentrum – und ist damit wesentlich mehr gegen Störungen gefeit als die kortikal gesteuerte „Sprechatmung" (respir. phonatoria), die bekanntlich viel eher von der Tiefatmung abweicht.

Wir wollen die einzelnen wichtigsten Teile des Zentralnervensystems im folgenden nennen, dabei sollen die Nerven des Rückenmarks und der einzelnen Gehirnabschnitte nicht berücksichtigt werden.

Rückenmark (Medulla spinalis): Für uns ist wichtig zu wissen, daß die Atmungsbahnen diffus über den ganzen Querschnitt des Rückenmarks

[1] Vgl. auch S. 51 ff.

verlaufen; *wahrscheinlich kann das Rückenmarksgrau auch ohne Verbindung mit den Höheren Zentren auf die für Ein- und Ausatmung maßgebende Blutbeschaffenheit reagieren und die betreffenden Muskeln selbständig innervieren und sie damit zweckmäßig im Dienst dieser lebenswichtigen Aufgaben verwenden* (CLARA, S. 127). Außerdem wird der Muskeltonus des Bewegungsapparates von den motorischen Vorderhornzellen des Rückenmarks bestimmt. Auch das vegetative Nervensystem entsendet Impulse an die motorischen Vorderhornzellen, wodurch der Tonus weitgehend psychisch beeinflußt wird (Freude erhöht, Trauer senkt den Tonus).

Weiter gewinnt für uns das Rückenmark an Bedeutung durch die Pyramidenbahn (Tractus corticospinalis) und die extrapyramidalen Bahnen, welche alle durch das Rückenmark verlaufen. Die Pyramidenbahn ist das einzige System, welches das Neuhirn (und damit die Großhirnrinde, Kortex) direkt in das Rückenmark entsendet. Sie ist ein Neuerwerb der Säugetiere, und je besser die Pyramidenbahn entwickelt ist (so beim Menschen), desto mehr verliert das Rückenmark an Selbständigkeit. Die Markreifung der Pyramidenbahn vollzieht sich erst nach der Geburt und ist oft erst mit dem 4. Lebensjahre abgeschlossen. Die Pyramidenbahn zählt zu den absteigenden (efferenten) Bahnen und leitet nicht nur nervöse Impulse für die willkürlichen Bewegungen, *sondern sie hemmt oder richtiger dämpft außerdem noch die Reflexe* (VOSS u. HERRLINGER, III, S. 20). Daneben laufen die extrapyramidalen Bahnen, die ihren Ursprung aus subkortikalen[1] Zentren nehmen und ebenfalls im Rückenmark endigen. *Pyramidenbahn und extrapyramidale Bahnen verhalten sich zueinander, daß jede neue, bisher nicht ausgeführte willkürliche Bewegung zunächst von der Pyramidenbahn, später, wenn sie geübt oder „eingefahren" ist, von dem extrapyramidalen System übernommen wird. So wird die Pyramidenbahn immer wieder entlastet* (VOSS u. HERRLINGER, III, S. 21f.).

Jeder bewußte Bewegungsimpuls, jede Umstellung der Bewegung wird demnach von dem Pyramidalsystem ausgeführt; es liefert das Bewegungsmodell! Die Ausführung „geübter" und automatisierter Bewegungen übernimmt hingegen das Extrapyramidalsystem.
Sprechen und Schreiben *müssen unter Mithilfe des Großhirns erlernt werden, doch werden bei der eingeübten Arbeit immer geringere Willensimpulse notwendig. Je ausgeglichener und harmonischer die Bewegungsabläufe werden, desto weniger sind das Bewußtsein und der Wille an ihnen beteiligt, d. h. desto mehr überläßt die Großhirnrinde die Funktion dem extrapyramidalmotorischen System. Jede gelernte Bewegung ist also automatisiert; je größer die Automatisierung, desto geringer die Ermüdung – das ist das Geheimnis der Routine* (CLARA, S. 655).

[1] subkortikal = unterhalb der Hirnrinde gelegen.

Auch die individuellen Eigenheiten, die jedem Menschen eine „persönliche Note" verleihen, sind durch das Extrapyramidalsystem geprägt und
offensichtlich weitgehendst vererbbar. M. CLARA sagt dazu (S. 656): *Diese
unwillkürlichen Bewegungsabläufe können von der Großhirnrinde, d.h. von
dem Bewußtsein und Willen durch „Selbstbeherrschung" verändert, gezügelt,
mehr oder weniger gedämpft, ja zum Teil sogar unterdrückt werden, auf die
Dauer siegt aber immer der Genotypus.* – Das ist offensichtlich auch für die
Sprecherziehung von nicht geringer Bedeutung, da hiermit zugleich die
Grenzen der bewußten Einflußnahme angedeutet werden. Überhaupt ist
die Prägung des Persönlichen auch im Sprechablauf oft besonders stark
und kaum zu verändern. Das Extrapyramidalsystem zeigt sich auch hier
als äußerst funktionskonstant (was auch wiederum phylogenetisch erklärt
werden kann, da die extrapyramidalen Bahnen älter sind als die neu-
erworbene Pyramidenbahn).

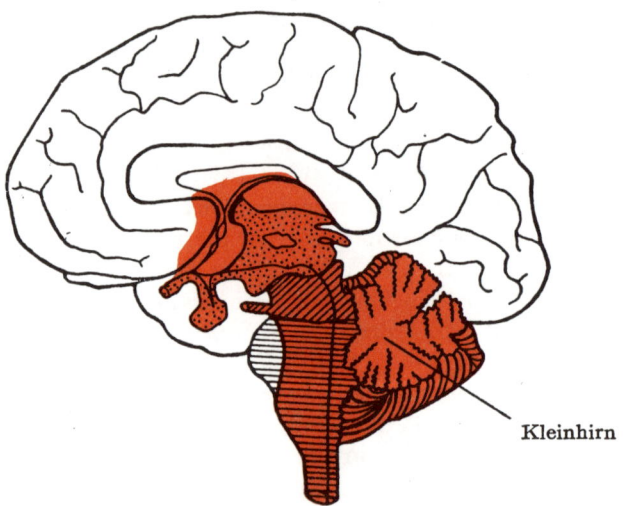

Kleinhirn

*Abb. 6. Medianschnitt durch das Gehirn eines Erwachsenen. Urhirn (rot) und Neuhirn
(weiß). Rautenhirn waagerecht, Mittelhirn schräg schraffiert, Zwischenhirn punktiert,
Endhirn weiß*

Zu dem komplizierten Aufbau des Gehirns (Encephalon) wollen wir nur
einen sehr oberflächlichen Überblick geben (vgl. Abb. 6).
Rautenhirn (Rhombencephalon): Es ist einerseits wie das Rückenmark
Ursprungs- und Empfangsort peripherer Nerven – und somit Eigen-
apparat –, andererseits aber dem Rückenmark übergeordnet – und damit
Koordinationsapparat. Als Eigenapparat schaltet das Rautenhirn die

Schutzreflexe für die oberen Luftwege und für das Auge sowie die reflektorischen Abläufe im Dienste der Nahrungsaufnahme und -verarbeitung (CLARA, S. 342). Als Koordinationsapparat steht es unter dem steuernden Einfluß höherer Zentren und ist experimentell kaum erschließbar.

> An menschlichen Mißbildungen („Rautenhirnwesen"), wo bis auf das Rautenhirn fast die gesamte Hirnmasse fehlte, konnte erkannt werden, daß sich die Atmung und die Automatismen der Nahrungsaufnahme als koordiniert erwiesen und daß gewisse Unbehagens- und Abwehrreaktionen vorhanden waren. Das betreffende Baby konnte kräftig schreien und deutlich seufzen, woraus zu entnehmen ist, daß der Sitz der Stimme für solche animalischen Reflexäußerungen bereits im tiefsten Abschnitt des Gehirns sich befindet!

Kleinhirn (Cerebellum): Alle Erregungen innerhalb eines Leitungsbogens höherer Ordnung laufen über das Kleinhirn, wiewohl sie außerdem noch einen kleinhirnunabhängigen Weg haben. Das Kleinhirn ist demnach weniger ein übergeordnetes als ein beigeordnetes Reglerzentrum der gesamten Motorik und hat u. a. einen Einfluß auf die Aufrechterhaltung des normalen Skelettmuskeltonus, auf die unwillkürlichen und reflektorischen Bewegungen, welche der Erhaltung und Wiederherstellung der Gleichgewichtslage dienen, auf die Ordnung unter den Agonisten, Synergisten und Antagonisten.

> Läsionen im Kleinhirn können darum zu Störungen der raschen Aussprache komplizierter Wortbildungen und -verbindungen führen!

Mittelhirn (Mesencephalon): Eine Mißgeburt, die vorwiegend aus Mittelhirn bestand, zeigte, daß das Mittelhirn unter bestimmten Bedingungen primitive Mechanismen des Rückenmarks und Rautenhirns zu höheren motorischen Leistungen zusammenfassen kann (Regelung der Körpertemperatur, Schluck- und Saugreflexe, orale Einstellungsautomatismen, Unterscheidung von „süß" und „sauer").

Zwischenhirn (Diencephalon): Auch das Zwischenhirn gehört – wie Abbildung 6 zeigt – zum Urhirn. Aber es ist bereits ein Hirnteil, in den keine peripheren Nerven mehr ein- oder austreten. Seine Masse wird vor allem vom sog. Thalamus eingenommen – von wo auch die Sehnerven ihren Ursprung nehmen und sich kreuzen – und vom sogenannten „zentralen Höhlengrau".

Der Thalamus ist wahrscheinlich verantwortlich für primitive Gefühlstönungen und für das Ingangsetzen von Automatismen, vielleicht auch der Sprechbewegungen. Der Thalamus ist eine Art Kontrollstation aller Erregungen, bevor sie ins Endhirn eintreten (vor allem der Körpergefühl-, Seh- und Hörsphäre); in ihm denkt man sich die Entstehung der seelischen Allgemeingefühle (Unlust, Angst, Wollust usw.), außerdem werden die Erregungsqualitäten offenbar hier aufeinander abgestimmt; endlich wirkt der Thalamus auslösend für die Psychoreflexe (Abwehr- und Fluchtreflexe).

Das zentrale Höhlengrau des Zwischenhirns bezeichnet CLARA als *Brücke zwischen seelischem und körperlichem Geschehen* (S. 515), da hier die vegetativen Funktionen geregelt werden und die harmonische Zusammenarbeit der verschiedenen vegetativen Sphären gewährleistet wird. Auch die „geistige Spannkraft" soll hier beeinflußt werden. Außerdem besteht ein Funktionszusammenhang mit der Hypophyse und damit zugleich mit den hormonalen Funktionen.

Durch das Zusammenspiel von zentralem Höhlengrau und Hypophyse wird auch der Einfluß des Tag- und Nachtrhythmus auf den Organismus geklärt, da die Tag- und Nachtwahrnehmung über den Opticusnerven läuft (s. o.). Nach diesem Rhythmus haben die Lebensfunktionen ihren Höhepunkt zwischen 17 und 20 Uhr und ihren Tiefstand zwischen 2 und 6 Uhr (weshalb also der Arbeitsrhythmus des Schauspielers gar nicht so ungünstig verläuft, sondern nach diesen Angaben besonders günstig!).

Endhirn (Telencephalon): Das Endhirn oder Großhirn bildet die höchste und auch phylogenetisch jüngste Stufe unseres Zentralnervensystems. Es besitzt vor allem durch seine Hirnrinde (Kortex), die wir als den eigentlichen Sitz unseres menschlichen Bewußtseins ansprechen müssen, übergeordnete Bedeutung.

Man schätzt die Zahl der Nervenzellen in dem Kortex auf 9 Milliarden, die des gesamten Gehirns auf 12 bis 14 Milliarden. *Die Zahl der möglichen Verbindungen, welche die 14 Milliarden Nervenzellen untereinander eingehen können, erreicht geradezu astronomische Werte* (CLARA, S. 559). Sie bilden sozusagen die Klaviatur des menschlichen Geistes. Jeder einzelne macht von diesen Möglichkeiten sicher sehr verschiedenen Gebrauch; *infolge der unendlichen Zahl der möglichen Kombinationen stimmen zwei Menschen in ihrer Gehirnleistung niemals völlig überein* (a. a. O.).

Es ist interessant, sich in diesem Zusammenhange vor Augen zu halten, daß die moderne Technik in Gemeinschaft mit Physik und Mathematik fähig ist, Apparate zu konstruieren, die auf dem System der miteinander verbundenen Nervenzellen unseres Gehirns beruhen. H. DRISCHEL zeigt in seinem Aufsatz über die Kybernetik, wie wir heute bereits in der Lage sind, das Grundschema des Zentralnervensystems nachzuahmen, was zugleich beweist, daß unsere Annahmen von den Funktionen des Nervensystems richtig sind.

Spezialbegabungen beruhen sicher nicht auf dem Vorhandensein bestimmter Spezialzellen (es gibt keine „Musik"- oder „Mathematikzellen"); *Spezialbegabungen beruhen vielmehr auf bestimmten, im einzelnen morphologisch nicht faßbaren Zusammenschaltungen zahlreicher Neurone; sie sind eigen-*

*artigerweise so gut wie immer mit Unterleistungen auf anderen Gebieten ver-*
*bunden; Menschen mit einer ausgesprochenen Sprachbegabung z.B. sind in*
*der Regel schlechte Mathematiker usw. Menschen, die in allen Richtungen*
*überdurchschnittlich begabt sind, gibt es nicht* (CLARA, S. 573).

Wir wollen über die Funktionen der Hirnrinde nur soviel sagen: Man
ist heute allgemein davon abgekommen, jeder einzelnen Körperfunktion
und den geistigen Funktionen eng umschriebene „Lokalisationen" auf
der Hirnrinde zuzuweisen. Es lassen sich aber dennoch bestimmte Rindenfelder, auch in architektonischer Differenzierung, nachweisen, und es läßt
sich ferner nachweisen, daß jedes Rindenfeld *die Bildungsstätte bestimmter*
*spezifischer Erregungen ist, die für das Zustandekommen einer bestimmten*
*Funktion notwendig sind* (CLARA, S. 576). Dabei gilt ebenfalls als erwiesen,
daß – ganz gleich, um welche Erregung es sich handelt – die Hirnrinde als
Ganzes immer mitspielt![1] Die einzelnen Körperabschnitte haben jeweils
kortikale Repräsentation; die geistigen Leistungen hingegen können
nicht topisch[2] eingeteilt werden, hierfür kommt immer das Großhirn als
Ganzes in Betracht.

Man unterscheidet motorische und sensorische Felder, je nachdem, ob
sie Befehle nach außen entsenden oder Reize von außen empfangen und
verarbeiten. Die motorischen und prämotorischen Rindenfelder sind gleichzeitig auch Orte vegetativer Repräsentation.

Jede Hemisphäre des Großhirns repräsentiert im allgemeinen die gegenseitige (kontralaterale) Körperhälfte.[3]

### b) Nervensystem und Atmung

Die Atmung ist eine der wichtigsten, aber auch der kompliziertesten
Funktionen des menschlichen Organismus. Daher stellt sie auch auf dem
Gebiete der Sprechpädagogik die höchsten Anforderungen. Über Wert
und Unwert, über Art und Weise der Atmungsübungen wird innerhalb
der Sprecherziehung am heftigsten diskutiert. Einander völlig widersprechende Meinungen stehen sich gegenüber, und der Schüler, der in den
Strudel solcher Meinungsverschiedenheiten hineingezogen wird, verliert
oft – wegen der Gegensätzlichkeiten der mit Vehemenz vorgetragenen

---

[1] Vgl. auch den Aufsatz von H. UNGER (1962).
[2] Griech. topisch = örtlich.
[3] Über die Lokalisation der Sprache in dem Kortex siehe die entsprechenden Kapitel
(z. B. *Nervensystem und Artikulation*).

Anschauungen – das Vertrauen zu jeglicher Lehrmeinung und verläßt sich schließlich lediglich auf seinen Instinkt.

> Die meisten Schauspieler sind durch mehrere solcher „Schulen" gegangen, die sich fast alle widersprachen. Allein auf dem Gebiet der „Atemstütze" herrschen so unterschiedliche Meinungen, daß man glauben möchte, eine klare wissenschaftliche Stellungnahme sei wegen der Kompliziertheit des Gegenstandes nicht möglich. Dabei ist charakteristisch, daß die verschiedenen Verfechter der unterschiedlichsten Methoden meist unfähig sind, ihre Vorstellungen vom Atmungsgeschehen in allgemeinverständliche Worte zu fassen. Man sollte solchen Lehrern gegenüber grundsätzlich skeptisch sein! Gibt es doch nicht selten Pädagogen, die nicht einmal mit Bestimmtheit angeben können, ob sich das Zwerchfell über oder unter dem Magen befindet.

Dabei gibt es über die Atmung bereits ausgezeichnete, grundlegende Arbeiten, und wir können heute sagen, daß die Atmungsfunktionen – wenigstens soweit sie die Sprecherziehung interessieren – ergründet sind. Es darf also nichts mehr gelehrt werden, was im Widerspruch zu den abgesicherten Tatsachen steht!

Ehe wir über das periphere Atmungsgeschehen berichten,[1] wollen wir die Atmung im Zusammenhang mit der zentralnervösen Steuerung betrachten. Die Atmung steht in erster Linie im Dienst der lebenserhaltenden Funktionen und erst in zweiter Linie im Dienst der Stimmerzeugung. Die Sprechatmung (Respiratio phonatoria) ist der Primärfunktion der Atmung sozusagen aufgestockt. Die Primärfunktion der lebenserhaltenden Atmung ist wegen ihrer Wichtigkeit darum vielfach abgesichert – sowohl an der Peripherie (Atmungsmuskulatur und -hilfsmuskulatur) als auch im Zentrum.

> J. L. SCHMITT (1956, S. 196) bemerkt, daß das „Atemzentrum" keine anatomische Einheit, sondern lediglich ein physiologischer Begriff sei. Die Atmung ist also nicht schlechthin an einer Stelle des Zentralorgans „lokalisiert"[2], wiewohl es bestimmte zentralnervöse Gebiete gibt, die in besonderem Maße mit dem Atmungsgeschehen in Beziehung stehen.

Die Atmung läuft einerseits automatisch ab, unserem Bewußtsein und unserem Willen weitgehendst entzogen. Andererseits können wir sie auch bewußt beeinflussen. Diese bewußte Beeinflussung eines ursprünglich automatischen unbewußten Vorganges hat mitunter nicht selten Störungen der Funktion zur Folge.

[1] Siehe S. 90 ff.
[2] Das deckt sich auch mit der von CLARA grundsätzlich vorgetragenen Meinung; siehe S. 51.

Das ist nicht allein für die Atmung typisch, sondern gilt ganz allgemein für fast jede automatische Akte. Zum Beispiel hat auch jeder bewußte Eingriff in den automatischen Artikulationsablauf eine charakteristische Hemmung dieses Ablaufes zur Folge.

Die Primärfunktion der Atmung ist ontogenetisch wie phylogenetisch älter als die Sprechfunktion der Atmung. Demzufolge ist auch die zentrale Repräsentation des unbewußten Atmungsgeschehens in tieferen Zentren anzunehmen als die der bewußten Atmung. In der Tat hat die Atmung fast in jedem Abschnitt des Zentralorgans ihre Repräsentation. Sie ist einerseits über das gesamte Rückenmark ausgebreitet.

> CLARA spricht davon, daß selbst nach völliger Durchtrennung des Rücken-
> marks unterhalb des „Atemzentrums" die Atmung noch nicht zum Still-
> stand kommen muß – vorausgesetzt allerdings, daß der Organismus den
> Schock überwindet. Nach einer kurzen Atemlähmung setzt die Inner-
> vierung der Atmungsmuskulatur von neuem ein, wobei die Impulse jetzt
> vom Rückenmarksgrau ausgehen.[1]

Andererseits wird die Atmung vom sogenannten „bulbären Atemzentrum" weitgehendst geleitet. Dieses Zentrum befindet sich im verlängerten Rückenmark (Medulla oblongata)[2], also im Rautenhirn. Hier sind Spezial-zellen, die auf den jeweiligen Gasgehalt des Blutes reagieren. Bei kohlen-dioxydreichem Blut reagiert das Zentrum mit Impulsen an die Atmungs-muskulatur. Diese zentrale Steuerung geschieht in erster Linie in der stummen Atmung (Respiratio muta) – vor allem im Schlaf.

> Die Unterteilung in Respiratio muta und Respiratio phonatoria, wie sie
> allgemein üblich ist, halten wir für nicht glücklich. Denn die Respiratio
> muta ist keine *Ruheatmung* – wie sie z. B. H. KRECH in seiner *Einführung*
> *in die Sprechwissenschaft* (1959, S. 17 f.) übersetzt –, sondern eine „stumme"
> Atmung, was nichts weiter besagt, als daß sie nicht zum Sprechen
> (oder Singen) benutzt wird. So ist z. B. die Atmung während des Laufens
> oder Holzhackens ebenfalls Respiratio muta. Andererseits kann man
> nicht sagen, daß die Respiratio muta lediglich subkortikal gesteuert
> werde (KRECH, a. a. O.). Auch die Respiratio muta kann – ohne daß
> sie für das Sprechen genutzt wird – kortikal beeinflußt werden (z. B.
> beim Tauchen). Man sieht, wie irreführend und ungenau die alte Ein-
> teilung ist. Was man allgemein in den phonetischen und physiologischen
> Lehrbüchern über die Respiratio muta schreibt, trifft genaugenommen
> nur für eine Ruheatmung, und zwar vor allem im Schlaf, zu. Wo in
> der „stummen" Atmung z. B. findet man immer die für die Respiratio
> muta angegebene charakteristische Gleichheit im zeitlichen Verlauf von
> Ein- und Ausatmung? Je nach der Tätigkeit, die verrichtet wird, ändert

---

[1] Vgl. S. 47.
[2] Früher auch Bulbus medullae spinalis genannt; daher der Name „bulbäres Zen-trum".

sich das Verhältnis von Ein- und Ausatmung, aber auch die Länge der Pausen zwischen Ein- und Ausatmung (bzw. Aus- und Einatmung). Wie will man z. B. die Atmung bei der Stuhlentleerung bezeichnen, wo ja der Verschluß der Stimmlippen und damit die Unterstützung des Druckes auf die Baucheingeweide eine wesentliche Rolle spielt. Also: Entweder man versteht unter Respiratio muta eine Ruheatmung (wie im Schlaf), dann kann man die in den Lehrbüchern festgehaltenen Gesetzmäßigkeiten für diese Atmung akzeptieren – oder man übersetzt sie mit stummer Atmung, dann versteht man zwar darunter eine Abgrenzung gegenüber der Respiratio phonatoria, muß aber den Atemablauf als wesentlich variabler und im Zusammenhang mit der jeweiligen Leistung betrachten!

Schließlich hat die Atmung ihre Repräsentation im Zwischenhirn. Im Zusammenhang mit den Aufgaben des Zwischenhirns,[1] vor allem des Thalamus und des zentralen Höhlengraus, wo alle vegetativen Leistungen reguliert werden, tritt nun die Atmung in eine starke Verbindung mit den vegetativen Funktionen. So wird es verständlich, daß es fast keine Geschehnisse innerhalb unseres Körpers gibt, die nicht irgendwie mit der Atmung gekoppelt sind. Andererseits geschieht auch hier die enge Verbindung der Atmung mit dem Psychischen, so daß wir wiederum sagen können: Es gibt keinerlei psychische Vorgänge, die nicht mit der Atmung gekoppelt wären. Bedenkt man nun, daß der Weg vom Zentrum zur Peripherie der Atmungsmuskulatur über das extrapyramidale System läuft, so kann man ermessen, wie zugleich exakt und automatisiert und aber auch unentwirrbar kompliziert durch die Mannigfaltigkeit der Querverbindungen der Atmungsvorgang sich gestaltet.

Berücksichtigt man, daß die Atmung ebenfalls von der Hirnrinde – als dem höchsten Zentrum – repräsentiert wird, daß also der Atemablauf bewußt erlebt werden kann, so hat man die Ursachen für die Schwierigkeiten einer Atmungsschulung und auch die Widersprüchlichkeiten der Atemschulen vor Augen.[2]

Welche Nutzanwendungen in der Praxis ergeben sich aus diesen Erkenntnissen?

Erstens: Da die Sprechatmung der Primärfunktion aufgestockt ist, wird erstere eher und leichter gestört als die letztere. Wir können darum für die Sprecherziehung generell folgende Feststellung machen. Störungen

---

[1] Vgl. S. 49 f.
[2] Wir finden die zentralnervösen Zusammenhänge mit der Atmung hervorragend dargelegt in dem umfangreichen Buch von J. L. SCHMITT (1956) auf den Seiten 182 bis 217. Wir möchten den Interessierten hierauf verweisen und uns unsererseits eine umständliche Darlegung ersparen.

der Respiratio phonatoria gehören im allgemeinen durchaus noch zum Normalen und damit zum Tätigkeitsbereich des Sprecherziehers. Negativ ausgedrückt, bedeutet das strenggenommen: Störungen innerhalb der Respiratio phonatoria, die sich aus generellen Störungen der Atmung (also auch der sog. Respiratio muta) ergeben, bedeuten bereits eine Abweichung der Norm und gehören – ebenfalls strenggenommen – nicht mehr in den Bereich der Sprecherziehung!

Solche Abgrenzung ist vielfach äußerst schwierig, wenn nicht oft unmöglich. Denn vorübergehende Störungen auch der Primärfunktionen – z. B. durch Hemmungen usw. – sind ebenfalls noch normal. Aber wir müssen von pathologischer Atmungsfunktion sprechen, wenn sich beweisen läßt, daß der Schüler fast durchweg in allen Lebenslagen – vor allem, wenn er sich unbeobachtet glaubt – von der kombinierten Atmung abweicht.[1] In solchen Fällen stellt die Atmung meist ein Symptom unter anderen Symptomen dar. Häufig findet man solche Störungen als Ausdruck einer vegetativen Dystonie. Meist wissen die Betreffenden gar nichts von solchen Erkrankungen oder beachten die geringfügigen Störungen nicht.

Wir haben die Erfahrung gemacht, daß Störungen der Respiratio phonatoria, die mit generellen Störungen der Atmung einhergehen, meist nicht günstig beeinflußt werden können, wenn man nicht gleichzeitig die tieferen Ursachen beseitigt. Hier sehen wir überhaupt die eigentlichen Schwierigkeiten der Atmungstherapie. Es gibt nämlich neben den genannten Ursachen nervöser Art, die meist zu dauernden Störungen führen, auch solche psychischer Art, die oft nur zu vorübergehenden Funktionsveränderungen führen. Wie hier eine Abgrenzung vornehmen? Außerdem sind auch die dauernden nervösen Beschwerden in den meisten Fällen aus psychischen Störungen hervorgegangen. Hier greift die Pädagogik so tief in die Psychologie oder, besser, in die Psychotherapie hinein, daß wir vielfach an der Kompetenz des Sprecherziehers zweifeln möchten.

Es nimmt daher nicht wunder, daß viele Autoren ins Gebiet der Psychotherapie abirren. Und es nimmt noch weniger wunder, daß gerade das Gebiet der Atmung zum Tummelplatz der verschiedensten metaphysischen Theorien wurde, daß die Atmung mit dem Wunderbaren, mit dem Göttlichen und Übersinnlichen in Beziehung gebracht wurde, sowohl im Altertum als auch bei vielen Autoren der Neuzeit!

Auf den Schauspieler angewandt, läßt sich folgendes sagen: Der Schauspieler kann auf der Bühne niemals seine Atmung in dem gewünschten Maße beherrschen, wenn sie grundsätzlich im Leben falsch läuft. Der Schauspieler muß also, will er den Anforderungen in allem genügen,

---

[1] Über die eigentliche Atmungsfunktion siehe S. 99 f. und 103 f.

völlig gesund und sein Nervensystem besonders intakt sein. Das ist ein oberster Grundsatz, an dem auch die berühmten Ausnahmen nichts ändern.

Zweitens: Da die Sprechatmung kortikal, aber in gewissem Maße auch subkortikal gelenkt wird, kommt es bei ihrer bewußten Beeinflussung darauf an, mit den Übungen nicht gegen die kortikale Innervierung zu arbeiten.

Wie ist das zu verstehen?

Normalerweise gibt es im sog. Spontansprechen – z. B. bei einem zwanglosen Gespräch – keinerlei Schwierigkeiten mit der Atemeinteilung. Wenn also nichts Pathologisches vorliegt, z. B. Asthma, so klagt der Sprecher nie über Atemknappheit während des Sprechens. Das ist völlig natürlich, denn beim Spontansprechen herrscht Harmonie zwischen Atem-, Gedanken- und damit auch Satzlänge. Das heißt, die Dauer einer Ausatmung beim Sprechen ist genauso lang wie der formulierte Gedanke (auch wenn dieser Gedanke, wie sich mit dem nächsten Satz erweisen kann, nur ein Abschnitt eines umfassenderen größeren Gedankens ist). Wir atmen also unbewußt immer genausoviel Luft ein, wie wir zur Artikulation des Gedankens benötigen.

Darin eben äußert sich die kortikale Steuerung unseres Atmungsgeschehens beim Sprechen. Diese Steuerung geschieht – wie oben gesagt wurde – unbewußt, genauso wie die Wahl der einzelnen Laute und die Benutzung oder Auslassung der Stimme, je nach der Art des Lautes. Das Schema, nach dem diese Steuerung erfolgt, kennen wir nicht. Jedenfalls lehrt die Beobachtung, daß es nicht n u r so ist, wie vielfach angenommen wird, daß der Gedanke schon v o r der eigentlichen Artikulation fix und fertig ist. In diesem Falle wäre die Übereinstimmung des eingeatmeten Atemvolumens mit der anschließend zu sprechenden Länge des Gedankens leicht erklärbar und auch lehrbar.

Meist aber ist uns nur eine gewisse Richtung des Gedankens sowie seine Grundaussage irgendwie, meist sehr verschwommen, bekannt. Die Konkretheit des Gedankens kommt erst mit dem Sprechen. Dabei scheint sowohl das diffuse vorherige Gedankenschema auf die Einatmungsmenge wie die Einatmungsmenge auf den folgenden Sprech-Denk-Ablauf Einfluß zu nehmen. Wir haben es also mit einer echten Wechselwirkung zu tun. Außerdem ist es nicht nur die Gedankenskizze, die unsere Atmung beeinflußt, sondern darüber hinaus die besondere Sprechsituation (siehe CHR. WINKLER, 1954), in der sich der Sprecher befindet und die ihn wiederum in eine besondere psychische Verfassung bringt. Alles das beeinflußt die Einatmung – und zwar nicht nur in bezug auf die Luftmenge, sondern auch in bezug auf die muskuläre Funktion. So sieht man, wie das Psychische über die Atmung auf den Gedankenverlauf einwirkt und umgekehrt eine Gedankenskizze vom Kortex aus Reize in alle Schichten des Zentralorgans senden kann.

Anders verhält es sich beim Textsprechen. Hier liegt die sprachliche Formulierung des Gedankens bereits durch den Dichter vor. Der Schauspieler befindet sich darum immer in einer sehr großen Gefahr: das Gelesene oder Auswendiggelernte zu artikulieren, ohne den Denkprozeß, der den Sätzen zugrunde liegt, nachzuvollziehen. Nur dieser Fehler ist die Begründung für den Luftmangel, über den viele Schauspieler auf der Bühne klagen. Sie verlangen dann vom Sprecherzieher Übungen, die die Länge des Atems beeinflussen. Solche Übungen sind prinzipiell Unsinn, und ihr vermeintlicher Erfolg beruht auf einer Täuschung. Selbstverständlich kann der Sprecher durch Training erreichen, daß seine Ausatmung länger und kontinuierlicher verläuft als die eines Ungeübten, genau wie der Taucher durch Training erreichen kann, den Einatmungsimpuls sehr lange zu unterdrücken! Aber solches Training bietet keine Gewähr für die richtige Steuerung des Atems beim Sprechen auf der Bühne – eben weil hier der Atmungsvorgang mit dem Denkprozeß gekoppelt sein muß! Werden nun gar die Einatmungseinschnitte innerhalb des Textes unabängig von den Sinnschritten festgelegt (manche Schauspieler und Sprecherzieher machen heute noch in den Text „Atmungsstriche", wobei sie sich willkürlich entweder nach der Atemkapazität oder nach der Interpunktion richten!), so entstehen charakteristische Hemmungen im Denkablauf, da die Aufmerksamkeit durch das Atmungsgeschehen gefesselt wird.

Es sei in diesem Zusammenhang noch klargestellt, daß es keinen Text gibt, der nicht auch vom Ungeschulten, was die Atemlänge betrifft, bewältigt werden kann. Allgemein liegt das Gesamtfassungsvermögen der menschlichen Lunge weit über dem zum Sprechen benötigten. Das ist auch nicht anders bei den Klassikern – etwa bei KLEIST. KLEISTs Schachtelsätze müssen doch nicht in einem Atem gesprochen werden! Das Problem, diese Sätze zu bewältigen, liegt ganz woanders, nämlich bei dem Vermögen des Schauspielers, über der Vielzahl der eingeschalteten Gedanken und Assoziationen die eigentliche Aussage des Satzes – die meist am Satzende bei KLEIST ihre endgültige Formulierung findet – nicht aus dem Auge zu verlieren.
Paradoxerweise wird meist der als ein guter KLEIST-Sprecher gerühmt, der solche Sätze in bestechender Schnelligkeit in einem Atem elegant abhaspeln kann. Auf diese Weise geht natürlich der ganze Humor, Bilderreichtum und der Reiz der vielfältigsten Gedankenverbindungen bei KLEIST verloren.

Drittens: Mit den Atmungsübungen ist vor allem das Atmungserlebnis heraufzubeschwören. Das ist sehr schwierig. Aber nur über das Körpergefühl ist der Sprecher fähig, die richtige Atmung – und das ist zugleich die natürliche Atmung – vollkommen beherrschen zu lernen.

Der Weg ist grundsätzlich folgender: Nehmen wir an, der Schauspieler X atmet unter „unbelasteten Umständen" normal. Sobald er bewußt zu gestalten hat, weicht er durch die verschiedensten Ursachen von der natürlichen Atmung ab und atmet verkrampft und mit einem Mehr an Muskelarbeit. Die Sprecherziehung hat ihm nun den unbewußten, von ihm unter anderen Umständen mit Leichtigkeit beherrschten Atmungsablauf bewußt zu machen. Das heißt, auch der unbewußte Atmungsvorgang wird jetzt kortikal gesteuert und die damit zusammenhängenden Muskelkontraktionen werden aufmerksam beobachtet und erlebt. Dieses Körpererlebnis ist mit den Übungen so zu festigen, daß es in allen Lagen zum Bedürfnis wird. Der Schauspieler X weiß nach solchem Studium über die richtige Atmung genau Bescheid und kennt darüber hinaus das spezifische Körpergefühl für die richtige Atmung.

Die Praxis zeigt, daß dieser Weg außerordentlich schwierig zu finden ist. Viele Schauspieler verbinden nämlich schon mit den bewußten Atmungsübungen ein Gefühl von Unnatur. Sie treiben den Bauch bewußt heraus und halten das damit verbundene Spannungsempfinden für „Bauchstütze" u. ä. Oder sie konzentrieren sich einseitig auf die untere Rippenpartie (die sog. Flanken) und verbinden so wiederum mit der Einatmung das Erlebnis eines Krampfes. Dazwischen haben sie immer wieder das Bedürfnis sich zu entspannen, indem sie ein paar tiefe Atemzüge nehmen, die meist mit Hochatmung gekoppelt sind. Es ist interessant, daß also in solchen Fällen Hochatmung mit Entspannung gleichgesetzt wird.

Auf der Bühne – wo selbstverständlich der Schauspieler nicht an die technischen Dinge denken darf – atmet er so, wie er es gewohnt ist, besser ausgedrückt: wie er sich am wohlsten fühlt, und das ist unter der Belastung der jeweiligen Aufgabe meist eine mehr oder weniger stark nach oben verschobene Brustatmung. Auf diese Weise bildet sich eine feste kortikale und subkortikale Verbindung aus zwischen Hochatmung, dem damit verbundenen spezifischen Körpergefühl und der Rolle. Diese Verbindung wird mit der Zeit so fest, daß sie auch auf das Privatleben übergreifen kann: Hochatmung – Körpergefühl – Sprechen.[1]

*c) Nervensystem und Stimme*

Zwei Fähigkeiten neben denen des Saugens, Schluckens und Verdauens sind dem Neugeborenen mitgegeben: die Fähigkeit zu atmen und die Fähigkeit zu schreien. Atmen und Stimmgeben stehen dabei von Anfang an in einem festen Zusammenhang, denn gleich nach dem ersten Einatmungszug erfolgt auch mit der ersten Ausatmung der Schrei. Dieses

[1] Über die natürliche Atmung vgl. S. 101 ff.

Schreien scheint reflektorisch zu entstehen, als Folge von Schmerz-empfindungen bei der Entfaltung der Lunge. Das Schreien des Säuglings unterstützt die Atmung, indem es die Ausatmungsphase bedeutend verlängert und auf diese Weise den Reiz zur Einatmung erhöht.

Diese Schreie des noch wenige Tage alten Kindes sind undifferenziert, ohne größere Schwankungen innerhalb der Melodie und innerhalb der Dynamik. Sehr früh aber bekommen sie Ausdruckscharakter, und die Umgebung des Säuglings deutet seine Schreie als Ausdruck der Unlust – des Hungers, des gestörten Allgemeinbefindens. Es ist interessant, daß die menschliche Stimme anfangs nur Ausdruck der Unlust ist; lustbetonte Schreie gibt das Kind erst wesentlich später von sich. Die Stimmgebung als Ausdruck innerer Befriedigung wirft somit auch ein Licht auf die geistige Entwicklung des Säuglings: Lustbetontes Schreien ist bereits eine höhere Leistung gegenüber den primitiveren Unlustschreien. Der Mensch behält diese frühen primitiven Ausdrucksformen der Stimme sein ganzes Leben – trotz der Ausbildung des Verstandes und trotz der allmählich erworbenen Fähigkeiten zu differenziertesten Ausdrucksmerkmalen.[1]

Es ist nach alledem nicht erstaunlich zu hören, daß also auch die Stimme ursprünglich einen sehr tiefen Sitz im Zentralorgan hat. Das sog. Phonationszentrum befindet sich in der Formatio reticularis des Rautenhirns. Man sollte aber auch hier den Begriff Zentrum nicht zu eng fassen, denn beim erwachsenen Menschen bestehen so enge Verbindungen zwischen diesem „Zentrum" und z. B. dem Thalamus, wo wahrscheinlich die automatischen Sprechbewegungen in Gang gesetzt werden, und den sog. Sprachzentren der Hirnrinde, von wo aus die Steuerung des gesamten Sprech-Denk-Ablaufs vorgenommen wird, daß man wohl kaum noch von selbständigen „Zentren" sprechen kann.

Entscheidend für uns ist die Erkenntnis: Auch bei der Stimmgebung unterscheiden wir eine ältere, angeborene Funktionsfähigkeit (gesteuert vom Rautenhirn) und eine jüngere, erworbene Funktionsfähigkeit (gesteuert vom Kortex[2] und verknüpft mit dem Thalamus und damit auch mit dem vegetativen und psychischen Geschehen). Daß dieser außerordentlich komplizierte zentralnervöse Vorgang wiederum mit den verschiedenen Atmungszentren verknüpft ist, muß nicht weiter betont werden. Stimmbildung und Atmung sind so fest miteinander verbunden, daß ihre Koordinierung beim Sprechen völlig unabhängig von unserem

---

[1] Siehe auch unsere Ausführungen über das Zustandekommen des Stimmausdrucks, S. 79 ff.
[2] Kortex, der = die Rinde, speziell: Hirnrinde.

Bewußtsein erfolgt, und zwar mit Hilfe des schon mehrfach erwähnten extrapyramidalen Systems.

Zur Ausbildung und Weiterbildung der Phonation gehört aber noch eine dritte Fähigkeit: die des Gehörs. Auch das Ohr hat seine Repräsentation im Gehirn, was das Sprechen betrifft, in der Hirnrinde. Das Gehör hat eine viel größere Bedeutung für die Qualität unserer Stimme, als sich der Laie im allgemeinen vorstellt. Wir nehmen nicht nur das Sprechen des Partners durch unser Ohr auf, sondern auch unsere eigenen Äußerungen. Diese Äußerungen werden durch das Gehör fortgesetzt registriert, das Gesprochene wird an der Hirnrinde mit dem Gemeinten verglichen und – wenn nötig – wird eine Korrektur vorgenommen. So hat das Gehör einen Einfluß auf den Sinn der Rede.

Sehr deutlich wird uns das durch den sog. LEE-Effekt vor Augen gebracht. Dieser Effekt beruht auf einer Verzögerung innerhalb der Wiedergabe der eigenen Sprache über einen Kopfhörer während des Sprechens. Die Versuchsperson hört sich also selbst über einen Kopfhörer, aber das Gehörte entspricht nicht mehr genau dem augenblicklich Gesprochenen, weil in den Rückkopplungsweg der Verzögerungsmechanismus eingeführt wurde. MEYER-EPPLER und LUCHSINGER (1955) konnten bei solchen Versuchen Sprachstörungen nachweisen, und zwar traten folgende Phänomene auf: Erschwerung des logischen Denkens; fortgesetztes Versprechen innerhalb des Sprechvorgangs durch Eindringen parasitärer Laute; Änderungen der Sprechtonhöhe und Einebnung der für die geschulte Singstimme charakteristischen Amplituden- und Frequenzschwankungen. Dieses sogenannte künstliche Poltern entsteht dadurch, daß der akustische Reiz immer verzögert zum kortikalen Zentrum gelangt, während die sprechmotorischen Zentren bereits gereizt wurden.

Aber auch auf die Qualität der Stimme hat das Gehör einen Einfluß. Der eigene Stimmklang wird für den Sprecher im Laufe der Jahre zum festen Maßstab des richtigen Stimmklangs überhaupt. So läßt sich der immer wieder zu beobachtende Umstand erklären, daß ein Sprecher mit einem ständig belegten Stimmklang sich dieser Belegtheit gar nicht bewußt ist; er hört sie zwar – aber er hat sich daran gewöhnt, sie ist ihm zum Maßstab der eigenen Stimme geworden, vielfach auch zum Maßstab bei der Beurteilung anderer Stimmen.

Diese Tatsache allein erklärt, wie wichtig es ist, daß der Sprecherzieher selbst über gute stimmliche Mittel verfügt. Darum ist auch seine eigene stimmliche Ausbildung für seinen späteren Beruf von eminenter Bedeutung.

Das Gehör übt selbstverständlich den gleichen Einfluß auch auf die Artikulation aus. Wohl der größte Teil derer, die einen S-Fehler haben, ist sich dieses Fehlers nicht bewußt, da sie das selbst produzierte s für die Norm halten. Für sie ist nun nicht etwa jedes richtige, von dem anderen gesprochene s ein Fehler – so verkehren sich die Dinge denn doch nicht –, sondern dem eigenen S-Laut wird im Gesamtlautverband nur keine besondere Aufmerksamkeit geschenkt, da das Zentrum während der Artikulation keinerlei Abweichungen signalisiert, das extrapyramidale System also unbekümmert seinen automatischen Dienst verrichten kann. Erst wenn der Betreffende durch andere auf seine falsche Lautbildung „aufmerksam" gemacht wird, kommt es zu Hemmungen im kortikalen Ablauf und zur Einschaltung des pyramidalen Systems.

Stimmbildung, Atmungsgeschehen, Artikulation, akustische Registrierung, dazu die Bewegungsempfindungen der Stimm- und Sprechorgane, die von der Peripherie mit Hilfe der Tiefensensibilität dem Zentrum vermittelt werden, und endlich die mannigfaltigen psychischen und vegetativen Vorgänge – alle diese aufgezählten Faktoren bilden im Zentralorgan eine fein aufeinander abgestimmte Einheit, deren eigentliche Bedeutung im Zusammenwirken beruht! Diese Fähigkeit zur Vereinheitlichung und harmonischen Abstimmung aller Teilfunktionen ist eben die höchste Errungenschaft des Zentralnervensystems der höheren Lebewesen, ist die besondere, im eigentlichen Sinne menschliche Höchstfunktion. Daß diese Höchstfunktion bei den einzelnen Individuen sehr unterschiedlich ausgebildet ist, daß sie aber auch von allen Funktionen am leichtesten gefährdet ist, beweist täglich die Praxis des Sprecherziehers. Wo dieses Zusammenspiel ungestört läuft, ist eine sprecherzieherische Beeinflussung unnötig, wenn nicht sogar schädlich.

Aus diesem Grunde ist die heute noch an unseren Schauspielschulen übliche Verallgemeinerung des Stundenplanes in Sprecherziehung falsch! Ein Schüler, dessen Sprechweise von Hause aus gut ist – was allerdings äußerst selten ist –, braucht viel weniger Sprechtechnik (im engeren Sinne) als ein schwieriger veranlagter. Bei dem ersteren ist es lediglich nötig, ihn in Zusammenarbeit mit den Schauspiellehrern unter den neuen Bedingungen seines Berufes zu beobachten und aufklärend zu führen. Gerade bei solchen Schülern wird die Anwendung der Technik zu reinem Formalismus, da sie selbstverständliche Abläufe nur bewußt macht und damit den Schüler vielfach verwirrt und so verschlechtert, statt bessert. Der Sprecherzieher aber wird durch den Zwang einer bürokratischen Stundenplanerfüllung zum Kleinkrämer, der an Nebensächlichkeiten herumbastelt, ohne wirklich für die Praxis des Schülers Entscheidendes zu verbessern.

Liegt aber eine Störung einer der Faktoren vor, so wird unweigerlich das Zusammenspiel betroffen, der Sprechablauf wird in irgendeiner Weise verändert. Die Stimme ist bei solchen Veränderungen meist am ehesten betroffen. Es ist klar, daß Stimmstörungen bei Kleinkindern am wenigsten auftreten. Aber die viel zitierte These von der nahezu unbegrenzten Beanspruchbarkeit der Babystimme entbehrt wohl doch genügend statistisch erfaßter Belege. Denn auch das Kleinstkind kann heiser werden, auch hier ist das Auftreten von Schreiknötchen an den Stimmlippen nicht allzu selten. Man sieht, auch die primitiveren Schreifunktionen der tieferen Zentren haben Grenzen ihrer Belastbarkeit.

Auch von dieser Warte aus betrachtet – nämlich aus der Sicht des neurophysiologischen Zusammenspiels beim Sprechen als menschliche Höchstfunktion –, zeigt sich, wie sehr die Sprecherziehung der Unterstützung der verschiedensten Fachrichtungen bedarf. Denn die oben angeführten Faktoren, deren Zusammenwirken erst den richtigen, d.h. natürlichen, Sprechablauf entstehen lassen, sind so wenig nur auf die Sprechorgane beschränkt, daß der Sprecherzieher viel mehr den Blick auf den ganzen Menschen richten müßte, um wirklich tiefgreifende Veränderungen durchführen zu können.

Stimmschäden oder aber auch nur ungünstige Stimmfunktionen will der Praktiker meist als isolierte Funktionsfehlformen ansehen und behandeln. Tatsache aber ist, daß Fehlfunktionen der Stimme zu 90% auf psychogenen Ursachen beruhen – denn auch das, was man medizinischerseits als „funktionelle Erkrankung" bezeichnet, ist vorwiegend psychogen überlagert. – Wirkliche organische Defekte als Ursachen von Stimmerkrankungen kommen in der Praxis des Sprecherziehers von Schauspielern kaum vor – und wenn doch, dann sollte der Pädagoge die Patienten an den Arzt verweisen!

Wir sind trotz dieser Feststellung nicht pessimistisch, da wir die praktische Erfahrung gemacht haben und auch die theoretische Überzeugung besitzen, daß eine gründliche Arbeit an den Teilerscheinungen auch zugleich tiefer auf die Ursachen und damit auf das Ganze und seine übrigen Teile einwirkt. Die oben angeführte Erkenntnis bewahrt uns aber andererseits vor Überschätzungen unserer Arbeit!

Wichtig innerhalb dieses Kapitels ist für uns noch die Feststellung, daß die Stimmfunktion eigentlich eine Bewegungsfunktion ist. Wie andere Körperbewegungen, so beruht auch die Stimmbildung auf dem sinnvollen Bewegungsmechanismus verschiedener Muskeln. Dabei ist zu unterstreichen, daß die Stimmbewegung nicht unabhängig von anderen Körperbewegungen verläuft, sondern – wie von den meisten Autoren betont wird (CLARA, SEEMAN, PICKENHAIN) – meist gekoppelt mit diesen. Die sog. Mitbewegungen laufen über das Extrapyramidalsystem und akzentuieren gleichsam durch den Körper das gesprochene Wort. Wir können so, durch geschickte Kopplung unserer Stimmübungen mit Körperbewegungen, einen indirekten Einfluß auf das Extrapyramidalsystem nehmen.[1] Auf diese Weise läßt sich vielfach über den Reiz einer Gesamtmotorik die Stimmgebung auf recht einfache Weise verbessern.

Sprecherische Ungeschicklichkeit ist im allgemeinen auch oft mit motorischer Ungeschicklichkeit verbunden. Aus diesem Grunde ist an den Schauspielschulen die Gymnastik auch für den Sprecherziehungsunterricht von eminenter Bedeutung!

### d) Nervensystem und Artikulation

Wir haben von der Atmung gehört, daß die Sprechatmung der Primäratmung aufgestockt ist; wir haben das gleiche von der Sprechstimme gehört, daß sie ebenfalls älteren Stimmfunktionen aufgelagert ist; und es ist daher nicht verwunderlich, wenn wir hören, daß auch die Artikulation – also der Bewegungsablauf der peripheren Sprechorgane – älteren, primitiveren Funktionen aufgepfropft ist.

Wir können also schon hier zusammenfassend sagen: Das Sprechen ist ein Neuerwerb des Nervensystems und mit ihm des gesamten Organismus. Dieser Neuerwerb bedeutete keine Neuausbildung von Spezialorganen, sondern nur eine Spezialisierung schon vorhandener Organe.

Auf dieser Erkenntnis beruht übrigens die später ausführlich zu behandelnde Kautherapie von FRÖSCHELS. Hier wird versucht, die Funktionstüchtigkeit der Kauwerkzeuge, die ja zugleich Sprechwerkzeuge sind, auch auf die Sprechfunktion zu übertragen; d. h., die neuere Funktion soll eine feste Verbindung – etwa im Sinne der bedingten Reflexe PAWLOWS – mit der festeren und daher sicheren älteren Funktion eingehen.

Die Artikulation vollzieht sich innerhalb derselben Räume und mittels derselben Organe, die direkt und indirekt am Kauakt beteiligt sind. Aufnahme, Zerkleinerung und Beförderung der Nahrung sind die Primärfunktion unserer Sprechwerkzeuge. Diese Primärfunktion ist die ältere, ihre zentrale Repräsentanz ist daher auch die festere; die „Zentren" für den Kau- und Schluckakt sind in tieferen Schichten zu suchen.

Aber die Unterschiede im Sprechen und Essen sind hier doch nicht so einfach als kortikal und subkortikal anzugeben, wie das bei der Atmung und Stimmbildung möglich war. Die Artikulation scheint eine wesentlich höhere Qualität darzustellen gegenüber dem viel einfacheren Kauprozeß. Während z. B. auch die Sprechatmung noch immer wesentliche Verbin-

---

[1] Vgl. S. 299 ff.

dungen zum Subkortex[1] behält, darum der Anteil des vegetativen Nervensystems an der Atmung doch relativ hoch ist, während wir ähnliches auch von der Sprechstimme sagen konnten, scheint die Artikulation wesentlich unabhängiger vom Subkortex zu sein. Freilich laufen die Bahnen von der Hirnrinde auch durch den Hirnstamm und erhalten von hier vielerlei Aufladungen, aber eigentliche subkortikale Felder, die entscheidend die Artikulation mitbestimmen, scheint es nicht zu geben.

> Dafür gibt es auch eine einleuchtende phylogenetische Erklärung. Die Fähigkeit, Stimme zu bilden und damit auch die Atmung in den Dienst solcher Stimmbildung zu stellen, mit der Stimme gewisse Zeichen für die Artgenossen auszudrücken, diese Fähigkeit besitzen alle höheren Tierarten. Aber artikulieren, d.h. koordinierte Bewegungen der Kauwerkzeuge durchführen und mit diesen Bewegungen Schallzeichen formulieren, denen ein Bedeutungsinhalt zukommt, das kann nur der Mensch.

Aus diesem Grunde ist die Artikulation immer an einen Sinn gebunden und daher immer entscheidend vom Kortex gesteuert! Wir sollten uns diese Erkenntnis tief einprägen, weil sie so wichtig ist für die Sprecherziehung und für die Wahl ihres Übungsmaterials.

Jeder normale Mensch artikuliert nur, wenn dafür ein Reiz vorhanden ist, der sich aus einem Mitteilungsbedürfnis ableitet.[2] Das unverständliche Lallen des Kleinkindes ist noch keine Artikulation, sondern lediglich eine menschliche Vorstufe dazu. Durch das Lallen bildet das Kind allmählich die entsprechenden Zentren an der Hirnrinde – das motorische und das sensorische Sprachzentrum – aus, aber sein Lallen ist anfangs ganz von der zufälligen Lage der Sprechwerkzeuge abhängig und keineswegs bewußt gesteuert.

> Es ist übrigens falsch, was von manchen Sprechpädagogen und Stimmbildnern für ihr Lehrgerüst ins Feld geführt wird, daß das Lallen des Kindes sich auf die Laute des vorderen Artikulationsbezirke hauptsächlich beschränke. Aus dieser irrigen Meinung wird gefolgert, daß die vorderen Laute die ursprünglicheren und damit auch sicheren Laute seien. Das vordere Artikulationsgebiet besitzt zwar einen großen Wert für die Stimmbildung, aber einen nur sehr geringen für den Artikulationserwerb. Bei dem Kleinkinde ist in Wirklichkeit häufig das Gegenteil der Fall: es lallt zuerst mit gutturalen Lauten, bei meist stark zurückgefallener Zunge; und zwar hängt diese Art der Lautierung mit der Lage des Kindes zusammen (meist Rückenlage).

[1] Unter der Rinde befindliche Hirnteile.
[2] Die Sonderfälle, die mit der Hypnose oder mit hypnotischen Situationen verbunden sind, oder die sich aus pathologischen Verhältnissen innerhalb des Zentralnervensystems ergeben, interessieren uns nicht, da sie im Grundsätzlichen unserer Feststellung nicht widersprechen!

Allmählich bilden sich so die wichtigen Felder aus, die für die Artikulation, noch umfassender: für das Sprechen und schließlich im weitesten Sinne: für die Sprache und das Sprachverstehen die Hauptaufgaben übernehmen. Man nennt die Felder – entsprechend ihrer Bedeutung – „motorisches Sprachzentrum" und „sensorisches Sprachzentrum".

Das motorische Sprachzentrum (BROCAsches Zentrum) enthält die kinästhetischen Erinnerungsbilder und übermittelt seine Impulse der kortikalen Vertretung der Muskel unserer Sprechorgane in der Reihenfolge, in der die Sprech- und Stimmorgane bei der richtigen Bildung der Wörter in Tätigkeit treten müssen. Diese Vertretung befindet sich im untersten Abschnitt der vorderen Zentralwindung des Kortex beider Seiten. Das motorische Zentrum liefert also den Bewegungsentwurf, es ist der Architekt der Sprache (CLARA). Es befindet sich in der Regel beim Rechtshänder auf der linken (dominierenden) Hemisphäre des Großhirns, erteilt aber seine Befehle an beide Hemisphären, da auch die Sprechorgane jeweils eine zweiseitige kortikale Vertretung besitzen!

> Linkshändigkeit von Geburt ist in der Regel mit einer rechtsseitigen Repräsentanz des BROCAschen Zentrums verbunden. Diese Bedingtheit des motorischen Sprachzentrums von der Geschicklichkeit der Hände – die ja ursprünglich noch nichts mit dem Schreiben zu tun hat, weil das das Kind erst viel später erlernt – ist ein erneuter Beleg für die Abhängigkeit der Sprechfunktionen von der Körpermotorik.
> Bei Linkshändigkeit kann mit dem rechtshändigen Schreiberwerb sogar vorübergehende leichte Sprachstörung auftreten, die das Kind in einem entsprechend verständigen Milieu bald wieder mit der Festigung des Schreibvorganges überwindet.

Das sensorische Sprachzentrum (WERNICKEsches Zentrum) dient dem Sprachverständnis. CLARA bezeichnet es als das Zentrum für eine Art Erinnerungsvermögen für Schon-Gehörtes.[1] Es besitzt daher eine enge Verbindung mit den kortikalen Feldern, die für die akustischen Wahrnehmungen empfindlich sind.

> Außerdem existieren noch eine Art „Lesezentrum", wo die Erinnerungsbilder für Schriftzeichen entstehen, und ein „Schreibzentrum", welches wieder als motorisches Zentrum den Anreiz zum Schreiben an die Hand abgibt.
> Interessant in diesem Zusammenhang ist für uns die klinische Erfahrung, wonach bei bestimmten Formen von Aphasie eine Besserung der Krankheit eintreten kann, wenn der Patient anhaltend das Schreiben mit der

---

[1] Wir müssen es uns in dieser Arbeit versagen, den mit der Materie nicht vertrauten Leser auch mit dem aufschlußreichen und interessanten Gebiet der Aphasien (Sprach- bzw. Sprechunvermögen durch Ausfall eines der Zentren) bekannt zu machen.

linken Hand trainiert. Da das lädierte Sprachzentrum jenes Patienten sich in der linken Hirnhemisphäre befindet und durch seine Läsion bestimmte sprachliche Ausfallerscheinungen hervorruft, muß mit der Besserung der sprachlichen Leistung durch linkshändiges Schreiben auf die Fähigkeit der Ausbildung eines Ersatzzentrums auf der rechten Hirnhemisphäre geschlossen werden. Tatsächlich berichten eine Reihe von Autoren von ähnlichen Fällen. CLARA (S. 660) bestreitet allerdings, daß das motorische Sprachzentrum auf der Gegenhemisphäre ersetzt werden könne, denn bei den meisten Aphasiefällen, die auf Ausfall des motorischen Zentrums beruhten, habe ein solcher Ersatz nicht stattfinden können. – Wie dem auch sei, man erkennt auch hier, daß die Ausbildung der höchsten Zentren des Nervensystems nicht in starren Grenzen verläuft, sondern offenbar während des ganzen Lebens anhält, wodurch der Mensch eben fähig ist, sein ganzes Leben hindurch immer wieder neue sprachliche Eindrücke zu verarbeiten und damit sein Weltbild ständig zu erweitern. „Man lernt nie aus!" sagt der Volksmund.

Zusammenfassung:

Wir haben der Anschaulichkeit wegen einen nicht zu trennenden Komplex in Atmung, Stimme und Artikulation aufgeteilt. Wir werden das auch in den späteren Kapiteln tun müssen, weil wir sonst zu sehr auf eine gewisse Übersichtlichkeit verzichten müßten. Aber wir haben damit nur die Enden von Fäden in der Hand, die sich in einem unentwirrbaren Knäuel verlieren – unmöglich zu sagen, welcher gerade in dem Knäuel erkennbare Faden zu den Enden in unserer Hand gehört!

Von der feineren Struktur und dem unerhört komplizierten Funktionsablauf dieser höheren Einheit wissen wir noch sehr wenig – dennoch: Wir haben gewisse Vorstellungen von ihrem Entstehen und sind fähig, die zwar praktisch nicht teilbare Einheit wenigstens theoretisch zu durchschauen und in ihre einzelnen Glieder zu zerlegen. Dabei sind wir in der Lage, diese einzelnen Glieder in ihrer unterschiedlichen Qualität zueinander zu bestimmen und können so wiederum das Ganze besser verstehen.

Konkret können wir mit KAINZ (1954, III, S. 68) folgendes zusammenfassen:

*1. die Sprachzentren sind keine fixen anatomischen Minimalbereiche von lediglich punktueller Ausdehnung, sondern umfassendere Regionen, denen keine feste Stabilität, sondern eine gewisse Wandelbarkeit eignet; 2. sind sie nichts von Anfang an fertig und funktionsfähig Vorhandenes, sondern etwas, was sich erst im Lauf der geistigen Entwicklung phylo- wie ontogenetischer Art ausbildet; 3. darf man die Sprachzentren nicht als für sich und in Isolation arbeitsfähige corticale Sonderbereiche auffassen, vielmehr vollbringen sie ihre spezifische Funktion nur als integrativen Beitrag zu einer Leistungs-*

*gestalt, die das Erzeugnis eines differenzierten Funktionsgefüges ist: sie sind somit zwar ausgezeichnet, aber unselbständige Glieder eines übergreifenden Systems.*

Für die Sprecherziehung bedeuten diese Erkenntnisse:

1. Da das Sprechen im Laufe des Lebens erworben wird, ist es sowohl seinem Inhalt wie seiner Formung nach zu beeinflussen. Solche Beeinflussung ist um so tiefgreifender und nachhaltiger, je früher sie geschieht. Die günstigsten Voraussetzungen hat also die Sprecherziehung in der Zeit der geistigen Entwicklungsjahre des Kindes, also in der Schulzeit.

> Diese wichtige Schlußfolgerung findet leider in der Praxis noch viel zu wenig Anwendung. – Die Sprecherziehung des Schauspielers steht vielfach Problemen gegenüber, die sie nur noch schwer lösen kann, während die Schule mit Leichtigkeit entsprechende Funktionsstörungen hätte beseitigen können!

2. Je „höher" die Funktionen zentral verankert sind, desto weniger gefestigt sind sie, desto leichter sind sie auch zu beeinflussen. Folglich sind Artikulationsfehler am leichtesten zu korrigieren, denn die Artikulation ist ausschließlich kortikal vertreten. Das einzige, was der günstigen Veränderung der Artikulation im Wege steht, ist die Gewohnheit, d. h. der extrapyramidale unbewußte Funktionsablauf. Dieser unbewußten Steuerung muß längere Zeit die bewußte willentliche pyramidale Steuerung gegenübergestellt werden. Das ist die pädagogische Hauptforderung im Zusammenhang mit der Beseitigung artikulatorischer Fehlleistungen.

> Daß auch das artikulatorische Geschehen vielfach psychischer Beeinflussung mit ausgesetzt wird, steht nicht im Widerspruch zu dem Gesagten. Grundsätzlich ist die Aberziehung von Artikulationsfehlleistungen eine Willensfrage des betreffenden Sprechers; mit anderen Worten: Die Veränderung der Artikulation ist in erster Linie eine Fleißaufgabe!

Bei der Stimmbildung und Atmung kommt zu ihrer extrapyramidalen Steuerung noch für die Pädagogik erschwerend ihre vielfache subkortikale Repräsentierung hinzu. Aus diesem Grunde führt die lediglich kortikale, willentliche Beeinflussung nicht so schnell zum Ziele, da Atmung und Stimmgebung zu stark mit außersprachlichen Funktionen belastet sind und demzufolge viel stärker auf alle Störungen psychischer sowie auch rein körperlicher Art reagieren.

> Während also für die Beseitigung von Artikulationsfehlleistungen in erster Linie sinngebundene Übungen benutzt werden sollten – da der gestörte Laut ja vor allem innerhalb des sinngebenden Gesamtverbandes verändert werden soll und auch nur so für das Spontansprechen verbessert werden kann –, kommt die Pädagogik bei der Atmungs- und Stimm-

schulung nicht ohne gewisse Übungen aus, deren sprachlicher Zusammenhang nur lose ist. Die Frage ist nur, welcher Art solche „sinnleeren" Übungen sein sollen.[1]

3. Wir können auf Grund unserer Kenntnisse auf dem Gebiet des Zentralnervensystems nun auch eine bessere Einschätzung der Leistungen des Sprechers geben und wiegen uns vor allem in den Möglichkeiten einer Beeinflussung nicht in Illusionen.

> So ist bei einem Dialektsprecher, bei einem Sachsen z.B., die Beseitigung der charakteristischen Verwechselung der Explosivlaute bei einigem Fleiß des Sprechers relativ leicht, eine völlige Veränderung jedoch der charakteristischen Sprechmelodie (Melos) ist bei einem „eingefleischten" Sachsen nicht möglich. Natürlich gilt das gleiche für jeden anderen Dialektsprecher. Es kommt eben hier darauf an, seit wann der Betreffende unter dem Einfluß des landschaftlich gebundenen Sprachgebrauchs stand.
> Gegenüber dem Mitteldeutschen ist man im Gegensatz zu anderen deutschsprachigen Sprechern besonders unerbittlich, nicht, weil sich sein Melos besonders aufdrängt, sondern weil es in ganz Deutschland nach einem ungeschriebenen ästhethischen Gesetz als besonders unschön (und wahrscheinlich auch als „unfein") gilt!

4. Die Sprecherziehung kann bestimmte Aufgaben – vor allem im Zusammenhang mit der Erziehung des Schauspielers – allein gar nicht lösen. Der Sprecherzieher des Schauspielers muß daher um die spezifisch schauspielerischen Belange wissen oder umgekehrt – was meist zu wenig bedacht wird: Der Regisseur muß die sprecherzieherischen Grundgesetze genau kennen.

> Zum Beispiel einen „Ausbruch" kann man genaugenommen nicht in der Sprecherziehung technisch erarbeiten. Dennoch: Auch bei einem solchen Ausbruch sind gewisse sprechtechnische Gesetze zu befolgen, jeder Verstoß dagegen führt zu stimmlichem Versagen! Aber diese Gesetze muß der Schauspieler so gut kennen wie sein Regisseur.[2]
> Andererseits: Von einem körperlich wie seelisch völlig Niedergeschlagenen – den ein Schauspieler zu verkörpern hat – kann ein Sprecherzieher nicht die Stimme eines Herkules erwarten – solche Erzeugnisse entsprächen nicht der Realistik der Szene.

5. Die Sprecherziehung gewinnt aus den Kenntnissen der zentralnervösen Zusammenhänge auch direkte methodische Hinweise. Sie sucht z.B. nach Methoden, mit Hilfe derer sie besser die stimmliche Leistung in Verbindung mit der gesamtkörperlichen bringen kann. Sie entwickelt Übungen,

---

[1] Vgl. S. 233.
[2] Genaueres siehe Kap. III, S. 185 ff.

wo die Körpermotorik in ihrer Gesamtheit einen Antrieb erfährt und nun ihrerseits diesen Antrieb auf die Sprechmotorik überträgt.[1]

6. Die Sprecherziehung lernt durch die Lehre von den Funktionen des Nervensystems, daß ein Text nicht gestaltet werden kann, wenn man den Interpreten dazu anhält, rein „äußerlich" an dieser Stelle die Stimme zu heben, an jener zu senken, hier eine Betonung anzubringen und dort eine Pause zu machen. Diese Lehrweise ist gänzlich veraltet und wird durch das bisher Gesagte noch mehr verurteilt.

> Leider gibt es heute noch sehr viele Schauspieler, die den Eleven solchen unsinnigen Unterricht angedeihen lassen. Übrigens sind nicht zuletzt durch diese Sprechweise unsere Nachwuchsschauspieler den Klassikern gegenüber so abweisend geworden!

Andererseits wissen wir, daß der Ausdruck der Stimme – der von subkortikalen Feldern gesteuert wird – sich dann in entsprechender Echtheit einstellt, wenn es dem Schauspieler gelingt, nicht durch „Verstellung" – wie vielfach von Laien angenommen wird – die Stimme zu beeinflussen (also direkt kortikal!),[2] sondern durch Konzentration auf die zu spielende Situation, wodurch sich der Schauspieler selbst in eine Lage versetzt, die in ihm Gefühle und Erlebnisse wachruft, welche nun wiederum ihrerseits indirekt (und zwar jetzt wiederum subkortikal!) den stimmlichen Ausdruck festlegen.[3]

Es wird, nach allem, was wir bisher zusammengetragen haben, den Leser nicht erstaunen, wenn er bei f. trojan (1959) liest, daß die Sprecherziehung so auf *entwicklungsgeschichtlicher Grundlage* beruhe: Indem die Sprecherziehung den stimmlichen Ausdruck schule, knüpfe sie an die frühen Schreie des Kleinstkindes an, die in ihrer einfachen Lust- oder Unlustbetontheit vom Hirnstamm gesteuert würden; indem sie die Technik des Sprechens vermittle, sei die Sprecherziehung eine Fortführung der kindlichen Nachahmungsperiode auf höherer Ebene und wende sich nun bereits vorwiegend an den Kortex; endlich ziele die Sprecherziehung als Redekunst (und ganz allgemein als Erziehung zur Wortgestaltung) auf die kortikale Begriffssphäre hin, womit sie an die Periode des spontanen Sprechens anknüpfe. Und TROJAN sieht in der Sprecherziehung die Aufgabe, *in jeweils andersartigem Ansatz die schon erworbenen Fähigkeiten so weiterzubilden, daß sie zu spezifischen Höchstleistungen führen. Da diese*

[1] Vgl. S. 299 ff.
[2] Das kommt nur in Ausnahmefällen vor, nämlich dort. wo Verstellung gefordert wird, wobei sie dann auch dem Zuhörer und Zuschauer als solche ins Auge springt.
[3] Zum Ausdruck der Sprechstimme siehe S. 79 ff.

*aber Tragepfeiler der allgemeinen Bildung und Kultur sind, erscheint es als
eine berechtigte Forderung, der Sprechkunde und der Sprecherziehung eine
Schlüsselstellung im Bereich aller höheren Bildung einzuräumen* (S. 334).

### e) Singen und Sprechen

Schon allein darum, weil es sehr viele „Stimmbildner" gibt, die ursprünglich Sänger waren und nun Schauspieler stimmerzieherisch betreuen, und
weil diese Lehrer vorwiegend z. T. gering abgewandelten Gesangsunterricht erteilen, ist es nötig, über den Unterschied von Singen und Sprechen
zu berichten.[1]
Für das Singen und Sprechen benutzen wir die gleichen peripheren
Organe. Die Funktionen dieser Organe sind ebenfalls für das Singen wie
für das Sprechen fast die gleichen. Die Resonanzverhältnisse sind ähnlich; die Stimmlippentätigkeit ist – im groben gesehen – fast die gleiche,
und auch die Artikulation ist für das Singen wie für das Sprechen im
Deutschen – abgesehen von einigen Eigentümlichkeiten der Artikulation
einiger Gesangsschulen – fast gleich. Eine völlige Identität allerdings
können wir in keiner der angeführten Funktionen feststellen.
Es gibt also neben dieser annähernden Gleichheit auch geringfügige Abweichungen!
Auf dem Gebiet der Atmung gibt es solche Abweichungen. Zum Beispiel
ist die Phase der Ausatmung beim Singen gegenüber der beim Sprechen
oft bedeutend länger; außerdem ist das Erlebnis der Atemstütze beim
Sänger wesentlich tiefer als beim Sprecher. Daraus ergibt sich auch für
die Haltung ein gewisser Unterschied: Der Sprecher kann nahezu in allen
Körperlagen sprechen (zwar nicht immer mit voller Stimme und nicht
ohne Mühe, aber er kann sich dennoch verständlich machen), dem Sänger
sind für seine gesanglichen Darbietungen, was die Körperhaltung betrifft,
engere Grenzen gesetzt – und der Regisseur einer Oper wird sich, bei allen
Bemühungen um realistische Spielweise, diesen Gesetzen unterwerfen
müssen. Bei staccatierendem Gesang ist die Tätigkeit der Bauchdecke
und des Zwerchfells anders als je beim Sprechen; der Sprecher kennt überhaupt eine ähnliche Situation nur beim Lachen.
Die Kehlkopffunktionen beim Singen sind denen des Sprechens
zweifellos ähnlich, aber sie gleichen ihnen nicht. Nicht nur, daß die

---

[1] Wir fügen dieses Kapitel schon hier an, da es viele Anknüpfungspunkte zu dem
bisher Dargelegten hat.

Stimmlippentätigkeit während des Singens in mancherlei Hinsicht viel intensiver ist, die Spannungsverhältnisse innerhalb des Kehlkopfs weichen vor allem von denen des Sprechens ab. Es entspricht dem Bestreben des Sängers, den Stimmton so wenig wie möglich während des Singens einer gesanglichen Phrase zu unterbrechen. Das geht vielfach auf Kosten der Stimmlosigkeit der betreffenden Konsonanten – worin sich bereits eine weitere geringe Abweichung, diesmal bei der Artikulation, vom Sprechen zeigt. Während beim Sprechen auch die Knorpelritze zwischen den beiden Stellknorpeln fortgesetzt einer Öffnungs- und Schließungstendenz ausgesetzt ist, arbeitet die Gesangstechnik geradezu auf die Vermeidung des häufigen Auseinanderrückens der Stellknorpel hin.[1]

Die Resonanzräume sind für Sprechen wie Singen die gleichen. Die menschliche Stimme wird in beiden Fällen auf die gleiche Weise zum Klingen gebracht. Darin also bestehen keinerlei Unterschiede.

Es gibt auch für den Gesang keine besondere „Resonanzsteuerung", etwa einmal mehr in den Kopf (als Kopfresonanz) oder mehr in die Brust (als Brustresonanz). Solche charakteristischen Klangunterschiede werden nicht durch die einseitige Bevorzugung dieser oder jener Resonanzhöhlen erreicht, sondern lediglich durch charakteristische Änderungen im Schwingungsmechanismus der Stimmlippen[2].

Aber die Nutzung der Resonanzräume ist unterschiedlich. Der Sänger verharrt wesentlich länger in der jeweils vorgenommenen Ausformung des Resonanzraumes als der Sprecher, der die Resonanzräume fortgesetzt umformt.

Man ist darum mit Recht von der Bezeichnung „Stellungslaute" während der Artikulation abgekommen. Denn der Sprecher läßt seine Sprechwerkzeuge nicht in Stellungen beharren, sondern seine Artikulation ist ein echter Bewegungsvorgang, wobei die Sprechwerkzeuge allerdings nach dem Gesetz der deutschen Hochlautung gewisse vorgeschriebene, für den jeweiligen Laut charakteristische Bewegungsformen innerhalb mehr oder weniger eng umschriebener „Artikulationsfelder" durchführen.[3]
Für den Gesang gilt das in wesentlich geringerem Maße; wobei es der Natur des Kunstgesanges entspricht, daß der Vokal die dominierende Stellung einnimmt.

[1] Siehe über die Stimmlippentätigkeit beim Sprechen S. 123 ff.
[2] Wir kommen auf die Frage der „Register" des Gesanges und ihre Anwendung auf die Sprechstimme noch einmal in anderem Zusammenhang zurück, weshalb wir uns hier eine eingehende Erörterung sparen können (siehe S. 86, 128 f. und 267 ff.).
[3] Vgl. S. 151 ff.

Damit wurden auch bereits die Unterschiede in der Artikulation angedeutet: Überbewertung des Vokales bzw. des stimmhaften Lautes, stärkere Ausformung des Lautes bei geringeren Bewegungsvariationen innerhalb des gesamten Ansatzrohres beim Singen.

Man könnte, was die geringeren Unterschiede zwischen Singen und Sprechen betrifft, zusammenfassend sagen: Die Gesangstechnik entspricht in vielen Punkten der Sprechtechnik – nur werden die Sprechfunktionen durch ein Vergrößerungsglas gesehen und in Zeitlupe durchgeführt!

Schon diese geringfügigen Abweichungen des Gesanges vom Sprechen veranschaulichen, wie wenig man einfach die Gesangstechnik auf die Sprechtechnik übertragen kann. Wir wollen im folgenden nun die entscheidenden, unüberbrückbaren Gegensätze zwischen den beiden stimmlichen Ausdrucksformen darlegen.

Diese Gegensätze ergeben sich sowohl in inhaltlicher als auch in formaler Beziehung:

Der subkortikale Anreiz ist für die Singstimme wesentlich geringer als für die Sprechstimme. Der Anreiz geht *beim Singen ... von der Hirnrinde aus, integriert durch die Tätigkeit der Hörzentren ohne Anreizung des VIII. Gehirnnerven*[1] (H.-H. WÄNGLER, 1959, S. 335). Das bedeutet, daß die gesamte gesangliche Formgebung viel bewußter erfolgt als die des Sprechens. Damit soll der psychische Anteil am Singen nicht geleugnet werden – aber die subkortikalen und vegetativen Zentren haben auf das Singen einen wesentlich geringeren Einfluß als auf das Sprechen.

Hiermit ergibt sich ein bedeutender Unterschied zwischen Gesangs- und Sprechstudium, der kaum überbrückt werden kann: Singen bedeutet gegenüber dem Sprechen eine grundsätzlich andere Qualität. Das Singen – wobei wir hier immer den Kunstgesang im Auge haben – hat eine eigenständige, vom Spontansprechen des Alltags unabhängige Formstufe erarbeitet, die als Sonderleistung des betreffenden Individuums anzusehen ist und die auch im Zentralnervensystem einen eigenen, nur für das Singen geltenden Funktionsablauf ausgebildet hat.

Das erklärt einerseits, warum ein guter Sänger durchaus ein schlechter Sprecher (auch in bezug auf seine Sprechstimme) und, umgekehrt, ein guter Sprecher ein schlechter Sänger sein kann! Andererseits kann man so erklären, weshalb der Gesangsunterricht tatsächlich für eine erfolgreiche Ausbildung viel günstigere Vorbedingungen hat: eben weil er von vorn-

---

[1] Die VIII. Gehirnnerven verlaufen vom inneren Ohr, bzw. vom Labyrinth, direkt zum Gehirn. Sie sind die Sinnesnerven für das Gleichgewichts- und das Hörorgan.

herein viel weniger im Kampf mit dem wesentlich tieferen Formniveau des alltäglichen Umgangsgesprächs liegt als der Sprechunterricht. Für das Sprechen steht immer der Sinnbezug im Vordergrund: Der Formungswillen darf nie über dem Mitteilungswillen stehn.[1] Im Kunstgesang steht der Formungswillen stets über dem Mitteilungswillen. Für den Schauspieler führt die Überbewertung der Formung immer zu einem sinnentleerten Sprechen oder zu einer Sprechtechnik, die ein Sonderdasein führt und für die Bühne nicht zu gebrauchen ist!

> Es mögen noch so viele Gesangspädagogen die Ausbildung auch der Sprechstimme durch den Gesangsunterricht empfehlen, sie kommen über den eben aufgezeigten Gegensatz nicht hinweg und müssen darum entweder ihrer Methode in entscheidenden Punkten untreu werden oder aber ihrem Ausbildungsziel, was dann gegenüber dem Sprecher ein glatter Betrug wäre. In der Tat, wieviel „Sprech"lehrer gibt es nicht, die im fortgeschrittenen Stadium ihres Unterrichtes nur noch Kunst- und Volkslieder singen lassen.
>
> Solches Gesangsstudium – wenn es von einem guten Lehrer durchgeführt wird – halten wir nicht für das Sprechen gefährlich, weshalb grundsätzlich nichts dagegen einzuwenden ist, aber wir halten seinen Einfluß auf das Sprechen für nur sehr gering.

Ein wesentlicher Unterschied besteht auch in der Verwendungsweise der Sprache beim Singen bzw. beim Sprechen. Die Melodie eines Satzes ist im Gesang musikalisch festgelegt. Der Sänger kann also die Betonung und damit die Sinnsetzung innerhalb eines Satzes viel weniger selbständig vornehmen, als dies der Sprecher tut. Die Hebungen und Senkungen der Stimme sind beim Sprechen viel häufiger als beim Singen, während wiederum der Gesamtumfang vom tiefsten bis zum höchsten Ton beim Singen eines Satzes viel umfangreicher ist als beim Sprechen. Der Tonhöhenverlauf beim Sprechen ist so unbestimmbar, daß er nicht durch ein Notensystem festgelegt werden kann.

> Solche Festlegung ist auch für das Sprechen überflüssig. Es wird vielfach Klage geführt, daß für das Rezitieren noch kein System erfunden wurde, wonach der Tonhöhenverlauf für jedermann aufgezeichnet werden kann. Das wäre der Tod jeder sinnbezogenen Mitteilung durch das gesprochene Wort. Denn die charakteristische Melodie eines gesprochenen Satzes ergibt sich eben aus dem Denkprozeß: Der Sprecher hat den Satz geistig zu erfassen, und aus dieser geistigen Verarbeitung ergeben sich von selbst Tonhöhe, Tempo usw.

Endlich wollen wir noch einen letzten großen Unterschied zwischen Sprechen und Singen anführen: Der Stimmumfang beim Singen ist wesent-

---

[1] Vgl.: Über das Verhältnis von Mitteilung zu Formung, S. 78.

73

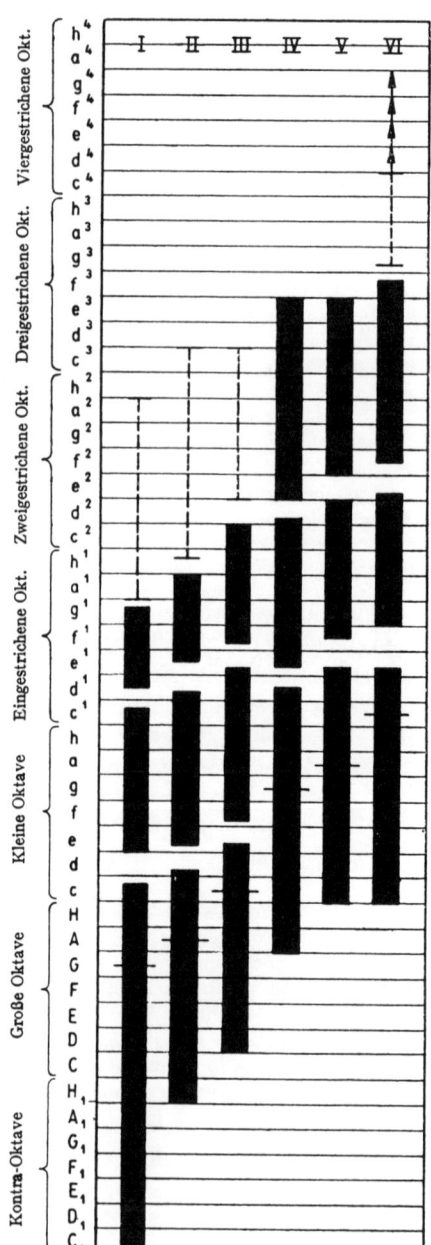

Viergestrichene Okt. { h⁴ a⁴ g⁴ f⁴ e⁴ d⁴ c⁴

Dreigestrichene Okt. { h³ a³ g³ f³ e³ d³ c³

Zweigestrichene Okt. { h² a² g² f² e² d² c²

Eingestrichene Okt. { h¹ a¹ g¹ f¹ e¹ d¹ c¹

Kleine Oktave { h a g f e d c

Große Oktave { H A G F E D C

Kontra-Oktave { H₁ A₁ G₁ F₁ E₁ D₁ C₁

I — II — III — IV — V — VI

*Abb. 7. Stimmumfänge:*
*I Baß, II Bariton, III Tenor, IV Alt,*
*V Mezzosopran, VI Sopran*
*(nach* M. NADOLECZNY)

lich größer als der beim Sprechen. Abb. 7 zeigt den Gesamtumfang der menschlichen Stimme. Daraus ist ersichtlich, daß sich die Sprechstimme lediglich im unteren Drittel des Gesamtstimmumfanges des betreffenden Individuums befindet.

Dieser Tatsache stehen die meisten Schauspieler verständnislos gegenüber. Sie gehen zum Gesangspädagogen, um ihren Stimmumfang für die Bühne erweitern zu lassen und freuen sich, daß sie nach einiger Zeit Töne singen können, an die sie vorher nicht einmal zu denken wagten. In Wirklichkeit aber gibt es in keiner (wenigstens europäischen) Sprache Tonhöhen zu sprechen – und zwar unter keiner noch so extravaganten Bedingung –, die den gesungenen auch nur im entferntesten nahekämen. Die höchste Lage der Sprechstimme ist die sog. Ruftonlage, die sich etwa in dem in Abb. 7 mit einem Querstrich innerhalb der einzelnen Stimmgattungen eingezeichneten Bezirk bewegt.

Diese Ruftonlage wird lediglich bei der Darstellung bestimmter pathologischer Zustände vom

Schauspieler überschritten. Er trifft aber auch dann nicht etwa einen
Gesangston, sondern einen sehr spitzen, hellen Sprechton, der noch dazu
innerhalb eines Satzes lediglich auf einer Silbe plaziert ist. Vielfach gilt
dieser Ton als Ausdruck des Hysterischen, und er wird nicht selten gebrochen, was man als „Überkieksen" bezeichnet und was natürlich ein
Charakterisierungsmittel bedeuten kann.[1,2]


## 3. Mitteilung und Formung

Jede mündliche sprachliche Äußerung eines Menschen steht unter dem
Einfluß zweier innig miteinander verbundener Kräfte: dem Willen, sich
mitzuteilen und dem Willen, diese Mitteilung in eine dem anderen ver-
ständliche Form zu bringen.

> Wir sind uns bewußt, daß wir bei dieser Betrachtung die Affektäußerung
> auslassen. Der Extremfall solcher Affektäußerung ist der unartikulierte
> Schrei – das Ergebnis blinder Wut oder panischen Schreckens oder was
> auch immer für psychische Ursachen vorliegen mögen. Es handelt sich
> tatsächlich dabei immer um einen Grenzfall, durch den jede intellektuelle
> Selbstkontrolle ausgeschaltet wird. Natürlich gibt es auch affektbetonte
> Äußerungen mit harmloseren Ursachen: etwa der Ausruf „Aua!!" bei
> plötzlicher Schmerzempfindung.
> Wir können diese Äußerungen als Sonderfälle betrachten und auch in der
> Praxis als solche behandeln – und darum jetzt an dieser Stelle vernach-
> lässigen.

Das Mitteilungsbedürfnis ist die eine große Kraft, die zur Äußerung
führt. M.-H. KAULHAUSEN (1949) unterscheidet verschiedene Formen der
Mitteilung, die wir in diesem Rahmen nicht alle zu nennen brauchen.
Die Mitteilung verlangt auch einen Hörer, der sie aufnimmt. Jede sprachliche Äußerung ist also hörerbezogen (von den obengenannten Grenzfällen
abgesehen). M.-H. KAULHAUSEN legte 1953 (2. Aufl. 1958) in ihrem sehr
guten grundlegenden Buch über das Dichtungsprechen dar, daß auch jede
Dichtung hörerbezogen ist und der Sprecher die Dichtung als Mitteilung
wiederzugeben hat.
Der Wille zur Mitteilung ist bekanntlich bei jedem Menschen unterschiedlich stark. Er ist abhängig vom Temperament und von der Gesprächs-
situation, in der sich der Sprechende befindet.

> Hier setzen die meisten Typologien an (u.a. die von DRACH), indem sie
> Mitteilungsfreudige von Mitteilungsgehemmten unterscheiden (oder aber

---

[1] Zur Darstellung des Stimmpathologischen siehe S. 186ff.
[2] Zur *natürlichen Sprechstimmlage (Indifferenzlage)* siehe S. 137ff.

ähnliche Einteilungen vornehmen). Wir können in der Sprecherziehung des Schauspielers auf solche Typologien verzichten.

Das Mitteilungsbedürfnis allein schafft noch keine mündliche Äußerung, es muß noch eine zweite Kraft dazukommen, eine Kraft, die die Sprechorgane zur Formung treibt. Und auch diese Antriebskraft ist dem Willen unterworfen, weshalb wir sie als Willen zur Formung bezeichnen. Dieser Formungswillen ist nicht allein auf das Sprechen bezogen, sondern die Sprechformung hängt innig mit dem zusammen, was man gemeinhin als die „Haltung" eines Menschen bezeichnet – und zwar die innere wie äußere Haltung.

Der Formungswille ist unablässig einer ihm entgegenwirkenden Kraft ausgesetzt: der Trägheit. Das Trägheitsgesetz – welches der Schonung und damit dem Schutz des Individuums dient, indem es immer auf Kraftreserve sieht – läßt uns stets den Weg des geringsten Widerstandes wählen und achtet so darauf, daß wir unsere Leistungen möglichst mit dem geringsten Kraftaufwand durchführen. Es handelt sich um eine Art Antagonismus zwischen den beiden Wirkungskräften: Formung und Trägheit.

Für die Umgangssprache genügt im allgemeinen schon ein Minimum an Ausformung, um verstanden zu werden. Es liegt auf der Hand, daß also im täglichen Umgangsgespräch die Formung am niedrigsten ist. Das ist eine Tatsache, auf die man sich einzustellen hat, und es ist kaum übertrieben, wenn man in dieser Tatsache eine gewisse Gesetzmäßigkeit sieht.

Freilich gibt es hierfür keine starre Formel: Es kommt auf die jeweilige Sprechsituation an – ob sich der betreffende Sprecher in der Situation besonders gehen lassen darf oder ob er sich etwas „zusammennehmen" muß –, es kommt auf den Gesprächspartner an und sein Verhältnis zum Sprecher. Auch die gesellschaftlichen Verhältnisse innerhalb der verschiedenen historischen Epochen haben Anteil an der Sprechformung. Am Weimarer Hofe zur Zeit der deutschen Klassik verbot die Etikette nicht nur ein Sichgehenlassen, sondern forderte eine besondere, auch im Sitzen zu beachtende Haltung des ganzen Körpers. Auf den Schattenrissen dieser Zeit sitzen die Personen mit durchgedrücktem Kreuz und aufgestellter Brust auf der vordersten Kante des Stuhles. Natürlich unterstützte auch die Mode der Kleidung die jeweils charakteristische Haltung. Und so wird auch die Sprechweise am Hofe gewesen sein: leicht thüringischer Dialekt in Melodie und Klangfarbe, aber gezierte, vielleicht sogar manierierte Artikulation.

Wir wollen es gleich hier an dieser Stelle betonen: Der Kampf der Sprecherziehung gegen das Absinken der Formung im Spontansprechen ist aussichtslos, wenn der Sprecher diesen Kampf nicht selbst führt! Mit anderen Worten: Auf diesem wichtigen Gebiet kann der Sprecherzieher nicht mehr tun als den Willen zur Formung beim Sprecher zu aktivieren! Der Sprecherzieher gibt einen gewissen Maßstab, indem er das Gehör seines Schülers für die verschiedenen Formstufen schärft – dann ist seine Einflußmöglichkeit erschöpft!

> Man muß das in dieser Deutlichkeit aussprechen. Es gibt keine Methode und es gab auch früher nie eine solche Methode, die diesen Formungswillen ersetzen kann, so, wie es keine „Methode" gibt, die in einem Menschen das Bedürfnis zur Sauberhaltung der Kleidung, zum Zähneputzen, zum Haarkämmen durch besondere Kunstgriffe ersetzt.
>
> Wir haben diese Beispiele bewußt angeführt, denn auch sie unterliegen einzig und allein dem Formungswillen des Individuums, der übrigens nicht angeboren, sondern anerzogen wurde durch die Autorität des Elternhauses.

So ist auch das Bedürfnis, sich verständlich und klar auszudrücken das Produkt einer Erziehung insofern, als der Betreffende so früh wie möglich dazu angehalten, d. h. sein Wille zur Formung immer wachgehalten wurde, bis ihm das saubere Sprechen genauso zum Bedürfnis geworden ist wie eben auch das tägliche Sichwaschen.

> Solange in einer Schauspielschule, im Theater, ja im gesellschaftlichen Leben nicht eine Atmosphäre herrscht, die in allen Dingen des täglichen Lebens von den Menschen grundsätzlich ein höheres Formniveau fordert, als es bis heute meist üblich ist, solange wird der Kunststudent ewig zwei grundsätzlich verschiedenen Lebensformen gegenüberstehen: der ihm in seinem Fach abverlangten hohen Form und der ungleich niedrigeren des Alltags.

Das Problem der Sprecherziehung ist nun, Mitteilung und Formung in ein Verhältnis zu bringen, daß einerseits der Realität eines Gesprächs, andererseits den jeweiligen akustischen Anforderungen Rechnung trägt.

Mitteilung und Formung entsprechen dem uralten Dualismus von Inhalt und Form. Bekanntlich schafft sich jeder Inhalt seine besondere Form, wie umgekehrt die Form auf den Inhalt zurückwirkt, so daß man gar nicht mehr von einem echten Dualismus reden kann.

Ähnlich liegen die Verhältnisse zwischen Mitteilung und Formung: sie bedingen einander und können, bei Überbetonung des einen Gliedes der Gleichung, zu Mißproportionen führen.

Nehmen wir an, der Wille zur Mitteilung ließe sich in einer Zahl ausdrücken, die die mittlere Antriebsstärke dieses Willens augenscheinlich machen kann, und wählen wir hierfür die Zahl 4, so können wir das Verhältnis von Mitteilungswillen (M) zu Formungswillen (F) in einer Gleichung ausdrücken:

$$M \ / \ F = 4 \ / \ 2.$$

Nehmen wir an, diese Gleichung drücke die Umgangssprache aus, und zwar nicht als Grenzwert, sondern als Durchschnittswert. Danach ist der Mitteilungswille im Umgangsgespräch etwa doppelt so groß wie der Formungswille.

Dreht man die Werte um:

$$M / F = 2 / 4,$$

so ergibt sich eine Mißproportion, die sich sprachlich in einer Unterdrückung und Hemmung des Gedankenflusses zugunsten eines äußeren, leeren Schönsprechens kundtut. Man spricht in solchem Falle von „Frisiertheit" des Sprechers. Dadurch wird auch der Hörer von den gedanklichen Verbindungen abgelenkt und seine Aufmerksamkeit auf den Sprechvorgang verwiesen.

In einem schlechten Theater werden vielfach Klassiker so gesprochen. Der Hörer gewinnt dann bestenfalls den Eindruck schöner Melodienführung, prägnanter Artikulation (er versteht jedes Wort) und schöner sprachlicher Artistik – aber er ist hinterher nicht in der Lage, das Gehörte zu wiederholen: weil er den Sinn nicht verstanden hat. Denn der Sinn muß verborgen bleiben, da der Schauspieler seine Aufmerksamkeit nicht auf die Mitteilung, sondern auf die Formung legte.

Ähnlich ist es, wenn eine Rundfunk- oder Fernsehansagerin sog. „Schleifen" spricht. Diese „Schleifen" sind das Ergebnis einer Überbetonung der Formung, einer äußerlich, willkürlich festgelegten Melodieführung, ohne daß auch nur der geringste echte Hörerkontakt damit erreicht würde – genausowenig übrigens wie mit dem stereotypen Lächeln der Fernsehansagerin, die meist noch dazu mit „leerem" Blick auf die Linse der Kamera starrt. Als wenn solche äußeren Mittel wirklich einen Hörerbezug herstellen könnten!

Das Verhältnis von Mitteilung zu Formung ist beim Singen zugunsten einer Betonung der Formung verschoben:

$$M / F = 2 / 4 \text{ oder höchstens: } M / F = 3 / 4.$$

Eine völlige Unterbewertung der Formung liegt in folgendem Verhältnis vor:

$$M / F = 4 / 1.$$

Solche Sprechweise ist artikulatorisch verwaschen, „mundfaul" (nicht redefaul!) und kaum verständlich.

Daß ein solcher Sprecher dennoch sprachlich bestehen kann und im Alltag auch akzeptiert wird, liegt an einer Eigenart unseres Aufnahmevermögens: Wir ergänzen unbewußt große Teile des tatsächlich Aufgenommenen, wir assoziieren das Nichtverstandene hinzu. Daß es dabei zu typischen Verhörfehlern – eigentlich Assoziationsfehlern – kommen kann, versteht sich von selbst (vor allem bei Eigennamen).

Einer Umkehrung des eben genannten Zahlenverhältnisses

$$M / F = 1 / 4$$

entspricht eigentlich nur eine Situation: die der sprechtechnischen Übungen! Vor allem die reinen Stimmübungen zeigen dieses Verhältnis, wobei die Mitteilung dem Werte o sehr nahe kommen kann.

> Auch die moderne Ganzheitsmethode kann an dieser Tatsache nicht vorbeigehen. Die Sprecherziehung ist während eines gewissen Stadiums der Ausbildung gezwungen, solche sinnleeren Übungen durchzuführen. Auch die sog. *Kautherapie* bewegt sich eine gewisse Zeit innerhalb des paradoxen Verhältnisses![1]

Für die Praxis der Sprecherziehung haben unsere Zahlenwerte insofern Bedeutung, als sie die ganze, schon mehrfach hier angeführte Problematik der sprecherzieherischen Übungen gegenüber dem Spontansprechen oder auch den Forderungen der Bühne veranschaulichen können. Man stelle folgende Verhältnisgleichungen gegenüber:

| | |
|---|---|
| Umgangssprache | $M / F = 4 / 2$ |
| Bühne | $M / F = 4 / 3$ |
| Gewisse technische Übungen | $M / F = 1 / 4$ |

Man erkennt deutlich, welchen geringen Wert diese Übungen haben müssen, wenn die gesamte Sprecherziehung nur auf solchem Verhältnis aufgebaut ist. Es ist also in jedem Falle an die Methodik der Sprecherziehung die Forderung zu stellen, eine Arbeitsweise zu entwickeln, die auf den Ausgleich der Widersprüche hinarbeitet; und zwar nicht so, daß der Sprecherzieher die Umgangs- und Bühnen„sprache" seiner „Übungssprache" angenähert wissen möchte, sondern es kann nur die umgekehrte Tendenz vertreten werden!

## 4. Zum Stimmausdruck

Begreiflicherweise streifen wir hier ein sehr umfangreiches Thema, über das es bereits eine reichhaltige Literatur gibt. F. TROJAN hat die Literatur, die seit 1945 zu diesem Thema erschienen ist, in einem Aufsatz zusammengestellt, der in der *Phonetica* 4, 1959, zum Abdruck kam.

Wir begeben uns, wenn wir über den Ausdruck der Sprechstimme reden wollen, in ein schwer zugängliches Gebiet, wo trotz vieler Experimente

---

[1] Zu den Übungen im einzelnen siehe S. 237 ff.; vgl. auch das Übungsbuch von E. WOLF und E. ADERHOLD (1960, 2. Aufl. 1962).

und Theorien die Wege nicht geebnet werden konnten, und die subjektiven Meinungen lustig in die Höhe schießen.

Wir wollen die subjektiven Meinungen keineswegs durch ein eigenes Pflänzchen vermehren – das liegt übrigens auch außerhalb unserer Kompetenz.

Es muß aber auf eine immer wieder in der Praxis gestellte Frage eine Antwort gegeben werden! Ist es Aufgabe der Sprecherziehung, die Ausdrucksskala der Stimme zu erweitern? oder: Kann die Sprecherziehung mit Hilfe gewisser Übungen das Ausdrucksvermögen der Stimme unterdrücken oder fördern?

Um diese Frage zu beantworten, ist zuerst zu klären, was unter „Ausdruck" zu verstehen sei.

Im allgemeinen machen wir uns über den Ausdruck der Stimme keine Gedanken. Gerade das, was uns unmittelbar und nicht erst über die Analyse des Verstandes aus der Rede des Gesprächspartners anspricht, das, was wir sozusagen auf Anhieb verstehen, können wir am schwersten definieren. Wir hören meist sofort heraus, ob ein Mensch ärgerlich, „verstimmt" oder zufrieden ist, ob er beeindruckt von uns ist oder ob er uns einschüchtern will, und wir spüren auch bei solchen Einschüchterungsversuchen, ob unser Gesprächspartner dabei sicher oder unsicher ist. Alles das verrät sich vielfach besser in der Stimme des Sprechers als in seiner Gestik und Mimik.

TROJAN gibt uns eine Erklärung für diese Unbeholfenheit, die uns außerstande setzt, mit dem zergliedernden Verstand die Schallbilder, die wir von unserem Gegenüber empfangen, genau zu definieren. Er sieht die Schallbilder als das Ergebnis von *Instinkt- (bzw. Trieb-) und Willenshandlungen* (1952, S. 3). Was die Willenshandlungen betrifft, so ist hier wieder die kortikale Steuerung deutlich. Aber die Trieb- und Instinkthandlungen werden vom Hirnstamm gesteuert, und sicherlich können sie auch dort direkt akustisch aufgenommen werden, so daß der Kortex nur eine verschwommene Kopie des unmittelbar Erlebten bekommt.

Hieraus können wir mit TROJAN (1954) schlußfolgern: Der stimmliche Ausdruck ist älter als die Sprache selbst. Das Kind kann vor Beherrschung der Sprache mit seiner Stimme Lust und Unlust ausdrücken.[1]

Aber TROJAN macht uns noch auf eine andere Merkwürdigkeit des Ausdrucks aufmerksam: Der stimmliche Ausdruck ist international – wenn auch das Temperament einer Nation ihm jeweils ein bestimmtes Gepräge gibt (1954; Einleitung).

[1] Vgl. S. 59.

Das bedeutet: Wir brauchen die Worte eines zornigen Buschnegers gar nicht zu verstehen, aber wir hören am Klang seiner Stimme, an seinem Atemdruck und an verschiedenen anderen Merkmalen, daß er aufgeregt ist. Wir merken es, ohne daß wir ihn unbedingt dabei ansehen müssen. Hier sind allerdings schon Bedenken der Methode TROJANS gegenüber anzumelden.

R. SCHILLING (1949) sagt in seiner Besprechung der wichtigsten Arbeit TROJANS (*Der Ausdruck der Sprechstimme*, 1952): *Man ist wohl geneigt, die vom Autor an relativ kleinem und einheitlichem Material in gewissen Grenzen nachgewiesene Ausdruckskonstanz der Akueme nur dann als eine Eigenschaft der menschlichen Sprache anzuerkennen, wenn sie durch zahlreiche gleichartige Untersuchungen bei den verschiedensten Sprachgemeinschaften der Erde nachgewiesen ist.*

Tatsächlich scheint uns, daß solches „Verstehen" des fremdsprachlichen Ausdrucks seine sehr engen Grenzen hat und wir wohl doch nur die primitivsten seelischen Prozesse in einer uns nicht bekannten Sprache wiedererkennen.

Wir werden in anderem Zusammenhang noch auf die Methode TROJANS zu sprechen kommen und unsere Zweifel aussprechen.

Nach TROJAN (1952, Kap. IV) setzen sich die Schallbilder aus mehreren *Merkmalen* zusammen. Die Zusammensetzung ist für jedes Schallbild anders, und jeder Ausdruck hat seine typische Struktur an *Merkmalen*. Jeder stimmliche Ausdruck (etwa der der „freudigen Rührung") hat auf diese Weise eine festgelegte Gliederung. TROJAN behauptet die Norm für die Schallbilder geben zu können, da er die einzelnen *Merkmale* definieren könne. Die Norm der Schallbilder bezeichnet er als *Akueme*.

Es lassen sich die *Akueme* bestimmen, wenn man annimmt, daß alle *Merkmale* zwischen zwei Polen schwingen, wonach also auch die Schallbilder entweder mehr nach dem einen oder mehr nach dem anderen Pol hinneigen. Die Polarität ergibt sich aus den vegetativen Funktionsrichtungen des Körpers. TROJAN folgt hier der Aufteilung des vegetativen Geschehens durch W. R. HESS in eine ergotrope und trophotrope Phase.[1]

Die ergotrope Phase ist eine Phase des Kräfteverbrauchs. Ihr entspricht im stimmlichen Ausdruck die *Kraftstimme* (TROJAN, 1954, S. 6ff). Ihre *Merkmale* sind: *Hoher Spannungszustand der Muskulatur. Staccato. Verhärtete Stimmeinsätze und rasches Abschwellen der Stimme. Stoßweise geführte aktive Ausatmung. Hervortreten der Konsonanten.*

Die trophotrope Phase ist die Phase der Kräftesammlung, der Ruhe. Ihr entspricht im stimmlichen Ausdruck die *Schonstimme* (a. a. O.). Ihre *Merkmale* sind: *Niedriger Spannungszustand der Muskulatur. Legato. Er-*

[1] Vgl. dazu unsere Ausführungen auf S. 44.

*weiche Einsätze mit anschließendem Schwellklang (messa di voce). Ruhige,
passive Ausatmung. Hervortreten der Vokale.*

Wir erkennen auch hier wieder den Dualismus, der uns schon an anderer
Stelle beschäftigte: Spannung und Entspannung! TROJAN hat auch seine
Sprecherziehung im Sinne des Dualismus aufgebaut.[1]

Die *Merkmale* der Schallbilder lassen sich in Gruppen zusammenfassen.
Jede solcher Gruppen setzt sich aus *Merkmalen* mit gleicher Ausdrucks-
bedeutung zusammen (1952, S. 123). Es werden von TROJAN sieben solcher
Gruppen (= *Signale*) beschrieben – zweifellos aber gäbe es noch mehr.
Wir wollen einige dieser *Signale* und ihre *Merkmale* anführen:

*1. Signal: Wechsel und Stärke des respiratorischen Druckes und der mus-
kulären Spannung.*
Atemdruck und Spannung der phonischen und artikulatorischen Muskulatur stehen miteinander in einem antagonistischen Verhältnis. TROJAN
unterscheidet *3 Merkmale:*

> *Entspannung oder Gelöstheit*
> *Gespanntheit*
> *Gehaltenheit* (dieses *Merkmal* liege zwischen den beiden anderen, und es
> werde seit je und eh von den Stimm- und Gesangspädagogen als ideale
> Norm hingestellt, sagt TROJAN)

*3. Signal: Die faukale Distanz.*
Diesem *Signal* mißt der Verfasser besondere Bedeutung zu, denn er führt
es in allen seinen Schriften immer wieder als das typische Beispiel für die
*Signale* an. Die *Merkmale* dieses *Signals* sind:

> *Faukale Enge*
> *Faukale Weite*

*Alle unsere Sinnesempfindungen werden im Zwischenhirn in Erlebnisse von
Lust und Unlust verwandelt, je nachdem sie als lebensfördernd oder als
lebensbedrohlich erscheinen (ohne es auch immer zu sein).*
*In der Stimme drückt sich Lust durch Rachenweite, Unlust durch Rachen-
enge aus.*
*Der stimmliche Ausdruck der Unlust leitet sich wie der mimische vom
Brechakt ab; er kommt durch ein Zusammenziehen des hinteren Gaumenbogens und eine Annäherung der Taschenbänder des Kehlkopfes während
der Stimmgebung zustande; die Rachenweite dagegen durch eine Entspannung des hinteren Gaumenbogens und eine Entfernung der Taschenbänder
voneinander (1954, S. 15).*

[1] Siehe S. 276 und 280.

82

Auf die gleiche Weise läßt sich auch nach TROJAN der Unterschied von Lachen und Weinen erklären.

Allerdings muß hier eingewandt werden, daß sicherlich sowohl für das Lachen als auch für das Weinen Lust- und Unlusterlebnisse zugrunde liegen können. Für das Lachen unterscheidet HABERMANN (1955) allein 10 Gruppen der Lachqualitäten. Das Lachen umspannt fast die gesamte Skala des menschlichen Ausdrucksvermögens – vom konventionell höflichen über übermütiges, grotesk-komisches, über geringschätziges, hämisches, bitteres, trotziges bis zu verschlagenem, bis zu geilem, frivolem Lachen oder gurrendem Kichern. Man kann also für das Lachen nicht schlechthin faukale Weite annehmen. Außerdem steht dieser „Entspannungshaltung" die oft beim Lachen krampfhafte Kontraktion der Bauchmuskulatur entgegen. Oft kommt es durch andauerndes, „angespanntes" Lachen zu schmerzhaftem Verzerren der mimischen Muskulatur und zu krampfhaften Stößen des Zwerchfells – dem „Schlucken". Sicherlich läßt sich Ähnliches in umgekehrter Richtung auch vom Weinen sagen. Das Weinen kann durchaus lustbetont sein (es gibt ein „Vor-Freude-Weinen").

## 4. Signal: Die Register.

*Bruststimme:* TROJAN (1952, S. 156) deutet sie als Ausdruck der Selbstbehauptung, der Selbstentfaltung, des Imponiergehabens, der Aufsaugung des Partners;

*Kopfstimme:* Ausdruck der Selbstverkleinerung, des Aufgehens im Partner, des Bestrebens harmlos und ungefährlich zu erscheinen, der Bereitschaft sich zu unterwerfen;

*Mittelstimme:* Sie stelle ein Verharren dar, wenn sich weder diese noch jene Tendenz zeige.

## 5. Signal: Der Näselklang.

*Durch dieses eigentümliche Symbol werden im stimmlichen Ausdruck Erregungen der „niederen" Sinne (vor allem des Tast-, Geschmacks- und des Geruchssinnes) von solchen der „höheren" Sinne (des Gesichts- und des Gehörsinnes) unterschieden (1954, S. 21 f.).*

*Die Erklärung für diesen Unterschied zwischen dem Ausdruck der niedrigen und der höheren Sinneseindrücke gibt die Entwicklungsgeschichte. Bei vielen Sängern[1], aber auch beim Kinde, steht der Kehlkopf höher als beim „erwachsenen" Menschen. Besonders bei den Tiergattungen, für die der Geruchssinn lebenswichtig ist, besteht für gewöhnlich keine Verbindung zwischen dem Mundraum und der Lunge. Sie atmen im allgemeinen nur durch die Nase. Nur dann können sie Nahrung oder Feinde „wittern". Der hohe Stand des*

---

[1] Diese Behauptung steht im Widerspruch zu den Untersuchungsergebnissen einer Reihe von Physiologen, wonach beim guten Sänger Tiefstand des Kehlkopfes zu beobachten sei (NADOLECZNY, GUTZKOW, SCHILLING).

*Kehlkopfs ermöglicht eine direkte Verbindung von Nase und Luftröhre. Nur beim Schreien ziehen auch diese Tiere den Kehlkopf herab. Die Laute klingen dann auch nicht nasal. In der menschlichen Sprache werden nur wenige Laute genäselt... Sicherlich darf gewohnheitsmäßiges Näseln in vielen Fällen als eine Degeneration aufgefaßt werden, die einen Rückfall auf eine frühere Entwicklungsstufe darstellt.*

*Beim ausdrucksmäßigen Näseln handelt es sich dagegen nur um einen vorübergehenden (momentanen) Rückgang ins Sinnliche und Animalische* (1954, S. 21f.).

Auf Grund dieser *Signale* und ihrer *Merkmale* kommt TROJAN zur Aufstellung der *Akueme* der Schallbilder, d.h. zu den *Normen der Schallbilder*.

> Wir können in diesem Rahmen nicht die einzelnen Klassen der *Akueme* aufführen. Wir wollen nur wieder einige Beispiele herausgreifen.
>
> Uns kommt es in diesem Zusammenhang nur auf die Problemstellung im allgemeinen an und auf die kritische Untersuchung der Verwendbarkeit der TROJANschen Ergebnisse für die Sprecherziehung des Schauspielers.

Freudige Rührung: Gehaltenheit des Atemdruckes und der muskulären Spannung – an- und abschwellende Sprechweise – faukale Weite – Mittelregister – ohne Näselklang – keine Überluft – personen- bzw. ungerichtet.

Zärtlichkeit: Gehaltenheit des Atemdruckes und der muskulären Spannung – an- und abschwellende Sprechweise – faukale Weite – Kopfregister – Näselklang – ohne Überluft – personengerichtet.

Sehnsucht: Gehaltenheit des Atemdruckes und der muskulären Spannung – anschwellende Sprechweise – faukale Enge – Mittelregister – ohne Näselklang – ohne Überluft – sachgerichtet.

Körperlicher Schmerz: Muskelgespanntheit – abschwellende Sprechweise – faukale Enge – Kopfregister – Näselklang – Überluft – ungerichtet.

Ekel: Gleicht genau dem Akuem für körperlichen Schmerz.

Verachtung: Muskelgespanntheit – abschwellende Sprechweise – faukale Enge – Brustregister – kein Näselklang – Überluft – personengerichtet.

Zorn: Entspricht den Merkmalen der Verachtung; als heterogenes Merkmal kommen noch „Zitterbewegungen" hinzu.

Resignierendes Leid: Tendenz zur Muskelentspannung – entspannende Sprechweise – evtl. faukale Enge – Mittelregister – ohne Näselklang – ohne Überluft – ungerichtet.

84

Schreck: Unterscheidet sich vom resignierenden Leid durch Kopfregister – Näselklang – Überluft.

Abschließend schreibt TROJAN (1952, S. 205 f.):
*Damit ist das System einer beschreibenden Lautstilistik abgeschlossen. Darin verbinden sich die Beobachtungen der Lautstilistik mit Ergebnissen der physiologischen und der psychologischen Forschung zu einer widerspruchslosen Einheit. Doch weist dieses System zugleich über sich hinaus; denn in seinem Hintergrunde zeichnen sich die Umrisse der lang gesuchten natürlichen Ordnung der Emotionen ab, soweit sie nicht endogen bedingt sind. Zusammenhang in diese schwierige Materie konnte aber nur durch die Erkenntnis gebracht werden, daß der alternierende Funktionsrhythmus in der Steuerung des autonomen Systems mit einem Wandel der Bewußtseinsstruktur gekoppelt ist. Nur wenn diese psycho-physische Gesetzlichkeit einem System der Schallbilder zugrunde gelegt wird, läßt sich der Ausdruck von Stimme und Sprache verstehen.*

TROJAN begnügt sich also mit seiner Deutung der Schallbilder nicht nur mit der Analyse des akustischen Eindruckes, sondern er versucht, die Entstehung der Schallbilder zu erklären. Darum geht er das Problem sowohl psychologisch als auch physiologisch an.

Hierin sehen wir die Hauptbedeutung der TROJANschen Arbeit: die Schallbilder nicht nur rein psychologisch oder rein physikalisch zu erklären, sondern sie als Ausdruck eines psycho-physischen Gesamtgeschehens zu verstehen. Diese Sicht empfiehlt sich grundsätzlich auch dem Sprecherzieher des Schauspielers – unbeschadet unserer Kritik an den einzelnen *Merkmalen* und an der Methode TROJANs! Der stimmliche Ausdruck ist nur Teil eines umfassenderen Ganzen, er ist das untergeordnete Glied eines höheren Geschehens, das wiederum seinen Ursprung im Zentralnervensystem hat und von hier auf die Peripherie wirkt.

Eine zweite, für die Sprecherziehung des Schauspielers sehr wichtige Erkenntnis ist aus der Arbeit TROJANs zu ziehen: Es gibt Situationen, in denen der Schauspieler nicht im Sinne der sprechtechnischen Forderungen sprechen kann. Der von TROJAN angeführte Terminus *faukale Enge* widerspricht eigentlich dem sprech- und stimmpädagogischen Grundprinzip der *Weite des Ansatzrohres*. Wir lernen so von TROJAN – und die Praxis gibt ihm immer und immer wieder recht –, daß die *faukale Weite*, die sich bis auf den Kehlkopf erstreckt,[1] nur in bestimmten Sprechsitua-

---

[1] Darum spricht TROJAN auch neuerdings (Z.f.Phon., 1959, S. 327) von *laryngofaukaler* Enge und Weite.

tionen anwendbar ist – die sog. Grundforderung der Sprecherziehung also für die Sprecherziehung des Schauspielers nur unter gewissen Umständen zum Gesetz erhoben werden kann.[1]

Dennoch kann man die TROJANsche Analyse der Schallbilder nicht ohne weiteres für die Sprecherziehung des Schauspielers anwenden.

Ursprünglich sind die *Merkmale* der Schallbilder Erfahrungswerte. TROJAN hat sie auf Grund einer jahrelangen Erfahrung aufgestellt und seinen Untersuchungen zugrunde gelegt. Das heißt, er hat nicht etwa das *Merkmal Näselklang* durch irgendeine Forschungsmethode aus dem menschlichen Stimmklang objektiv herausanalysiert, sondern das aus der Erfahrung bekannte Phänomen *Näselklang* wurde von ihm und einigen Helfern und Versuchspersonen als bereits bekannter Wert als Maßstab einer Beurteilung der verschiedensten Schallbilder willkürlich herangezogen. So hat TROJAN u. a. an 40 verschiedenen Versuchstexten, denen jeweils eine andere seelische Grundstimmung entsprechen sollte, heraushören lassen, wo solcher *Näselklang* verwendet wurde. Auf ähnliche Weise wurde mit den anderen *Merkmalen* verfahren.

> So ist schon die Auswahl der *Merkmale* durchaus subjektiv und natürlich auch begrenzt, der jeweiligen Erfahrung des Untersuchenden entsprechend.

Dabei erscheint uns auch die Deutung der *Merkmale* als außerordentlich problematisch und in ihrer Verallgemeinerung auch gefährlich.

> Schon die Einführung der Registerbegriffe im Zusammenhang mit den Funktionen der Sprechstimme kann zu Mißverständnissen führen. Größtenteils handelt es sich bei der Sprechstimme nicht sosehr um Registerunterschiede als einfach um Höhenunterschiede. Der Begriff des Registers – der außerdem auch im Gesang noch durchaus umstritten und nicht in allem befriedigend geklärt wurde – weist auf eine jeweils andere Stimmlippenmechanik hin: Pfeifregister, Kopfregister, Mittel- und Brustregister unterscheiden sich im Gesang einerseits durch ihren spezifischen Stimmklang, andererseits durch den unterschiedlichen Funktionsablauf der Stimmlippenschwingung. Wieweit das auch für die Sprechstimme zutrifft, möchten wir dahingestellt sein lassen.
>
> Die psychologische Deutung dieser Register läßt sich wohl am wenigsten verallgemeinern. Zum Beispiel wird *Kopfstimme* als *Ausdruck der Selbstverkleinerung* gedeutet. Dem steht eine sehr einfache Erfahrungstatsache gegenüber: Erregung treibt vielfach die Stimme in die Höhe – und zwar ganz unspezifisch beinahe jede Erregung!
>
> Ähnlich verhält es sich mit der Deutung des Näselklanges. Gewohnheitsmäßiges Näseln als einen Rückfall in frühere Entwicklungsstufen zu

---

[1] Vgl. dazu unsere Ausführungen auf S. 181 ff.

deuten, entbehrt sicherlich jeder wissenschaftlichen, aber auch jeder empirischen Beweiskraft![1]

Einen wesentlichen Unterschied in der Auffassung des Ausdruckes durch TROJAN und durch die Schauspielkunst wollen wir noch anführen. Im Sinne unserer heutigen Auffassung von Theater und damit auch von der Darstellung bestimmter seelischer Regungen des Menschen durch einen Schauspieler – also der willkürlichen Hervorbringung von Ausdruckswerten, die sonst meist unabhängig von unserem Bewußtsein produziert werden – im Sinne unserer heutigen Auffassung von der Darstellung sind die 40 von TROJAN konstruierten Versuchstexte als unrealistisch abzulehnen. Folglich sind auch die nach diesen Texten vorgenommenen Schallplattenaufnahmen – die Texte wurden von einer jungen Schauspielerin und zwei Schauspielschülern für die Untersuchungszwecke TROJANs auf Schallplatten gesprochen – nur mit größtem Vorbehalt zu verwenden.

> TROJAN hat Sätze zusammengestellt für *Haß, Zweifel, Verachtung, Zorn, Mitleid,* aber auch für *Nahrungsaufnahme* (?), *Seelischen Schmerz, Körperlichen Lustreiz,* für *Lachen* u. ä.[2]

Für uns gibt es keine *Verachtung* schlechthin oder *Zorn* an sich, es gibt kein allgemeines, verschwommenes, immer wieder in gleicher Weise auftretendes *Mitleid* usw. Alle diese von uns als *Haß, Verachtung* usw. definierten Gefühle und Stimmungen sind Teile sehr konkreter, realer und situationsgebundener Erlebnisse, Handlungen, geistiger Auseinandersetzungen u. dgl. Der Satz z. B., den TROJAN für *Mitleid* konstruiert hat, ist nichts als eine platte Phrase, weil sich dahinter nicht die Konkretheit verbirgt, die zum Mitleiden veranlaßt. Das bedeutet aber für den Schauspieler: Er drückt nicht jeweils nur *Mitleid* aus, sondern er spielt die Situation und gibt die konkrete Handlung wieder, wodurch sich der Ausdruck eines spezifisch gefärbten und klar zu wertenden Mitleids sozusagen von allein einstellt!

Wir wollen damit sagen: Sicher weist der menschliche Ausdruck viele der von TROJAN aufgezeigten Phänomene auf. Aber die künstliche Erzeugung des Ausdrucks, wie sie TROJAN vornehmen ließ, ist falsch. Aus diesem Grunde muß auch der Ausdruck falsch sein. Es liegt in der TROJANschen Arbeitsweise die Gefahr, die Ausdruckswerte zu sehr zu abstrahieren von dem zweck- und sinngebundenen Denkablauf des Menschen. Folglich

---

[1] Vgl. auch S. 156 und 191 f.
[2] Wir verzichten hier auf die Wiedergabe einiger Satzbeispiele und verweisen auf TROJANs Arbeit, 1952, S. 98–103.

sind die Ausdruckswerte der menschlichen Stimme kaum noch mit den niederen Ausdruckswerten z. B. der Tiere, aber auch des Säuglings zu vergleichen und von dort her zu deuten – folglich ist der menschliche Ausdruck auch nicht schlechthin international, da er von dem Sinn- und Bedeutungsgehalt der Sprache, mit der er eine feste Einheit bildet, nicht zu trennen ist!

Die Sprecherziehung des Schauspielers kann also in dem eben umrissenen Sinne die Ausdrucksmöglichkeiten der Stimme n i c h t schulen, wenigstens nicht a l l e i n schulen. Sie bedarf dazu der Hilfe des Regisseurs, da der Ausdruck nicht sosehr eine Frage der Technik als eine Frage des schauspielerischen Handelns ist.

> Darüber scheinen sich viele Schauspieler durchaus nicht im klaren zu sein. Der Regisseur kritisiert ihr Ausdrucksvermögen auf der Probe, und der Schauspieler deutet seinen Ausdrucksmangel mit einem Mangel an Technik.[1]
> Andererseits sollte auch der Regisseur unterscheiden können, ob es sich bei einem Schauspieler um stimmliche oder schauspielerische Unzulänglichkeit bei der unbefriedigenden Bewältigung einer Aufgabe handelt.

O. VON ESSEN (1953, S. 12 ff.) gibt eine Aufstellung der *expressiven Komponenten* im Sprechen und stellt uns damit nicht den Entstehungsprozeß der Ausdruckselemente als vielmehr sie selbst als meßbare und damit auch leichter greifbare Größen dar. Die, wie VON ESSEN sie nennt, *phonetischen Komponenten des Ausdrucks* sind:

| | |
|---|---|
| *1. Redetempo und seine Veränderungen* | *5. Melodik* |
| *2. Hervorhebungen* | *6. Stimmlage* |
| *3. Rhythmenbildung* | *7. Stimmfarbe* |
| *4. Dynamik* | *8. Pausengestaltung* |

> Wir können uns in diesem Rahmen mit den einzelnen Faktoren nicht beschäftigen, sondern müssen auf ihre Beschreibung in der Arbeit VON ESSENS verweisen. Uns würde eine entsprechende Beschäftigung mit diesen Dingen in ein neues Gebiet führen: das der Ausdrucksschulung, der künstlerischen Wortgestaltung, das zwar eng mit unserem Thema verwandt und ein Teil der Sprecherziehung des Schauspielers, aber zu umfangreich und problematisch ist, als das wir es hier auch nur streifen könnten.

[1] Wir untersuchen an anderer Stelle, wieweit auch ein Mangel in der Beherrschung der Sprechtechnik durchaus zur Behinderung bei der schauspielerischen Gestaltung werden kann. Das hat mit unserer grundsätzlichen Feststellung nichts zu tun (vgl. S. 185 ff.)!

VON ESSEN sagt (a. a. O.):

*Durch diese expressiven Komponenten der Rede gewinnen die Worte als Be-*
*deutungs- und Funktionszeichen erst ihre Bindung und lebensvolle Gestal-*
*tung; die sinnfälligen Einzelerscheinungen werden durch sie zur Einheit er-*
*hoben. Sie sind es aber auch, die die Sprechweise des einzelnen Sprechers*
*leichter oder schwerer erfaßbar, angenehm oder unangenehm, wirkungsvoll*
*oder eindruckslos erscheinen lassen.*

Für den Sprecherzieher des Schauspielers ist wichtig zu wissen, daß die
hier angeführten phonetischen Komponenten des Ausdrucks durch ihre
bessere Greifbarkeit besser lehr- und lernbar sind als die vorher angeführten *Normen der Schallbilder.* Allerdings hat man mit diesen Komponenten
noch nicht den Ausdruck selbst beschrieben, sondern lediglich seinen
„farbigen Abglanz". Wir haben damit nur seinen Einfluß auf den Sinn-
ablauf der Rede untersuchen können, wie nämlich der Ausdruck die
Pausengestaltung, wie er den Rhythmus und die Dynamik des Satzes bestimmt, wie sich durch die Färbung der Stimme oder durch ihre Höhen-
lage der Sinn eines Satzes in sein Gegenteil verkehren läßt (Ironie) usw.
Auf diese Weise haben wir aber zugleich den Ausdruck stärker in die vom
Denkablauf bestimmte Rede einbezogen – die kortikale Steuerung also
ist hier die primäre.

Natürlich gilt auch hier: Die phonetischen Komponenten für sich allein
gelehrt, also abstrahiert von der Sinnbezogenheit des Satzes, führen zu
unrealistischem Schematismus. Der Zornige macht nicht eine Pause innerhalb des Satzgefüges, weil der Zorn schlechthin solche Pausen gebietet,
sondern: weil er zornig ist, hebt er gerade diesen Satzteil durch eine Pause
hervor – die Eigenart seiner Sinngebung deutet auf die Größe seines
Zornes!

> Mithin ist in diesem Beispiel nicht die Pause das Primäre, sondern die
> damit zusammenhängende Sinngebung! Die Pause ist nur die meßbare
> Begleiterscheinung.

Wir sind uns bewußt, daß wir mit den angeführten Beispielen längst
nicht das große Gebiet des Ausdrucks durchmessen haben. Wir haben den
Leser nur anregen wollen, die vielen Probleme zu durchdenken und aus
diesem oder jenem Blickwinkel zu betrachten.

## B. DIE FUNKTIONEN DER PERIPHEREN SPRECHORGANE

### 1. Haltung und Atmung

Fast in allen Lehrbüchern wird im Zusammenhang mit der Atmung auch über die Haltung gesprochen. Die Atmungsfunktion ist zum überwiegenden Teil eine Funktion der peripheren Körpermuskulatur, vor allem der Rumpfmuskulatur.

J. L. SCHMITT zählt zum äußeren Atemapparat des Menschen *den gesamten Körper vom Schädel bis zum Becken. In verschiedenen dynamischen und statischen Beziehungen steht die Atmung auch in Wechselwirkung mit den oberen und unteren Extremitäten, wobei die statische Wechselbeziehung zum Fuß besonders interessant ist. Die Ganzheit, mit der sich der Körper am Atemvorgang beteiligt, umfaßt einerseits also die ganze Wirbelsäule, den Schultergürtel und den Brustkorb, andererseits die gesamte Atemhilfsmuskulatur sowie Rumpf und Becken* (S. 55).

Der äußere Atemapparat ist direkt unserem Willen zugänglich. Auf ihn richtet daher auch die Pädagogik ihr größtes Interesse.

Zum äußeren gehört auch ein innerer Atemapparat. Hier unterscheiden wir die oberen und die unteren Luftwege.

Zu den oberen Luftwegen gehören: die Nasenhöhle, die Mundhöhle und der Kehlkopf; zu den unteren Luftwegen gehören: die Luftröhre der Bronchialbaum und die Lungen. Schließlich zählen noch zum inneren Atemapparat die entsprechenden Blutgefäße und die Nervenbahnen und endlich der für die gesamte Atmung so wichtige Muskel, der sich kuppelförmig in den Brustraum wölbt, das Zwerchfell (Diaphragma).

> Mit dieser Beschreibung des äußeren und inneren Atemapparates stimmen so ziemlich alle Autoren der klassischen als auch der modernen Literatur überein.

### a) Die Funktionen des äußeren Atemapparates

Wir wollen zunächst die Atmungsfunktion im Zusammenhang mit der Tätigkeit des äußeren Atemapparates beschreiben. Diese Tätigkeit wird weitgehend beeinflußt von der Haltung des Körpers.

*Die körperliche Haltung ist die Stellung, die der Körper eines jeden Menschen einnimmt, um der Schwerkraft der Erde entgegenzuwirken. Sie stellt*

*das Gesamtbild des frei und aufrecht stehenden Menschen dar und ist ab-*
*hängig von dem Zustand der Knochen und Bänder, von der Spannung der*
*Muskeln und darüber hinaus von dem Alter des betreffenden, seiner Konsti-*
*tution, seinem Kräftevorrat und seiner seelischen Verfassung.* Mit dieser
Definition durch I. BECKER (S. 347) werden die Kräfte beschrieben, die der
„normalen" Haltung entgegenwirken: die Schwerkraft, das Gewicht des
eigenen Körpers und unter gewissen Umständen die Konstitution und die
seelische Verfassung.

> Damit sind wir erneut an einem Punkt angelangt, wo die Sprecherziehung
> ihre Grenzen zeigt. Die Haltung des Menschen wird nämlich vorwiegend
> in der Kindheit geprägt – also lange vor unserer sprecherzieherischen Ein-
> flußnahme.
> Knochenwuchs und Muskelausbildung sind abhängig von äußerer Reiz-
> einwirkung; d. h., Gewebe und Muskulatur wachsen im allgemeinen mit
> der Höhe der Belastung. K.-H. FRITZSCHE schreibt, Belastung wirkt auf
> Wachstum und Funktionstüchtigkeit fördernd, Entlastung hemmend und
> Überbelastung ebenfalls hemmend. Die Gefahr der Überbelastung ist wäh-
> rend des Längenwachstums des Kindes sehr groß, d. i. in der Zeit vom
> 5. bis 7. und vom 11. bis 15. Lebensjahr – dazwischen liegt vor allem das
> Breitenwachstum mit seiner Gewichtszunahme.
> Die Haltung ist nach FRITZSCHE besonders in drei Altersperioden ge-
> fährdet:
> 1. beim Säugling in der Sitz- und Stehperiode,
> 2. beim Kind in der Streckperiode (5.–7. Lebensjahr) und
> 3. beim Jugendlichen in der Pubertät.
> Was während dieser Zeit von Elternhaus und Schule versäumt wurde,
> kann auch die spätere Sprecherziehung in Gemeinschaft mit der Gymna-
> stik an unseren Schauspielschulen nur sehr dürftig korrigieren.

Die Körperhaltung ist vor allem eine Haltung der Wirbelsäule. Im Gegensatz zum Vierbeiner, wo die Wirbelsäule parallel zur Erdoberfläche auf
den vier Beinen ruht, *lastet beim Menschen – bedingt durch seine aufrechte
Haltung – das Gewicht des Kopfes auf der Wirbelsäule, und die Schwerkraft
verteilt sich zunehmend über Rumpf, Beckengürtel und Beine auf die Füße*
(I. BECKER, S. 347).
Die Wirbelsäule wird also beim Menschen e n t g e g e n der Schwerkraft
aufrecht gehalten (PAROW, S. 13). Es ist kein Wunder, daß, dem Gesetz
der Trägheit entsprechend,[1] gerade die Wirbelsäulenstreckung leicht vernachlässigt wird. Im Kindesalter kann solche Vernachlässigung – wie wir
gehört haben– zu Deformierungen der Wirbelkörper und ihrer Knorpel-
anteile in den Wirbelgelenken führen. In der einschlägigen Literatur

[1] Vgl. S. 76.

(PAROW, FRITZSCHE, SCHMITT, BECKER) wird einstimmig festgestellt, daß die Zahl der Kinder mit Haltungsschäden erschreckend zunimmt. J. PAROW schreibt sogar (S. 45 f.), daß *bei etwa 90% unserer Kinder in den ersten Schuljahren ... Haltungsfehler, Rückenschwäche und ihre Folgen nachweisbar* sind.

Aber auch bei Erwachsenen, bei denen keine Knochenverbildungen festgestellt werden können, beginnt sehr leicht ein Haltungsverfall, der zu einer dauernden Fehlform führen kann. Solcher Haltungsverfall hat immer eine Beeinträchtigung der Atmung zur Folge. PAROW kommt auch beim Erwachsenen zu einem erstaunlichen Ergebnis: *Daß das Atmen mit Bewegung des Brustkorbes in senkrechter Richtung so allgemein verbreitet ist, wird durch die Häufigkeit der schlechten Rückenhaltung hinreichend erklärt. Diese ist bei etwa 90% der Mitteleuropäer nachweisbar, ebenso die damit verbundene Schwäche der Brustkorb- und Zwerchfellmuskulatur und die Formfehler des Rumpfes* (S. 16).

Wir haben auf dem Gebiet der Sprecherziehung des Schauspielers die Erfahrung gemacht, daß nahezu jede stimmliche Fehlfunktion mit Atmungsfehlern einhergeht. Man muß allerdings unterscheiden zwischen Fehlleistungen, die lediglich im Zusammenhang mit der Darstellung auftreten, und solchen, die mit einer gewissen Konstanz auch unabhängig von der Bühne im Spontangespräch nachweisbar sind. Letztere Atmungs- und Stimmfehlleistungen sind in den häufigsten Fällen mit Haltungsverfall gekoppelt.

> Für die Darstellung auf der Bühne ergeben sich etwas kompliziertere Verhältnisse, so daß wir die als Haltungsnorm erkannten Grundsätze nicht ohne weiteres auf die Darstellung übertragen können. Gerade auf der Bühne ist die Haltung so sehr Ausdrucksmittel, daß jede einseitige Festlegung – etwa im Sinne einer Wirbelsäulenstreckung – zur Beeinträchtigung der schauspielerischen Leistung führen muß.[1]

Wie bereits oben angeführt, bilden Haltung und Atmung eine Einheit. Der Brustkorb wird zum größten Teil von dem eigentlichen Atmungsorgan, der Lunge, ausgefüllt. Der Brustkorb schützt aber nicht nur durch seinen knöchernen Anteil die Brusteingeweide, sondern er gibt dem schwammigen Lungengewebe durch seine mehr oder weniger starre Konstruktion die eigentliche Form.

> J. L. SCHMITT legt ausführlich dar, daß die Lunge nicht nur durch die Wände des Brustkorbes und durch das Zwerchfell ihre charakteristische Form erhält, sondern daß sie – wie Untersuchungen VON HAYEKS gezeigt

[1] Vgl. S. 209 ff. und 212 ff.

haben – neben der stets wechselnden passiven Form, die ihr die Atem-
lage des Brustkorbes aufzwingt, eine Eigenform besitzt (S. 38ff.). Die
Lunge zeigt *stets das Bestreben, auch bei der Atementfaltung sich form-
treu zu bleiben, sich also geometrisch ähnlich zu erweitern. Das bedeutet,
daß die geometrisch erweiterte Lunge in der äußeren Form und im inneren
Aufbau sich so gleicht, wie eine größere Kugel einer kleineren Kugel*
(VON HAYEK).
Somit hat die Lunge auch eine Dehnbarkeitsgrenze; d.h., selbst wenn
der Brustkorb über ein bestimmtes Maß hinaus sich erweitert, kann
die Lunge solcher Erweiterung nicht folgen. Diese Dehnbarkeitsgrenze
der Lunge wird durch ein kollagen-retikuläres Bindegewebe bestimmt,
welches die Lunge umgibt, wie ein starres Netz einen aufblasbaren
Gummiball.

Man erkennt, daß, schon von diesen anatomischen Gegebenheiten her, der
Atmungsfunktion bestimmte Wege gewiesen werden, die sie nicht ungestraft verlassen darf. Wird nämlich z. B. das Lungengewebe fortwährend
durch eine forcierte Einatmung überdehnt, so kommt es allmählich zu
ernsthaften Störungen. Es kann z. B. das die Lunge umgebende Netzwerk
an der Hauptbelastungsstelle zerreißen, die Lunge tritt an dieser Stelle
heraus, und es kommt zu Aufblähungen, zum sog. Lungenemphysem.

Der Brustkorb ist mit der Wirbelsäule gelenkig verbunden, er ist gezwungen, die Bewegungen der Wirbelsäule mitzumachen, und seine eigenen formverändernden Bewegungen sind weitgehend von der Haltung
der Wirbelsäule abhängig.

Abb. 9 gibt die Hauptmuskulatur wieder, die die aufrechte Haltung gewährleistet. Die Hauptaufgabe bei der Streckung der Wirbelsäule fällt
dem Rückenstrecker zu, ein Muskel, der sich von der hinteren Basis
des Schädels bis zum Becken erstreckt und der in seiner jetzigen Funktion ein Neuerwerb des Menschen gegenüber dem Säugetier darstellt. Ihm
haften, wie FRITZSCHE feststellt, als Neuerwerb auch erhebliche Nachteile
an; einer der spürbarsten Nachteile ist, daß er als Wirbelsäulenstrecker
sehr dicht der Wirbelsäule anliegt und darum für seine Aufgabe einen erheblichen Kraftaufwand benötigt (FRITZSCHE, S. 18). Er greift nicht, wie
etwa die Seile an einem Mast, nach dem *Parallelogramm der Kräfte* an.
Hierin ist ohne Zweifel ein Grund für die leichte Ermüdbarkeit des
Rückenstreckers zu suchen.
Antagonisten zum Rückenstrecker sind u. a. der gerade Bauchmuskel,
der den Brustkorb und mit ihm die Wirbelsäule nach unten ziehen will,
und der Lendendarmbeinmuskel, der am unteren Brust- und Lenden-
abschnitt der Wirbelsäule beginnt und über den vorderen Beckenrand zum
Oberschenkel verläuft. Dieser Muskel kann z. B. den Rumpf aus der
Rückenlage in den Sitz aufrichten.

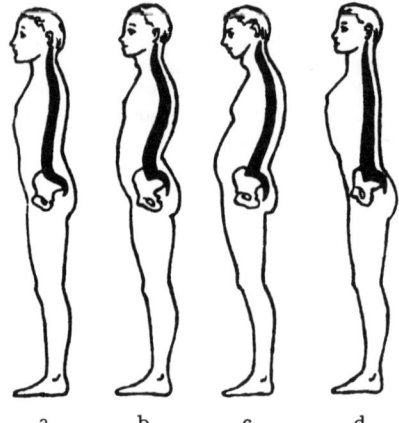

Abb. 8. *Rückenformen (aus* FRITZSCHE*)*:
*a normal,*
*b hohlrund,*
*c totalrund,*
*d flach*

a     b     c     d

Die jeweilige Stellung der Wirbelsäule ist abhängig von der Haltung des Beckens. Die menschliche aufrechte Haltung bedingt ein fast senkrecht aufgestelltes Becken. Diese Aufstellung besorgt der große Gesäßmuskel, der bei keinem Säugetier so stark ausgebildet ist wie beim Menschen.

Die Haltung übt insofern einen Einfluß auf die Atmung aus, als die Streckung der Wirbelsäule (selbstverständlich in deren physiologischen Grenzen) eine Spreizung der Rippen und damit eine Weitung des Brustkorbes nach seitwärts (mit leichter Tendenz aufwärts) bewerkstelligt.

> SCHMITT hat den Einfluß der Wirbelsäulenhaltung auf die Atmung sehr ausführlich beschrieben. Wir verweisen auf das betreffende Kapitel seines Buches (S. 55 ff.).

Entscheidend für die Atmung ist auch die Tatsache, daß jede Fehlhaltung in einem Abschnitt der Wirbelsäule zwangsläufig auch zu Fehlformen der nachfolgenden Wirbelsäulenabschnitte führt.

> Eine zu starke Verbiegung der Lendenwirbelsäule nach vorn (Lordose)[1] hat immer eine ausgleichende Verbiegung der Brustwirbelsäule (Kyphose)[2] und eine Versteifung der Halswirbelsäule (Kyphose) zur Folge (Abb. 8 b).
> Neigt sich das Becken in seinem oberen Rand zu stark nach hinten, dann entsteht eine Tendenz zur Lendenwirbelsäulenkyphose, die wiederum eine starke Kyphose der Brustwirbelsäule und immer einen „Knickhals" im Gefolge hat (Abb. 8 c).

[1] Lordose = Wirbelsäulenverbiegung nach vorn.
[2] Kyphose = Verkrümmung der Wirbelsäule nach hinten (Buckel).

94

Jede Fehlform in einem Wirbelsäulenabschnitt aber äußert sich nachteilig für die Atmung. Jede fehlerhafte Verkrümmung z. B. des Halses führt zu einer Belastung der Halsmuskulatur, was wiederum eine Tonussteigerung der betreffenden Muskulatur zur Folge haben kann, wodurch sich die Halsmuskeln oft – im Sinne der FAUSTschen Überspannungen – zu einer Mehrarbeit aufdrängen, indem sie bei der Einatmung den Brustkorb aufwärtsziehen. Diese Tätigkeit bedeutet aber eine noch größere Belastung der Halsmuskeln – die ihrer Funktion nach lediglich Haltemuskeln sind –, sie treten mit der Zeit immer stärker hervor,[1] und bei einer solchen dauernden Fehlfunktion kommt es zu Verschiebungen im Bereich der Körpergefühlssphäre bei der Atmung. Das betreffende Individuum verbindet mit der Atmung s t e t s eine Halsanspannung und hält diese Anspannung für die Norm. Schließlich strahlt solche einseitige Belastung der Halspartie auch auf die feinere Muskulatur des Kehlkopfes aus, womit nun die Stimmgebung im doppelten Sinne gefährdet wird: einmal durch die Fehlatmung, zum anderen durch die Fehlspannung der Kehlkopfmuskulatur.

Die Haltung hat nicht nur einen Einfluß auf den äußeren Atemapparat. Sie beeinflußt selbstverständlich auch das Geschehen im Körperinnern.

Die Funktion des Zwerchfells, dessen Ränder zum größten Teil der unteren Hälfte der Innenwand des Brustkorbes entspringen, wird erheblich durch die Bewegungen der Rippen beeinflußt.

Die Lunge wird in ihrem Bestreben, sich *geometrisch ähnlich* zu erweitern (s. o.), von der Form des Brustkorbes unterstützt. Die Weite des Brustkorbes wirkt aber auch direkt auf die rhythmische Zusammenziehung und Weitung des Bronchialbaumes und der Luftröhre ein.

*Abb. 9 (aus* FRITZSCHE*): Verlauf des langen Rückenstreckers, des geraden Bauchmuskels, des Lendendarmbeinmuskels, des großen Gesäßmuskels und der zweigelenkigen Oberschenkelmuskulatur*

---

[1] Gerade bei älteren Sängerinnen und Schauspielerinnen kann man die Halsmuskelversteifung gut beobachten. Es treten die Muskelstränge, auch wenn die Betreffenden schweigen, stark hervor, es bilden sich tiefe Gruben in der Gegend des Halsansatzes. Der ganze Hals wirkt stark gealtert (meist im Gegensatz zu der noch elastischen Gesichtsmuskulatur).

Nach J. PAROW ist auch bei der Ausatmung zwischen Lunge und Brust-
wand ein geringer Unterdruck für den idealen Gasaustausch erforderlich
(PAROW; S. 22 f.), *weil ein konstanter Unterdruck die zarten Gefäße, die die
Lungenbläschen umgeben und durch deren hauchdünne Wände der Gasaustausch vor sich geht, am besten offenhält.*
Diesen Unterdruck gewährleistet ein auch während der Ausatmung „aufgestellter" Brustkorb.

Auch auf die Weite der Nasenhöhle übt die Haltung indirekt einen Einfluß aus. Vielfach kann durch Versteifung der Halsmuskulatur, die mit
der Hochatmung einhergeht, auch eine Verkrampfung der Muskulatur im
Bereich der Nasenflügel beobachtet werden. In solchem Falle zieht sich
bei der Einatmung die Oberlippe leicht nach oben und die Nase verengt
sich.

> PAROW deutet dieses Phänomen als eine Art Kompensation. Der Hoch-
> atmende verengt unbewußt die Nasenhöhle durch die mimische Musku-
> latur, um durch die so gewonnene erhöhte Sogwirkung einen größeren
> Einfluß auf das Zwerchfell auszuüben, welches ja durch die Hochatmung
> mehr und mehr außer Funktion gesetzt wird.[1]

In Abb. 8 sind vier Rückenformen dargestellt worden, wovon die Zeichnung 8 a die normale Rückenform veranschaulichen soll. Die Autoren
stimmen alle darin überein, daß die ideale Haltung eine Tendenz zur
Wirbelsäulenstreckung zeigt.

> SCHMITT und PAROW vertreten in Anlehnung an andere Forscher eine
> Theorie, wonach die Entwicklung der Wirbelsäulenstreckung bis auf den
> heutigen Tag noch nicht abgeschlossen sei. Aus diesem Grunde sei es auch
> heute noch schwer, den Begriff des *funktionell Normalen* genau zu um-
> reißen (SCHMITT, S. 58).

Die übrigen Zeichnungen der Abb. 8 stellen Fehlformen der Haltung dar,
wie wir sie bereits oben beschrieben haben.
Wir geben im folgenden die Beschreibung der maximalen Aufrichtung
und damit die Definition der idealen Haltung nach K.-H. FRITZSCHE.
FRITZSCHES Definition deckt sich in den Grundzügen mit der anderer
Autoren. Geringfügige Meinungsverschiedenheiten brauchen wir in unserem Zusammenhange nicht zu berücksichtigen.

Maximale Aufrichtung:
*Alle Wirbelsäulenkrümmungen sind soweit wie möglich abgeflacht. Der Ober-
körper steht senkrecht über dem Becken. Die Vorwärtsneigung des Rumpfes*

---

[1] Eine Umerziehung ist in solchem Falle meist sehr schwierig, da sich die so Atmen-
den bereits bei ihrer Atmung „wohlfühlen" und jeden Eingriff in diese Funktion als
störend empfinden!
Vgl. dazu unsere Ausführungen über die Nasenatmung auf S. 107 ff.

*und der Beine ist aufgehoben. Der Bauch ist abgeflacht. Der Brustkorb ist gut gewölbt. Der Kopf wird frei aufrecht getragen. Das Kinn ist etwas angezogen. Die Schultern sind seitwärts zurückgenommen (nicht hochgezogen). Die Schulterblätter liegen am Brustkorb flach an* (FRITZSCHE, S. 29).

PAROW ist wohl in bezug auf die maximale Aufrichtung am konsequentesten. Er fordert sie schlechthin immer: Nur sie gewähre eine natürliche Atmung. Jede Abweichung von dieser Haltung bedeute bereits eine Fehlform und verursache eine Hilfsatmung, die schließlich zu einer bleibenden Fehlatmung führe.

> Diesem strengen Maßstab entspricht wahrscheinlich auch das Ergebnis, welches PAROW in bezug auf die Fehlhaltungen und -atmungen bei Mitteleuropäern fand (s. o.). Wenn aber 90% der Mitteleuropäer der Idealform nicht entsprechen, so muß man dieser Idealform gegenüber skeptisch sein. Wie wir ebenfalls schon weiter oben anführten, kann die Forderung nach idealer Aufrichtung kaum in jedem Falle auf die Darstellung auf der Bühne übertragen werden.
> FRITZSCHE wollte seine Beschreibung der maximalen Aufrichtung aber keineswegs als die „typische" Haltung des Menschen verstanden wissen – und hierin zeigt sich ein bedeutsamer Unterschied z. B. zu PAROW.

FRITZSCHE stellt der maximalen Aufrichtung eine *Ruhehaltung* gegenüber, die er als physiologisch ansieht, und die der Erholung dient. Diese Ruhehaltung ist vorerst für FRITZSCHE durchaus normal. Sie läßt sich u. a. erklären aus der leichten Ermüdbarkeit des Rückenstreckers,[1] der durch die Ruhehaltung vorübergehend entlastet wird.

Ruhehaltung:

*Sämtliche Krümmungen der Wirbelsäule sind etwas vertieft. Der Oberkörper wird etwas zurückgenommen und dafür der Rumpf mit den Beinen etwas nach vorn geneigt. Die Bauchdecken sind erschlafft, und der Bauch hängt nach vorn. Der Brustkorb ist abgeflacht. Der Kopf hängt leicht nach vorn. Das Kinn steht vor. Die Schultern hängen nach vorn und unten. Die seitliche Kontur der Schultermuskeln wird steil. Die Schulterblätter stehen etwas ab* (FRITZSCHE, S. 27).

Die Beschreibung der Ruhehaltung ist zugleich die Beschreibung der vertieften Ausatmung!

Leistungshaltung und Ruhehaltung stehen in einem funktionellen Zusammenhang, die eine Haltungsform ergänzt die andere. Wir haben es auch hier wieder mit dem von TROJAN nach HESS beschriebenen Funk-

---

[1] Siehe S. 93.

tionskreis[1] zu tun. Die Leistungshaltung entspricht der ergotropen, die Ruhehaltung der trophotropen Funktionsrichtung.

Es ist folglich falsch, immer eine straffe, aufgerichtete Haltung zu fordern. Denn solche Forderung ist irreal, da sie der menschlichen Natur widerspricht.

Sitzen bedeutet fast immer ein Absinken in die Ruhehaltung, und es ist interessant, daß es auch einem Kind nicht möglich ist, auf einem Hocker ohne Lehne längere Zeit „gerade" sitzen zu können. Man hat darum häufig die Sitzhaltung als ein dem Menschen auferlegtes Joch bezeichnet (z. B. H. KRECH, 1959, S. 40).

Wir bezeichnen die Ruhehaltung mithin als absolut zulässige Norm und bezeichnen jede Forderung nach immerwährender Wirbelsäulenstreckung als undurchführbar. – Dennoch: Beide beschriebenen Haltungsformen bergen Gefahren in sich, wohlverstanden – beide!

Die Leistungshaltung kann forciert werden und damit zu Verkrampfungen führen, vor allem, was das Aufstellen und Aufwölben des Brustkorbes betrifft (Abb. 8d). Jeder einzelne verbindet erfahrungsgemäß ganz individuelle Vorstellungen von aufrechter Haltung, und was dem einen als normal gilt, empfindet der andere bereits als Verspannung.

R. SCHILLING (1956, S. 27) fordert daher: *Die Haltung des Oberkörpers darf nicht steif aufrecht, militärisch sein, sondern muß, um eine Erschlaffung der Halsorgane zu erleichtern, leicht gekrümmt, leicht nach vorne gebeugt sein.* Dieser Autor, der ebenfalls als Arzt über einen langjährigen Erfahrungsschatz verfügt, warnt also vor einer völligen Wirbelsäulenstreckung und läßt seine Patienten gebeugt atmen, indem er sie auffordert, zu ihrer Entspannung (!) im Stehen die Stirn an die Wand anzulegen.

Man sieht, daß selbst in diesem wichtigen Punkte keine Einstimmigkeit herrscht.

Ein Verharren in der Ruhehaltung durch Laschheit, durch Mode oder durch anhaltendes mangelndes körperliches Wohlbefinden kann mit der Zeit zu schweren Haltungsschäden führen, vor allem beim Kind. Damit tritt allmählich Leistungsuntüchtigkeit auf, die durch Überspannung und Mehrspannung ausgeglichen werden muß. Auf diese Weise wird die Ruhehaltung allmählich zur Fehlhaltung, die unweigerlich zur Fehlatmung führen muß.

Es liegt auf der Hand, daß vor allem Berufe, die langes Sitzen verlangen, die Gefahren der Fehlhaltung in sich bergen. Auch von unserem Standpunkt können wir darum die Forderungen nach Ausgleichsgymnastik in den Betrieben und Institutionen unterstützen.

[1] Vgl. S. 44 und 81.

FRITZSCHE nimmt auch hier den für uns akzeptablen Standpunkt ein, wenn er sagt, daß zwischen Ruhehaltung und maximaler Aufrichtung alle Möglichkeiten physiologischer Haltungsarten liegen! Und das allein entspricht der Wirklichkeit und entspricht auch dem Bau des gesamten Atmungsapparates. Die Atmung ist in der Tat so angelegt, daß sie j e d e r – auch einer vorübergehend pathologischen – Haltung standhalten kann.

Damit wollen wir nicht der Willkür das Wort reden. Aber wir wollen vor Schematisierung gerade auf diesem wichtigen Gebiet warnen. Gerade hier wird durch einseitige Schulung sehr viel gesündigt, und es gibt kaum einen Lehrer, der nicht eine selbständige, meist starre Lehrmeinung von der Atmung vertritt, die nicht selten im Widerspruch zu den viel variableren Anforderungen des Alltags steht.

Wir können zusammenfassend feststellen: Die Atmung ist mit der Haltung des Körpers untrennbar verbunden. Je höher die Leistung ist, die das Individuum zu vollbringen hat – etwa auf der Bühne zorniges Schreien oder Rufen –, desto mehr wird eine maximale Aufrichtung (im Sinne FRITZSCHES) verlangt. Negativ ausgedrückt heißt das: Ein Mensch in gekrümmter Haltung kann stimmlich nicht in voller Kraft und entsprechend den Forderungen nach Stimmhygiene Äußerungen von sich geben. Eine solche Haltung hat entweder eine gepreßte oder eine verhaltene Stimmgebung zur Folge, da die Atmung in gekrümmter Haltung anders verläuft als in aufrechter. Auch hier wollen wir betonen, daß dieses Beispiel nichts Pathologisches beinhaltet.

Für die Bühne bedeutet das: Ein Regisseur oder ein Sprecherzieher, der von einem Schauspieler in schlaffer Haltung eine „volltönende" Stimme verlangt, verlangt etwas Unrealistisches und damit für den Schauspieler Schädliches! Oder: Ein Schauspieler, der auf der Bühne mit gutem Stimmvolumen zu schreien oder zu kommandieren hat, kann diese stimmliche Leistung nicht vollbringen, wenn seine Körperhaltung schlaff oder starr verkrampft ist.

Im Zusammenhang mit den Funktionen des äußeren Atemapparates haben wir noch über die Atmungstypen zu sprechen. Entsprechend der Körperabschnitte, die man während der Atmung äußerlich abtasten kann, unterschied man früher und unterscheiden viele auch noch heute zwischen Schulter- (oder Schlüsselbein-), Brust-, Flanken-, Bauch- (oder Zwerchfell-) und Rückenatmung. Durch Auflegen der Hände an die betreffenden Körperstellen kann man während der Atmung jeweils mehr oder weniger starke Niveauunterschiede feststellen. Je nachdem, welche Stelle die stärksten Atmungsbewegungen aufwies, konnte das betreffende

Individuum als Brust-, Bauchatmer usw. bezeichnet werden. Man kam dabei zu der bis heute noch vielfach vertretenen Auffassung, daß Frauen überwiegend Brust-, Männer überwiegend Bauchatmer sind. In der wissenschaftlichen Literatur ist man heute mit Recht von dieser veralteten Atmungseinteilung abgekommen und spricht nur noch von der sogenannten kombinierten Atmung als der einzig richtigen, vertretbaren, weil natürlichen Atmungsfunktion. Neuere statistische Erhebungen konnten ebenfalls die alte These von der unterschiedlichen Atmung der Frauen gegenüber den Männern nicht bestätigen.·
Alle Autoren sind sich einig in der Ablehnung der Schulter- bzw. Schlüsselbeinatmung. Diese Atmungsform ist unzweckmäßig, da sie gegen das Prinzip des kleinsten Kraftaufwandes bei möglichst hoher Leistung verstößt. Hierbei wird der ganze Atemapparat, einschließlich des knöchernen Brustkorbes, bei der Einatmung nach oben gezogen. Diese schwere Tätigkeit vollführen die Halsmuskeln zum überwiegenden Teil – also die Atmungshilfsmuskulatur. Der Nutzeffekt ist gering. Es werden vor allem nur die Lungenspitzen belüftet. Hingegen wird die Lungenbasis zumeist noch zusammengedrückt (also zur Ausatmung getrieben), da das Zwerchfell bei der fehlerhaften Hochatmung mit nach oben gesogen wird.

Die Hochatmung gilt als normal beim erleichternden Ausstöhnen. Solchem Stöhnen geht fast immer eine Schulteratmung voraus. Das erleichterte Ausstöhnen ist ein Symbol des Befreitwerdens: „Es fällt einem ein Stein vom Herzen!"
Die Hochatmung ist nicht normal nach anstrengender sportlicher Tätigkeit. – Man findet sie überhaupt nicht beim Tier!
Ärger, der sich nicht völlig abreagieren kann, seelische Bedrängnis, Unsicherheit führen in den meisten Fällen zur Hochatmung. Dauernde Hochatmung ist daher meist ein untrügliches Zeichen für bestimmte Störungen des seelischen Gleichgewichtes, ohne daß sich das betreffende Individuum in den meisten Fällen darüber klar ist.[1]

Die Hochatmung ist folglich eine Überspannung, die sowohl die Folge von allgemeiner Überspannung als auch Unterspannung sein kann.

Man muß diese beiden Möglichkeiten immer im Auge behalten, um nicht fehlzugehen in der Behandlung. Man kann daher nicht generell mit H. KRECH (1959, S. 41) sagen, die Tiefatmung stelle sich immer, quasi automatisch, nach einer Haltungskorrektur im Sinne einer Wirbelsäulenstreckung ein. Bei einer Hochatmung als Folge von Überspannung findet sich vielfach von selbst eine übertriebene Aufrechthaltung (als hätte der Betreffende einen Stock verschluckt).

[1] Vgl. auch S. 55 und 58.

FAUST wie FORCHHAMMER (1937) zählen auch die Brustatmung zur Hochatmung. Diese Auffassung erklärt sich aus der Tatsache, daß es eine reine Brustatmung nicht gibt – oder sie ist durch einseitige Lehrer mühsam anerzogen worden! Die Brustatmung ist entweder kombiniert mit der Schlüsselbeinatmung – und das ist nicht selten –, dann sprechen wir auch im Zusammenhang mit der Brustatmung von Hochatmung, oder sie ist gekoppelt mit der Zwerchfell-Flanken-Atmung, und dann zählen wir auch die Brustatmung zur Tiefenatmung.

Es erübrigt sich, auf die einzelnen veralteten Atmungstypen weiter einzugehen. Wir werden im Zusammenhang mit dem nächsten Abschnitt über die kombinierte Atmung berichten.

*b) Die Funktionen des inneren Atemapparates*

Wir ersparen uns eine umständliche Abhandlung über die Zusammenhänge von Atmung und Blutkreislauf, über die Arbeitsweise der Bronchien und der Alveolen – eine solche Darstellung würde in dieses Kapitel gehören –, sondern verweisen lediglich auf die schon mehrfach zitierte Fachliteratur.

Uns interessieren auch hier wieder in erster Linie die praktischen Belange der Sprecherziehung.

Man hat mit Recht als den wichtigsten Atmungsmuskel das Zwerchfell (Diaphragma) bezeichnet. Die Abb. 10 zeigt die Lage des Zwerchfells und verdeutlicht den Zusammenhang zwischen Zwerchfell und der äußeren Atmungsmuskulatur.

Das Zwerchfell stellt eine Scheidewand dar zwischen Brust- und Bauchhöhle. Es hat die Form einer Kuppel. Diese Kuppel erhält ihre charakteristische Wölbung durch eine Sehnenplatte, die durch ihre beständige Form verhindert, daß sich die Wölbung völlig abflacht (z.B. im Zustand der tiefsten Einatmung). Auf dieser Kuppelwölbung der Zwerchfellsehnenplatte ruhen die beiden Lungenflügel und das Herz. Diese Organe machen also die Bewegungen des Zwerchfells mit. Rings an den Rändern der Sehnenplatte greifen die eigentlichen Muskeln des Zwerchfells an. Die Muskelfasern entspringen z.T. tief an den Innenwänden des Unterleibes, und zwar im ganzen Umfang des Körpers. Auf diese Weise wölbt sich das Zwerchfell, aus der Bauchhöhle kommend, bis hinein in die Brusthöhle. Kontrahieren sich die Zwerchfellmuskeln, so ziehen sie die Zwerchfellsehnenplatte als Ganzes nach unten und erweitern damit z.T. um ein Beträchtliches das Volumen der Brusthöhle. Durch diese Abwärtsbewegung

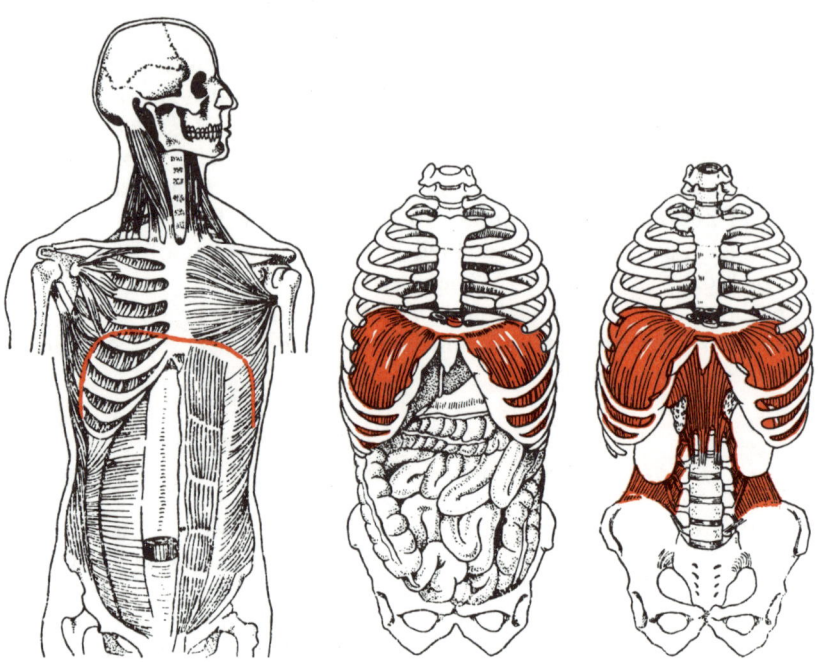

*Abb. 10. Zwerchfell und äußerer Atemapparat* (nach SCHMITT)

des Zwerchfells wird Luft in die Lungen eingesogen. Zugleich werden die
Baucheingeweide zusammengedrückt bzw. durch ein Nachgeben der
Bauchwände leicht nach vorn außen verschoben. Dieser eben beschriebene
Vorgang entspricht der Einatmung. Bei der Einatmung ist also das
Zwerchfell, da sich seine Muskeln zusammenziehen, aktiv.

Anders bei der Ausatmung. Hier geht die Bauchmuskulatur zurück in
ihre Ausgangsposition bzw. noch darüber hinaus und verengt die Bauchhöhle. Das Zwerchfell wird auf diese Weise wieder nach oben gedrängt,
womit sich das Volumen der Brusthöhle verkleinert und die Luft aus der
Lunge entweichen kann.

Diese Atmungsbewegungen werden unterstützt durch entsprechende Bewegungen des Brustkorbes, genauer gesagt, der Rippen. Die Beweglichkeit der Rippen ist unterschiedlich; sie ist am geringsten im Bereiche der
oberen Rippen, am größten im Bereiche der unteren Rippenbögen (welche
Gegend man auch in der Literatur häufig als *Flanken* bezeichnet).

Der Abstand zwischen den einzelnen Rippen kann erweitert bzw. verengt
werden: 1. durch die Wirbelsäulenstreckung (bzw. -krümmung), 2. durch

Muskeln, die von Rippe zu Rippe verlaufen und die als Rippenheber bzw. -senker fungieren, 3. durch andere Kräfte.

Die Rippen sind so gebaut, daß eine Drehung innerhalb der Wirbelkörpergelenke nach aufwärts zugleich eine fächerförmige Bewegung der gesamten Rippen nach seitwärts-außen nach sich zieht. Auf diese Weise wird die Brusthöhle durch die Beweglichkeit der Rippen auch nach den Seiten hin und, in Grenzen, auch nach vorn hin erweitert.

Alle die eben beschriebenen Bewegungen, die des Zwerchfells, der Rippen, der Wirbelsäule, der Bauchmuskulatur, sind aufeinander abgestimmt.

Bei der Einatmung weitet sich der untere Brustkorb. Da die Zwerchfellmuskulatur an den unteren Rippenbögen angreift, wird die Abflachung des Zwerchfells während der Einatmung durch die Flankentätigkeit unterstützt. Unterer Brustkorb und Zwerchfell arbeiten in diesem Falle also als Synergisten (Mitspieler). Die Bauchmuskulatur verläuft von den unteren Rippen bis zum Becken. Sie übt während der Einatmung auf den unteren Brustkorb einen Zug nach abwärts aus; die Bauchmuskulatur wirkt also als Antagonist (Gegenspieler) zum unteren Brustkorb. Der Tonus der Bauchmuskulatur wirkt während der Einatmung aber auch dem Heraustreten der Eingeweide und damit dem Abwärtszug des Zwerchfells entgegen. Zwerchfell und Bauchmuskulatur sind demzufolge ebenfalls Antagonisten.

Ebenfalls sind die Bauchmuskeln Antagonisten des Rückenstreckers, der die Wirbelsäule streckt.

Auch die Schwerkraft übt einen antagonistischen Einfluß auf die Rippenhebung aus.

Bei der Ausatmung verhält es sich ähnlich. Hier wirkt das Zwerchfell z. B. als Gegenkraft gegen die Einwärtsbewegungen der Bauchdecke. Jede Gegenkraft erzeugt aber immer eine Intensivierung der Arbeit der bestimmten Muskeln. Auch der untere Brustkorb verharrt noch während der Ausatmung eine Weile in seiner ausgebreiteten Stellung. Damit verhindert er ebenfalls eine sofortige Lösung des Zwerchfells in seine Hochstellung. Folglich ist auch der Brustkorb Antagonist zur Bauchdecke (vgl. Abb. 11). SCHMITT spricht davon, daß bei alten Leuten mit Erschlaffung der Bauchmuskulatur auch eine Behinderung der Zwerchfellatmung einsetze. Dem stehen allerdings die neueren Untersuchungsergebnisse HABERMANNS gegenüber, der bei Messungen des Bauchinnendrucks normale Bewegungen des Zwerchfells wahrnehmen konnte, unabhängig davon, ob bei seinen Patienten die Bauchmuskulatur erschlafft war oder nicht. Uns leuchtet dennoch die Behauptung SCHMITTS ein, und wir möchten sie auch für die Praxis vertreten, um so mehr, als es sich bei den Versuchen HABERMANNS um vom Normalen abweichende Bedingungen[1] handelt.

[1] HABERMANN führte seine Versuche an Patienten durch, bei denen die Notwendigkeit einer Untersuchung der Bauchorgane durch Bespiegelung (Laparoskopie) vorlag. So konnte er die Bewegungen des Zwerchfells zwar direkt messen, hingegen war aber das Zusammenspiel der Kräfte bei der Atmung durch die Versuchsbedingungen sicherlich empfindlich gestört.

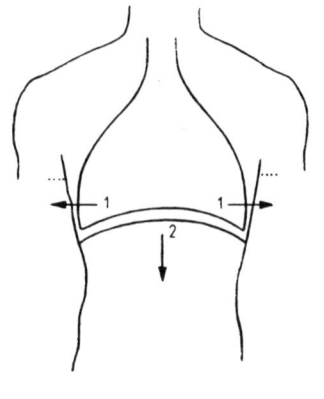 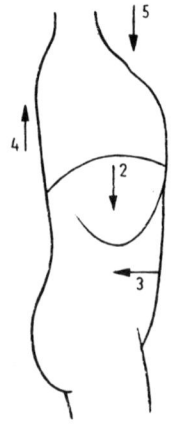

*Abb. 11. Schematische Darstellung der Gegenkräfte bei der Atmung. Pfeil 1: Auswärtszug der Rippen, 2: Abwärtszug des Zwerchfells, 3: Einwärtszug der Bauchmuskulatur, 4: Streckzug des Rückenstreckers, 5: Abwärtszug der Schwerkraft*

Das beschriebene Zusammenspiel aller Kräfte ist die kombinierte Atmung. Wir verstehen also darunter nicht einfach nur Brust- plus Flanken- plus Bauchatmung.

Was bedeuten diese Erkenntnisse über das Zusammenspiel der Kräfte bei der Atmung für die Praxis?

Sie halten dem Sprecherzieher in erster Linie vor Augen, daß der Atmungsvorgang ein Ganzes ist und daß es folglich unsinnig und falsch ist, diesen Vorgang in seine Teile zu zerlegen und zu erarbeiten. Das, was man früher als die einzig vertretbare Atemschulung bezeichnet hat, nämlich das Studium der Brust-, der Flanken-, der Bauchatmung, erweist sich heute unter unserem kritischen Blick als Ursache vieler Fehlleistungen, die mitunter erst anerzogen wurden.

Es gibt auf dem Gebiet einseitiger Atemschulung geradezu akrobatische Leistungen. Wir haben während unserer Praxis Schauspieler kennengelernt, die, als sie ihre Atmungsleistung demonstrierten, zu den erstaunlichsten muskulären Leistungen fähig waren. So ist z. B. die Überbetonung der Flankenatmung in der Praxis beliebt. Der ganze untere Brustkorb wird dabei extrem ausgeweitet, damit werden auch die Hüftkonturen nach außen verschoben, während der Ausschlag der Bauchdecke relativ gering ist. Solche Atemweise geschieht nicht ohne Anstrengung (was allein schon stutzig machen sollte!), da die gesamte Aufmerksamkeit der Betreffenden dieser speziellen Muskulatur gilt.

Auch eine forcierte Bauchatmung ist beliebt. Man denke dabei an die alte Unsitte, während der Einatmung im Liegen Bücher „in die Höhe zu atmen".

Viel Unsinn wird auch mit dem Begriff der „Mitte" bei der Atmung getrieben. Es geht dabei auf eine Intensivierung der Rückenatmung hinaus.

Die Betreffenden haben während der Einatmung eine ihnen im Kreuzpunkt (wenig oberhalb des Austritts der Wirbelsäule aus dem Becken) aufgelegte Hand „wegzuatmen". Auch hiermit können erstaunliche Ergebnisse erzielt werden, die aber dennoch durch ihre Einseitigkeit zu Verkrampfungen führen müssen, da sie das harmonische Spiel aller Kräfte empfindlich stören.

o. FITZ (1956) begründet die „Rückenatmung" z. B. mit der Tatsache, daß das Zwerchfell hinten eine größere Basis und damit eine stärkere Funktionsfläche besitze. Durch seine Atmung mit *innerer Spannkraft* erzielt er folgendes stolze Ergebnis: Starke Männer, die mit Fäusten in seine Leibesmitte preßten, konnten nicht die *Schönheit und Kontinuität* seines gesungenen Tones beeinflussen.[1]

Auch H. GUTZMANN (1928) bezeichnete die Flankenatmung als die für die Deklamation und den Gesang vollkommenste, da durch diese Atmungsart die Mitbewegung des Zwerchfells erzwungen werde.

Kein Wunder, wenn heute vielfach Stimmen laut werden, die eine gesonderte Atmungsschulung überhaupt ablehnen.

H. STERN lehnte schon 1928 *reine Atemübungen* als sinnlos ab – es sei denn, es läge ein besonderer therapeutischer Grund vor. *Atemübungen ohne gleichzeitige phonische Leistungen, ohne richtige phonische Leistungen*, sagte er (S. 946), *sind vollkommen wertlos.*[2]

Unter den Wissenschaftlern unserer Tage nehmen G. PANCONCELLI-CALZIA (1956) und H. KRECH (1959) die negativste Stellung ein. PANCONCELLI-CALZIA stützt sich auf die Arbeiten HUSSONs und hält die Atmung im Zusammenhang mit der Stimmgebung überhaupt für äußerst sekundär.[2] KRECH verlangt lediglich eine Haltungskorrektur, die Beachtung der unbehinderten Nasenatmung und die Anwendung der FAUSTschen Entspannungstherapie – alles das führe dann von selbst zu der richtigen kombinierten Atmung. Wir stimmen auch mit diesen Autoren nicht überein und halten eine Atmungsschulung für den Berufssprecher noch immer für erforderlich. Außerdem zeigt die Praxis – wie wir oben bereits ausführten –, daß eine Haltungskorrektur zwar in den meisten Fällen erforderlich ist, aber bei weitem nicht immer zugleich den gewünschten Erfolg auf dem Gebiet der Atmung mit sich bringt.

Es sei noch auf ein besonderes Problem hingewiesen, welches in der Praxis häufig auftritt.

Bei stoßweiser Ausatmung (z. B. beim Husten, bei unvermitteltem lautem Rufen usw.) schnellt die Bauchdecke plötzlich nach innen, das Zwerchfell wird sozusagen hochgeworfen und dieser Stoß durch die schwingenden Stimmlippen in Stimme umgewandelt.

[1] Vgl. S. 113 über den Begriff der „Stütze".
[2] Vgl. das Kapitel über Atmung und Stimmbildung, S. 115.

Es ist aber auch eine ähnliche Leistung in genau umgekehrter Weise möglich – und sie wird in vielen praktischen Lehrbüchern auch als richtig beschrieben und geübt: bei der stoßweisen Ausatmung schlägt die Bauchdecke nach außen und das Zwerchfell schlägt angeblich (so nehmen die Autoren, z. B. H. EGENOLF, an) nach unten. Die meisten Autoren bringen eine solche stimmliche und Atemleistung in Zusammenhang mit der sog. Bauchstütze.[1]

Abgesehen davon, daß wir in Abrede stellen, daß das Zwerchfell tatsächlich paradoxerweise nach unten ausschlägt, so meinen wir, daß dieses Prinzip für die künstlerische Praxis nicht empfehlenswert ist. Einmal widerspricht es dem ungekünstelten, spontanen Funktionsverlauf des Lebens (z. B. bei Kindern, die sich auf der Straße zurufen, ist ein Einziehen der Bauchdecke zu beobachten!), zum anderen beruht die zuletzt beschriebene Leistung auf einer Atmungshilfsfunktion. Beobachtet man nämlich den so Rufenden genau, so stellt man fest, daß dem Ruf fast immer eine leicht nach oben verschobene Einatmung vorausgeht (Brust- oder vielleicht sogar Schulteratmung), wodurch also von Anfang an das Zwerchfell nicht genügend kontrahiert wurde. Der Ausatmungsstoß geschieht nun vor allem durch die Zwischenrippenmuskulatur – er ist also ebenfalls nach oben verschoben.

Hierin liegt die Gefahr solcher Übungsweise: Der Atemgriff erfolgt nicht in der Tiefe, sondern verschiebt sich mehr oder weniger nach oben.

Wir halten für die Praxis des Schauspielers den geschilderten Atemtiefgriff für außerordentlich wichtig. Die Erfahrung lehrt, daß unter dem Einfluß mannigfaltigster psychischer Prozesse sich die Atmung sehr leicht nach oben verschiebt.

H. LULLIES (RANKE/LULLIES, 1953, S. 193) stellt (wie auch GUTZMANN, 1928) fest: *Beim Singen und Sprechen geht offenbar die Führung der Atembewegungen an die Großhirnrinde über, und diese Impulse beeinflussen die Brustatmung, die auch sonst dem Einfluß seelischer Erregungen stärker unterworfen ist, mehr als die Bauchatmung.*

Irrige Anschauungen herrschen auch in der Praxis über das Maß der einzuatmenden Luftmenge. Jedes phonetische Lehrbuch (z. B. das von O. VON ESSEN) oder jedes einschlägige medizinische Lehrbuch (z. B. das von J. BERENDES) liefert Zahlenwerte, mit Hilfe derer man sich eine Vorstellung über das Fassungsvermögen unserer Lungen machen kann. Dieses Fassungsvermögen steigt natürlich durch ein sachgemäßes Training, d. h. also sowohl durch Sprecherziehung und Gesang als auch durch bestimmte sportliche Betätigungen (z. B. durch das in jeder Beziehung für den Berufssprecher empfehlenswerte Schwimmen). Die Vergrößerung des Fassungsvermögens der Lunge, der sog. Vitalkapazität, ist aber nur eine

---

[1] Vgl. über Stütze S. 112 f.

schöne Frucht, die uns mit unseren Übungen in den Schoß fällt – eine Steigerung der Vitalkapazität ist aber keineswegs das Ziel unserer sprechtechnischen Bemühungen.

Viele Schauspieler machen ihre mangelhafte Atmungstechnik dafür verantwortlich, wenn ihnen für lange Sätze nicht genügend Atem zur Verfügung steht. Diesen Atem zu verlängern, ist nicht Aufgabe einer Atmungsschulung, da es gar nicht so lange Sätze gibt, die nicht ein halbwegs gesunder Mensch – ohne jegliche sprechtechnische Ausbildung – meistern könnte!!, weder bei THOMAS MANN noch bei KLEIST noch bei HÖLDERLIN!

Wenn also ein Schauspieler bei der Meisterung eines Satzes nicht mit dem Atem auskommt, so ist nicht seine Technik daran schuld, sondern seine äußerliche, sinnentleerte Leseweise![1]

Wir achten im Gegenteil darauf, daß der Sprecher mit der Einatmung sich nicht mit Luft überlädt – meist hat er allerdings im Sprech-Denk-Ablauf dafür gar keine Zeit –, denn ein Zuviel an Einatmung verlangt meist noch die zusätzliche Hinzuziehung der Atmungshilfsmuskulatur (vor allem des Halses), verschiebt also wieder den Funktionsablauf leicht nach oben. Und außerdem: Je mehr ein Sänger oder Sprecher einatmet, desto schneller wird mit jedem Herzschlag, also mit dem Gasaustausch im Körper, der Sauerstoff in Kohlendioxid umgesetzt, womit der Ausatmungsreiz erheblich zunimmt.

Wir haben endlich in diesem Kapitel noch über den Atemweg zu sprechen, d. h. über die Mund- und über die Nasenatmung.

Zunächst: Während des sinnzusammenhängenden Sprechens ist eine reine Nasenatmung gar nicht möglich bzw. nur durch erheblichen Zeitverlust und damit Zerstörung der gedanklichen Linie zu erkaufen. Alle Ermahnungen zu grundsätzlicher Nasenatmung sind also von vornherein sinnlos und können nicht – auch nicht von den Verfechtern solcher Lehrmeinungen – in der Praxis konsequent durchgeführt werden.

Daher fordern viele Autoren während des Sprechens eine Mund-Nasen-Atmung. Die Luft nehme in solchem Falle gleichzeitig den Weg durch Mund und Nase. Wieweit diese Forderung, die erhebliche Konzentration des Sprechers auf die Tätigkeit des Gaumensegels verlangt, tatsächlich in der Praxis berücksichtigt werden kann, bleibt dahingestellt. Rein methodisch steht dem allein die Tatsache im Wege, daß sich eine solche Einatmung kaum vom Lehrenden prüfen läßt.

Wir halten also für das Singen und Sprechen die Mundatmung durchaus für richtig.

[1] Siehe auch S. 56 f. und 201 ff.

Dennoch: Die Mundatmung birgt Gefahren in sich, die besonders deutlich werden, wenn wir im folgenden die Vorzüge der Nasenatmung beschreiben.

Für die Nasenatmung plädiert man schon immer. Aber erst in letzter Zeit sind uns exakte Begründungen in die Hand gegeben worden, nach der eine Nasenatmung unerläßlich ist.

In der Tat lautet die Frage nicht: Mund- oder Nasenatmung? sondern: Wann kann man auch die Mundatmung anwenden? Wir haben diese Frage bereits beantwortet und präzisieren unsere Stellung, wenn wir sagen: Die Nasenatmung soll grundsätzlich angewandt werden, wenn die Situation (auch die Sprechsituation) eine verlängerte Einatmungszeit zuläßt! Die Nasenatmung hat zunächst – unabhängig von der Atmungsfunktion – tiefgreifende Bedeutung für die Gesundheit des Individuums. Das wird am deutlichsten, wenn man die Funktionen darlegt, die die Nasenatmung beim Kind zu erfüllen hat.

E. J. JENTS (1949, S. 102 f.) schreibt: *Je weniger Kinder Mundatmer sind, desto weniger sind unsere Spitäler gefüllt,* und er begründet diesen Satz mit der Feststellung, daß Mundatmung in jedem Alter schwerwiegende Folgen hat.
*Zunächst entstehen Wachstumsanomalien im Bereiche der Nase und des Nasenrachenraumes. Das Wachstum des Oberkiefers bleibt zurück; daraus resultiert ein schmaler Oberkiefer, dessen Folge wieder enggestellte und unregelmäßig gelagerte Zähne sind. Durch die ständige, mitunter nur in der Nacht bestehende Mundatmung trocknet die Schleimhaut des Mundes aus, und es werden durch das Fehlen der notwendigen Berieselung des Zahnschmelzes mit dem aseptisch wirkenden Mundsekret kariöse Vorgänge an den Zähnen hervorgerufen. Die Folge kariöser Zähne sind Ernährungsstörungen mit weitgehenden Folgen. Aus der Störung der normalen Entwicklung der Wachstumsvorgänge der Nase und der Nebenhöhlen resultiert eine pneumatische Hemmung der Nebenhöhlen mit mehr oder weniger ausgeprägten Asymmetrien ihrer Ausdehnung. Der Knochen des Gesichtsschädels wird in der Folge einseitig in seinem Gewicht beträchtlich vergrößert, was durch die asymmetrische Belastung zur Schiefhaltung des Kopfes und später zu Veränderungen an der Wirbelsäule, wie Skoliosen, und sonstigen Skelettveränderungen führt.*
*Auch entzündliche Prozesse der Nase entstehen durch herabgesetzte Nasenatmung. Die Stagnation von Sekret verursacht ihrerseits entzündliche Veränderungen in der Nasenschleimhaut und ihrer Umgebung, in den Nebenhöhlen und dem Nasenrachenraum. Verdickung der Schleimhaut, Größenzunahme des adenoiden Gewebes, Mittelohrentzündungen sind die Folgen.*
Der gleiche Autor findet auch psychische Störungen oft als Folge behinderter Nasenatmung: Abnahme der Arbeitslust, Benommenheit im Kopf, Zerstreutheit, Abnahme der Aufmerksamkeit (in der Schule).

J. L. SCHMITT (1956, S. 21 f.) weist in Anlehnung an die Experimente anderer Wissenschaftler darauf hin, daß durch die Nasenatmung auch nervös-reflektorische Fernwirkungen ausgelöst werden können. Es ist wahrscheinlich, daß über die Nervenendigungen im Flimmerbesatz der Nase Reize zu den Hypophysenvorderlappen und von dort weiter auf das Nebennierenrindensystem weitergeleitet werden, wodurch sich eine Abnahme der Leistungen des Zentralnervensystems bei habitueller Mundatmung erklären läßt.

Interessant in diesem Zusammenhang sind auch die Versuchsergebnisse H. REPLOH s (1935): Bei Behinderung der Nasenatmung steigt die Zahl der Keime in der Mundhöhle durchschnittlich um das Doppelte.

Für die Atmung selbst hat die Nase außer den bekannten Funktionen, wie Anfeuchtung und Reinigung der Luft, noch direkte, auf den Atmungsvorgang selbst Einfluß nehmende Funktionen: Durch den inneren Aufbau der Nase wird der Luftstrom so gelenkt, daß eine sog. Parallelströmung entsteht. Außerdem wird durch die Nasenenge die Menge und Geschwindigkeit und der Druck der einströmenden Luft bestimmt. Bei Mundatmung nähern sich leicht die Stimmlippen einander, so daß die einströmende Luft erst hier ihre Eindämmung erfährt. Für solche Regulierung ist aber die Nase durch ihren gröberen inneren Bau besser geeignet als der Kehlkopf.

R. SCHILLING (1956, S. 329) schreibt dazu: Es *verursacht das Durchströmen der Luft durch einen Engpaß in diesem einen negativen Druck, der mit dem Quadrat der Strömungsgeschwindigkeit zunimmt und in der Schleimhaut Hyperämie, Schwellung und sogar entzündliche Reizung hervorrufen kann.* Darum sollte – nach SCHILLING – bei der Ruheatmung die Nase, bei der Sprechatmung (wegen der Geschwindigkeitserhöhung des passierenden Luftstromes) unbedingt der Mund für die Einatmung benutzt werden, denn bei der Schnelligkeit der Einatmung während des Sprechens könnten sehr leicht entzündliche Prozesse in der Nase entstehen.

Endlich wird durch den erhöhten Einatmungswiderstand in der Nase *der Sog und Unterdruck im Brustkorb erhöht..., was sich auf die Ansaugung des venösen Körperblutes in die Lungen, den venösen Rückstrom, erheblich fördernd auszuwirken vermag* (SCHMITT, 1956, S. 21).

Durch diesen Widerstand setzt die Nase aber auch direkt der Zugkraft des Zwerchfells eine Gegenkraft entgegen und die Nase wird so – wie PAROW (1953, S. 26) feststellt – zum natürlichen Gegenspieler (Antagonisten) des Zwerchfells.

Diese Erkenntnis beuten wir heute für unsere Praxis aus, indem wir das Zwerchfell, das ja sonst nicht direkt unserem Willen zugänglich ist, durch künstliche Verengung der Nase – indem wir die Nasenflügel mit den Fingern leicht zusammendrücken – zu stärkerer Saugwirkung herausfordern.

Aus diesen Bemerkungen ist übrigens ersichtlich, daß für die richtige Atmung die Nase nicht nur luftdurchlässig sein muß, sondern daß ebenso
der Nasenweg nicht zu weit sein darf, da es sonst zur Austrocknung der
Nasenschleimhaut kommen kann und die besagte Wirkung der Nase völlig
aufgehoben wird. Zu weite Nasenräume können überdies zu sehr unan-
genehmen Begleiterscheinungen führen, zu starker Borkenbildung, leichter Anfälligkeit für Erkältungen der oberen und tieferen Luftwege, schließlich auch zur Ozaena (Stinknase), einer chronischen Nasenschleimhaut-
und Nasenmuschelknochenerkrankung.

### c) Der Begriff der „Stütze"

In der Stimmbildung ist sicherlich der Begriff „Stütze" der umstrittenste.
Lehrmeinung steht hier gegen Lehrmeinung. Bis heute vermochte leider
auch nicht die Wissenschaft, das Dunkel überall zu erhellen. Das ist nicht
verwunderlich, denn das, was man „Stütze" nennt, ist in erster Linie ein
subjektives Erlebnis des Sprechers oder Sängers. Der Betreffende hat das
subjektive Gefühl, er stütze während der Stimmgebung an dieser oder
jener Stelle seines Körpers den Atem.
Wir können uns darum nur darauf beschränken, verschiedene Meinungen
aus Wissenschaft und Praxis anzuführen und – soweit es uns möglich ist –
kritisch zu betrachten und schließlich unsere eigene Erfahrung zur Diskussion zu stellen.

Das Ziel, das mit der Atemstütze erreicht werden soll, ist allgemein dies:
Führung des Ausatmungsstromes; Abstimmung der Ausatmung auf die
Stimmbildung und Artikulation; Verlängerung der Ausatmung.

> Das letztere Bestreben halten wir – wie oben dargelegt wurde – für den
> Sprecher für unnütz.[1]
> R. LUCHSINGER (1951) meint: Alle Definitionen stimmen darin überein, daß
> wir in der Stütze den Regulator des Ausmaßes des Luftnachschubes sehen
> müssen, wobei der Sänger bei der Ausatmung eine sogenannte *inspira-
> torische*[2] *Spannung* empfindet. Das Appoggio (Atemstütze) regelt den
> Antagonismus zwischen der Ein- und Ausatmungsmuskulatur. Es hat die
> wichtige Rolle der richtigen Atemführung und der richtigen Kompression
> der Luft unterhalb des Kehlkopfes.

Mit den letzten Worten betreten wir bereits wieder unsicheres Gelände,
da sich bei der Beantwortung der Frage nach der Kompression der Luft
unterhalb der Stimmlippen die Meinungen teilen.

[1] Siehe S. 106 f.
[2] Inspiration = Einatmung; Exspiration = Ausatmung.

Dennoch: Über das Ziel herrscht noch weitgehend Einstimmigkeit. Über den Weg scheiden sich die Geister. Einen einheitlichen Nenner über diesen Weg zu finden, der allen Methoden gerecht würde, ist darum außerordentlich schwer. Vielleicht kann man mit LUCHSINGER (1951) und STERN (1928) den Versuch, während der Exspiration (also während der Stimmgebung) die Inspirationsstellung einer gewissen Gruppe der Atmungsmuskulatur beizubehalten, als typisch für alle Methoden bezeichnen, die die Stütze erarbeiten wollen.

Bei der Beurteilung, mit welchen an der Atmung beteiligten Muskeln ein Sänger oder Sprecher die Stützfunktion ausübt, muß man sehr vorsichtig sein. Denn wie R. SCHILLING (1922 und 1925) mit Hilfe eines Diaphragmographen festgestellt hat, sind die Bauchdeckenbewegungen nicht immer gleichbedeutend mit den Zwerchfellbewegungen. SCHILLING kam damals zu dem Ergebnis, daß bei der Ruheatmung (ohne Phonation) die Bauchdeckenbewegungen mit den Brustkorb- und Zwerchfellbewegungen nahezu übereinstimmen (Synchronismus). Bei Beginn der Exspiration bei der Stimmgebung (während der Phonation) fand sich dagegen Asynchronismus. Obwohl die Bauchdeckenbewegung der Brustkorbbewegung vorauslief, blieb das Zwerchfell noch längere oder kürzere Zeit in tiefster Inspirationsstellung stehen. Diese Tendenz war noch stärker an geschulten Sängern meßbar.

> GUTZMANN bestätigte später (2. Aufl. 1928) diese Ergebnisse. Und auch LULLIES (RANKE/LULLIES, 1953, S. 193) greift in jüngster Zeit auf diese Untersuchungen zurück.

Nach den Feststellungen SCHILLINGs wäre danach der Stützvorgang dieser: Mit Beginn der Phonation[1] verharrt der Brustkorb noch mehr oder weniger lange in Inspirationshaltung. Also verharren auch die unteren Rippenbögen in ihrer nach außen gespreizten Stellung, womit auch das Zwerchfell in Kontraktion bleibt, während die Bauchmuskulatur bereits langsam einsinkt.

> GUTZMANN (1928, S. 4) erklärt den Einfluß der Flanken auf das Zwerchfell damit, daß von den untersten Intercostalnerven der Zwischenrippenmuskulatur auch Ästchen auf den Rand des Zwerchfells übergreifen, *so daß es verständlich ist, daß die Bewegungen der unteren Rippen mit denen des Zwerchfells stets harmonisch vonstatten gehen.*

Der soeben beschriebene Stützvorgang wird in der Literatur oft Brust- oder gar Flankenstütze genannt. Womit wir bereits bei der Darlegung der verschiedenen Meinungen angelangt sind:

[1] Phonation = Stimmgebung.

Eine eingehende Darstellung der verschiedenen Meinungen über Stütze findet der interessierte Leser z. B. bei STERN (1928, S. 960 ff.), FORCHHAMMER (Bd. I, 1937, S. 15 ff.) und LUCHSINGER (LUCHSINGER/ARNOLD, 1949, S. 7 ff.).

Die Stütze wird entweder von der Muskelfunktion her erklärt, dann spricht man von Brust-, Bauch-, Flanken-, Zwerchfellstütze u. ä.

Man erkennt auch hier die veraltete Einteilung in Atmungstypen (s. o.).

Oder die Stütze wird vom Stimmerlebnis her erklärt. In diesem Falle richtet sich der Phonierende nach dem Schwingungserlebnis, welches er mit der Stimmgebung an bestimmten Körperstellen empfindet. In diesem Falle spricht man von Kopf-, Zahn- und Bruststütze, Ton- und Artikulationsstütze.

Hier fällt vielfach der Begriff Stütze mit dem der Register zusammen. In diesem Falle hat der Stützende das Gefühl, nicht den Atem, sondern den „Ton" zu stützen.

Schließlich wird die Stütze auch physikalisch im Zusammenhang mit aerodynamischen Geschehnissen im Bereiche des Kehlkopfes erklärt. In solchem Falle deckt sich der Begriff Stütze – als Tonstütze – im weiten Sinne mit dem ARMINschen Begriff des *Stauens*.

Zur „Muskelstütze": Wir halten auch hier an dem fest, was wir oben über die Atmungstypen gesagt haben. Jede einseitige Konzentration auf einzelne Muskelgruppen ist unnatürlich und führt leicht zu Verkrampfungen. Auf Grund unserer eigenen Erfahrungen und an Hand der oben zitierten SCHILLINGschen Untersuchungsergebnisse halten wir die Beibehaltung der Inspirationsstellung des Brustkorbes auch während der Phonation bei gleichzeitigem Einsinken der Bauchdecke für die einzig natürliche Stützfunktion. Es bedarf dabei von seiten des Sprechers keiner Gewaltanwendungen, indem er etwa künstlich die Muskulatur zum Verharren in der bestimmten Stellung zwingt, da sich die Aufrichtung des Brustkorbes aus der Haltung ergibt!

Wir stimmen hierin mit H. KRECH (1959, S. 43) überein: *Mit der Streckhaltung der Wirbelsäule und dem ausgeschaukelten Becken ergibt sich ohne weiteres Dazutun die in der Literatur eigentlich am unterschiedlichsten abgehandelte Atemstütze.*

Zur sogenannten Bauch- und Zwerchfellstütze noch ein Wort: Die Vertreter dieser Stütze verstehen darunter ein Beibehalten der Bauchdecke in Einatmungswölbung während des ersten Teiles der Ausatmung (H. WEINERT, 1959, S. 21). Diese Stützform birgt viele Nachteile in sich.

 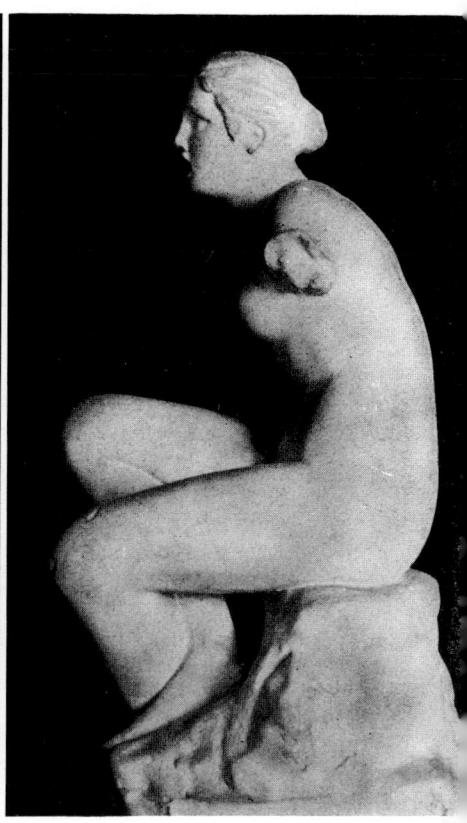

Höchste Spannung (psychisch und physisch)                    „Schon"haltung
ohne Krampf

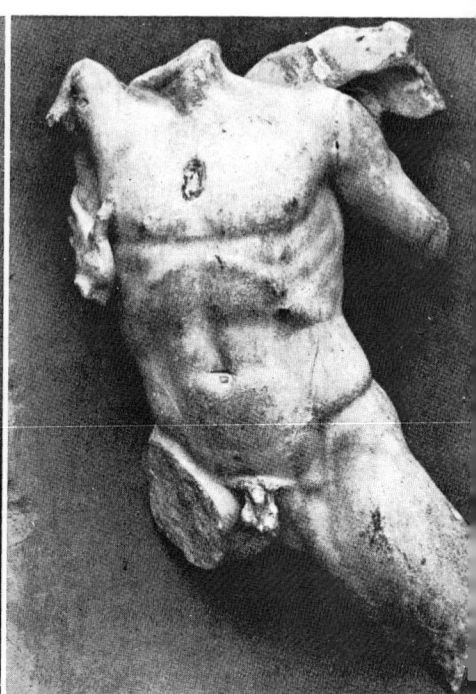

Ideale Sitzhaltung

„Leistungs"haltung – Ausatmung

Ideale Haltung im Knien

Meist wird in solchen Fällen der erforderliche Druck für die Ausatmung durch den Brustkorb gegeben, was zu einer Verschiebung der Atmung nach oben führt; außerdem lassen sich bei solchen Schülern fast immer Verkrampfungserscheinungen feststellen.

> Der schon zitierte o. FITZ (1956) versteht unter *innerer Spannkraft* der Atmung vor allem ein Stützen im Bereich der Gürtellinie. Dieses Stützen machte ihn in diesem Bereich so fest, daß starke Männer ihn dort mit Fäusten bearbeiten konnten, ohne seine Atmung zu stören.[1]
> Solche Hinweise führen in der Praxis zu folgenden unsinnigen und gefährlichen Methoden. Schauspieler eines Berliner Theaters erzählten von einer Sprecherzieherin, die mehrere Jahre in ihrem Hause als Stimmbetreuerin tätig gewesen ist. Diese Sprecherzieherin verlangte von den Schauspielern allen Ernstes, sie sollten sich einen derben Gürtel (aus Leder oder gar aus Metall) während des Spieles auf der Bühne um ihren Leib binden. Gegen diesen Gürtel müßten sie während des Sprechens einen Druck (als wollten sie den Gürtel sprengen) ausüben. – Erstaunlich ist, daß viele Schauspieler diesen Rat befolgten, bis die Regisseure den Verkrampfungen auf der Bühne auf den Grund gingen, und der Sprecherzieherin eine weitere Einflußmöglichkeit entzogen wurde.

Zur „Stimmstütze": Hier handelt es sich vor allen Dingen um das subjektive Erlebnis von Schwingungen vorwiegend fester Teile (Schädelknochen, Zähne) und die damit verbundenen Vorstellungen eines „Ansetzens der Stimme" im Bereich der stärksten Schwingungen.[2]

Zum „Stützen und Stauen": FORCHHAMMER hat 1938 darüber einen Vortrag gehalten und dargelegt, daß man zwei widersprechende Grundauffassungen über Stützen unterscheiden könne:
1. Ein Zurückhalten der Luft von den Stimmlippen durch die Einatmungsmuskulatur,
2. Bewußte Stauung der Luft unterhalb der Stimmlippen.
FORCHHAMMER selbst entscheidet sich für die 2. Auffassung: Der gestützte Ton klingt kräftig, konzentriert und gesättigt, da die Luft gegen die Stimmlippen gestützt wird (appoggiare). *Stützen ist also in erster Linie ein Vorgang im Kehlkopf... Natürlich mit Hilfe der Ausatmungsmuskulatur* (1938, S.171).
Für FORCHHAMMER ist also Stützen kein Zurückhalten der Luft, sondern im Gegenteil eine Verstärkung des Luftdruckes gegen die Stimmlippen;

---

[1] Siehe S. 105.
[2] Eine Erörterung dieser auf subjektiven Erlebnissen beruhenden Lehrmeinung erübrigt sich an dieser Stelle, da wir im Zusammenhang mit der Stimmbildung über die Fragen der Resonanz und der Register zu sprechen haben. Vgl. daher S. 128 ff., 146 ff. und 149 f.

und er sagt in seiner schon mehrfach zitierten Arbeit (1937) noch deutlicher: Starker Luftdruck ist für die Stimmlippen nicht gefährlich, eher zu schwacher (S. 14).

FORCHHAMMER unterscheidet *Tonstütze* und *Artikulationsstütze*. Unter Tonstütze versteht er *den festen Druck der Luft gegen die fast geschlossenen Stimmlippen* (1937, S. 20).

> *Aus obiger Darstellung geht hervor, daß der für den Kunstgesang so wichtige lange Atem viel mehr auf einer Technik des Stimmlippenverschlusses als auf einer besonderen Atemtechnik beruht* (a. a. O., S. 13).

Bei stimmlosen Konsonanten (mit offener Stimmlippenglottis) wird die Luft nicht an den Stimmlippen gestützt, sondern *gegen die betreffende Artikulationsstelle* (a. a. O., S. 23); daher der Terminus *Artikulationsstütze*. Die Auffassung FORCHHAMMERS, Stützen mit dem ARMINschen Stauprinzip[1] in Verbindung zu bringen, erfährt eine theoretische Untermauerung durch R. MAATZ (wir zitieren LUCHSINGER/ARNOLD, 1949, S. 9).

> Nach MAATZ erfolgt die günstigste Stimmgebung, wenn die Luftmassen in den Räumen unterhalb der Stimmlippen in Schwingungen der gleichen Frequenz, in der die Stimmlippen schwingen, „aufgeschaukelt" werden. Die komprimierte Luftsäule unterhalb der Stimmlippen schwingt so „synchron" mit den Stimmlippen und unterstützt sie in ihrer Tätigkeit.
> *Während beim ungestützten Ton... neben schwachen Grundschwingungen zahlreiche Oberschwingungen vorhanden sind, die im aufblasenden Gleichstrom die Stimmlippen treffen, erreicht sie der vorwiegend in Stimmlippenfrequenz schwingende Luftstrom beim gestützten Ton im Moment der geringsten Belastung, d. h. im Wellental. Dadurch, daß sie der höchste Druck bei diesem Fall nur einmal im Moment des Stimmritzenschlusses trifft, kann leicht und volltönend (ohne „wilde Luft") gesungen werden. Um das Aufschaukeln der Luft im Windkessel zu erleichtern, muß der Widerstreit zwischen der Ein- und Ausatmung den Thorax[2] unter gleichzeitiger Tiefstellung des Kehlkopfs und Erweiterung des Kehl-Schall-Raumes in einen erhöhten Spannungszustand bringen, der ihn schwingungsfähiger macht.*

Wir kommen damit bereits tief in das Gebiet der Stimmbildung hinein und nehmen auf jeden Fall die Gewißheit mit, daß die Stützfunktion tatsächlich – ganz im Sinne FORCHHAMMERS – kein isolierter Atmungsvorgang ist, sondern fast noch mehr das Ergebnis guter Stimmtechnik.

Wir sind persönlich dem *Stauprinzip* gegenüber in unseren praktischen Übungen sehr zurückhaltend, da allein die V o r s t e l l u n g des Stauens oft unerwünschte Verkrampfungen im Bereich des Kehlkopfs mit sich führt. Unsere oben dargelegte Auffassung von Stütze, im Sinne einer Aufrichtung

---

[1] Vgl. S. 274.
[2] Thorax = Brustkorb. Vgl. auch, was die hier angeführten Begriffe betrifft, S. 119 ff.

des Thorax, widerspricht aber auch im großen und ganzen nicht den hier von MAATZ vorgeführten Anschauungen, da sich mit der Aufrichtung der Wirbelsäule automatisch eine Weitung des Brustkorbes und damit der subglottalen Räume ergibt, was wiederum, bei gleichzeitigem Einsinken der Bauchdecke, einer Komprimierung der Luft förderlich ist.

### d) Atmung und Stimmbildung

Alle bisher dargelegten Meinungen über die Atmung und über die Atem-stütze waren sich in einer Grundvoraussetzung einig, daß nämlich die Atmung innig mit der Stimmbildung verbunden ist, daß die ausgeatmete Luft die treibende Kraft, die die Stimmlippen (als tonerzeugenden Me-chanismus) in Schwingungen versetzt, und gleichzeitig das tönende Me-dium ist. Man nennt diese Theorie der Stimmerzeugung die *myo-elastische* Theorie.

Ihr steht seit 1950 eine andere gegenüber, die *neuro-chronaxische* und *cerebrale* Theorie des französischen Physiologen R. HUSSON[1]. Nach Auf-fassung dieses Forschers sind die Stimmlippen nicht bei der Stimmerzeu-gung abhängig von der Luft, sondern sie werden zu ihren Schwingungen durch den Nervus recurrens angeregt. *Das Vibrieren der Stimmlippen er-folgt also bei jeder Periode durch aktive Spannung des Recurrens: ihre Fre-quenz ist in der Tat durch die neural-rhythmische Tätigkeit geregelt, die ihr durch den Recurrens zugeleitet wird* (PANCONCELLI-CALZIA, Leipzig 1956, S. 8).[2]

*Die unvermeidliche Folge dieser neuartigen Ergebnisse ist eine radikale Än-derung unserer bisherigen Auffassung von den Beziehungen zwischen dem Schwingen der Stimmlippen und der Atmung. Wir müssen einsehen, daß der ausgeatmete Luftstrom nicht mehr das Agens der Schwingungen der Stimmlippen, sondern nur noch das tönende Medium ist,* stellt PANCONCELLI-CALZIA (S. 9) fest.

Nach dieser hier dargelegten Meinung sind unsere gesamten Atmungs-übungen für die sprecherzieherische Praxis sinnlos. Unsere gesamte Sprech-erziehung müßte danach einen Wandel von 90 Grad vollziehen.

Man erkennt auch an diesem Beispiel, wie abhängig die Sprecherziehung und mit ihr die Sprechkunde von den Forschungsergebnissen anderer Dis-

---

[1] HUSSONs 1950 erschienenes Werk ist dem Verfasser nur durch andere Autoren, vor allem durch PANCONCELLI-CALZIA, bekannt. Wir zitieren also aus zweiter Hand.

[2] Vgl. hierzu die Ausführungen in Kap. 2: *Zur Stimmfunktion des Kehlkopfes*, S. 123.

ziplinen ist.[1] Bald nachdem PANCONCELLI-CALZIA seine voreiligen Schluß-folgerungen gezogen hatte, machten sich Sprechwissenschaftler und Sprech-erzieher die HUSSONschen Kenntnisse zu eigen – ohne selbst ihre Stich-haltigkeit überprüfen zu können. Der Erfolg waren lediglich Verwirrungen in den Reihen der Praktiker.

Wir werden allerdings in anderem Zusammenhang erkennen, wie wertvoll jeder neue Standpunkt in der Wissenschaft dennoch für den Fortschritt ist. Einesteils hat HUSSON zu neuen Forschungen angeregt, indem er ein-fach eine neue Betrachtungsweise vorschlug, anderenteils verdanken wir seinen Darlegungen neue Blickrichtungen.

Die Ergebnisse anderer Forscher bestätigen schließlich die Theorie HUS-SONs in ihren wesentlichen Zügen nicht, vor allem, was den feineren Bau der Stimmlippen betrifft.[2] Wir können daher im Zusammenhang mit der Atmung auf eine weitere Auseinandersetzung vorläufig verzichten. Die Praxis bestätigt auf Schritt und Tritt einen innigen Zusammenhang zwi-schen Atmung und Stimmbildung. Das geht so weit, daß der erfahrene Pädagoge an der Art der Einatmung seines Schülers die Qualität der zu produzierenden Stimme im voraus abschätzen kann.

Wir haben z. B. die Erfahrung gemacht, daß mit Hochatmung meist auch „Hochstimme" einhergeht. Das Beispiel einer Schülerin einer Schauspiel-schule zeigte sehr deutlich, wie z. B. die Unart, alle Satzglieder in einer fallenden Sprechweise wiederzugeben und damit einen eintönigen lang-weiligen Gesamtausdruck zu produzieren, auf eine mangelnde Atemtech-nik zurückgeführt werden darf. Die betreffende Studentin atmete immer hoch und begann demzufolge die Satzphrase in überhöhter Sprechtonlage. Während des Sprechens setzte allmählich eine Lösung der Atmungshilfs-muskulatur (s. o.) ein, womit auch eine Lösung der Muskulatur im Bereiche des Kehlkopfs einherging, und die Stimme allmählich in die normale Sprechtonlage absank.

Wir haben die Angaben W. ORTHMANNS (1954) untersucht, wie weit bei den von ORTHMANN aufgeführten Personen (es handelte sich allerdings leider nur um einen kleinen Kreis von 50 Personen) stimmliche Fehlleistungen mit Atmungsfehlleistungen (Hochatmung) parallel liefen. Das Ergebnis ist dieses:

Von den 50 Untersuchten sind 37 Hochatmer – das sind 74%; stimmliche Verlagerung ging mit Hochatmung einher bei 36 Personen = etwa 97%; Überschreitung der Indifferenzlage und Hochatmung fielen zusammen bei 30 Personen = 81%; das Erscheinungsbild der „wilden Luft" fand sich zusammen mit Hoch-atmung bei 27 Personen = etwa 73%; harte Vokaleinsätze (pathologischer Glottisschlag) zusammen mit Hoch-atmung wurden festgestellt bei 17 Personen = etwa 46%.

[1] Vgl. S. 13.
[2] Vgl. S. 122 f.

Wir können, trotz des geringen Versuchsmaterials, die angegebenen Zahlenwerte als typisch ansehen, da unsere sprecherzieherische Praxis sie vollauf bestätigt.

Wir stimmen mit STERN, PANCONCELLI-CALZIA und KRECH u. a. überein, wenn die betreffenden Autoren Atmungsübungen in erster Linie in Verbindung mit Stimmübungen sehen wollen. So steht z. B. der Atemverbrauch während der Ausatmung in einem direkten Verhältnis zur Tätigkeit der Stimmlippen und des Ansatzrohres.

> E. DIETH (1950, S. 83) macht diesbezügliche Angaben: So nimmt z. B. der Luftverbrauch ab mit der zunehmenden Stimmhaftigkeit der Laute, und er nimmt zu, je weniger Stimme ein Laut zu seiner Hervorbringung verlangt:
> [a:] verbraucht weniger Luft als [z] – und dieser Laut wieder weniger als [s] – und dieser wieder weniger als [ʃ] – und dies wiederum weniger als [h].[1]
> Es sei am Rande vermerkt, daß der Atemverbrauch auch von psychogenen Faktoren abhängig ist. So gelingt es z. B. einem Schüler oft mühelos, einen bestimmten Abschnitt von mit sch-anlautenden Wörtern auf einem Atem zu produzieren, wenn er allein ist; hingegen kann er oft die gleiche Übung nicht mit gleichem Erfolg durchführen, wenn er sie demonstrieren soll. Spricht er nun die gleiche Reihe mit einem zweiten Sprecher (oder mit dem Lehrer) gleichzeitig, so stellt sich wieder die frühere Leistung ein (die Sprecher stützen sich gegenseitig!).
> Je größer die Phonationsstärke, um so größer der Durchschnittsluftverbrauch (DLV); je höher der Ton, um so geringer der DLV; der DLV nimmt zu in der Reihenfolge der Stimmeinsätze: hart – weich – gehaucht; der DLV nimmt ab, wenn die (beabsichtigte) Dauer der Phonation zunimmt; der DLV nimmt mit dem Schließungsgrad der Vokale zu.
> Danach nimmt der DLV bei den Vokalen in folgender Reihenfolge zu (nach O. VON ESSEN, 1953, S. 11 f.):
> [a:] – [a] – [ɛ:] – [ɔ] – [e:] – [o:] – [u:] – [i:].[2]

Diese Angaben sind für die Sprecherziehung nicht uninteressant, denn sie zeigen, daß Atmungs-, Stimm- und Artikulationsvorgänge in innigem Zusammenhang stehen, und – wie VON ESSEN (S. 22) sagt – *eine Veränderung einer dieser Tätigkeiten hat eine Veränderung der anderen zur Folge. Es können also auf diese Weise Laut-Umbildungen zustande kommen, die sich u. U. sprachliche Geltung verschaffen.*
Auch in der medizinischen Literatur ist bekannt, wie Atemstörungen zu stimmlichen Fehlleistungen führen können.

---

[1] Zur phonetischen Schreibweise siehe S. 323.
[2] Nach LULLIES (RANKE/LULLIES, 1953, S. 230) trifft die angegebene Reihenfolge allerdings nur zu bei laut gesungenen Vokalen. Bei leisen Tönen nehme mit der Verengung der Mundöffnung der Luftverbrauch ab.

LUCHSINGER (LUCHSINGER/ARNOLD, 1949, S. 13 ff.) führt die Erfahrungen des Laryngologen des Nationalen Musikkonservatoriums in Paris, J. TARNEAUD, an, welcher feststellte, *daß tatsächlich nur wenige Sänger während des Singens richtig zu atmen verstehen. Gesangsschüler, die nach zwei- bis dreijährigem Gesangsstudium eine wirklich gute Atemführung zeigen, sollen kaum 25% übersteigen. Sogar bei berühmten Sängern beobachtete er auffallende Fehler der Respirationsbewegungen.*
Offensichtlich müssen die Stimmlippen die Schwäche der Atmung ausgleichen, was allmählich die Kehlkopfmuskeln übermüdet.

> Die Verfasser finden damit auch erklärt, daß man auch bei schlechter Atmung anfangs längere Zeit gut singen kann. TARNEAUD erwähnt als entsprechendes Beispiel eine bekannte Pariser Sängerin mit 10jähriger bester Karriere an den größten Theatern von Paris.

Wir finden diese Erfahrungen auch für das Sprechen völlig bestätigt. Wir fanden, daß die Umstellung der Atmung auf ein richtiges Maß und die richtige Funktion außerordentlich schwierig ist und tatsächlich nur bei einer geringen Zahl an Schülern völlig befriedigend gelingt. Darum halten wir die Zahl von 25% als für nicht zu tief. Sicherlich liegt das nicht nur an falschen Methoden, wie man gern vorschnell urteilen möchte, sondern an der Schwierigkeit des Gegenstandes überhaupt.

## 2. Die Funktionen des Kehlkopfes

Wir betreten mit diesem Kapitel ein z. T. noch völlig ungenügend erforschtes Gebiet. Je mehr der Praktiker versucht, seine Erfahrungen durch die Ergebnisse der Forschung zu untermauern, desto unbefriedigter wird er sein, und oft kehrt er darum der Wissenschaft den Rücken, entweder weil sie ihm oder gar weil sie sich selbst widerspricht.

> Auch die Physiologie ist ein Kind ihrer Zeit. So, wie die Sprechtechnik sich jahrelang damit begnügte, durch Geläufigkeitsübungen die „Mechanik" des Sprechablaufes zu üben, so begnügte sich auch die Physiologie eine Zeitlang nur mit der Erforschung der Kehlkopfmechanik an Hand von Leichenkehlköpfen oder von nachgebauten Kehlkopfmodellen. Die so gewonnenen Ergebnisse bargen selbstverständlich Fehlerquellen in sich, die man lange Zeit nicht erkannte.
> Heute versucht man – z. B. durch Messungen der Aktionsströme der Kehlkopfmuskulatur am gesunden (und auch erkrankten) Kehlkopf –, mit Hilfe besserer Apparaturen die Kehlkopffunktionen in vivo zu erforschen.

So wie die Atmung nicht ursprünglich der Stimmbildung diente, so ist auch der Kehlkopf ursprünglich kein stimmerzeugendes Organ, sondern diese Funktion hat er bei einigen Tieren und beim Menschen erst unter bestimmten Lebensbedingungen übernommen. Wir müssen also gleich zu Anfang feststellen, daß es kein spezifisches Stimmorgan gibt. Die Primärfunktion des Kehlkopfes ist eine Schutzfunktion. Der Kehlkopf stellt ein Ventil dar, das dort eingebaut ist, wo der Atmungsweg sich von dem Weg der Nahrungsaufnahme trennt, und dessen Aufgabe es ist, die Lunge gegen von außen eintretende Fremdkörper zu schützen. Diese wichtige, lebenserhaltende Arbeit vollführt der Kehlkopf mit Hilfe einiger Organe, die fähig sind, den Luftdurchgang zu unterbrechen, indem sie einen festen Verschluß bilden.

Es ist bezeichnend für die Wichtigkeit der Atmung, daß der Kehlkopf zur Bewältigung seiner Arbeit dreifach abgesichert ist: er kann den Atemweg unterbrechen durch Kehldeckel-, durch Taschenband- und durch Stimmlippenverschluß. Im ersten Fall legt sich der Kehldeckel, indem zugleich der ganze Kehlkopf nach oben steigt, fest auf die obere Öffnung des Kehlkopfeingangs; die Speise rutscht also durch die Schluckmechanik des Kehlkopfes in die hinter dem Kehlkopf (dorsal[2]) gelegene Speiseröhre. In den anderen beiden Fällen kommt der Verschluß zustande, indem sich Muskelwülste zusammen mit Schleimhautfalten im Innern des Kehlkopfes quer zum Luftdurchgang legen und so einen festen Membranverschluß bilden.

Die Primärfunktion des Kehlkopfes ist die ältere und damit stabilere. Sie verläuft reflektorisch, außerhalb unseres Bewußtseins.

Die Stimmfunktion des Kehlkopfes ist eine Sekundärfunktion. Sie ist der Primärfunktion aufgestockt und verläuft z. T. im Widerspruch zu ihr (wie HUSSON sehr richtig betont).

Ehe wir die Stimmfunktion besprechen, wollen wir einiges über den Bau des Kehlkopfes sagen (vgl. Abb. 12).

Der Kehlkopf besteht aus einer knorpeligen Substanz und sitzt mit seinem unteren (caudalen[3]) Knorpelteil (Ringknorpel) auf der Luftröhre und

---

[1] Die Kehlkopfanatomie kann im einzelnen in jedem einschlägigen Buch nachgelesen werden. Wir beschränken uns hier nur auf die Darlegung des Allernotwendigsten.

[2] dorsal = zum Rücken hin gelegen; ventral = zum Bauch hin gelegen. Vgl. auch Abb. 16, S. 143.

[3] caudal = zum Schwanze hin (aus der Tieranatomie); im Gegensatz zu cranial = kopfwärts; lateral = seitlich. Larynx = Kehlkopf.

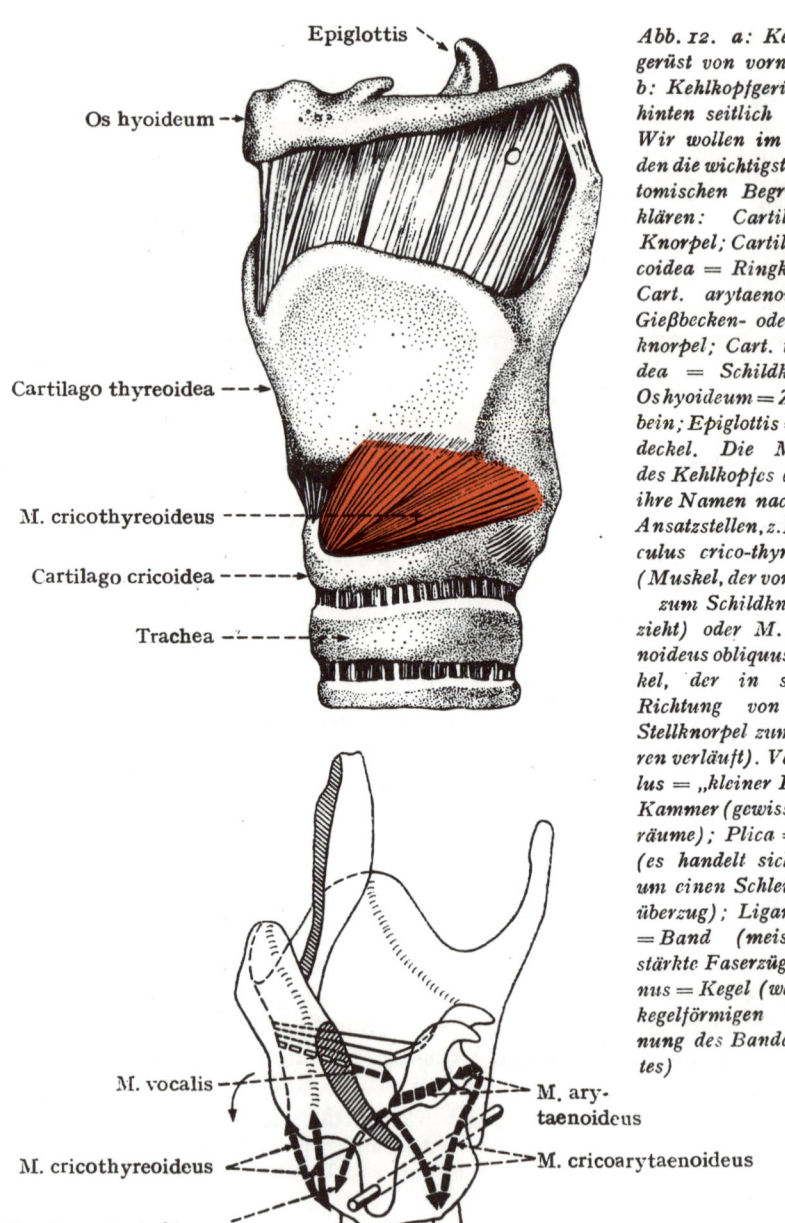

Epiglottis

Os hyoideum

Cartilago thyreoidea

M. cricothyreoideus

Cartilago cricoidea

Trachea

M. vocalis

M. cricothyreoideus

M. cricoarytaenoideus
lateralis

M. arytaenoideus

M. cricoarytaenoideus

*Abb. 12. a: Kehlkopf-geröst von vorn, b: Kehlkopfgeröst von hinten seitlich Wir wollen im folgen-den die wichtigsten ana-tomischen Begriffe er-klären: Cartilago = Knorpel; Cartilago cri-coidea = Ringknorpel; Cart. arytaenoidea = Gießbecken- oder Stell-knorpel; Cart. thyreoi-dea = Schildknorpel; Os hyoideum = Zungen-bein; Epiglottis = Kehl-deckel. Die Muskeln des Kehlkopfes erhalten ihre Namen nach ihren Ansatzstellen, z.B.Mus-culus crico-thyreoideus (Muskel, der vom Ring-zum Schildknorpel zieht) oder M. arytae-noideus obliquus (Mus-kel, der in schräger Richtung von einem Stellknorpel zum ande-ren verläuft). Ventricu-lus = „kleiner Bauch", Kammer (gewisse Hohl-räume); Plica = Falte (es handelt sich meist um einen Schleimhaut-überzug); Ligamentum = Band (meist ver-stärkte Faserzüge); Co-nus = Kegel (wegen der kegelförmigen Anord-nung des Bandappara-tes)*

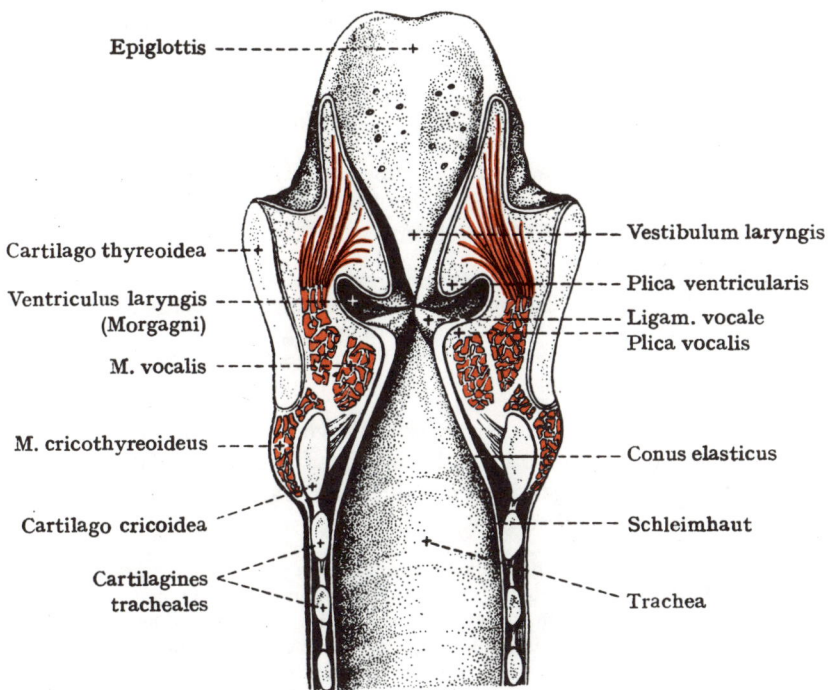

Epiglottis

Cartilago thyreoidea

Ventriculus laryngis
(Morgagni)

M. vocalis

M. cricothyreoideus

Cartilago cricoidea

Cartilagines
tracheales

Vestibulum laryngis

Plica ventricularis

Ligam. vocale
Plica vocalis

Conus elasticus

Schleimhaut

Trachea

*Abb. 13. Schematischer Frontalschnitt durch das Mundstück des Anblaserohres*

bildet somit das etwas verdickte obere Ende (daher die Bezeichnung „Kehlkopf") des Röhrensystems der Atmung. Cranial ist der Kehlkopf durch das Zungenbein (den einzigen knöchernen Teil des Kehlkopfes) an der Zungenwurzel aufgehängt.

> Es ist wichtig zu wissen, daß der Kehlkopf aber auch in einem untrennbaren Funktionszusammenhang mit dem sog. Ansatzrohr steht, so wie andererseits mit den tieferen Atemwegen. Es führen Muskeln vom Kehlkopf zur Rachenwand, zum Unterkiefer, zu den Gaumenbögen bis hoch zum Oberkiefer (vgl. Abb. 14). ZENKER/ZENKER sprechen daher von einer *funktionellen Kette*, die vom Kehlkopf bis zu den Rachen- und Mundorganen zieht!

Die einzelnen Kehlkopfknorpel sind gegeneinander beweglich. So ist der Schildknorpel durch seine unteren Hörner gelenkig mit dem Ringknorpel verbunden. Die Stellknorpel befinden sich auf dem oberen Rand der dorsalen Verdickung des Ringknorpels und können sich hier sowohl aufeinander zu (von lateral nach medial = von der Seite zur Mitte hin) bewegen als auch rückkippen und sich schließlich um ihre Längsachse drehen.

Die Beweglichkeit der Stellknorpel erklärt sich aus ihrer Aufgabe, die Stimmlippen in ihren Bewegungen zu beeinflussen.

Über den Bau der eigentlich stimmerzeugenden Muskeln, der sog. Stimmlippen, wissen wir noch nichts Endgültiges. Der Praktiker macht sich meist ein falsches Bild von ihnen.

Das äußert sich schon terminologisch: Die einen sprechen von Stimm-„bändern" und denken dabei an Geigensaiten, die anderen von Stimm-„lippen" und denken dabei an Polsterpfeifen.
Man ist heute allgemein der Ansicht, daß es sowohl Stimmbänder als auch Stimmlippen gibt.

Die sog. Stimmfalten (Plicae vocales), die von lateral in das Kehlkopflumen hineinragen und so einen horizontalen Verschluß bilden können, sind eigentlich genaugenommen Schleimhautfalten, die sich um den Stimmlippenmuskel (M. vocalis) herumlegen (siehe Abb. 13).

Man stelle sich einen Gummischlauch vor, der von unten herauf an den Wänden der Luftröhre anliegt und bis in den Kehlkopf hinein das gesamte Röhrensystem auskleidet. Im Bereich des M. vocalis – der einesteils an der Innenkante des Schildknorpels, andernteils an einem Aryknorpel befestigt ist und so von vorn nach hinten das Kehlkopflumen durchragt – löst sich der Schlauch von den Wänden, wird vorn und hinten ein wenig eingeschlitzt, so daß wir nun einen rechten und einen linken frei schwebenden Schlauchlappen bekommen. Diese freien Schlauchteile legen sich nun, von unten kommend, zwischen die beiden Stimmlippenmuskeln und umkleiden sie.
Dem Gummischlauch entspricht ein Schleimhautschlauch, der, aus der Tiefe kommend, sich im Bereich des Kehlkopfes zum Conus elasticus verdickt und dessen oberer freier Rand das Ligamentum vocale, das eigentliche Stimmband, bildet.
Über den Bau der sog. Stimmlippen herrscht noch keine Einstimmigkeit.
Man glaubte eine Zeitlang, daß die Stimmlippen, der muskuläre Anteil des frequenzerzeugenden Apparates, aus je einem Muskel bestünden, der einesteils an der Innenkante des Schildknorpels („Adamsapfel"), andernteils an einem Stellknorpel befestigt sei. Diese Vorstellung von nur einem Muskelpaar, das wie Saiten eines Musikinstrumentes innerhalb des Kehlkopfes aufgespannt ist, beruht – wie inzwischen erwiesen ist – auf einem Irrtum!
GOERTTLER (1950) legte anatomische Studien über die Stimmlippenmuskulatur vor, aus denen hervorgeht, daß sich eine Stimmlippe aus einer Gruppe von Muskeln zusammensetzt. Es breiten sich Muskelfasern, vom Schildknorpel bzw. vom Aryknorpel kommend, fächerförmig gegen das Stimmband hin aus und inserieren hier. Auf diese Weise entsteht ein

Gittersystem von sich kreuzenden Muskelfasern. Neben diesen am Stimmband inserierenden Fasern verlaufen nach GOERTTLER auch Faserbündel parallel zum Stimmband.

Diesen Untersuchungen kommt insofern Bedeutung zu, als sich damit unsere Auffassung von der Stimmlippentätigkeit beim Phonieren – z. B. bei der Bildung der sog. Register (HARTLIEB) – weitgehend anatomisch untermauern läßt. SCHILLING (1952) glaubt, durch die GOERTTLERsche Arbeit eine ganze Reihe von Phänomenen (z. B. die Registerbrüche, das Ansprechen der Stimmlippen auf einen Vibrator) erklären zu können. SCHLOSSHAUER (1957) bestätigt die Ergebnisse GOERTTLERs, betont allerdings, daß *die Hauptmasse aller Muskelfasern... stimmlippenparallel* verläuft (S. 312). Nach GOERTTLER wäre der Zug der schräg am Conus elasticus angreifenden Muskelfasern so groß, daß die Stimmlippenaktivität sich nicht in einer Schließung, sondern in einer Öffnung der Glottis (Spalte zwischen den beiden Stimmlippenwülsten) ausdrücken würde. SCHLOSSHAUER hingegen bestätigt die alte Vorstellung, wonach die Stimmlippen Glottisverschluß herstellen.

Wir können zusammenfassend feststellen, die alte Vorstellung von Stimmlippensaiten, die völlig passiv ein Werkzeug des an ihnen vorbeistreichenden Luftstromes sind (die Luft hat dabei die Funktion eines Geigenbogens!), ist nicht haltbar. Der Bau der Stimmlippen ist wesentlich komplizierter, ihre Aktivität ist darum größer, als vielfach angenommen wurde. Der Anteil des Nervensystems an dem Schwingungsverlauf der Stimmlippen scheint demnach ebenfalls größer zu sein, als bisher vermutet wurde (vgl. auch TARNEAUD, 1937, S. 3f.).

Die Stimmlippen sind also auch aktiv – d. h. ihre Funktion wird nicht nur von der an ihnen vorbeistreichenden Luft, sondern auch vom Nervensystem bestimmt. So bei den verschiedenen Stimmeinsätzen,[1] bei der Ein- und Umstellung der Glottis (LULLIES in RANKE/LULLIES, S. 216) am Ende der Phonation und bei der Regelung der Stimmlippenspannung.

SCHLOSSHAUER fand – wie auch andere Autoren –, daß auf die Höhe eines Tones der Anblasedruck keinen Einfluß habe. Die Tonhöhe wird in erster Linie durch die Stimmlippenspannung bestimmt.

*b) Zur Stimmfunktion des Kehlkopfes*

Dennoch ist die Aktivität der Stimmlippen beschränkt!
Die Haupttätigkeit der Stimmlippen bei der Stimmgebung besteht bekanntlich in ihren rhythmischen Gegenschlagbewegungen.

[1] Siehe S. 133 ff.

Zu diesem Zweck rücken die Stellknorpel, an denen die Stimmlippen mit ihrem einen Ende befestigt sind, gegeneinander und bilden ihrerseits einen festen (knorpeligen) Verschluß (Verschluß der Knorpelglottis). Die Stimmlippen liegen nun ebenfalls eng nebeneinander (Verschluß der Stimmlippenglottis).

Die Stimmlippen geben aber dem Druck der von unten kommenden Luft nach, wodurch sie auseinandergetrieben werden, zugleich aber werden sie nach einem bestimmten Gesetz von der durch die Glottis entweichenden Luft wieder gegeneinander„gesogen". Durch diese Schwingungen der Stimmlippen wird die Luft oberhalb wie unterhalb der Glottis (im super- und subglottalen Raum) ebenfalls in rhythmische Schwingungen versetzt, was schließlich zur Erzeugung eines Tones ganz bestimmter, nämlich dem Rhythmus der Stimmlippenschwingungen entsprechenden Frequenz führt.

Bei der eigentlichen Tonbildung sind also die Stimmlippen passiv, und aktiv ist die ausströmende Luft.

Dieser Erklärung der Tonerzeugung steht eine zweite gegenüber. Danach geschieht auch die Frequenzerzeugung durch aktive Schwingungen der Stimmlippen.

Wie wir schon auf S. 115 darlegten, hätte HUSSONs *neuro-chronaxische* Theorie, wenn sie bestätigt worden wäre, unser gesamtes Lehrgebäude umwerfen können. Denn HUSSONs Untersuchungen hätten dem Praktiker bewiesen, daß der Einfluß der Peripherie auf das funktionelle Geschehen von ganz untergeordneter Bedeutung sei, daß demgemäß unsere gesamte Lehrmethode (von der Peripherie zum Zentrum) am „falschen Ende" arbeite! PANCONCELLI-CALZIA (Leipzig 1956 und 1953), der eifrigste Verfechter der HUSSONschen Theorie, hält darum auch für das wichtigste der gesamten Sprech- und Stimmbildung die Einflußnahme auf das zentralnervöse Geschehen. Solche Beeinflussung sei in erster Linie durch FAUSTs aktive Entspannungstherapie gegeben.

LULLIES (S. 213 ff.) setzt sich eingehend mit HUSSON auseinander und findet, daß die Schnelligkeit unserer schwingenden Stimmlippen keineswegs durch Nervenimpulse erreicht werden könne, da für so hohe Frequenzen unser Nervensystem gar nicht eingerichtet sei.

SCHLOSSHAUER (S. 320) kommt schließlich zu dem Ergebnis: *Auf Grund der bisher vorliegenden Erkenntnisse besteht daher keine Veranlassung, die Gültigkeit der myoelastischen Stimmtheorie anzuzweifeln. Allerdings darf sie nicht als abgeschlossen angesehen werden. Das Bemühen von HUSSON galt, die Modulationsfähigkeit der menschlichen Stimme mit ihren vielen Klangfarben und unterschiedlichen Tonhöhen zu erklären. Wenn auch die von ihm erarbeitete Hypothese nicht aufrechterhalten werden kann, sollte dennoch das Streben nach einer Vertiefung unserer bisherigen Vorstellungen über die Stimmentstehung verstärkt werden.*

Wir haben bisher nur von der Tätigkeit der Stimmlippen gesprochen. An der Stimmbildung ist aber der gesamte Kehlkopf beteiligt. Neben der inneren hat auch die äußere Kehlkopfmuskulatur für den Sprechablauf größte Bedeutung.

ZENKER/ZENKER konnten nachweisen, wie die Muskulatur des Kehlkopfes faktisch durch jede, auch die geringste Bewegung des Ansatzrohres, ja des ganzen Kopfes in Tätigkeit versetzt wird. Abb. 14 versinnbildlicht den Zusammenhang von Kehlkopfmuskulatur, Ansatzrohr und Windrohr (Trachea).

> Das Herausstrecken der Zunge z. B. löst eine *Kettenreaktion* an der Kehlkopfmuskulatur aus, denn diese hat z. B. im Zustand der Ruhe die Aufgabe, ein Gleichgewicht der stimmlippenverlängernden und -verkürzenden Kräfte zu erhalten oder wieder herzustellen.

Der Praktiker findet in der Arbeit ZENKERS/ZENKERS die Bestätigung dafür, daß jede sinnvolle Arbeit an der Atmung und an der Artikulation das Geschehen im Inneren des Kehlkopfes beeinflussen kann.

> Für eine solche funktionelle Beeinflussung aber ist ein gründliches Wissen um die Zusammenhänge erforderlich. Wir stimmen darum auch heute noch mit STRECK überein, der schon 1938 auf dem Internationalen Kongreß für Singen und Sprechen forderte, daß jeder Lehrer gründliche Kenntnis in Theorie und Praxis besitzen sollte: *Wir wollen heraus aus dem empirischen Übermitteln eigener und höchsteigener sogenannter „Gefühle"*... (S. 141).
> Die heute noch sehr verbreiteten Zungenübungen als Vorübungen für die Artikulation haben z. B. nur Sinn, wenn sie bewußt unter dem Gesichtspunkt der Beeinflussung der Kehlkopfmuskulatur durchgeführt werden. Denn für die Erreichung einer „Zungengeläufigkeit" sind sie wertlos.[1]

Hohe Töne werden durch Zunahme der Spannung an den Stimmlippen, d. h. durch Verlängerung derselben, hervorgebracht; tiefe Töne durch Verkürzung (und z. T. Verdickung) der Stimmlippen.

Bei dieser Funktion fällt der äußeren Kehlkopfmuskulatur eine nicht geringe Aufgabe zu. Wie Abb. 14 zeigt, gibt es eine große Zahl stimmlippenverkürzender Elemente, im Gegensatz zu der geringeren der stimmlippenverlängernden Elemente. Die zahlenmäßige Überlegenheit der ersteren Gruppe erklärt sich aus der höheren Beanspruchung der stimmlippenverkürzenden Muskeln.

Die stimmlippenverlängernden Elemente haben meist die günstigeren Ansatzpunkte – womit sich eine mechanische Überlegenheit ergibt – und bestehen aus stärkerem Material.

---

[1] Zu verwerten in diesem Sinne sind die von FERNAU-HORN aufgeführten Pleuelübungen, die eine Art „Stimmlippengymnastik" darstellen; vgl. auch S. 292.

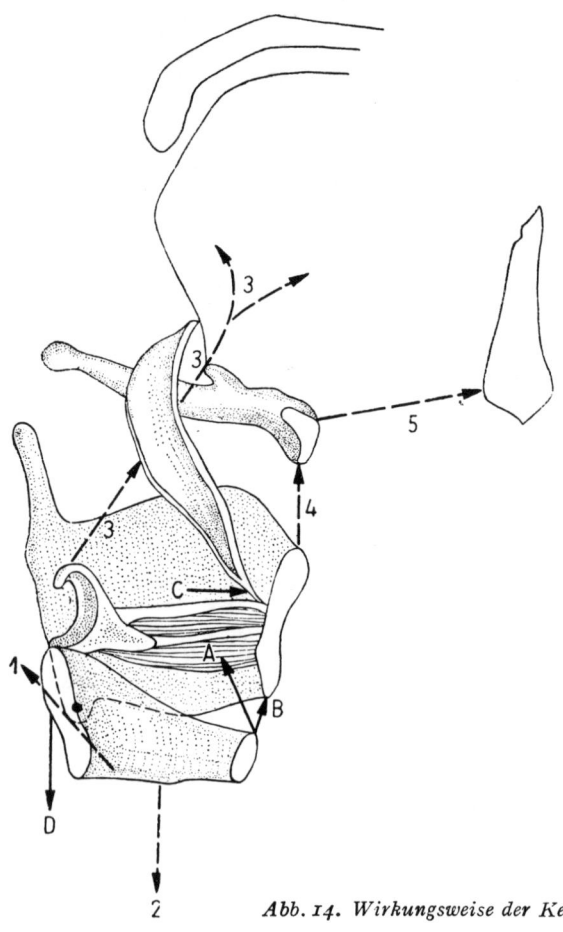

*Abb. 14. Wirkungsweise der Kehlkopfmuskulatur*

MERKEL findet die dem Ligamentum conicum (Abb. 14, Pfeil B) inne-
wohnende Kraft größer als die der Stimmlippen, die dem Lig. conicum
antagonistisch entgegenarbeiten, und kommt (nach ZENKER/ZENKER, S. 7)
zu dem Schluß, *daß für eine Verkürzung der Stimmlippen eine größere
Kraft erforderlich sei als für eine Verlängerung.* Für die Verlängerung der
Stimmlippen ist nach HARLESS (zit. bei ZENKER/ZENKER) eine Muskelkraft
von 450–500 g notwendig. Nach SONNINEN (1958) können die Stimmbänder um 4–5 mm verlängert werden.

Man erkennt an Hand dieser Ausführungen, wie abhängig die Spannung
der Stimmlippen von der Tätigkeit anderer Muskelgruppen ist, wie also
die Leistungsfähigkeit unseres frequenzerzeugenden Organes von der
richtigen Funktion der Rahmenmuskulatur bestimmt wird.

Wir haben aus alledem gewisse Schlußfolgerungen zu ziehen:
Durch zusätzliche Spannung, z. B. des Ansatzrohres, kommt es zu einer Beeinflussung der Kehlkopfrahmenmuskulatur, was zu einer Aktivität der stimmlippenentspannenden Kräfte führt. Dadurch aber werden wiederum die Stimmlippenspanner zu erhöhter Tätigkeit veranlaßt (um nämlich ein Absinken der Stimme zu vermeiden). Auf diese Weise kann durch Fehlspannung der Rachenmuskulatur eine Tonuserhöhung der gesamten Kehlkopfmuskulatur – einschließlich der Stimmlippen – eintreten, was erfahrungsgemäß fast immer zu einem Übergewicht der stimmlippenspannenden Kräfte (z. B. des M. crico-thyreoideus) und damit zur Überhöhung der Stimme führt.

Erhöhung der Stimme geht bei den meisten Menschen mit einer Aufwärtsbewegung des gesamten Kehlkopfes einher. Man hat festgestellt, daß gute Stimmen den Kehlkopf auch in hohen Stimmlagen in Tiefstellung belassen (das entspricht etwa der Gähnmechanik). Die Tiefstellung wird durch einen Trachealzug[1] erreicht, den Abb. 14 mit dem Pfeil 2 darstellt. Dieser Trachealzug aber bedeutet eine *aktive Stimmlippenentspannung* und damit beim Phonieren hoher Töne ein Gegenspiel zu den spannungsfördernden Elementen.

Wir stellten bereits fest, daß die Tonhöhe in Beziehung zur Länge der Stimmlippen steht; d. h., je höher der Ton, desto länger die Stimmlippen.

Die Stärke der Stimme ist im wesentlichen Ergebnis zweier Faktoren: des aufsteigenden Luftstromes und der Dichte des Glottisverschlusses. Beide bedingen einander. Je größer der subglottale Druck (durch die Atmung), desto stärker die Spannung und Elastizität der geschlossenen Stimmlippen. Die Amplitude der Stimmlippenschwingungen ändert sich entsprechend: Mit zunehmender Lautstärke wächst die Amplitude. Allerdings ist sie dabei bei tiefen Tönen größer als bei hohen.

Wir zitieren LUCHSINGER/ARNOLD (S. 55): Was an Klangstärke nach außen tritt, entspricht nicht dem tatsächlichen Energieaufwand der Stimmlippen, denn die abstrahlende Energie ist das Endprodukt der durch die Lufträume des Ansatzrohres beeinflußten Schwingungen. Diese Lufträume wirken teilweise als stark schalldämpfende Kammern. Nach HUSSON beträgt die resultierende Stimmstärke nur ungefähr 20% der vom Kehlkopf gelieferten Energie. Der Rest der Energie geht in aberrierenden Vibrationen und Klangerregungen der Luftröhre und der Bronchien verloren.

---

[1] Trachea = Luftröhre.

Die beim Tonhalten wahrnehmbaren Schwankungen der Lautstärke und Tonhöhe bezeichnet man als normales Vibrato.
Eine Abart des Vibratos ist das Tremolo.

Bei den meisten Menschen geht mit einer Vergrößerung der Stimmstärke auch eine Erhöhung des Tones einher. Das erklärt sich aus der Zunahme der subglottalen Spannung und der damit verbundenen Kontraktionstendenz der Stimmlippenmuskulatur, was wiederum zur Spannungserhöhung des M. crico-thyreoideus (u. a.) führt.

Auch an diesem Beispiel erkennen wir wieder, wie leicht die Stimmlippenspanner das Übergewicht über die Stimmlippenverkürzer bekommen.

Der guttrainierte Schauspieler muß in der Lage sein, lauter werden zu können, ohne nennenswerte Erhöhung der Stimme.

Ein Überschnappen der Stimme bedeutet eine empfindliche Störung des Gleichgewichtes der genannten Kehlkopfmuskulatur.

Wir wollen in diesem Zusammenhange noch einiges über das Zustandekommen der sog. Stimmregister sagen.
Der Begriff stammt aus der Musik und wird hier vor allem auf die Mechanik bestimmter Instrumente angewandt (z.B. der Orgel). Für den Sprecher sind die Registerfragen von untergeordneter Bedeutung, weshalb wir sie hier auch nur am Rande behandeln.

Wir müssen uns mit den Registerfragen auseinandersetzen, weil sehr viele Schauspieler und Stimmpädagogen mit Begriffen wie Kopfstimme und Bruststimme operieren.

Jeder Mensch hat einen begrenzten Stimmumfang, und er gehört einer der sechs gebräuchlichen Stimmgattungen an. Abb. 7 (S. 74) veranschaulicht die verschiedenen Stimmumfänge und ihre Einbeziehung in unser musikalisches Notensystem.
Die Stimmgattung ist naturgegeben. Das heißt, der Stimmumfang kann zwar durch Schulung nach beiden Seiten hin erweitert, dennoch kann der Typ des Sängers oder Sprechers kaum völlig verändert werden.

Für den Gesang ist darum die genaue Beurteilung der Stimmgattung eines Gesangsschülers von größter Bedeutung. Vielfach sind spätere Mißerfolge auf eine erste falsche Einstufung zurückzuführen!

Die Stimmgattungen sind abhängig von gewissen, noch nicht in allen Einzelheiten erforschten physischen Faktoren, wie die Tätigkeit der Drüsen mit innerer Sekretion, die Größenverhältnisse des Kehlkopfes, die Körperkonstitution des Sängers, die Form des Ansatzrohres.

128

Die sechs Stimmgattungen unterscheiden sich (nach LUCHSINGER/AR-
NOLD, S. 58) in stimmphysiologischer Hinsicht durch

> die *Lage der Register,*
> die *vorherrschende Klangfarbe,*
> die *Lage des Umfanges* und
> die *mittlere Sprechstimmlage.*

Der Laie stellt sich unter Registerwechsel beim Gesang eine Art Umschaltung von einer Resonanzhöhle auf die nächste vor. Aus dieser Vorstellung entstanden auch die Registerbezeichnungen.

> Danach würde die „Kopfstimme" in der „hohen Resonanz", d. h. vielleicht
> direkt unter dem Schädeldach oder hinter der Stirn gebildet. In solchem
> Falle würde also vor allem das Gehirn schwingen, was natürlich Unsinn
> ist.[1]
> Bei der „Bruststimme" müßte danach mehr der Brustraum mitschwingen,
> während im „Mittelregister" wohl mehr die Hals- und Rachenräume zum
> Schwingen veranlaßt würden.

Daß es, vor allem bei nichtausgebildeten Stimmen, charakteristische
Höhenunterschiede während des Gesanges gibt, die sich durch Umschaltstellen (die sog. Registerbrüche) störend bemerkbar machen, ist allgemein
bekannt. Wie aber entstehen diese Registerunterschiede, die der Kunstgesang auszugleichen bemüht ist?
Unsere Antwort muß bis heute noch nur z. T. befriedigend sein. Gewiß
ist, die Registerunterschiede sind das Ergebnis unserer Stimmlippentätigkeit und erst in zweiter Linie der Schwingungen unserer Resonanzhöhlen.

> Allgemein wird heute die Ansicht vertreten, daß bei tiefen Tönen (Brust-
> register) die Stimmlippen in ihrer ganzen Länge schwingen, die Stimm-
> ritze ist dabei leicht geöffnet; die Stimmlippen zeigen langsame und aus-
> holende Schwingungen bei geringer Gesamtspannung.
> Mit steigender Tonhöhe strecken und spannen sich die Stimmlippen; die
> Glottis schließt sich vollends von einer gewissen Tonstufe an.
> Bei sehr hohen Tönen (Kopfstimme und Falsett) schwingt nur noch der
> mediale Rand der Stimmlippen – oder auch nur noch ein kleiner Abschnitt
> der ganzen Stimmlippen.

> Es gibt auch ein „Pfeifregister" – vor allem bei Kindern –, wo die Stimm-
> lippen in hoher Spannung völligen Glottisverschluß bilden und nur etwa
> im Mittelteil der Glottis eine kreisrunde Öffnung lassen.

> HARTLIEB (1955) fand (ähnlich GOERTTLER), daß die Stimmlippen durch
> die Schrägfasern der miteinander verflochtenen Muskelgruppen bei gleich-
> zeitiger Längenzunahme in Segmente eingeteilt werden können. Mit zu-
> nehmender Tonhöhe wird die schwingende Masse der Stimmlippen durch

---

[1] Vgl. über Resonanz, S. 146 ff. und 149 f.

die schrägen Faserzüge eingeschränkt. *An den Spannungsgrenzen der Segmente bestehen als „Oktavpunkte" markante Umschaltstellen, die im alten Sinne zugleich die „Registergrenzen" bilden. Jähe Umschaltung macht sich in auffälliger Klangänderung bemerkbar* (S. 84).

Eine andere Erklärung gibt LUCHSINGER (LUCHSINGER/ARNOLD, S. 52): Die Registerunterschiede ergeben sich wahrscheinlich durch die Notwendigkeit, ab gewissen Höhenunterschieden entsprechende Anpassungen in dem gekoppelten Resonanzsystem[1] vorzunehmen. So kommt es an bestimmten Stellen zu Registerübergängen im Sinne einer veränderten Reaktion auf den Kehlkopf, *welche sich in verschiedener Intensität der Teiltöne ausdrückt.*

Dennoch werden alle diese Erklärungen den Sänger und mehr noch den Gesangspädagogen nicht befriedigen. Um so mehr, als der Sänger tatsächlich während des Singens verschieden hoher Töne unterschiedliche „Resonanzzentren" körperlich wahrnimmt.

Wir wollen nicht verschweigen, daß auch in der medizinischen Literatur von einigen Autoren (z. B. von FRÖSCHELS, 1925) die Bruststimme z. B. als Stimme mit stärkerer Brustresonanz bezeichnet wird.

Befriedigender ist hier die Erklärung durch HUSSON, wie sie uns PANCONCELLI-CALZIA (Leipzig 1956) wiedergibt.

HUSSON fand, daß Sänger und Redner, wenn sie sich in einem Raum stimmlich betätigen, zwei Wirkungen ausgesetzt sind: a) der *Impedanzwirkung*, die auf dem Wege von inneren und selbsteigenen Empfindungen erfolgt.

PANCONCELLI-CALZIA (Leipzig 1956, S. 11) gibt keine nähere Erläuterung des Begriffes *Impedanz*, wie er in diesem Zusammenhang aufgefaßt werden soll. Unserer Meinung nach ist unter der Impedanzwirkung ein Widerstand zu verstehen, der während der Stimmerzeugung von den supraglottalen Räumen und (nach HUSSON) auch von dem Raum, in dem sich der Sprecher befindet, auf den Kehlkopf ausgeübt wird.

PANCONCELLI-CALZIA schreibt: *Die auf den Kehlkopf während der Stimmerzeugung zurückgeworfene Impedanz belastet sehr* (PANCONCELLI-CALZIA versteht diese Belastung als positive Wirkung auf die Stimmlippentätigkeit!) *das Schwingen der Stimmlippen. Sie erfolgt: durch den velolingualen Sphinkter[2], durch den oralen Ausgangssphinkter[3], durch die Resonanzen, die im Pharynx[4] und Mund entwickelt werden, durch die Erhaltung einer progressiven Stimmwelle und endlich durch alle zurückkommenden Wellen, die den akustischen Druck beim Ausgang aus den Lippen bestimmen.*

Jede Abnahme der Impedanz (z. B. beim Singen im Freien) bewirkt (nach HUSSON) eine Zunahme des Glottisverschlusses (und damit eine höhere In-

[1] Vgl. über Resonanz, S. 146 ff.
[2] Verschluß durch Zäpfchen und Zunge.
[3] Verschluß des Mundes durch die Ringmuskulatur der Lippen.
[4] Pharynx = Rachen.

anspruchnahme der Kehlkopfmuskulatur), *um den Luftstrom des Sängers im Gleichgewicht zu halten* (a.a.O., S.12).

Sänger und Redner sind b) *der Cochleo-Recurrenswirkung ausgesetzt, die auf dem Wege von äußeren akustischen Empfindungen zustande kommt* (S.11).

> Die Cochlea ist die Schnecke des Ohres und der Nervus recurrens ist ein wichtiger Nerv der Kehlkopfmuskulatur. Die Cochleo-Recurrenswirkung beruht also auf der Übertragung akustischer Eindrücke (z.B. das Hören der eigenen Stimme) über die Bahn des N. recurrens zur Kehlkopfmuskulatur, die also auf diese Weise durch die akustischen Wahrnehmungen gesteuert wird!

HUSSON fand nun, *daß beim Singen die Regelung der Klangfarbe der Stimme nicht durch das Ohr, sondern ... auf Grund innerer und eigener Empfindungen erfolgt* (a.a.O., S.12). Jeder Mensch stellt s u b j e k t i v an den einzelnen Punkten seines Stimmapparates (Mund, Rachen, Kehlkopf) Schwingungen fest, die durch die beschriebene Impedanzwirkung zustande kommen, und die streng objektiv nicht zu lokalisieren sind. PAN-CONCELLI-CALZIA kommt damit für den Gesang zu dem Schluß: *Es muß daher das Hauptbestreben der stimmlichen Ausbildung eines Sängers vorwiegend darin bestehen, bestimmte innere Empfindungen hervorzurufen und zu festigen, die er später bewußt oder unbewußt pflegen wird* (S.12). Nach HUSSON beruht also das Resonanzerlebnis (in Brust, Rachen, Kopf, also im Sinne der einzelnen Registerangaben) auf der subjektiven Wahrnehmung bestimmter Schwingungen (Fremitus). Dieser Fremitus hängt mit der Impedanz zusammen und n i c h t mit der Resonanz.[1]

> Tatsächlich wird die Luft nicht bei der sog. Kopfresonanz in der Stirnhöhle in Schwingungen versetzt und damit eine bestimmte Stimmqualität erreicht, sondern durch die je nach Art der Laute, Höhe des Tones und Größe des Raumes wechselnde Impedanz ergeben sich individuell verschiedene Erlebnisse von Schwingungen.
>
> Diese subjektiven Erlebnisse sind s t i m m p h y s i o l o g i s c h n i c h t verwertbar, nach HUSSON aber s t i m m p ä d a g o g i s c h absolut brauchbar.

Wir wollen im folgenden noch eine Übersicht von den möglichen G l o t t i s - e i n s t e l l u n g e n geben.

> Lehrer und Schüler sollten sich über die Tätigkeit im Innern unseres Kehlkopfes im klaren sein, da auch hier das Wissen um die Zusammenhänge uns vor Fehlentscheidungen in bezug auf Übungen und in bezug auf die stimmliche Leistung bewahren kann.

[1] Vgl. S. 146ff. und 149f.

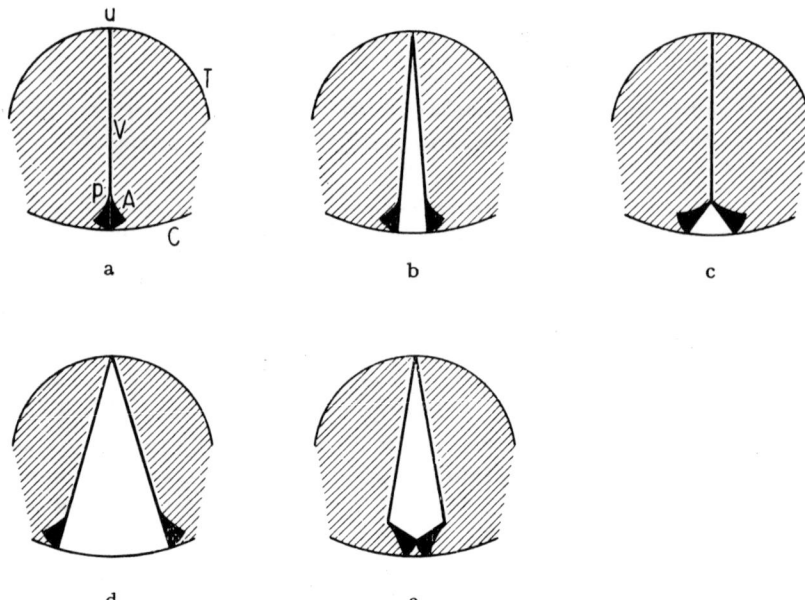

a     b     c

d     e

*Abb. 15. Schematische Darstellung der Glottiseinstellungen. Der Betrachter sieht von oben in den Kehlkopf hinein*

*a–e: Stimmlippenstellungen*
*a = Vollverschluß,*
*b = „Hauchstellung",*
*c = Flüsterstellung,*
*d = Atmungsstellung,*
*e = Blasestellung*

*T = Schildknorpel,*
*C = Ringknorpel,*
*A = Stellknorpel,*
*V = Ligamentum vocale mit den Stimmlippen,*
*p = Ansatzstelle der Stimmlippen am Aryknorpel,*
*u = Ansatzstelle der Stimmlippen an der Innenseite des Schildknorpels,*
*u–p = Stimmritze,*
*p–C = Knorpelritze, gebildet von den Medialflächen der Stellknorpel*

Abb. 15a stellt einen vollständigen Verschluß sowohl der Stimm- als auch der Knorpelglottis dar. Solcher Verschluß müßte unter pathologischen Umständen (bei einem Stimmritzenkrampf) zum Erstickungstode führen, da weder ein- noch ausgeatmet werden kann. Unter normalen Umständen ist dies die typische Stellung bei der sog. Bauchpresse im Zusammenhang mit der Stuhlentleerung, dem Husten und beim vokalischen Stimmeinsatz.

132

Bei der Bauchpresse bildet der zusammengepreßte Glottisverschluß der Bauchdeckenkontraktion einen Widerstand. Dadurch bleibt das Zwerchfell in Tiefstand (die Luft kann nicht entweichen), und der Bauchinnendruck, der auf die Eingeweide einwirkt, wird verstärkt. Die Leistung der Stimmlippen in Gemeinschaft mit den Taschenlippen ist in diesem Falle ziemlich groß. Wenn der Glottisschluß längere Zeit, z. B. beim Heben von schweren Lasten, durchgeführt wird, kann sich solche dauernde Belastung schädlich auswirken (Stimmlippenbluten, durch Reißen der Muskelfasern).

FAUST hält diese *Stemmfunktion* der Stimmlippen für äußerst schädlich, hingegen hält sie SCHILLING (1956, S. 65f.) für ungefährlich und normal, da die Stimmlippen nach seiner Hypothese(!) dabei nicht gespannt seien, sondern ein weiches, dickes Polster bildeten, da der M. sterno-thyreoideus[1] dabei entspannend mitwirke.

Beim Husten wird der gepreßte Verschluß durch Atemstöße gewaltsam gesprengt. Durch die hohe Explosionskraft werden störende Sekrete aus der Luftröhre befördert.
Ähnlich verhält es sich beim Räuspern. Nur werden hierbei die Stimmlippen noch mehr belastet, da mit der gewaltsamen Sprengung meist noch eine Phonation verbunden wird, d. h., die Ränder der Stimmlippen werden von der Luft, die mit hoher Geschwindigkeit vorbeistreicht, zum Schwingen veranlaßt, was die Schleimhaut der Stimmlippen stark reizt. – Bei starkem Räusperzwang ist daher ein Abhusten besser als ein anhaltendes Räuspern! (Die Anweisungen mancher Lehrbücher, zu schlucken, statt zu räuspern, führen erfahrungsgemäß leider nicht zu dem erzielten Erfolg.)

LULLIES (RANKE/LULLIES, S. 196) gibt als Strömungsgeschwindigkeit der Luft durch die Stimmritze bei der
Ruheatmung 3–5 m/sec und bei
Hustenstößen bis 120 m/sec an;
das entspricht in letzterem Falle einer bedeutend höheren Kraft als der äußersten Windstärke (17 und mehr m/sec).

Zu den Stimmeinsätzen:
Wir bezeichnen als Stimmeinsatz den Moment, in dem die Stimmlippen aus einem schwingungslosen Zustand in die Stimmstellung übergehen und zu schwingen beginnen. Der Stimmeinsatz ist von großer Bedeutung für die Güte der Stimme.

Die Umstellung der Stimmlippen zur Frequenzerzeugung geschieht offenbar nicht ohne einen gewissen Kraftaufwand, denn sicherlich verlangt gerade das Anschaukeln der Stimmlippenmuskulatur durch die Luft, die sich im Moment des Glottisschlusses in der Luftröhre verdichtet, eine besonders fein aufeinander abgestimmte Zusammenarbeit aller stimmbildenden Kräfte; HUSSON und LULLIES halten es durchaus für möglich, daß das

---

[1] Der Muskel inseriert am Schildknorpel und am Brustbein. Neuerlich haben ZENKER/ ZENKER die Hypothese SCHILLINGS von der Tätigkeit des M. sterno-thyreoideus widerlegt.

Ingangsetzen der Stimmlippen bei den Stimmeinsätzen durch Nervenimpulse geschieht.

Grundsätzlich gibt es zwei Möglichkeiten der Stimmlippenumstellung aus
einer schwingungsfreien Stellung in die Frequenzerzeugung:
Entweder bilden die Stimmlippen zusammen mit den Stellknorpeln eine
offene Glottis (Abb. 15 b und d) und rücken zum Zwecke der Stimmbildung
schnell gegeneinander – in diesem Falle sprechen wir vom „Schließ-Ein-
satz";
oder die Stimmlippen beginnen ihre Tätigkeit aus der Stellung des völligen
Glottisschlusses – in diesem Falle sprechen wir vom „Spreng-Einsatz"
(Abb. 15 a).
Beim Schließeinsatz werden die Stimmlippen allmählich in Schwingungen
versetzt. Der Stimmerzeugung geht also immer ein feiner Hauch voraus.
Der Hauch kann so gering sein, daß wir ihn mit dem unbewaffneten Ohr
nicht wahrnehmen können – das Aneinanderrücken der Stimmlippen geschieht dann blitzartig. Solchen fast hauchlosen Schließeinsatz finden wir
bei Wörtern, die mit stimmhaften Konsonanten beginnen:
wollen [vɔlən], Boot [boːt].
Die Luft, die unter bestimmten Umständen bei der Bildung des [b] hörbar
entweicht, hängt nicht mit der Stimmlippentätigkeit zusammen, sondern
mit dem Artikulationsgeschehen im Ansatzrohr!
Wir finden den hauchlosen Schließeinsatz bei Wörtern, wo ein Vokal auf
einen stimmlosen Konsonanten folgt:
schon [ ʃoːn], Pose [poːzə];
wenn ein stimmhafter Konsonant einem stimmlosen folgt:
Trost [tʀoːst], Platz [plats].

Einen gehauchten Schließeinsatz finden wir bei Wörtern, die mit h an-
lauten:
Hut [huːt].
Beim Schließeinsatz birgt im allgemeinen nur der gehauchte Einsatz Gefahren in sich. In diesem Fall streicht die Luft noch eine Weile deutlich
hörbar an den schon allmählich schwingenden Rändern der Stimmlippen
vorbei. Bei lautem Rufen, bei den sog. Ausbrüchen können hier Störungen
eintreten:
„Hierher! Hilfe!"

Selten sind pathologische Stimmeinsätze bei Wörtern, die mit stimmhaften
Konsonanten beginnen. Doch konnten wir in der Praxis, z. B. bei m-an-
lautenden Wörtern
Mutter [mutəʀ], malen [maːlən],
auch knarrende Stimmeinsätze beobachten.

Der Sprengeinsatz wird bei vokalisch anlautenden Wörtern verwendet:
Abend [aːbənt], Affe [afə].
Dieser Einsatz birgt die meisten Gefahren in sich, denn er beginnt mit
einer Sprengung des Glottisverschlusses durch die in den subglottalen
Räumen gestaute Luft.
Wenn man die Beispielwörter tonlos flüstert, hört man meist sehr deutlich

am Wortbeginn einen mehr oder weniger starken Abknall, eine Art Sprenglaut, der den Vokal einleitet, den sog. Glottisschlag.

Bis heute ist die Frage nach der Art des vokalischen Stimmeinsatzes noch nicht eindeutig geklärt. Von den Sprechkundlern ist es vor allem H. KRECH, der in allen seinen einschlägigen Arbeiten für den deutschen Vokaleinsatz den Glottisschlag im Sinne R. SCHILLINGS fordert.

Man muß aber sagen, daß dieser Forderung eine Mehrheit von Stimmpädagogen gegenübersteht, die den Glottisschlag für gefährlich halten, ja, ihn zu den Fehlfunktionen zählen.

Auch die medizinische Literatur hält sich meist an die alte GUTZMANNsche Methode, den Vokaleinsatz durch einen Schließeinsatz zu erüben (indem man sich vor den Einsatz ein [h] denkt).

R. SCHILLING formuliert seine Forderung in einer seiner jüngsten Arbeiten (1956, S. 70 ff.):

*Der Stimmeinsatz muß weich sein. Gewohnheitsmäßiges Einsetzen mit hartem oder gar gepreßtem Glottisschlag ist nicht nur häßlich, sondern sehr stimmschädlich. Erlaubt ist der weiche Glottisschlag vor kurzen offenen Vokalen, wenn er ausdrucksmäßig am Platz ist und technisch richtig gebildet wird.*

Das ist eine deutliche Einschränkung. Der Praktiker wird aber leider kaum etwas mit der Unterscheidung in harten und weichen Glottisschlag anfangen können. SCHILLING formuliert den weichen Glottisschlag als *Knall- oder Sprengeinsatz, aber bei tiefstem Kehlkopfstand, bei maximaler Annäherung der Stimmlippenansätze und bei leichtestem Aneinanderliegen der weichen Stimmlippenpolster in Bruststimmeinstellung. Schon ein schwacher Luftdruck genügt, die Glottis ein wenig ventilartig zu öffnen... Der Sprecher oder Sänger hat dabei etwas oberhalb der Magengegend das Gefühl einer springenden Seifenblase, die sich mit zunehmender Stärke des Einsatzes immer reicher mit Ton füllt.*

Schon die Umständlichkeit der Beschreibung zeigt, wie kompliziert der Vorgang in Wirklichkeit ist. Völlig undurchführbar halten wir die Forderung, den Einsatz allmählich, mit zunehmender Stärke, auszuführen. Das Charakteristikum des deutschen Vokaleinsatzes ist ja gerade seine Kürze und Prägnanz – und nicht ein allmähliches Anschwellen.

Wir wollten an der Problematik der Vokaleinsätze nicht vorbeigehen und vor jeder Einseitigkeit warnen. Trotz der Skepsis, mit der wir die Formulierung SCHILLINGS aufnahmen, halten wir dennoch mit diesem Autor den Glottisschlag bei der Bildung der deutschen anlautenden Vokale für unerläßlich. Wie das genau physiologisch vor sich geht, können wir nicht beschreiben.

Dennoch kann auch der Laie den Unterschied zwischen dem deutschen Vokaleinsatz mit Glottisschlag und einem „enthärteten" Vokaleinsatz (durch ein vor den Vokal gedachtes [h]) deutlich unterscheiden. Was allerdings der Laie – und leider, wie wir uns überzeugen konnten, auch oft der Fachmann – nicht kann, ist die Unterscheidung eines hygienischen (d. i. im Grunde wohl SCHILLINGS weicher Glottisschlag) von einem pathologischen Glottisschlag.

Den pathologischen Glottisschlag (der gesundheitsschädlich ist und den die Gegner der SCHILLINGschen Forderung immer wieder anführen) hört das geübte Ohr deutlich vor dem eigentlichen Stimmton als Knack- oder gar Knarrlaut heraus.

Man findet diesen Glottisschlag oft bei Frauen, die in einer gespannten, etwas überhöhten Sprechweise reden. Vielfach und fälschlicherweise wird von den Verfechtern des SCHILLINGschen Vokaleinsatzes dieser hörbare Abknall für richtig angesehen!

Der hygienische Glottisschlag ist als solcher gar nicht herauszuhören, sondern er ist eingebettet in den gleichzeitig einsetzenden Stimmton. Er ist Bestandteil des Stimmtones, und seine Existenz ist nur nachweisbar an der Präzision, mit der der Vokal eingesetzt wird![1]

Die Zeichnung 15a zeigt auch die Stimmlippen in Phonationsstellung, und zwar in ihrer Verschlußphase.

Die Stimmlippenschwingung erfolgt also bei Verschluß der Knorpelritze. Die Stellknorpel liegen dicht nebeneinander, und nur die Stimmlippen werden von der Luft auseinander- und wieder zusammengetrieben.

Abb. 15b zeigt Glottisöffnung etwa bei Ruheatmung (im Schlaf), während Abb. 15d die Weite der Glottis bei vermehrter Atmung darstellt.

Das anlautende [h] und auch die stimmlosen Konsonanten (ganz gleich, ob es sich dabei um Explosiv- oder Reibelaute handelt) werden ebenfalls in der Stellung 15b gebildet.

Abb. 15c zeigt die ideale Flüsterstellung: die Stimmritze ist geschlossen, aber die Knorpelritze zu einem Dreieck geöffnet („Flüsterdreieck").

Oft ist beim Flüstern auch die Stimmritze nicht völlig geschlossen. Die Luft reibt sich dann nicht nur an den knorpeligen Schenkeln der Aryknorpel, sondern auch an der Schleimhaut der Stimmlippen, was leicht zu deren Eintrocknung und Entzündung führen kann. Stimmfachärztlicherseits wird darum auch das Flüstern zum Zwecke der Stimmschonung bei Erkältungen u. dgl. verworfen!

Vokale können eigentlich nicht geflüstert werden, sondern an Stelle des Vokals entsteht lediglich ein Hauch, der allerdings im Ansatzrohr eine leichte Vokalfärbung erhält.

Unter Berücksichtigung der Gefahren des Flüsterns, kann das Flüstern als gute Artikulationsübung verwendet werden. Die Stimmlippen sind dabei passiv, aber das Ansatzrohr ist gezwungen sehr intensiv zu arbeiten, damit der Hörer das Gesprochene verstehen kann. Dabei wird vor allem die Bildung der Konsonanten geschult.

Die Stellung in Abb. 15e bezeichnet DIETH (1950, S. 91) als *Blasestellung*. Gemeint ist offenbar eine Stellung, die die Stimmlippen und die Stellknorpel beim Pusten mit aufgeblasenen Wangen einnehmen.

[1] Über Übungen zum Glottisschlag siehe S. 291.

## c) Die natürliche Sprechstimmlage (Indifferenzlage)

Im Zusammenhang mit den Registerfragen sprachen wir auch über die mittlere Sprechstimmlage (S. 129). Wir stellten fest, daß sich die Stimmgattungen auch durch die mittlere Sprechstimmlage unterscheiden. Wir können sogar noch genauer sagen: Jeder Mensch hat seine eigene Sprechstimmlage!

Wenn es auch bei der Erörterung der Register noch sehr viel Hypothetisches gibt, so sind wir doch in einem Punkte absolut sicher: Die einzelnen Register spielen für den Sprecher gar keine Rolle!

Es ist also unsinnig zu sagen, daß auch für den Sprecher z. B. die Beherrschung des Kopfregisters unerläßlich sei.

Wie Abb. 7, auf S. 74, deutlich macht, liegt die mittlere Sprechstimmlage bei den einzelnen Stimmgattungen jeweils nur im unteren Drittel des Gesamtumfanges (auf der Zeichnung durch einen Querstrich dargestellt).

Hierüber herrscht in der gesamten wissenschaftlichen Literatur Einigkeit, und auch die von NADOLECZNY (Abb. 7) angegebenen Fixierungen der Sprechstimmlagen stoßen kaum auf Widerspruch. Natürlich handelt es sich bei den angegebenen Noten nur um Mittelwerte.

Es gibt allerdings auch für die Sprechstimme ein „Register", das des Falsetts oder Diskants, die sog. Fistelstimme, die nur bei Männern vorzufinden ist. Diese Stimmlage ist meist eine Oktave höher als die normale männliche Stimme.

Die Fistelstimme ist für das normale Sprechen nicht zu verwenden. Sie klingt meist belegt und angestrengt, sie ist piepsig, ohne vollen Klang und dient eigentlich nur dem Ulk.

Das Überschnappen der Sprechstimme bei Männern ist ein ungewolltes Hinüberwechseln in die Fistelstimme. Diese Erscheinung ist das Ergebnis von Mehrspannungen im Kehlkopf (Übergewicht des M. crico-thyreoideus).

Über die Sprechstimmlage herrschen bei Laien und Fachkollegen vielfach falsche Vorstellungen. Meist wird ein Gesangsstudium für den Sprecher damit begründet, daß das Singen die Sprechstimme nach oben hin ausweite. Freilich, es soll nicht bestritten werden, daß eine gesangliche Ausbildung auch für die Sprechstimme förderlich sein kann, der Wert der Erhöhung der Sprechstimme ist aber doch sehr zweifelhaft.

Vielfach werden klangvolle Namen berühmter Schauspieler vergangener Tage angeführt, ohne zu bedenken, daß deren Sprechstil sich b e w u ß t gegen den Stimmgebrauch des Alltags absetzte.

Die starke melodische Führung der Stimme während des Sprechvortrags z. B. durch MOISSI entsprach dem damaligen Geschmack, und eben dieser Geschmack lobte die Verwischung der Grenzen zwischen Sprechen und Singen.

Auch der Schauspieler überschreitet kaum seine individuelle Sprechstimmlage. Tut er es doch längere Zeit, so belastet er bereits sein Stimmorgan durch Überspannungen, und seine Stimme klingt in solchen Fällen
immer angestrengt und – im Gegensatz zu der von dem Sprecher beab-
sichtigten Wirkung – modulationsunfähig.

> Es kann nicht genügend betont werden, daß die Stimmodulation des Schau-
> spielers in erster Linie von psychisch-geistigen Faktoren und erst in zwei-
> ter Linie von technischen abhängt. Eine gesangliche Ausweitung der sog.
> „Tonskala" führt niemals zu einer Verbesserung der Stimmodulation, es
> sei denn, man erstrebt rein äußerliche Wirkungen.
> Wie verhält es sich aber mit den klassischen Rollen?
> Karl und Franz Moor, Medea, Klärchen – überall findet der Schauspieler
> lange Sprechpassagen, die er gern so aufbauen möchte, daß sich Steige-
> rungen ergeben, Steigerungen meist sowohl in der Lautstärke als auch in
> der Tonhöhe. Setzen wir voraus, daß solche Steigerungen wirklich sinnvoll
> sind, d.h., daß sie sich aus bestimmten inneren Gesetzen heraus ergeben,
> so bleibt immer noch die Frage nach der Höhe der Steigerung offen.

Unsere Erfahrungen auf diesem Gebiet lehren folgendes:
Tatsächlich kann man die Sprechstimme des Schauspielers nicht auf
einem einzigen Ton festlegen. Sein Stimmumfang nach oben wie nach
unten ist beweglicher als der der alltäglichen Norm.
Der Schauspieler hat z.B. Situationen darzustellen, in denen ein Mensch
nur noch mit einer tiefen („durchgesackten"), etwas heiser-knarrenden
Stimme sprechen kann. Die klassischen Rollen stehen oft im Bann
menschlicher Gefühle, die an Tiefe und Stärke weit über das Maß des
Alltäglichen hinausreichen. Solche Übersteigerungen verlangen mithin
auch oft vom Schauspieler die Erreichung stimmlicher Grenzwerte.

Ein solcher Grenzwert ist die Rufstimmlage! Sie ist die obere Grenze
der Sprechstimmlage und – das erscheint uns als das wichtigste – wird
immer nur vorübergehend, beschränkt auf wenige Worte (kaum auf ganze
Sätze!), benutzt.
Negativ ausgedrückt, bedeutet das: Verharrt der Schauspieler in der Rufstimmlage, überhöht er also auf längere Zeit seine Sprechstimme, so muß
er unweigerlich stimmlich ermüden.

> Also: In den klassischen Rollen gibt es Steigerungen bis zur Rufstimm-
> lage. Von dem Schauspieler muß bei solchen Steigerungen an technischem
> Können verlangt werden, daß er jederzeit fähig ist, sich wieder völlig zu
> lösen und in die Sprechstimmlage zurückzufallen – eine Forderung, der er-
> fahrungsgemäß in der Praxis nur wenige gerecht werden können!

Uns interessiert noch der Beweis, warum die Sprechstimmlage vom Sprecher nicht ungestraft verlassen werden darf. KRECH (1959, S. 42 ff.) beruft sich auf SCHWEINSBERG (1946), der geltend macht, daß die Sprechstimmlage jene günstige Lage sei, in der die Stimmlippen in der Frequenz des Eigentones unseres Bronchialbaumes schwingen. Die Größe des Bronchialbaumes sei individuell verschieden, also sei auch der Eigenton der subglottalen Räume individuell unterschiedlich hoch, mithin sei also auch die Indifferenzlage jedes Menschen von der eines anderen abgrenzbar.

> KRECH führt richtig an, daß sich die übertrieben starke Sprechspannung, in der sich ein Sprecher befindet, der über der Indifferenzlage spricht, auch auf den Hörer überträgt. Der Hörer ahmt unbewußt durch „inneres Sprechen" die Sprechweise des Redners nach. Unruhe im Zuschauerraum, Räuspern usw. können Folgen sprecherzieherischer Fehlfunktionen eines Schauspielers sein.

Auch LUCHSINGER/ARNOLD halten den Eigenton der subglottalen Räume für fähig, die Stimme mit zu beeinflussen. Auch die Lunge wirke als Resonator (S. 23), ihr Eigenton liege zwischen 150 bis 400 Hz.

> Dem steht allerdings die Feststellung von LULLIES (RANKE/LULLIES, 1952, S. 234) gegenüber, der sagt:
> *Die Untersuchungen am natürlichen Windrohr des lebenden Menschen zeigen..., daß das System Trachea[1], Bronchien und Lungen einen so tiefen Eigenton und eine so hohe Dämpfung hat, daß ein Einfluß auf den Stimmklang im allgemeinen nicht zu erwarten ist.* Die Resonanzkurve des Windrohres hat, nach diesem Autor, ihr Maximum unterhalb 100 Hz(!).

LULLIES sagt zur Sprechstimmlage (S. 264): *Es ist anzunehmen, daß bei der gewöhnlichen Sprechtonlage mit einem Minimum an Anstrengung, d.h. mit dem geringsten Aufwand an Energie von seiten der Kehlkopfmuskeln und dem geringsten Winddruck gesprochen werden kann.* MERKEL *hat diese Ausgangslage als den „phonischen Nullpunkt" des Kehlkopfes bezeichnet. Bei Tönen unterhalb dieses Punktes müßten die Entspanner, oberhalb die Spanner der Stimmbänder und ein höherer Anblasedruck wirksam werden.*

Einen vorerst befriedigenden Beleg für die von LULLIES vertretene Meinung lieferten ZENKER/ZENKER (S. 25 u. 31). Die Autoren fanden bei ihren Experimenten, daß die Muskeltätigkeit im Kehlkopf beim Sprechen in der *Stimmlage des ruhigen Sprechtones – es handelte sich beiläufig um das 2. untere Viertel des Gesamttonumfanges – sich nicht wesentlich von jener bei*

---

[1] Trachea = Luftröhre.

*statischer Ruhelage unterscheidet, bei welcher ja ein Minimum an Muskel-*
*aktivität herrscht.* Die von den Autoren veröffentlichten Diagramme (S. 24)
veranschaulichen eindeutig, daß in der Sprechstimmlage die meisten
Muskeln (sowohl die Stimmlippenspanner als auch -entspanner) die geringste Aktivität zeigen:
*Die Sprechtonlage liegt der statischen Ruhelage am nächsten. Jede Tonver-*
*tiefung aus der Sprechtonlage führt zu einer Stimmlippenverkürzung und zu*
*einer Aktivitätszunahme aller Muskeln des Spannsystems, in höherem*
*Grade der verkürzenden Elemente. Umgekehrt dominieren bei der Ton-*
*erhöhung die verlängernden Kräfte, wobei aber auch die Verkürzer ver-*
*stärkte Aktivität zeigen* (S. 31).
Kaum untersucht wurde allerdings bisher die Frage, warum eine Überhöhung der Sprechstimmlage zu stimmlicher Ermüdung führt, während
ein Singen in höheren Lagen auch dem Laien mühelos gelingt.

> Hierfür gibt die These von der Kopplung der subglottalen Räume mit den
> Stimmlippen überhaupt keine Erklärung. Denn der Sänger müßte nach
> dieser These in höheren Lagen ermüden, da die Stimmlippen jetzt ohne
> Mithilfe (ja sogar gegen den Eigenton) des Windrohres schwingen!

Sicher können auch hier die Ergebnisse von ZENKER/ZENKER weiter-
führen. Offensichtlich herrscht beim Singen ein anderes Gleichgewicht der
Kräfte innerhalb des Kehlkopfes als beim Sprechen.
Die Belastung der Stimmlippen beim Sprechen ist eine andere als beim
Singen. Das Singen versucht, den Schwingungszustand der Stimmlippen
soweit wie möglich zu erhalten – das Sprechen wechselt unaufhörlich
zwischen Schwingung und Stillstand der Stimmlippen.
Dabei besteht ein grundsätzlicher Unterschied in bezug auf die höhere
Nerventätigkeit:
Beim Singen wird die Stimmführung vorwiegend kortikal überwacht, des-
gleichen die Artikulation – der größte Teil der Aufmerksamkeit wendet
sich also der Formung zu.
Beim Sprechen geschieht die Steuerung von Stimmführung und Artikulation vorwiegend im diencephalischen Bereich – die Hinwendung der Aufmerksamkeit auf die Formung würde sich hier geradezu störend auswirken.
Beim Singen ist daher das Verhältnis von Sinngebung (Mitteilung) zu
Formung ein ganz anderes als beim Sprechen. Wir haben dieses Verhältnis
auf Seite 78 so ausgedrückt:

Singen:   $F / M = 4 / 2$
Sprechen: $F / M = 2 / 4$

HUSSON führt als Begründung für die leichtere Ermüdbarkeit der Sprechstimme noch eine andere Erscheinung an, die der *Impedanz*[1]. PANCON-CELLI-CALZIA (1956, S. 12) schreibt:
*Das Phonationsorgan ist mit dem Raum gekoppelt. Die Wirkung dieser Koppelung ist bei Rednern nicht so leicht zu bewerkstelligen wie bei Sängern, denn das schnell erfolgende Artikulieren der Laute beim Sprechen läßt die Anpassung im oral-pharyngalen Raum und besonders auf den Lippen so gut wie nicht zu. Bei der Sprechstimme ist die auf den Kehlkopf zurückgeworfene Impedanz schwach, infolgedessen ermüdet der Redner bei weitem mehr als der Sänger, obwohl bei ihm der subglottale Druck meistens gering ist im Gegensatz zum Sänger, bei dem dieser bis 200 Wasser/cm erreichen kann.*

Die Ermittlung der Sprechstimmlage für den einzelnen Sprecher ist verhältnismäßig einfach: Der Partner antwortet auf eine harmlose Frage, etwa auf die Frage, wie spät es sei, meist in der Höhe seiner Indifferenzlage.

Der Sprecher selbst empfindet und hört meist seine Überhöhung nicht – ein Zeichen dafür, wie wenig die kortikale Kontrolle über die Formung beim Sprechen tatsächlich wirksam ist.

Ein Regisseur, der die Verspannungen seiner Schauspieler wahrnimmt, kann die Betreffenden sofort auf ihre Fehler aufmerksam machen, wenn er sie durch geschickte Fragen zu einem privaten, entspannten Sprechen führt. Den Unterschied der beiden Redelagen empfindet der Schauspieler dann selbst!

Ein anderes Mittel, die mittlere Sprechstimme zu finden, ist die *Kaustimme*[2]. Genußvolles, entspanntes Kauen bei gleichzeitigem Phonieren führt augenblicklich zur Sprechstimmlage.

### 3. Die Funktionen der Resonanzräume und der Artikulationsorgane

#### a) Der Bau des Ansatzrohres

Abb. 16, S. 143, zeigt einen Medianschnitt durch den menschlichen Kopf. Wir empfehlen jedem, der mit der Sprecherziehung zu tun hat, sich dieses Bild gut einzuprägen.

[1] Vgl. S. 130.
[2] Über die *Kauübungen* siehe S. 261.

Der Schauspieler und sein Sprecherzieher sollten z. B. genau die Funktion des Gaumensegels kennen, sie sollten über den Einfluß der Zungentätigkeit auf den Kehlkopf Bescheid wissen, sie sollten die Bedeutung des sog. Mundvorhofes darlegen können usw.

Der Begriff „Ansatzrohr" ist nicht sehr glücklich. Aber wir haben ihn übernommen, da er sich in der Literatur eingebürgert hat.

Das Ansatzrohr zählt zu den beweglichsten Teilen der peripheren Sprechorgane. Während die Beweglichkeit des sog. Windrohres (unterhalb der Glottis) ziemlich eingeschränkt ist, kann das Ansatzrohr starke Formveränderungen durchmachen.

Auch hier müssen wir wieder betonen, daß das Ansatzrohr nicht von Anfang an für das Sprechen eingerichtet ist. Die Primärfunktion des Ansatzrohres gilt einerseits der Atmung (das Ansatzrohr bildet die oberen Luftwege)[1], andererseits der Aufnahme der Nahrung, ihrer Zerkleinerung und Beförderung in die Speiseröhre.

Das Sprechen ist auch hier wieder nur eine Sekundärfunktion! Nahrungsaufnahme und Sprechen stehen meist im Widerspruch zueinander.

Wir unterteilen das Ansatzrohr in den Rachen oder Schlund (Pharynx), in den Mundraum (Cavum oris), den Mundvorhof (Vestibulum oris) und den Nasenraum (Cavum nasi).

Der Rachen, *ein mit Schleimhaut ausgekleideter, an der äußeren Schädelbasis aufgehängter Schlauch, ... der bis zum Eingang in die Speiseröhre bzw. den Kehlkopf* reicht (VOSS/HERRLINGER, II, 1959, S. 33), wird aufgeteilt in den Hypopharynx, d. i. der untere Teil im Bereich des Kehlkopfes und der Speiseröhre, den Mesopharynx, d. i. der mittlere Teil, der in enger Verbindung mit der Mundhöhle steht, und den Epipharynx, d. i. der Nasen-Rachenraum, der vom Zäpfchen und dem hinteren Ausgang der Nase (Choanen) begrenzt wird.

Der Epipharynx ist der geräumigste der drei genannten Abschnitte. Hier befindet sich auch eine direkte Verbindung vom Rachenraum zum Mittelohr, das so vom Rachen aus ventiliert werden kann.

Der Mundraum wird nach unten vom Mundhöhlenboden, der in den hufeisenförmigen Unterkiefer eingespannt ist, nach oben vom Gaumen (Palatum), nach vorn vom Gehege der Zähne und nach hinten von der Rachenenge begrenzt. Das Volumen der Mundhöhle wird durch die Lage der Zunge und den Öffnungswinkel des Unterkiefers sowie durch die Bewegungen des Gaumensegels (Velum) bestimmt.

[1] Vgl. S. 90 und S. 107 ff.

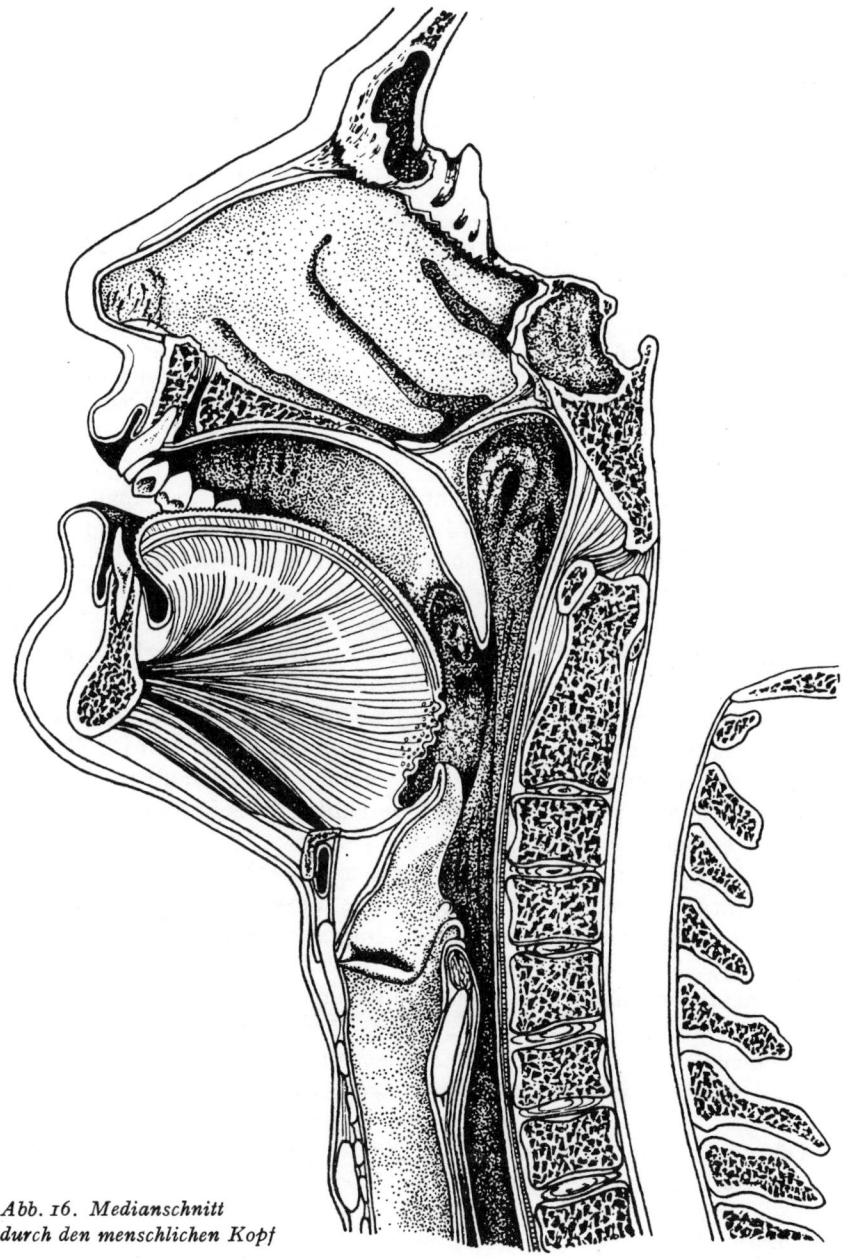

*Abb. 16. Medianschnitt*
*durch den menschlichen Kopf*

Wir unterscheiden einen knöchernen harten Teil des Gaumens (Palatum durum) und einen hinteren muskelhaltigen, weichen Teil des Gaumens (Palatum molle).
Der weiche Gaumen ist zugleich das Gaumensegel, welches die Gestalt eines dreieckigen Segels hat. Die hintere, untere Spitze des Segels bildet das Zäpfchen (Uvula).
Zu beiden Seiten des Gaumensegels gehen die Gaumenbögen nach abwärts (jeweils rechter und linker vorderer und rechter und linker hinterer Gaumenbogen). Zusammen mit dem Zäpfchen bildet der vordere Gaumenbogen die Rachenenge (Isthmus faucium), *die über den Zungengrund wie ein Tor in den Rachen führt* (VOSS/HERRLINGER, II, S. 29). Der weiche Gaumen kann gehoben werden – dann verschließt er mit Hilfe eines Wulstes der hinteren Rachenwand (PASSAVANTscher Wulst) den Eingang zur Nase ab –, und er kann gesenkt werden – dann verschließt er mit Hilfe des Zungenrückens die Rachenenge und damit den Zugang der Ausatmungsluft zur Mundhöhle. So erklärt sich z.B., weshalb man bei geöffneten Lippen und herabhängendem Unterkiefer dennoch nur durch die Nase atmen kann.

Der Mundvorhof läßt sich leicht ausfindig machen, wenn man mit der Zungenspitze bei geschlossenen Lippen die den Lippen zugewandte Seite der Zähne bestreicht: den Raum, den die Zunge zwischen Zähnen und Lippen bzw. Wangen abtasten kann, nennen wir Mundvorhof.
Über die Nasenhöhle haben wir bereits gesprochen.[1] Sie ist ebenfalls gering während des Sprechens veränderbar: Die Nasenflügel können das Innere der Nase verengen bzw. weiten.
Die Zunge (Lingua) ist das beweglichste Organ unserer Sprechwerkzeuge. Sie setzt sich aus einem Muskelsystem zusammen, das sich im Zungenkörper zu einem sinnvollen Geflecht vereinigt und nach allen drei Richtungen (längs, quer und senkrecht) verläuft. Dieses System bewirkt die Formveränderung der Zunge.
Durch drei Skelettmuskeln ist die Zunge mit ihrer Umgebung verbunden: mit dem Unterkiefer – der entsprechende Muskel strahlt von unten her fächerförmig in die Zunge ein; er ist der größte Zungenmuskel (M. genioglossus);
mit dem Zungenbein (und damit mit dem Kehlkopf) – dieser Muskel (M. hyo-glossus) setzt an den seitlichen Rändern der Zunge an;
mit dem Schädel (genauer, dem Schläfenbein) – der Ansatz dieses Muskels (M. stylo-glossus) ist der seitliche Zungenrand bis zur Spitze.

Die Funktion des Ansatzrohres zur Nahrungsbeförderung:
Der Mund nimmt die Speise auf und zerkleinert sie mit Hilfe der Zähne

---

[1] Siehe S. 108f.

und der Zunge. Die Zunge hat dabei die Aufgabe, den Speisebrei immer wieder an die Zähne zu befördern und ihn schließlich spindelförmig zu drehen und gegen die Rachenwand hin zu drängen. Kommt die Speise mit der Rachenwand und den hinteren Teilen der Zunge in Berührung, so setzt durch Reflexe eine geordnete Bewegungsfolge der Schlundmuskeln ein. Das heißt, der Nasenraum wird durch das gehobene Gaumensegel fest verschlossen, durch die Schlundschnürer wird der Rachen verengt und die Speise nach unten gedrückt, schließlich wird der Kehlkopf gleichzeitig gehoben und der Kehldeckel nach hinten über den Kehlkopfeingang gelegt. Auf diese Weise rutscht die Speise in die Speiseröhre. Die Funktion des Ansatzrohres bei der Nahrungsbeförderung besteht also vor allem in einer starken Verengung des Lumens aller fraglichen Räume.

Die Sprechfunktion des Ansatzrohres:
Die Sprechfunktion ist der Kau- und Schluckfunktion gerade entgegengesetzt! Die Sprech- und Stimmfunktion erfordert Weite aller in Frage kommenden Räume.

> Schon aus diesem Grunde ist Vorsicht gegenüber der *Kaumethode* von FRÖSCHELS[1] am Platze. Der Wert der *Kaumethode* beruht nicht auf einer direkten Förderung der Sprechtechnik – denn die Kaumechanik läuft der Sprechmechanik zuwider –, sondern auf einer günstigen Beeinflussung des Lusterlebnisses beim Sprechen.

E. HOFFMANN (1926, S. 109 ff.) schreibt:
Die Weite des Schlundes wird gewährleistet durch *1. eine Erschlaffung aller ihn einengenden, 2. eine Anspannung der seine Erweiterung beeinflussenden Muskeln.* Den ersten Fall betreffen die Rachenschnürer und die den Kehlkopf heraufziehenden Muskeln, also alle Muskeln, *welche in maximaler Kontraktion beim Schlingakt tätig sind.*
Die Erweiterung des Schlundes geschieht durch Abflachung und Vorziehen des Zungengrundes, indem sich die Vorderzungenmuskulatur kontrahiert; durch Aufwärtsrichtung und Vorwärtsbewegung des Kehldeckels; durch Vorwärtsbewegung der Zunge selbst, wobei sich der M. genio-glossus kontrahiert und dabei bis auf den Kehlkopf ausstrahlt.
HOFFMANN legt dar, daß die Vorderzungen- und die Mundbodenmuskulatur von Nerven versorgt werden, deren motorische Fasern dem Einfluß des Willens zugänglich sind. Hingegen erhält die den Schlund einengende und das Zungenbein nach hinten ziehende Muskulatur Nerven, die vegetativen Funktionen vorstehen und dem Willen nicht unterworfen sind.

[1] Siehe S. 261.

Durch die Konzentration während der Sprechtechnik auf die Vorderzunge werden – nach HOFFMANN – jene Muskeln ausgeschaltet, die die
Zunge und das Zungenbein nach unten ziehen.

Die ENGEL-Methode[1], die eine innige Kontaktstellung der Zunge mit den
Schneidezähnen anstrebt, hat nach HOFFMANN eine reale Basis, da durch
sie *unter Ablenkung der Aufmerksamkeit von den mit vegetativen Funktionen
im Zusammenhang stehenden Innervationen ein Einspielen gewisser dem
Willen unterworfener Nervenbahnen erfolgt.*

Das Ansatzrohr stellt zusammen mit dem Kehlkopf und dem Windrohr
ein System von miteinander gekoppelten Resonatoren[2] dar.

Resonatoren sind schwingungsfähige Systeme, die bei Erregung mit ihrer
eigenen Resonanzfrequenz schwingen.
Bei HELMHOLTZschen Resonatoren handelt es sich um einseitig offene
Hohlräume, deren Luftvolumen und die Masse der Luft in der oft röhren-
förmigen Öffnung als Schwingungssystem wirken.
Wenn man einen Frequenzerzeuger, z. B. eine Stimmgabel, vor die Öffnung
des Resonators hält, so fängt die Luft in dem Hohlkörper an zu schwingen,
vorausgesetzt, daß die Frequenz der Stimmgabel der des Eigentones des
Resonators entspricht.
Diese auf einem Mitschwingen in der Frequenz des Frequenzerzeugers be-
ruhende Erscheinung nennt man Resonanz (s. u.).
Unsere Stimmlippen wirken als Frequenzerzeuger. Sie liefern ein partial-
tonreiches „primäres Tonprodukt", das die Luft in dem als Resonatoren
wirkenden Ansatzrohr in Schwingungen versetzt.

Nach HELMHOLTZ (zit. bei TONNDORF, 1928, S. 493) kann der von den
Stimmlippen gelieferte Grundton durch das Ansatzrohr nicht beeinflußt
werden, denn es besitzt dazu eine viel zu starke Dämpfung.

Jeder Resonator hat eine gewisse „Resonanzbreite", d. h., er spricht nicht
nur auf einen genau seiner eigenen Frequenz entsprechenden Ton an,
sondern auch auf Töne, die dicht oberhalb oder unterhalb seines Eigentones liegen. Die Resonanzbreite hängt ab von der Beschaffenheit der
Wände des Resonators.
*Je weicher seine Wandung ist, um so breiter ist der Frequenzbereich, der ihn
zu erregen imstande ist, d. h. desto größer ist seine Resonanzbreite, desto
schneller klingt aber auch sein Eigenton ab, wenn die Erregung aufhört.
Mund- und Nasenraum sind also infolge ihrer weichen Wandungen stark
dämpfende Resonatoren mit großer Resonanzbreite. Das ist für die akustische
Gestaltung der Laute, besonders der Vokale als „Resonanzlaute", von Wichtigkeit* (VON ESSEN, 1953, S. 102).

[1] Vgl. S. 252 ff.
[2] Siehe das nächste Kapitel über die *akustischen Grundbegriffe*, S. 149.

Die Stimmritze liefert (nach HELMHOLTZ) bei der Vokalbildung einen Klang, der sich zusammensetzt aus dem Grundton und seinen harmonischen Obertönen, d. h. Teiltönen, deren Frequenzen in einem ganzzahligen Verhältnis zum Grundton stehen. Der Grundton selbst bestimmt die musikalisch empfundene Tonhöhe – z. B. auch die Sprechstimmlage.

*Aus den Obertönen greift das vorgeschaltete Ansatzrohr diejenigen heraus, die seiner jeweiligen Eigenschwingung am nächsten liegen, verstärkt sie,... und bildet oder formiert auf diese Weise den Vokal* (W. TONNDORF, 1928, S. 490).

Die Teiltöne, die den jeweiligen Charakter der Vokale bestimmen, nennt man auch Formanten.

Unser Ansatzrohr hat also keinen direkten Einfluß auf die Tonhöhe. Aber es bestimmt durch seine Resonanzfähigkeit die Klangfarbe und die Klangstruktur, das Klangspektrum, das nämlich für jeden Vokal ein anderes ist.

Das Ansatzrohr wirkt durch seine Kopplung mit dem Kehlkopf aber auch auf die Tätigkeit der Stimmlippen zurück, in dem es – nach TONNDORF (S. 494) – deren Schwingungen derart steuert, daß die Stimmritze vorwiegend Teiltöne liefert, die der Eigenfrequenz des Resonators nahekommen. So vollzieht das Ansatzrohr also 1. eine Auswahl unter den Teiltönen und 2. eine Energieverschiebung zugunsten der ihm jeweils wertvollen Teiltöne.

*Sprechen lernen,* sagt TONNDORF (S. 494), *heißt eben im wesentlichen: lernen, dem Ansatzrohr die richtige Gestalt zu geben!*

3. ist nach TONNDORF das Ansatzrohr noch Strahler für die Stimme. Die Mundöffnung erfüllt die Funktion eines Strahlers für die Stimmritze, d. h., die Mundhöhle sammelt die Töne und gibt sie verstärkt an die Luft ab.

Der Laie stellt sich unter Resonanz oft das Schwingen der Luft in den Nebenhöhlen vor, so in der Stirnhöhle, in der Kieferhöhle. Oder aber er versteht unter Resonanz das Mitschwingen z. B. der Schädelknochen während des Sprechens.

Für viele Schauspieler hat der eine gute Resonanz, bei dem die Schädeldecke am besten mitschwingt. Meist legen die Betreffenden zur besseren Kontrolle der Schwingungen ihre Hände auf den Kopf.

Diese Meinungen beruhen auf einem Irrtum.[1] Seit der Arbeit von GIESSWEIN (1911) steht einwandfrei fest, daß die Nebenhöhlen keine Bedeutung für die Stimmbildung haben. Hier kann es nicht zum Mitschwingen der Luft in den viel zu geschützten Höhlen kommen!

[1] Vgl. auch S. 149.

Die Schallabstrahlung durch die Körperwände beruht nicht auf der geschilderten Resonanz, sondern auf „erzwungenem Mitschwingen"[1]. Vor allem die Knochenwände werden gezwungen, in der Frequenz des Tonerzeugers mitzuschwingen. Die Eigenschaft der Körperwandschwingungen wird aber von dem Laien und z. T. auch von Fachkollegen in seiner Bedeutung für die Stimmbildung überschätzt. H. LULLIES (RANKE/LULLIES, S. 236) führt die modernsten Forschungen auf diesem Gebiete an. Danach werden durch Schallabstrahlung durch die Körperwände allgemein nur relativ kleine Bruchteile der Schwingungsenergien weiterbefördert.

> Mit zunehmender Entfernung vom Kehlkopf werden die Amplituden der Körperwandschwingungen immer geringer. Das heißt in der Zungenbeingegend kann man noch Schwingungen mit deutlichem Vokalcharakter abnehmen, beim Übergang vom Kehlkopf in die Luftröhre verlieren diese Schwingungen schon diesen Vokalcharakter.
> *Diese Veränderungen bei der Fortleitung des Schalles durch die Körperwände sind offenbar die Ursache dafür, daß man den Klang der eigenen Stimme, wenn er auf Grund des aufgenommenen Luftklanges im Lautsprecher wiedergegeben wird, als fremd empfindet* (a. a. O.).

Der Wert dieser Schallabstrahlung ist also für die Stimmbildung gering. Unsere Körperwände haben eben für eine nennenswerte Verstärkung des Schalles eine zu starke Dämpfung.

> Eine Ausnahme machen die Klänge von [m], [n] und [ŋ]. Hier wird auch die Schallabstrahlung durch die Körperwand (bei [m] etwa 16%) bei normaler Phonation dieser Laute mit ins Gewicht fallen.

*b) Einige akustische Grundbegriffe*

Unter Schall verstehen wir *mechanische Schwingungen und Wellen eines elastischen Mediums, gleichgültig ob fest, flüssig oder gasförmig … wenn ihre Frequenzen (Anzahl der Schwingungen je Sekunde) im Hörbereich des Menschen zwischen etwa 16 bis 20000 Hz liegen* (LUCHSINGER/ARNOLD, S. 20).
Das Grundelement der Klänge und einfachstes Schallelement ist der Ton. Die Schwingungen eines Tones lassen sich in einer Sinuskurve darstellen. Die Höhe der Kurve (die Amplitude) stellt die Klangstärke dar, die Anzahl der Schwingungen pro Sekunde (Frequenz) kennzeichnet die Tonhöhe.

[1] Siehe S. 149 und 295 f.

Die menschliche Stimme produziert nicht einen einfachen Ton, sondern immer einen aus vielen Tönen zusammengesetzten Klang.

Unser Ohr nimmt einen solchen Klang allerdings meist nur wie einen einzigen Ton wahr.

Wir haben es jetzt also nicht mehr nur mit einer reinen Sinusschwingung zu tun, sondern die Schwingung ist aus vielen sinusförmigen Kurven zusammengesetzt. Man nennt den tiefsten Teilton des Tonspektrums (der aber nicht immer der stärkste sein muß) den Grundton, die anderen Teiltöne als Obertöne.

Heute wird diese Unterscheidung nicht mehr konsequent fortgeführt, sondern man spricht bei den einzelnen Tönen nur noch von Partialtönen, das sind Teiltöne eines ganzen Spektrums.

Sind die Schwingungszahlen der Obertöne ganzzahlige Vielfache der Schwingungszahl des Grundtones, so nennt man sie harmonische, im anderen Fall unharmonische Obertöne.

Die Vokale setzen sich aus harmonischen Obertönen zusammen, die Konsonanten besitzen Formanten, die nicht harmonische Glieder der Gesamtschwingung sind. Die stimmlosen Konsonanten sind reine Geräusche.

Als Formanten werden jene Teiltöne bezeichnet, die das charakteristische Klangbild eines Lautes bestimmen (formen). Die Formanten z. B. der Vokale werden durch das Ansatzrohr verstärkt bzw. herausgesiebt. *Die Klangfarbe ist ... durch die Zahl, Stärke und relative Lage der einzelnen Teiltöne gegeben. Wichtig ist die Erkenntnis, daß bei Änderung der Tonhöhe oder der Tonstärke die physikalische Zusammensetzung eines Klanges sehr häufig verändert wird ... So führt also jede Änderung der Tonhöhe oder Tonstärke sowohl aus physikalischen Gründen (Änderung der Klangzusammensetzung), aus physiologischen Gründen (Abhängigkeit der Ohrempfindlichkeit von der Tonhöhe) als auch aus psychologischen Gründen (Abhängigkeit der Tonfarbe von der Tonhöhe) zu einer Verschiebung des Klangeindruckes* (LUCHSINGER/ARNOLD, S. 22).
Wir bezeichnen als erzwungenes Mitschwingen die Verstärkung einer Schallquelle durch feste Kopplung derselben mit einem sekundären Schallstrahler (nach LUCHSINGER/ARNOLD). So gibt die Tischplatte, wenn man auf sie eine schwingende Stimmgabel stellt, deren Schwingungen verstärkt wieder. Diese Schallverstärkung geht allerdings auf Kosten der Schwingungsdauer.

Um solches erzwungene Mitschwingen handelt es sich bei der Körperschallabstrahlung (s. o.).

Hingegen entsteht freiwilliges Mitschwingen durch Resonanz, wenn ein Resonator auf eine Frequenzquelle mit seinem Eigenton, der der Schwingungszahl des Frequenzerzeugers entsprechen muß, antwortet.

Solches freiwillige Mitschwingen liegt vor bei der Resonanz unseres Ansatzrohres.

Wir wollen in diesem Kapitel noch die Begriffe „schöne" und „gute" Stimme klären.
Die Sprecherziehung des Schauspielers ist nicht von vornherein interessiert, eine „schöne" Stimme zu erzielen. Denn schön ist ein ästhetischer Begriff und ist abhängig vom Geschmack der Zeit.

Vielfach ist dem heutigen Schauspieler der Begriff der „schönen Stimme" verhaßt. Er empfindet sie als ausdruckslos, langweilig und ohne charakteristische Merkmale.
Vielfach gilt heute als „schöne Stimme" die Stimme mit besonderer charakteristischer Färbung, sei es eine gewisse Belegtheit oder Rauheit oder sei es eine helle, harte, spitze Stimme.
Bei Schlager- und Jazzsängern wird gerade das Pathologische an der Stimme als „schön", besser: als „interessant" empfunden! Der Begriff des Schönen deckt sich also heute mit dem Begriff des Interessanten.

Die Sprecherziehung will eine „gute" Stimme heranbilden. Gut ist hier gleichzusetzen mit leistungsfähig. *Danach läßt sich eine Stimme als „gut" bezeichnen, wenn sie ausschließlich unter Inanspruchnahme der für die jeweilige Leistung nötigen Muskulatur in harmonischem Ausgleich der Atmungs-, Kehlkopf- und Ansatzrohrfunktion gebildet wird. Die „gute" Stimme hört sich frei von Nebengeräuschen, Druck, Dauer-Fehl-Überspannungen an, klingt in jeder Höhe beliebig kräftig oder leise, weittragend, fließt resonanzreich, weich und anstrengungslos. Ein weiteres Merkmal der „guten" Stimme ist, daß sie, abgesehen von der „physiologischen" Müdigkeit, keine pathologischen Erscheinungen aufkommen läßt. Je nachdem sich eine Stimme diesem Ideale, diesem Typus mehr oder weniger nähert, ist ihre Güte zu beurteilen* (PANCONCELLI-CALZIA, Leipzig 1956, S. 28).

Man erkennt, diese Definition PANCONCELLI-CALZIAS, der wir vollkommen zustimmen, deckt sich nicht in allem mit dem Geschmack unserer Zeit, wo gerade das Pathologische oft sogar vom Sprecher angestrebt wird.

*c) Über die Bildung der Vokale und Konsonanten*

Wenn wir im vorigen vor allem die physiologischen und physikalisch-akustischen Zusammenhänge darlegten, so wollen wir uns im folgenden wieder mehr den funktionellen Gegebenheiten zuwenden. Man hat die Vokale als das Fleisch, als die sinnliche Komponente der Sprache bezeichnet, und die Konsonanten als das Skelett, als das Gerüst der Sprache angesehen. Man muß bei solchen Vergleichen allerdings bedenken, daß wir im Deutschen ja zwei Arten von Konsonanten haben: die reinen Geräuschlaute, die völlig ohne Stimmlippenschwingung gebildet werden, und die Stimm-Geräusch-Laute, bei denen auch die Stimmlippen wie bei den Vokalen mitschwingen.

Demgegenüber sind dann die Vokale reine Stimmlaute, bei denen keine Geräusche hörbar werden.
Daneben gibt es noch eine Gruppe sog. Halbvokale. Das sind eigentlich Stimm-Geräusch-Laute, bei denen aber das geräuscherzeugende Element verschwindend gering ist, so daß diese Laute den Charakter von Vokalen annehmen. Hierhin gehören: [m n ŋ l].
Wir brauchen nicht besonders zu betonen, daß man die Laute innerhalb des gewöhnlichen Sprechaktes nicht völlig voneinander trennen kann, sondern daß sich auch hier das Prinzip der Ganzheit widerspiegelt.

Die Laute bilden eine Einheit nicht nur in dem Sinne, daß an dem Verständnis des Gesprochenen sowohl die Vokale als auch die Konsonanten beteiligt sind, sondern auch insofern, als sich die Laute gegenseitig beeinflussen. MENZERATH und DE LACERDA bezeichneten in ihrer Arbeit (1933) diese gegenseitige Beeinflussung als *Koartikulation*.
Wir können im Zusammenhang mit dem Sprechen von einem Gesetz der Koartikulation sprechen, einem Gesetz, dem alle unsere Laute im lebendigen Sprachgebrauch unterworfen sind. Nach diesem Gesetz gehen die Artikulationsbewegungen während des Sprechens derart ineinander über, daß die Artikulation eines Lautes geprägt wird durch die Artikulation des vorangegangenen bzw. nachfolgenden Lautes.
Die Bildung eines Lautes wird demnach von drei Faktoren bestimmt:
1. von der Artikulation des vorangegangenen Lautes,
2. von der für ihn charakteristischen Bildungsnorm und
3. von der Artikulation des nachfolgenden Lautes.

Wir wollen hier unberücksichtigt lassen, daß die Bildung des Lautes noch von einer erheblichen Reihe anderer Faktoren abhängt, vorwiegend psychischer Art. E. RICHTER hat darüber einen sehr interessanten Aufsatz geschrieben.

Es erhebt sich nun die Frage, ob es eine unter Punkt 2 angegebene Bildungsnorm eines Lautes überhaupt gibt.

Tatsächlich unterscheiden sich z. B. die stimmhaften S-Laute [z] in den folgenden Wortbeispielen erheblich voneinander:
Wesen [ve:zən],
es sind [ɛszint] → [ɛsint].
Im ersten Falle ist die Stimmhaftigkeit des s unbeeinflußt; im zweiten Fall geht die Stimmhaftigkeit des zweiten s im Umgangssprachlichen meist durch das vorangegangene stimmlose s verloren!

Dennoch können wir uns zu Bildungsnormen bekennen. Denn einmal nimmt das Ohr tatsächlich unterschiedliche Laute wahr, zum anderen sind wir fähig, willentlich Einzellaute (herausgelöst also aus dem sprachlichen Gesamtverband) zu artikulieren. Das wäre unmöglich, wenn wir keine Vorstellung von der Norm solcher Laute hätten.

Wir dürfen aber trotzdem nicht den Fehler machen – wie es eine veraltete mechanistische Sprecherziehung tat –,[1] über den einen Faktor der jeweilig charakteristischen Bildungsnorm die beiden anderen Faktoren der Koartikulation zu vergessen oder in der Sprecherziehung zu vernachlässigen.

Trotz der schier unübersehbaren Möglichkeiten, die Artikulationsbewegungen durchzuführen, trotz der Variationsbreite, in der jeder einzelne Laut durch die Koartikulation gesprochen werden kann, gibt es für jede Sprache, ja, für jeden Dialekt eine gewisse Einheitlichkeit der Artikulationsweise. Jeder Sprecher einer Sprachgemeinschaft hat mit der Erlernung dieser Sprache auch die Artikulationsgewohnheiten dieser Gemeinschaft übernommen.

Man hat in phonetischen und sprechwissenschaftlichen Arbeiten versucht, die Artikulationsweisen der einzelnen Sprachen gegeneinander abzugrenzen.

Zum Beispiel soll Charakteristikum des Englischen das Vorschieben des Unterkiefers und eine gewisse Lippenträgheit beim Sprechen sein.

Jede Sprache soll eine eigene *Artikulationsbasis* haben, auf der sich die Artikulation vollziehe.

Leider sind die diesbezüglichen Untersuchungen aber noch sehr lückenhaft, so daß wir für unsere praktische Arbeit daraus kaum Nutzen ziehen können. Auch der Terminus *Artikulationsbasis* scheint uns noch sehr umstritten zu sein.

Der Terminus wird – wie KRECH (1954, S. 92 ff.) ausführt – durchaus nicht einheitlich gebraucht oder sogar von einer Reihe Autoren verworfen.

[1] Siehe S. 245 ff.

152

Der Sprechwissenschaftler H. KRECH versteht darunter eine *Sprechbereitschaftslage* (1959, S. 55), bzw. *von der Ruhelage ausgehend, eine Bereitschaft des gesamten Ansatzrohres zu den für die Lautungsnorm der deutschen Sprache erforderlichen Artikulationen* (1954, S. 107). Der Phonetiker E. DIETH (1950, S. 135) möchte den Terminus lieber durch *Grundhaltung der Organe im Sprechprozeß* ersetzen. Für ihn drückt das Wort *Basis* ein statisches Moment aus – welches dem Sprechprozeß nicht gerecht wird –, während er mit dem Wort *Haltung* das *Grundsätzliche der Bewegung* zum Ausdruck bringen möchte. Für DIETH verleiht *die Grundhaltung (der Lippen, der Zunge, des Unterkiefers usw.) ... einer Sprache ihr charakteristisches Gepräge; sie zu kennen ist darum außerordentlich wichtig.* Der Sprechkundler CHR. WINKLER (1954, S. 204f.) spricht von *Lautungsgrundlage* bzw. *Ausgangshaltung*.

Eines scheint uns gewiß: Wenn man unter *Artikulationsbasis* eine Ruhelage oder Ausgangslage der Sprechorgane versteht, so ist mit der Beschreibung dieser Basis für die Sprecherziehung wenig anzufangen. Denn das Sprechen ist ein Bewegungsablauf, währenddessen sich die „Lage" der artikulierenden Organe fortgesetzt ändert! Die Ausgangs„lage" der Organe gewinnt nur insofern Interesse, als etwaige Verkrampfungen innerhalb des Ansatzrohres sich negativ auf den anschließenden Sprechprozeß auswirken können.

Die *Artikulationsbasis* als *Sprechbereitschaftslage* zu definieren, scheint uns gleichermaßen problematisch. In der „Bereitschaft" drückt sich zwar das Moment der Dynamik aus – dennoch: Bereitschaft ist nicht die Bewegung selbst. Sollte sich die Sprechbereitschaft des Deutschen wirklich so von der Sprechbereitschaft des Englischen, Russischen oder Französischen unterscheiden? Sicherlich unterscheidet sich doch nur die Art und Weise des Bewegungsablaufes, also die Bewegung selbst. Die verschiedenen Artikulationsweisen führen zu verschiedenen Artikulationsgewohnheiten.

Außerdem bleibt der Ausdruck „Bereitschaft" im Zusammenhang mit dem Sprechen selbst unklar. Es ist doch nicht so, daß der Sprecher kurz bevor er zu sprechen beginnt, erst seine Sprechorgane bewußt in eine bestimmte Bereitschaftslage bringt.
Man kann allerdings von den Nerven der Zunge (usw.) gewisse Impulse schon kurz vor dem Sprechen ableiten. Solche Nervenimpulse zeigen aber nur den motorischen Antrieb zum Sprechen an (im Zusammenhang mit dem zum sprachlichen Ausdruck drängenden Denkprozeß), nicht aber z. B. die Bereitschaft der Zunge, sich vor dem spontanen Sprechakt in das „Durchgangsstadium" einer für das Sprechen spezifischen Lage zu legen.[1]

---

[1] In der Ruhelage liegt übrigens die Zunge nicht, wie oft angenommen wird (z. B. von WINKLER, 1954, S. 204), im Mundboden, sondern angesogen am harten Gaumen!

Was der Sprechwissenschaftler mit der *Artikulationsbasis der deutschen Hochlautung* (KRECH, 1954) wirklich beschreibt, ist die Norm der deutschen Hochlautung, d.h. sind Regeln für die Deutlichkeit und Hygiene einer einheitlichen deutschen Aussprache. Die Beschreibung der Artikulationsbasis des Deutschen stellt somit eine echte Fiktion dar (PANCONCELLI-CALZIA, 1947); und als solche hat sie für den Sprecherzieher ihren unschätzbaren Wert.

> Es zeigt sich z.B. in der Praxis, daß die Deutschen durchaus nicht die Vokale durch Kontakt der Zungenspitze mit den unteren Schneidezähnen sprechen. Begreiflicherweise gibt es darüber keine eindeutigen, durch entsprechende Untersuchungen fundierte Belege.
> Aber die Forderung nach Zungenkontakt ist absolut richtig, denn sie entspricht den Gesichtspunkten der Stimmhygiene – wodurch eine solche Forderung sicherlich nicht nur nationalen Charakter trägt.

Für die richtige Artikulation verlangt KRECH (1954) die Berücksichtigung von 6 Artikulationsmerkmalen:

1. *Hochrundeinstellung* der Lippen,
2. Gewährleistung einer gewissen Kieferöffnungsweite,
3. Zungenkontakt mit den unteren Schneidezähnen,
4. eine gesunde *nasale Setzung* der Vokale und, soweit möglich, auch der anderen Sprachlaute,
5. naturgemäße Tiefstellung des Kehlkopfes und
6. den *hygienischen, physiologischen Glottisschlag* bei den Vokaleinsätzen.

Zu 1.: Die Hochrundeinstellung der Lippen während des Sprechens, eine gewisse Vorstülpung der Lippen, gewährleistet die Ausformung des Mundvorhofes und damit eine erhebliche Verbesserung der Resonanz der Stimme. Ein starker Lippenbreitzug verändert auffallend nachteilig die Klangfarbe.
Ein forcierter Lippenbreitzug ist darum auch nicht bei der Bildung des Vokales i erlaubt, denn gerade bei den Vokalen ist die Einbeziehung des Mundvorhofes für die Resonanz unerläßlich.
Die Forderung, die Hochrundeinstellung auch auf alle Konsonanten zu übertragen, scheint uns nicht durchführbar, ja sogar gefährlich. Der S-Laut und das palatale ch [ç] (wie in dem Worte „ich") verlangen einen geringen Lippenbreitzug.

> Stülpung der Lippen bei s führt vielfach zu einem S-Fehler (Sigmatismus), da sich die mangelhafte Lippenspannung auf die Zunge zu übertragen scheint. Meist rückt die Unterlippe bei dieser S-Bildung gegen die oberen

Schneidezähne, und die Rillenbildung durch die Zunge unterbleibt fast ganz.[1] Der Luftstrom entweicht auf diese Weise fächerförmig zwischen Unterlippe und oberen Schneidezähnen. Oft tendiert die Zungenspitze in Richtung auf die oberen Schneidezähne. Es entsteht so ein Sigmatismus addentalis mit labialer Komponente (ein S-Fehler, bei dem die Zungenspitze an den „Zähnen anstößt" und die Unterlippe den Austritt der Luft behindert.[2]

Stülpung der Lippen bei ch [ç] führt bei Sprechern Mitteldeutschlands, aber auch anderer Gegenden (z. B. aus Frankfurt a. M. oder aus dem Rheinland), meist zu Verwechslungen mit sch [ʃ].

Zu 2.: KRECH gibt für die Kieferöffnungsweite bei a 25 mm, bei i noch 10 mm an (das entspricht einer Daumen- bzw. Kleinfingerbreite). Wichtig für uns ist die Feststellung, daß es im Deutschen keinen Laut gibt, der mit Kieferverschluß gesprochen wird.

Zu 3.: Die Zunge hält einen Zungenkontakt mit den unteren Schneidezähnen bei allen Vokalen.

Das fällt – wie wir weiter oben bereits andeuteten – vielen Sprechern äußerst schwer. Vor allem bei den Vokalen o und u rutscht die Zungenspitze sehr leicht nach hinten. Der Berufssprecher aber muß alle Konzentration darauf verwenden, seine Zunge an den Kontakt zu gewöhnen!

Die Forderung kann selbstverständlich nicht willkürlich auf die Konsonanten übertragen werden, denn viele Konsonanten werden durch Zungenkontakt mit den oberen Schneidezähnen gebildet.

Es ist darum glücklicher, bei der Forderung nach Zungenkontakt nicht nur von den unteren Schneidezähnen zu sprechen.

Es gibt im Deutschen überhaupt nur einen Laut, bei dem die Zungenspitze die Zähne nicht berührt: sch [ʃ].

Zu 4.: Man ist sich lange Zeit nicht einig gewesen, ob während der Bildung der Vokale der Nasalverschluß vollkommen ist oder ob das Velum noch einen kleinen Spalt zur Nase freigibt. Heute kann man diese Frage nahezu eindeutig klären; auch bei den Vokalen spielt der Nasenraum eine gewisse Rolle, die Vokale erhalten also alle einen leichten nasalen Klang. Einhelligkeit über den Grad der Nasalität herrscht allerdings nicht. Es gibt hierfür kein Gesetz. Man kann auch nicht lediglich von stimmhygienischen Gesichtspunkten ausgehen, denn danach könnte der Grad der Nasalität nicht hoch genug sein.

Man findet gerade bei Schauspielern oft eine stark nasale Stimmgebung, die oft bis zum „Näseln"[3] führt. Der Grund für die starke Nasalität ist

---

[1] Über die S-Lautbildung vgl. S. 166f.

[2] VON DANTZIG (1949) nennt diese, nach seinen Erfahrungen allerdings sehr kleine Gruppe von S-Fehlern, *Sigmatismen dento-labiales* (S. 41).

[3] Siehe auch S. 35 und 191 f.

sehr leicht zu finden: Je mehr die Nasenresonanz genutzt wird, um so besser trägt die Stimme, um so mehr wird der Kehlkopf entlastet. Näseln ist häufig eine Kompensationserscheinung. Wenn man einem Schauspieler, der stark näselt, diese falsche Stimmgebung abgewöhnt, so erkennt man, wie hinter der starken Nasalität sich eine forcierte, gepreßte Sprechweise verbirgt; das Näseln verhütet ein dauerndes Heiserwerden. Vielfach wird eine übertriebene Nasalität auch durch die Übungen der Sprecherziehung gefördert. Solche Sprecherziehung hat etwas Hochstaplerisches an sich: Sie erreicht eine gewisse stimmliche Güte mit unlauteren Mitteln (vgl. dazu das Beispiel 12 im Anhang).

Es gibt Schauspieler, deren tägliches Übungsmaterial meist nur in sog. Klingerübungen besteht. Ihre Silbenübungen in Verbindung mit m und n und ng werden fast nur genäselt. Sind es Schauspieler von Geschmack, so wenden sie allerdings diese Übungen nie auf das Sprechen an. Eine gewisse Gefahr birgt hier auch die sog. Kauübung[1] in sich.

WÄNGLER (1958) hat eine Art Faustregel über die Velumtätigkeit herausgefunden. Er sagt (S. 19): *Das Gaumensegel gibt im Deutschen nur bei den Nasalen [m n ŋ] den Nasenweg ganz frei, während es ihn bei allen anderen Lauten mehr oder weniger behindert bzw. versperrt...* WÄNGLER *findet, daß es lautgerechte Grade der Annäherung gibt, die offensichtlich einem bestimmten Gesetz folgen. Sie scheinen nämlich durchaus von der oralen[2] Engebildung abhängig zu sein. Ist der Mundweg vollkommen frei (z. B. bei a), so ist die Abschließungstendenz am geringsten, wird er jedoch auf verschiedene Weise mehr und mehr verlegt [ɛ → e → i] oder [o → u → y], so wächst sie, bis sie über die Reibelaute mit den Verschlußlauten am größten wird. Jetzt wird völlige Absperrung des Nasenweges tatsächlich erreicht. Das Gaumensegel richtet sich damit hinsichtlich seiner Funktion bei der Lautgebung nach der jeweils gegebenen artikulatorischen Notwendigkeit.*

Diese Darlegung WÄNGLERs gibt auch eine Erklärung dafür, warum gerade bei a – mit der größten oralen Weite – die Gefahr des Näselns am größten ist.
Der Sprecherzieher muß die Tätigkeit des Velums genau kennen. Denn nur durch diese Kenntnis vermag er Übungen zusammenzustellen, die sich den jeweiligen Forderungen anpassen können.[3]

Zu 5.: Daß eine Tiefstellung des Kehlkopfes für das Deutsche typisch sei, ist bis heute noch nicht erwiesen. Die Forderung, während der Stimmgebung den Kehlkopf in Tiefstellung zu belassen, kommt wohl ursprünglich von der Gesangsschulung. Es gibt aber auch hier Stimmen von Phy-

---

[1] Vgl. über Kauübung, S. 261.
[2] os, oris = der Mund.
[3] Vgl. S.. 164 f.

siologen (z. B. HUSSON), die auch Aufwärtsbewegungen des Kehlkopfes für „normal" halten.

Für das Sprechen kann man aber sicherlich mit Rücksicht auf die Stimmhygiene mit KRECH sagen, daß starke Kehlkopfbewegungen während des Sprechens immer ein Zeichen von forcierter Stimmgebung sind.

Zu 6.: Über den Glottisschlag wurde bereits in anderem Zusammenhange gesprochen.[1]

Wir wollen im folgenden über die Artikulation der einzelnen Laute sprechen. Dabei interessiert uns nicht sosehr der Laut an sich, sondern seine Stellung innerhalb des Lautverbandes; denn wir hoffen, durch die Kenntnis der Lautbildung Wesentliches für unsere sprecherzieherischen Übungen beitragen zu können.

Wir halten uns bei der Beschreibung der Artikulation an das u. a. von WÄNGLER (1958, S. 22) gegebene Schema: Es gilt zu unterscheiden
1. Artikulationsstelle,
2. artikulierendes Organ,
3. Artikulationsmodus.

Zu 1: Die Laute können gebildet werden (vgl. Abb. 19, S. 163)
an der Oberlippe – wir sprechen dann von Lippenlauten (Labiales) (Abb. 19,1);
an der Oberzahnreihe – Zahnlaute (Dentales) (2 u. 3);
am oberen Zahndamm – Zahndammlaute (Alveolares) (4);
am vorderen Hartgaumen – Vordergaumenlaute (Praepalates) (5);
am mittleren Hartgaumen – Mittelgaumenlaute (Mediopalates) (5/6);
am hinteren Hartgaumen – Hintergaumenlaute (Postpalates) (6);
am Weichgaumen – Gaumensegellaute (Velares) (7);
am Zäpfchen – Zäpfchenlaute (Uvulares) (8);
im (Mund)-Rachen – Rachenlaute (Pharyngales) (9).

Zu 2: Artikulierende Organe sind
Unterlippe – hier werden die Labiales gebildet;
Zungenkranz – Koronales oder, mehr zur Spitze der Zunge hin, Apikales;
vordere, mittlere und hintere Zungenoberfläche – Prae-, Medio- und Postdorsales.

Zu 3.: *Der Artikulationsmodus beschreibt die Art und Weise, wie die beiden vorerwähnten Bestimmungsstücke zur Lautbildung zusammenwirken* (WÄNGLER, 1958, S. 23). Wir unterscheiden hiernach
Öffnung,
Enge,
Verschluß,
Nasalöffnung.

[1] Siehe S. 134 ff.

## Die Vokale

Die Sprecherziehung kann auf Vokaldreiecke[1] oder ähnliche Figuren verzichten. Uns interessiert in erster Linie die Bildung der Vokale und ihre
Verwandtschaft mit anderen Lauten.
Wir halten uns an die Unterscheidung in Vokale, bei denen mehr der
vordere Teil, der mittlere Teil oder der hintere Teil des Zungenrückens
aktiv ist.
Bei den Vorderzungenvokalen wird der vordere Teil des Zungenrückens leicht nach oben gewölbt. Schon allein aus diesem Grunde sind
diese Vokale stimmhygienisch günstig; es sind dies vor allem die Vokale
i und e (und alle mit ihnen verwandten Arten).

> Der günstigen Zungenlage bei diesen beiden Vokalen steht die weniger
> günstige Lippenhaltung entgegen. Die Lippen sind nicht gestülpt, es kommt
> also zu keiner Verlängerung des Ansatzrohres.
> Ein Lippenbreitzug ist aus diesem Grunde in jedem Falle zu vermeiden!
> Der Sprecher und Sänger empfindet die geringe Mundöffnung bei der Bil-
> dung dieser Vokale meist als angenehm. Im Gegensatz zu den Konsonan-
> ten bieten die Vokale keine fühlbaren Hemmstellen im Ansatzrohr. Aus
> diesem Grunde ist das Bewußtmachen ihrer Bildung im Ansatzrohr meist
> äußerst schwierig. Bei i und e aber hat der Sprecher das subjektive Gefühl,
> diese Vokale würden vorn an den oberen Zähnen oder am vorderen harten
> Gaumen „anschlagen". Solche „Anschlagspunkte" gibt es für keinen der
> anderen Vokale.
> Es ist aus den genannten Gründen verständlich, warum viele Übungs-
> reihen mancher Sprecherzieher mit den Vokalen i und e beginnen.

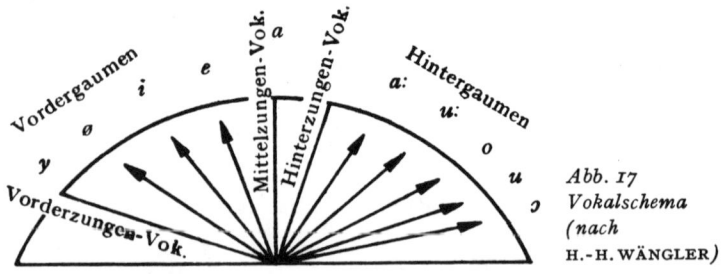

Abb. 17
Vokalschema
(nach
H.-H. WÄNGLER)

Die Abb. 17 zeigt ein für die Sprecherziehung durchaus brauchbares
Vokalschema. Es verdeutlicht die „Bildungsstellen" der Vokale, indem
es das Munddach und die Bewegung des Zungenrückens (von vorn nach
hinten – im Bild analog von links nach rechts) schematisiert wiedergibt.

[1] Siehe auch Zeichnung S. 284.

Die Vokale ö und ü stellen – jedenfalls theoretisch – einen Idealfall für die stimmhygienische Artikulation dar. Sie vereinigen die Vorderzungenlage von e und i mit der Verlängerung des Ansatzrohres durch die vorgestülpten Lippen wie bei o und u.

Man kann sich gut von der Verbesserung des Stimmsitzes überzeugen, wenn man [e] und [ø] im Wechsel (auf einem Ton) phoniert. Die Zungenlage bleibt dabei immer die gleiche, während die Lippen zur Ö-Bildung vorgeschoben werden. Das e wird so gleichsam in die Lippen vorverlegt. Ähnlich verhält es sich mit [i] und [y].

Im hinteren Bereich des Vorderzungenrückens befindet sich noch das ä [ɛ], wie in den Worten „Bett" und „Bäcker".[1]
Wir haben eigentlich nur einen Vokal, der mit dem Mittelzungenrücken gebildet wird, den Vokal a. Und auch die Bezeichnung „Mittelzunge" ist hier nur ein Notbehelf. Der Vokal a ist zweifelsohne der schwierigste aller Vokale bei der Stimmbildung. Das bestätigt sowohl die sprecherzieherische Praxis als auch eine theoretische Überlegung.[2]

Für a gibt es keinen „Anschlagspunkt", d.h., der Sprecher hat keine Hemmstelle, an der er sich bei der Artikulation dieses Lautes orientieren kann!
Außerdem hat der Vokal a von allen Lauten die größte Kieferöffnungsweite, d.h., die Überwindung des Trägheitsmomentes muß hier am größten sein. Es ist darum nicht verwunderlich, daß der Vokal a fast in allen deutschen Dialektfärbungen der Umgangssprache eine Klangveränderung aufweist – meist nach der Verdunkelung hin (also nicht nur bei den deshalb so geschmähten Sachsen und Thüringern; auch die Österreicher und auch die Schweizer färben als deutschsprachige Ausländer das a zu einem flacheren, verdunkelten Laut um, der auch meist „kehliger" klingt!).
Die Unterstützung der Resonanz durch die Lippen ist wegen der großen Kieferöffnungsweite beim a von vornherein gering. Um so wichtiger ist die Forderung nach bewußter Hochrundeinstellung der Lippen, um den Mundvorhof ausnutzen zu können.
Der Sprecherzieher wird gut tun, wenn er – entgegen der physiologischen tatsächlichen Bildungsnorm – vom Sprecher eine flache Zungenlage verlangt. Denn erfahrungsgemäß führt die A-Bildung meist zu einer Verlagerung der Zunge nach rückwärts. Darum achte man auch hier besonders auf den Zungenspitzenkontakt mit der Unterzahnreihe!

[1] Es gibt also nur in der Schreibweise einen Unterschied zwischen dem offenen kurzen e und dem kurzen ä. Der artikulatorische Unterschied zwischen offenem kurzen ä [ɛ] und offenem langen ä [ɛː] ist so gering, daß wir ihn hier nicht zu berücksichtigen brauchen. Das [ɛ] hat bereits viel Ähnlichkeit mit den Mittelzungenvokalen.
[2] Es ist für uns in diesem Zusammenhang nicht von Wichtigkeit, zwischen offenem und geschlossenem a zu unterscheiden. Der Unterschied liegt beim Sprechen eigentlich nur in der Kürze!

Hinterzungenvokale sind o und u. Ihre Bildung ist darum vom Stimm-hygienischen her eigentlich problematisch.

Tatsächlich gelingt bei den meisten Sprechern bei der Bildung dieser Vokale nicht die Beibehaltung der Kontaktstellung der Zungenspitze mit der Unterzahnreihe.

Dennoch empfehlen wir für die Übungsreihen mit den Vokalen o und u zu beginnen. Denn die Haltung des Ansatzrohres durch die starke Lippen-stülpung ist so günstig, daß der Nachteil der Zungenlage wettgemacht wird.

o, u, ö und ü sind daher in der Regel die stimmphysiologisch günstigsten Laute.

Dennoch wird man mit einer Verallgemeinerung vorsichtig sein müssen. Das subjektive Empfinden des Sprechers spielt eine große Rolle. Da, wo Übungsreihen notwendig sind, wird also der Sprecherzieher durchaus indi-viduell in der Reihenfolge der Vokale verfahren.

Unzweckmäßig erscheint uns allerdings, mit a – wie es die meisten Übun-gen tun – anzufangen. Natürlich bestätigen auch hier Ausnahmen die Regel. Die meisten Übungsbücher übernehmen wohl auch nur gedanken-los die Tradition – und diese Tradition spiegelt eine veraltete theoretische Grundlage wider, nämlich den Aufbau der Sprechübungen nach dem Schriftbild (dem Abc); und da ist a der erste Buchstabe!

Eine Sonderstellung unter den Vokalen nimmt das „gemurmelte" End- und Vorsilben-e [ə] ein.

Man hat diesen Laut den Urlaut genannt, weil man fand, daß dieser „un-artikulierte" Laut dann zustande kommt, wenn man die Mundorgane völlig entspannt, die Lippen öffnet und dabei den Unterkiefer leicht herunterhängen läßt.

Man muß allerdings bedenken, daß das Öffnen des Mundes schon keine völlige Entspannung mehr ist, denn auch im Schlaf ist der Mund geschlossen (da der Tonus des Kaumuskels [z.B.] den Unterkiefer auch bei völliger „Entspannung" fixiert).

Das [ə] ist ein nicht genau definierbarer Laut. Man kann es vom e ab-leiten, aber genauso gut – oder genauso schlecht, sagt WÄNGLER – von jedem anderen Vokal.

Sicher ist, daß das „gemurmelte" [ə] mit dem geringsten Kraftaufwand innerhalb des Ansatzrohres gelautet werden kann. Es hat viel Verwandt-schaft mit der Kaustimme und ihren Übungen, und es bietet sich daher für therapeutische Zwecke an.

Viele Sprecherzieher (z.B. DRACH) empfahlen daher, die Übungen durch das [ə] einzuleiten. Bei der Erarbeitung des Vokaleinsatzes kann es z.B. gute Dienste leisten.

Im Gesang findet es häufig Verwendung als sog. „Stöhnlaut"; der Schüler muß auf dem [ə] ausatmen, d. h. die Luft gleichsam ausstöhnen. Die Stimmgebung gelingt so natürlich und unverkrampft.

Unseres Wissens hat sich dennoch das [ə] für die Therapie nicht so gut durchgesetzt, wie man annahm. Das liegt sicherlich daran, daß der Übergang von diesem Laut zum lebendigen Sprechen nicht ohne weiteres zu finden ist.

### Die Konsonanten

Das auf S. 157 angeführte Schema von WÄNGLER läßt sich vor allem auf die Konsonanten anwenden.

Die Konsonanten sind für die Verständlichkeit der Sprache außerordentlich wichtig. Aber auch für die Stimmbildung sind sie von besonderem Wert.

Die „italienische Gesangsschule" vernachlässigte zu unrecht die Konsonanten der deutschen Sprache. Die so ausgebildeten deutschen Sänger waren meist nicht zu verstehen, weil diese Schule die Meinung vertrat, der Konsonant unterbreche in unschöner Weise die „Klangsäule" der Vokale, und es komme deshalb darauf an, eine Technik zu vermitteln, die das klangliche Fließband nahezu nahtlos mache.[1]

Die Konsonanten sind für die Tragfähigkeit der Stimme von unschätzbarem Wert. Allerdings überragt die Schallstärke der Konsonanten nicht die der Vokale.

VON ESSEN (1953, S. 88) gibt eine Übersicht JESPERSENs, die die Laute in der Reihenfolge ihrer Tragfähigkeit (Schallfülle) aufführt. Wir geben sie hier in der gleichen Reihenfolge wieder (die Reihe 1 bedeutet die geringste, die Reihe 8 die stärkste Schallfülle):[2]

1. a) [p t k]
   b) [f s ç x]
2. [b d g]
3. [v z ʝ]
4. a) [m n ŋ]
   b) [l]
5. [r]
6. [y u i]
7. [ø o e]
8. [ɔ ɛ: a]

---

[1] Daß der Gesang die Verständlichkeit in jedem Falle und unabhängig vom Können des Sängers beeinträchtige, fanden neuerlich CORNUT/LAFON (1960). Die Verständlichkeit der Vokale leide durch 1. die hohe Tonlage, 2. große Stimmintensität und 3. das Bestreben, die gleiche Sonorität bei allen Vokalen innezuhalten.
[2] Zur phonetischen Schreibweise siehe S. 323.

Interessant ist die niedrige Durchschlagskraft der stimmlosen Explosivlaute, hingegen die wesentlich größere der Halbvokale (man erkennt auch
hieran ihre Ähnlichkeit mit den Vokalen).
Ganz anders verhält es sich beim Flüstern[1]. Hier erkennt man, welchen
Einfluß die Konsonanten auf das Verstehen der Sprache haben.

Wenn auch die Konsonanten an Schallstärke den Vokalen nachstehen, so
können sie doch die Durchschlagskraft des Vokales erhöhen, indem sie
dem Vokal erst eine Fassung geben, ihn „abstützen", ihm sozusagen das
Sprungbrett liefern, von dem aus er in den Raum geschleudert wird. Man
spricht daher im Zusammenhang mit der Artikulation der Konsonanten
von *Lautgriffen* – ein Ausdruck, der die Bedeutung der Konsonanten
sehr gut wiedergibt.
Der Vokal wird von den Konsonanten umgriffen! Die Konsonanten
zeichnen sich durch Engebildungen innerhalb des Ansatzrohres aus. Und
was den Vokalen bei ihrer Bildung fehlt – nämlich sog. Hemmstellen,
wodurch sie dem Sprecher spürbar werden –, das ist für die Konsonanten
typisch! Die Sprecherziehung kann also durch die Konsonanten das Sprechen und seinen Bewegungsablauf dem Sprecher bewußt machen, da er
die Engebildung – die Lautgriffe – in seinem Ansatzrohr erlebt.

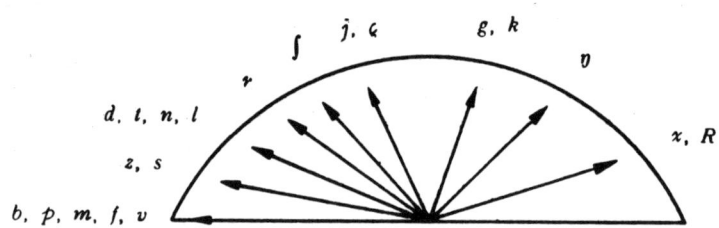

*Abb. 18. Konsonantenschema (nach* H.-H. WÄNGLER, *für die Zwecke der
Sprecherziehung etwas verändert)*

Die Abb. 18 gibt ein ähnliches Schema (nach WÄNGLER) für die Konsonanten wie vorher (Abb. 17) für die Vokale. Auch hier können wir wieder
Laute der vorderen Artikulationsgebiete von solchen der hinteren unterscheiden.
Die Sprecherziehung hält sich, der Einfachheit halber, an folgende Aufteilung der Artikulationsgebiete der Konsonanten (vgl. dazu Abb. 19): ·

[1] Vgl. S. 136.

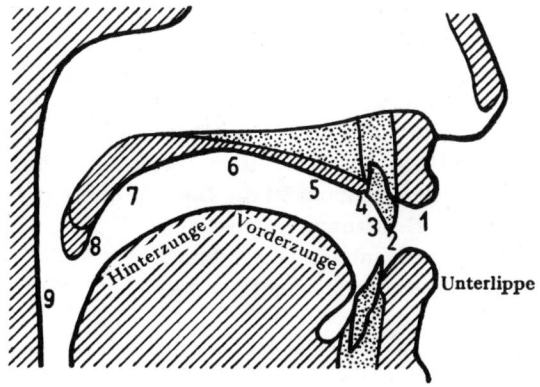

Unterlippe

*Abb. 19. Die Artikulationsstellen der Konsonanten*

I. Artikulationsgebiet: Lippen [*b p m*], Unterlippen gegen obere Schneidezähne [*v f*];

II. Artikulationsgebiet: Zungenspitze an unteren bzw. oberen Schneidezähnen [*z s d t n l*], [*r*];

III. Artikulationsgebiet: Zungenrücken in Richtung auf den vorderen harten Gaumen [*ʃ*], [*j ç*];

IV. Artikulationsgebiet: Zungenrücken in Richtung auf den hinteren harten Gaumen [*g k*], [*ŋ*];

V. Artikulationsgebiet: Zäpfchen [*x R*].

Wir können uns ersparen, die Bildung jedes einzelnen Konsonanten zu beschreiben. Wir verweisen aber den Fachmann und den Interessierten auf das ausgezeichnete und auch für die Zwecke der Sprecherziehung brauchbare Bildmaterial, welches H.-H. WÄNGLER 1958 in einem *Atlas deutscher Sprachlaute* (erschienen im Akademie-Verlag Berlin) veröffentlicht hat.

WÄNGLER zeigt von jedem Laut Fotos der Lippeneinstellung, Röntgenfotografien des Ansatzrohres und Palatogramme[1].

Die Sprecherziehung stimmt zwar nicht in der Einstellung der Laute in bezug auf ihre Bildungsstellen in allem mit dem Phonetiker überein – das zeigt z.B. unsere Abweichung in Abb. 18 von der WÄNGLERS (WÄNGLER, S. 33) –, das veröffentlichte Bildmaterial entspricht aber im wesentlichen auch unseren Forderungen.

Die Taf. 8 bei WÄNGLER zeigt allerdings eine Fehlbildung des S-Lautes. Es handelt sich hier um einen leichten Sigmatismus addentalis mit labialer Komponente.[2] Außerdem wird der Luftstrom leicht nach links hin verschoben.

---

[1] Palatogramme geben den Abdruck der Zunge am harten Gaumen während der Bildung.eines Lautes wieder.

[2] Siehe auch S. 155 und S. 166f.

Wir wollen die Konsonanten auf ihre Verwendbarkeit für die Stimmübungen überprüfen:
Es ist einleuchtend, daß die Konsonanten des I. und II. Artikulationsgebietes für die Stimmbildung am günstigsten sind. Denn wenn es zur Methode einer Stimmbildung gehört, die Tätigkeit der Kehlkopfmuskulatur durch die größere Belastung der Mundmuskulatur zu unterstützen bzw. den Kehlkopf zu entlasten, dann ist die Lippen- und Zungenmuskulatur am ehesten für eine Belastung geeignet.
Nach dem Gesetz der Koartikulation beeinflussen die Konsonanten die Bildung der Vokale, und zwar in Hinsicht auf deren Qualität und Quantität!

> Vokale, die mit Konsonanten der beiden ersten Artikulationsgebiete gekoppelt sind, werden „nach vorn" gezogen. Das heißt, der Lautgriff – eigentlich der Vokalgriff – der Konsonanten geschieht so weit vorn, daß auch die Stimmbildung im Kehlkopf unter der Suggestiveinwirkung der Lippen- und Zungenspitzentätigkeit günstig beeinflußt wird. Die Beeinflussung ist allerdings nicht nur psychischer Art, sondern durch die intensive Lippen- und Zungenarbeit wird auch eine faukale Weite erzielt, die der Stimmbildung förderlich ist.
> Vokale, die mit Konsonanten der hinteren Artikulationsgebiete gekoppelt sind, werden „zurück"gezogen. Das Heben des Zungenrückens nach rückwärts führt zu einer Verengung des Mesopharynx, d.h. zu einer ungünstigen Ausgangsposition für die Stimmbildung.

Grundsätzlich kann man daraus ableiten, daß sich Übungen, die der Stimmbildung dienen sollen, vorwiegend aus Konsonanten der ersten Artikulationsgebiete zusammensetzen müssen.[1]

> Die Explosivlaute sind dabei meist noch förderlicher als die Reibelaute.
> Der Sprecherzieher wird auch im einzelnen entscheiden müssen, ob er mit stimmlosen oder stimmhaften Konsonanten beginnt. Die stimmhaften Konsonanten haben den Vorteil, daß sich während der Konsonanteneinstellung des Ansatzrohres die Stimmlippen bereits in Tätigkeit befinden.

Über die Funktion des Velums wurde bereits einiges gesagt.[2] Wir wollen hier noch einmal die Öffnungs- und Verschlußfunktion des Velums bei verschiedenen Konsonanten betrachten:
Die Nasallaute haben ihren Namen erhalten, weil bei ihrer Bildung der Nasenraum eine gewichtige Rolle spielt. Bei [m n ŋ] ist folglich das Gaumensegel vollkommen von der Rachenwand entfernt, das heißt, es hängt in die hintere Begrenzung der Mundhöhle hinein. Dennoch sind die Nasallaute in einem gewissen Sinne Verschlußlaute: [m] wird mit Lippen-

---

[1] Über die Übungen siehe Kap. IV, z. B. S. 286.
[2] Siehe S. 144 und 155 f.

verschluß, [n] mit Zungenspitzen-Zahn-Verschluß und [ŋ] mit Zungen-rücken-Velum-Verschluß gebildet. Durch diesen oralen Abschluß des Luftweges kann die Luft nur durch die Nase entweichen.

Dennoch muß bei der Bildung des [m] (und in geringerem Maße auch des [n]) eines beachtet werden: Bei diesen Lauten resoniert nicht nur die Nasen-höhle, sondern auch die Mundhöhle!

Man kann die richtige Bildung des [m] sehr leicht kontrollieren,[1] wenn man während der Phonation plötzlich mit den Fingern die Nase verschließt: das Summgeräusch darf dann nicht sofort abbrechen, sondern muß erst allmählich (entsprechend der Möglichkeit, den Mund und die Wangen noch mit Luft zu füllen) ersterben.

Der gleiche Versuch mit [ŋ] führt zu einem anderen Ergebnis: Mit dem Nasenverschluß bricht der Klang (auch wenn man ihn willentlich ver-längern möchte) ab, da in diesem Falle auch der Mundraum (durch Zungen-rücken und Velum) verschlossen ist.

Gerade bei der Bildung der Nasallaute werden große Fehler gemacht. Oft glauben Lehrer und Schüler, da die Stimme sehr voll und kräftig klingt, den richtigen Stimmsitz auf [m] oder [n] gefunden zu haben. Oft fördern diese Laute aber geradezu eine forcierte Stimmgebung!

Auch der Fremitus an den Lippen bei [m] ist nicht immer ein untrügliches Zeichen richtiger Stimmbildung!

Vokale, denen eine gewisse nasale Setzung fehlt, können mit Nasalen gekoppelt und auf diese Weise verbessert werden.

Die eigentlichen Verschlußlaute sind [p b t d k g]. Der orale Ver-schlußort ist jeweils an anderer Stelle; gemeinsam ist allen ein fester Nasalverschluß durch das Gaumensegel, welches gegen die Rachenwand gehoben wird.

Charakteristisch für diese Laute ist die Stauung der Luft hinter der oralen Verschlußstelle. Durch diese kurze Stauung wird das Erlebnis der Laut-bildung besonders intensiv.

Der Sprecher kann sich vorstellen, es staue sich hinter den Artikulations-organen nicht die Luft, sondern der nachfolgende Vokal, der so – bei Lösung des Mundverschlusses – herausgeschleudert werden kann.

Näselnde Vokalbildung kann also behoben werden, wenn man die Vokale mit Explosivlauten koppelt.

## Homorgane Laute

Homorgane Laute sind solche, die am selben Ort gebildet werden. Alle Laute ein und desselben Artikulationsgebietes sind demnach homorgan. Fehlbildungen eines Lautes können durch einen richtig gebildeten hom-organen Laut beeinflußt werden.

---

[1] Siehe auch den Versuch mit einem Glasröhrchen, S. 281.

So kann z. B. ein verlagertes [m] durch [b] verbessert werden; umgekehrt kann ein zu stimmlos gesprochenes [b] durch Voransetzen eines [m] verändert werden. Ähnlich ist es mit [d] und [n]; [g] und [ŋ].

Ein bilabial gebildetes [v] – in diesem Falle artikuliert die Unterlippe anstatt gegen die Oberzahnreihe gegen die Oberlippe (vor allem bei Sachsen!) – kann durch ein (meist immer richtig artikuliertes) [f] beeinflußt werden.

Die Unfähigkeit, ein [ç] zu bilden, kann man durch Ableitung des [ç] von [j] oder [k] (was zwar ein Verschlußlaut ist, aber fast in ähnlichem Bereich gebildet wird) überwinden.

Solche Verwandtschaften gibt es auch zwischen Vokalen und Konsonanten:

> Die Vokale o und u (desgl. ä und ü) verleiten leicht durch ihre starke Lippenstülpung zu bilabialer W-Bildung. Ein bilabiales w wird also besser durch i und e beeinflußt.
>
> Die Hinterzungenvokale haben eine gewisse Verwandtschaft mit den Konsonanten der hinteren Artikulationsgebiete; umgekehrt haben die Konsonanten der vorderen Artikulationsgebiete eine gewisse Ähnlichkeit hinsichtlich der Bildung mit den Vorderzungenvokalen.
>
> Daraus läßt sich für die Sprecherziehung ableiten:
>
> Hinterzungenvokale werden günstig beeinflußt durch Kopplung mit Konsonanten der Artikulationsgebiete I und II; Konsonanten der Artikulationsgebiete IV und V können verbessert werden, wenn man sie übt in Verbindung mit Vorderzungenvokalen.
>
> Die Vokale i und e zeigen Verwandtschaft mit den Konsonanten [z s j ç]. Daraus folgt z. B. für die S-Bildung: Ein fehlerhaft gebildetes [s] oder [z] läßt sich anfangs besser verändern, wenn man es mit den genannten Vokalen verbindet.
>
> Ein Schüler mit lateraler S-Bildung kann leichter „Wiese" als „Dose" oder „Base" sagen.

## Homogenetische Laute

Homogenetische Laute sind artgleiche Laute; z. B. alle Explosivlaute sind artgleich, desgl. alle Reibelaute usw.

So sind z. B. [s] und [ç] homogenetische Laute; sie haben beide die gleiche Lippenstellung, eine ähnliche Kieferöffnungsweite, sie zeichnen sich beide durch eine Rillenbildung des Zungenrückens aus, und auch die Zungenspitze hat bei beiden Lauten eine ähnliche Position.

> Wir wollen hier die richtige S-Bildung beschreiben, da gerade dieser Laut am häufigsten gestört ist. Das [s/z] und die mit ihm gebildeten Lautverbindungen (z und x = [ts] und [ks]) besitzt die geringste Artikulationsbreite, d. h., jede Abweichung auch nur geringster Art von der Bildungsnorm führt zu einer Fehlfunktion.
>
> Das s wird gebildet bei lächelnder (leicht breitgezogener) Lippenstellung. Die Lippen geben dabei die Beißkanten der oberen und der unteren

Schneidezähne dem Beschauer frei. Der Unterkiefer wird leicht nach vorn gezogen und nähert sich fast dem Oberkiefer. Die oberen und unteren Schneidezähne bilden so eine scharfe Kante, an der sich der Luftstrom (also genau in der Mitte des Mundes) schneidet und so das charakteristische S-Geräusch entsteht. Die Leitung des Luftstromes auf die Beißkanten der Zähne übernimmt der Zungenkörper. Die Ränder der Zunge liegen zu diesem Zwecke rechts und links nach oben gewölbt an den Alveolen der Backenzähne an (so kann die Luft nicht seitlich entweichen). Die Zungenspitze liegt mit dem vordersten Teil an den Alveolen der unteren Schneidezähne an. Von hier aus wölbt sie sich in Richtung auf die oberen Schneidezähne hin, ohne diese dabei zu berühren. Der Zungenrücken bildet auf diese Weise von hinten nach vorn eine Rille (hinten breiter, bis zur Spitze hin sich stark verengend), durch die die Luft geführt wird. Das Velum schließt den Nasenraum ab.

Es gibt auch wenige Ausnahmen einer richtigen physiologischen S-Bildung mit gehobener Zungenspitze. Diese S-Form aber ist selten und überdies leichter gefährdet.

Rillenbildung und Lippenhaltung sind entscheidend für die S-Bildung. Beides kann abgeleitet werden vom [ç].
Eine solche leichte Rillenbildung findet sich auch bei i und e, weshalb auch diese Vokale für die S-Ableitung prädestiniert sind.

## Lautverbindungen

Einige Laute sind eine so starke Verbindung eingegangen, daß der Sprecher sie fast als einen Laut empfindet. Hierher gehören bei den Vokalen die Diphthonge und bei den Konsonanten die Affrikaten oder ähnliche Lautverbindungen.
Bei den Diphthongen gilt heute die folgende SIEBSsche Regelung:

| Schreibweise: | Aussprache: | |
|---|---|---|
| ei, ai, ey, ay | [a → e:] | Der Pfeil soll eine Gleitbewegung aus- |
| au | [a → o:] | drücken. |
| eu, äu | [ɔ → ø:] | |

Affrikaten sind nach DIETH (1950, S. 239) eine *enge Verbindung eines Verschlußlautes mit seiner homorganen Frikative* (Reibelaut). Hierher gehören z. B. „pf", „z" und „x" oder auch „tsch". Die Bildung dieser Affrikaten macht dem Sprecher meist keine Schwierigkeiten.

Fehlleistungen treten eigentlich lediglich bei der Bildung des z auf; z ist eine Verbindung von [t + s]. Bei vielen Sprechern wird die T-Bildung durch umgangssprachliche Schludereien vernachlässigt (z. B. im Raum Berlin).

Wir sprechen alle Umgangssprache. Eine Hochsprache im Sinne der SIEBSschen ausgleichenden Regelung gibt es – streng genommen – im lebendigen mündlichen Sprachgebrauch nicht. Die Regelung der deutschen Aussprache durch THEODOR SIEBS und seine Mitarbeiter, die in dem Buch *Deutsche Bühnenaussprache* zum erstenmal 1898 der Öffentlichkeit zur Diskussion gestellt wurde, entspricht nicht direkt der Sprachwirklichkeit, sondern stellt eine Norm dar, ein Leitbild, nach dem sich alle deutschen Schauspieler richten sollten. Diese Norm wurde später auf die Schulen übertragen, und der „Siebs" ist bis heute das Aussprachewörterbuch auch der deutschen gepflegten Umgangssprache geblieben.

Man kann nur diesen einen Maßstab bei der Beurteilung der Arbeit dieses verdienstvollen Mannes anlegen; jeder andere Maßstab führt zu Verschiebungen der Proportionen.

Einigkeit bei der Beurteilung des Buches hat nie geherrscht. Sprachwissenschaftler fanden, SIEBS habe zu wenig die philologischen Gegebenheiten der deutschen Sprache berücksichtigt; Volkskundler machten SIEBS für das Verschwinden der Mundarten verantwortlich; süddeutsche und österreichische Sprecher fanden, SIEBS habe sich zu sehr vom Mitteldeutschen, während Mitteldeutsche fanden, er habe sich zu sehr vom Süddeutschen beeinflussen lassen.

SIEBS hatte eine Art Fragebogentechnik angewandt: Durch Umfragen und durch Abhören der verschiedensten Schauspieler der unterschiedlichsten deutschen Landstriche entwarf er seine Regelung im Sinne eines Ausgleiches unter den verschiedenen dialektbezogenen Sprechweisen. Dabei wird z.T. die Mehrheit, z.T. aber auch der subjektive Geschmack jeweils den Sieg davongetragen haben.

SIEBS hat sich im Laufe der Jahre durchgesetzt: Er hat aus dem Chaos der Aussprachen eine für alle verbindliche deutsche Aussprache gemacht. Über der Umgangssprache schwebt somit die Hochlautung – wie man sie heute lieber nennen möchte, um damit das gesprochene Wort stärker vom geschriebenen abzugrenzen.

Die Umgangssprache selbst baut sich auf dem breiten Boden der unterschiedlichsten Dialekte auf.

Der Laie setzt meist Dialekt gleich Umgangssprache. Man versteht aber unter Dialekt die Mundart.

Unter dem Einfluß der Großstädte, der Verkehrsmittel, die den Menschen schnell aus seinem engen Heimatbezirk hinaustragen, und nicht zuletzt der Kriege, die die Menschen durcheinandergeworfen haben – aber auch durch Rundfunk, Film und heute noch zusätzlich durch das Fernsehen verschwand und verschwindet immer mehr die echte Mundart und macht der wendigeren hochsprachlich orientierten Umgangssprache Platz. Es

gibt heute sehr viele Deutsche, die keine echte Mundart mehr sprechen,
noch völlig verstehen können.

Die Mundart gibt der Umgangssprache ihr typisches, landschaftsbetontes
Gepräge. Und was durch den Dialekt in der Umgangssprache lebt, ist
meist sehr tief verwurzelt und läßt sich kaum beim Erwachsenen völlig
ausmerzen!

> Eigentlich verlangt auch niemand eine solche völlige Beseitigung mund-
> artlicher Färbung beim Sprecher und Schauspieler. Im Gegenteil: Eine
> gewisse Bodenständigkeit ist ganz reizvoll. Nur der Mitteldeutsche ist hier
> übler dran. Denn in ganz Deutschland gilt nun einmal das Sächsische und
> alle ihm ähnlichen Dialekteigentümlichkeiten als unschön. Der Schau-
> spieler aus Sachsen fühlt sich darum immer in allen Teilen Deutschlands
> viel stärker sprachlich belastet, er muß viel mehr an sich arbeiten oder –
> er geht als Komiker!

Zwei Kräfte haben wir damit kennengelernt, die die Umgangssprache beeinflussen: den Dialekt und die Hochlautung.
Es gibt noch eine dritte Kraft von nicht geringem Einfluß: die Trägheit.
Das Trägheitsmoment im täglichen Sprachgebrauch ist nicht zu übersehen. Die Trägheit äußert sich vor allem in einem Nachlassen der Formung.[1]

> Der Dialekt beeinflußt Melos, Klangfarbe der Vokale und die Art und
> Weise, die Konsonanten im Lautverband zu artikulieren – die Hoch-
> lautung beeinflußt vor allem die Artikulation –, die Trägheit hemmt den
> gesamten Formungswillen.
> Während die Hochlautung vorwiegend das Bewußtsein des Sprechers an-
> spricht, als Norm, als Regelung also immer den kontrollierenden Verstand
> aktiviert, vollzieht sich der Einfluß des Dialektes und der Trägheit un-
> bewußt und auch vielfach – trotz bestem Willen des Sprechers – un-
> kontrollierbar. Sprachliches Schludern durch Trägheit wird so zur Ge-
> wohnheit, daß der Sprecher jede positive Veränderung seiner Sprech-
> weise als „unnatürlich" empfindet.

Wir haben bisher den positiven Einfluß der Koartikulation kennengelernt. Auch das Trägheitsmoment nutzt die Koartikulation, aber im
negativen Sinne.

> Die Wertung positiv und negativ ist nicht so ohne weiteres hinzunehmen.
> Wir sind der Meinung, daß die sprachliche Entwicklung eine Höherent-
> wicklung darstellt. Offensichtlich strebt diese Höherentwicklung, was die
> Aussprache betrifft, nach Vereinfachung der Aussprache.
> Das Wort „leben" machte eine Entwicklung durch von [le:ban] zu [le:bɛn]
> → [le:bən] → [le:bm] → [le:m].
> Solche Vereinfachungen sind sicher in einem höheren Sinne positiv zu

[1] Siehe auch S. 76.

werten (wie z. B. auch die Handschrift des einzelnen im Laufe zunehmender Fertigkeit nach Vereinfachung strebt).

Andererseits aber liegt in der Tendenz nach Vereinfachung auch die Gefahr des Absinkens der Form – und das ist, jedenfalls von sprecherzieherischer Seite aus gesehen, ein Negativum. Wir sind sicher, daß sich im Laufe der Zeit jede positive Entwicklung durchsetzt, wir haben aber als Sprecherzieher die Verpflichtung, jeden Formverfall zu bekämpfen.

Daß aus dem Wort „leben" [le:m] wurde, ist auch der Einfluß der Koartikulation: Das bilabiale [b] strahlt auch auf das völlig vernachlässigte [ə] über und formt schließlich das dentale [n] in ein ebenfalls bilabiales [m] um. Schließlich entfällt auch das [b] ganz, und die Endung wird nur noch durch die Öffnung des Nasalverschlusses ausgedrückt.

Dem Endungsschwund hat der „Siebs" im Laufe seiner Neuauflagen Rechnung tragen müssen. Hier setzte sich also allmählich die sprachliche Entwicklung durch. Es stellt sich allerdings die Frage, ob die Neuauflage des „Siebs", wie sie nach dem Kriege in der Bundesrepublik vorgenommen wurde (17. Aufl. 1958), der tatsächlichen Entwicklung unserer gesprochenen Sprache genügend Raum gibt oder ob der neue „Siebs" einen zu engen Maßstab anlegt.

Die Redaktion des *Wörterbuchs der deutschen Aussprache*, herausgegeben 1964 auf dem Gebiet der ehemaligen DDR, hielt die Neuausgabe des „Siebs" für zu eng und veraltet.

Wir können hier nicht die umfangreichen Probleme im einzelnen darlegen, sondern verweisen auf das entsprechende Schrifttum, u. a. auch auf die im Henschelverlag, Berlin 1961, erschienenen *Beiträge zur deutschen Ausspracheregelung*, vor allem auf die grundlegende Darstellung der *Probleme der deutschen Ausspracheregelung* durch E.-M. KRECH (a. a. O., S.9–47).

Nur einige wichtige Fragen: SIEBS (1957, S.61) schreibt für r im Auslaut vor: *Ebenso darf r im Auslaut nicht zu einem a vokalisiert werden* und verlangt z. B. für das Wort „Mutter" die Aussprache [mutɐ]. H. ULBRICH (1961, S.112ff.) stellte bei seinen Untersuchungen an Tonbandaufnahmen von Nachrichtensprechern des Rundfunks fest, daß z. B. der R-Laut nach langen Vokalen von 80% (!) der Sprecher nur noch als Vokalisation gesprochen wurde (Beispielwörter sind „wir", „für", „hörten" u. ä.) und daß die Endung -er in 85% (!) der untersuchten Beispiele eindeutig vokalisiert wird.

In der Tat: Auch unsere Erfahrungen lehren uns, kaum noch ein Sprecher spricht wirklich ein r in der Endung -er. Die Forderung, den „Siebs" z. B. in diesem Falle zu verändern, scheint uns gerechtfertigt.

Wie aber verhalten wir uns bei der Endung -en?

Die Redaktion des neuen Aussprachewörterbuches plädiert auch hier für eine radikale Änderung. Wir sind jedoch in diesem Punkte inkonsequent, weil wir hier eine Veränderung der Norm für verfrüht halten. Durch den

völligen Wegfall des e in der Endung -en verändert sich in fortschreiten-
dem Prozeß nicht nur die Quantität des Wortes (aus dem zweisilbigen
„leben" wird das einsilbige [le:m]), sondern evtl. – wie in diesem Falle –
auch der Sinn; jedenfalls leidet die Deutlichkeit der Aussprache.

G. MEINHOLD (1961, S. 98–106) kam in seiner Untersuchung der End-
silben-[ə] zu dem interessanten Ergebnis, daß das e nur in 29% der untersuchten Fälle realisiert wird – dabei handelte es sich um Ansagetexte oder
um belletristische Prosa. In Lyriktexten wurde das Endsilben-[ə] dagegen
in 55%(!) aller Fälle gesprochen. MEINHOLD folgert daraus sehr richtig, daß
die Realisierungshöhe in Abhängigkeit zum Wesen des Textes stehe.

Für den Schauspieler ist diese Erkenntnis außerordentlich wichtig. Denn
für die gebundene dichterische Vorlage ergeben sich damit offensichtlich
andere Verhältnisse.

Im *Wörterbuch der deutschen Aussprache* wird allerdings das r und das End-
silben-e in der phonetischen Umschrift noch beibehalten. Es wird lediglich durch Schrägdruck die Reduzierbarkeit der Laute angedeutet.

Alles in allem: Wir finden, daß die Redaktion des *Wörterbuchs* eher ein
gründliches Aussprachelexikon der gegenwärtigen Umgangssprache (das
für die Praxis von unschätzbarem Wert ist) als ein solches der Hochlautung erarbeitet hat. Zwischen Realisation und dem Versuch einer Normierung besteht eben ein Unterschied. Rundfunk und Fernsehen müssen
nicht unbedingt die Norm dafür sein, was der Schauspieler auf der Bühne
zu realisieren hat. Die akustische Beherrschung des Zuschauerraumes, die
direkte Kommunikation mit dem Zuhörer verlangen eine Normierung der
Aussprache, die vielleicht in manchem eher der des alten „Siebs" entspricht.

## C. FUNKTIONELLES HÖREN[1]

Wir verstehen mit R. WITTSACK unter funktionellem Hören das Vermögen,
von dem Klang der Stimme (der eigenen wie auch der fremden), von der
akustischen Wahrnehmung der Artikulation auf die Stimmfunktion und
die Artikulation selbst schließen zu können.

Ein Sprecherzieher ohne diese Fähigkeit ist fehl am Platze.

Funktionelles Hören erwirbt man durch Erfahrung und durch Wissen um
die physiologischen Zusammenhänge.

Der Beurteilung der eigenen Stimme sind Grenzen gesetzt. Wir hören uns
auch über den Weg der Knochenleitung und nicht nur – wie wir fremde
Stimmen wahrnehmen – durch die Luftübertragung.

[1] Vgl. auch S. 60.

Sicherlich ist es diesem Umstand mit zuzuschreiben, daß sich viele Menschen, wenn sie sich das erste Mal aus dem Lautsprecher hören, nicht erkennen.

Unser Beurteilungsvermögen der eigenen Stimme ist aber auch durch psychische Faktoren herabgesetzt. Jeder Mensch hat von seiner Stimme ein Leitbild, welches sich in den wenigsten Fällen mit dem tatsächlichen Klangbild der Stimme deckt.[1] Der Sprecherzieher kann das funktionelle Hören seiner Schüler schulen, indem er ständig Tonbandaufnahmen von seinen Schülern macht und sie ihnen vorführt und indem er neben dem selbstverständlichen Einzelunterricht auch Gruppenunterricht durchführt, wo die Schüler an den Fehlern der anderen ihre Urteilsfähigkeit verbessern können.[2]

## LITERATUR

ALLERS, R./SCHEMINZKY, F.: *Über Aktionsströme der Muskeln bei motorischen Vorstellungen und verwandten Vorgängen;* PFLÜGERS Archiv f. d. ges. Physiologie, 212. Bd., 1926, S. 169 ff.

BARTH, E.: *Einführung in die Physiologie, Pathologie und Hygiene der menschlichen Stimme;* Leipzig 1911

BECKER, I.: *Haltungsabweichungen bei Kindern und Jugendlichen;* Urania, XXIII, 9, 1960, S. 347–351

*Beiträge zur deutschen Ausspracheregelung.* Bericht von der V. Sprechwissenschaftlichen Fachtagung des Institutes f. Sprechkunde u. phonet. Sammlung der Martin-Luther-Universität Halle-Wittenberg vom 1. bis 3. Juli 1960, hrsg. von H. KRECH, Berlin (Henschelverlag) 1961

BERANEK, F. E.: *Die Umgangssprache und ihre Erforschung;* Muttersprache, Z. z. Pflege u. Erforschung d. dt. Sprache, 1950, S. 65–71

BERENDES, J.: *Einführung in die Sprachheilkunde;* 4. verb. Aufl., Leipzig 1958

CLARA, M.: *Das Nervensystem des Menschen;* 3. neubearb. Aufl., Leipzig 1959

CORNUT, G./LAFON, J.-CL.: *Etude acoustique comparative des phonées vocaliques de la voix parlée et chantée;* Folia phoniatrica, 12, 1960, S. 188–196

DANTZIG, B. VON: *Die Sigmatismen;* Folia phoniatr., II, 1, 1949, S. 22–51

DIETH, E.: *Vademecum der Phonetik. Phonetische Grundlagen f. d. wiss. u. prakt. Studium der Sprachen;* unter Mitwirkung von R. BRUNNER, Bern 1950

---

[1] Vgl. auch CHR. WINKLER (1954, S. 66 ff.).
[2] Zum Einzel- und Gruppenunterricht siehe S. 236.

DRISCHEL, H.: *Die Kybernetik in der biologischen Experimentalforschung;* Urania, 25, 1, 1962, S.1–14

EGENOLF, H.: *Wunder des Atmens. Ein kleines Atem-Lehrbuch für Gesunde und Kranke;* 5.Aufl., Stuttgart 1954

ELZE, C.: *Anatomie des Kehlkopfes und des Tracheobronchialbaumes;* Handbuch d. H.-N.-O.-Hlk., hrsg. von DENKER und KAHLER, I, 1925, S.255 ff.

ERNST, R.: *Stimmstörungen bei Angehörigen von Sprechberufen;* Z. f. Phon. u. Allg. Sprachw., XI, 2–3, 1958, S.235 bis 243

ESSEN, O. VON: *Sprecherische Ausdrucksgestaltung.* Schriften zur Rundfunk- und Fernsehpraxis, Hamburg 1953

ESSEN, O. VON: *Allgemeine und angewandte Phonetik;* 2.Aufl., Berlin 1957 (zit. nach I.Aufl. 1953)

FAUST, J.: *Aktive Entspannungsbehandlung;* 5. verb. Aufl., Stuttgart 1954

FITZ, O.: *Die Bedeutung der Körperhaltung und des Körperbaus für das richtige Singen;* Folia phoniatr., 8, 1956, S.98 bis 107

FORCHHAMMER, J.: *Stimmbildung auf stimm- und sprachphysiologischer Grundlage;* 3 Bde., München 1937/38

FORCHHAMMER, J.: *Stützen und Stauen;* Bericht ü. d. Intern. Kongr. f. Singen u. Sprechen in Frankfurt/M. 1938; München, Berlin 1939, S.168–171

FORCHHAMMER, J.: *Die Sprachlaute in Wort und Bild;* Heidelberg 1942

FORCHHAMMER, J.: *Allgemeine Sprechkunde (Laletik);* Heidelberg 1951

FRITZSCHE, K.-H.: *Haltungsfehler und Haltungsschäden bei Kindern und Jugendlichen. Entstehung. Erkennung. Behandlung. Vorbeugung;* 2. erw. Aufl., Berlin 1957

FRÖSCHELS, E.: *Lehrbuch der Sprachheilkunde;* 2.Aufl., Leipzig u. Wien 1925

GIESSWEIN, M.: *Über die Resonanz der Mundhöhle und der Nasenräume, im besonderen der Nebenhöhle der Nase;* Diss.-Schrift; PASSOWS u. SCHÄFERS Beiträge z. Anatomie, Physiologie, Pathologie u. Therapie des Ohres, der Nase u. d. Halses, IV, 1911, S.305–353

GOERTTLER, K.: *Die Anordnung, Histologie und Histogenese der quergestreiften Muskulatur im menschlichen Stimmband;* Z. f. Anatomie und Entwicklungsgeschichte, 115, 1950, S.352–401

GUTZMANN, H.: *Physiologie der Stimme und Sprache;* 2.Aufl., Braunschweig 1928

HABERMANN, G.: *Physiologie und Phonetik des lauthaften Lachens. Untersuchungen zum Ausdruck im Stimmklang und zur Bildung der Stimmlaute;* Leipzig 1955

HABERMANN, G.: *Bauchinnendruckveränderungen in Abhängigkeit von der Atmung. Pneumographische Messungen bei Laparoskopien;* Folia phoniatr., 12, 1960, S.60–74

HARTLIEB, K.: *Die heutige Lage von Stimmphysiologie und Stimmbildung in besonderer Beziehung zur Sängerstimme;* Z.f. Phon. ...., VIII, 1–2, 1954, S.122–126

HARTLIEB, K.: *Aufbau und Funktion der Stimmlippen zur Bildung der Tonskala in neuer Sicht;* Folia phoniatr., 7, 1955, S.69 ff.

HATTORI, S./YAMAMOTO, K./FUJIMURA, O.: *Nasalization of Vowels in Relation to Nasals;* Journal of the Acoustical Society of America, 30, 1958, S.267–274 (eingehende Besprechung und Inhaltsübersicht durch UNGEHEUER, in Z. f. Phon. ...., 2/3, 1958, S.256–262)

HESS, W. R.: *Biomotorik als Organisations-problem;* Naturwiss., 40, 41 u. 537, 1942

HESS, W. R.: *Die funktionelle Organisation des vegetativen Nervensystems;* Basel 1948

HOFFMANN, E.: *Über den Einfluß der Zungentätigkeit auf die Stimme;* Folia Oto-Laryngologica, Leipzig 1926

IMRE, V.: *Beitrag zur Anatomie und Physiologie des Gaumensegels;* Folia phoniatr., 10, 1958, S.119–125

JENTS, E. J.: *Oto-Rhino-Laryngologie im Kindesalter;* mit einem Beitrag von G. ARNOLD: *Störungen der Stimme und Sprache;* Wien 1949, S.265ff.

KAINZ, F.: *Psychologie der Sprache;* 4 Bde., Stuttgart 1941/1943/1954/1956

KAULHAUSEN, M.-H.: *Formen der Mitteilung und GOETHES Morphologie;* Muttersprache, 1949, S.221–230

KAULHAUSEN, M.-H.: *Die Gestalt des Gedichtes, seine sprechkundliche Interpretation und Nachgestaltung;* 2. veränd. Auflage mit 3 Sprechplatten, Göttingen und Zürich 1958 (zit. nach 1.Aufl. 1953)

KOFLER, L.: *Die Kunst des Atmens;* übersetzt u. umgearbeitet von SCHLAFFHORST u. ANDERSEN, 20.Aufl., besorgt von P.VOGLER, Kassel und Basel 1951, mit einem Nachwort von P.VOGLER: *Die organische Vorstellung vom Atmungsvorgang,* S.73–88

KRECH, E.-M.: *Probleme der deutschen Ausspracheregelung,* Beiträge z. dt. Ausspracheregelung, hrsg. v. H.KRECH, Berlin 1961, S.9–47

KRECH, H.: *Zur Artikulationsbasis der deutschen Hochlautung;* Z. f. Phon. ..., 1/2, 1954, S.92–107

KRECH, H.: *Die Behandlung gestörter S-Laute;* Halle 1955

KRECH, H.: *Kurze Mitteilung zur Behauchung der deutschen Explosivae im Inlaut;* Wiss. Z. Uni Halle, Ges.-Sprachw., IV, 5, 1955, S.625–626

KRECH, H.: *Einführung in die Sprechwissenschaft;* Fernstudienheft, hrsg. von d. Pädagogischen Hochschule Potsdam; Hauptabteilung Fernstudium, Bestell-Nr. 10507/M/3; 1959

KRECH, H.: *Atmung und Sprechwissenschaft;* Sprechkunde u. Sprecherziehung, hrsg. v. CHR.WINKLER, IV, Emsdetten 1959, S.37ff.

KRECH, H.: *Die Verfahren zur Bestandsaufnahme der allgemeinen deutschen Hochlautung;* Sprachpflege. Z. f. gutes Deutsch, X, 10, 1961, S.198–201

LEONHARD, K.: *Ausdruckssprache der Seele. Darstellung der Mimik, Gestik und Phonik des Menschen;* Berlin, Tübingen 1949

LOTZMANN, G.: *Zur Aspiration der Explosivae im Deutschen;* Wiss. Z. Humboldt-Uni Berlin, Ges.-Sprachw. Reihe, VIII, 2/3, 1958/59, S.149–185

LUCHSINGER, R.: *Untersuchungen über die Klangfarbe der menschlichen Stimme;* Berlin 1942

LUCHSINGER, R.: *Die Vererbung von Sprach- und Stimmstörungen;* Folia phoniatr., 11, 1959, S.7–64

LUCHSINGER, R./ARNOLD, G. E.: *Lehrbuch der Stimm- und Sprachheilkunde;* 2. Aufl., Wien 1959, (zit. nach 1.Aufl. 1949)

LUCHSINGER, R./REICH, W.: *Stimmphysiologie und Stimmbildung;* Wien 1951

MARTIENSSEN-LOHMANN, F.: *Ausbildung der Gesangsstimme;* Potsdam o.J. (1949)

MAUTHNER, O.: *Über einige psychogene bzw. psychogen-organische Symptome im Bereiche des Kehlkopfes, Rachens, der*

*Nase und des Gehörorganes;* Mschr. f. Ohrenhlk. ..., 62, 1928, S. 1064

MEIER, G. F.: *Differenzierungshemmung und phonetisches Sprachgefühl; Z.* f. Phon. ..., 11, 1/2, 1958, S. 119–127

MEINHOLD, G.: *Zur Realisierung des Endsilben-[ə] in der allgemeinen deutschen Hochlautung;* Beiträge z. dt. Ausspracheregelung, hrsg. v. H. KRECH, Berlin 1961, S. 98–106

MENZERATH, P./LACERDA, A. DE: *Koartikulation, Steuerung und Lautabgrenzung. Eine experimentelle Untersuchung;* Phonet. Studien, hrsg. von P. MENZERATH, Bonn, Hannover, Stuttgart, 1, 1933

MEYER-EPPLER, W./LUCHSINGER, R.: *Beobachtungen bei der verzögerten Rückkopplung der Sprache (LEE-Effekt);* Folia phoniatr., 7, 1955, S. 87 ff.

MORSCHEL-WETZKE, E.: *Der Sprechstil der idealistischen Schauspielkunst;* Die Schaubühne, 48, Emsdetten (Westf.) 1956

MUNDINGER, F.: *Das Vererbungsproblem der menschlichen Stimme;* Folia phoniatr., III, 4, 1951

NESSEL, E.: *Die verzögerte Sprachrückkopplung (LEE-Effekt) bei Stotterern;* Folia phoniatr., 10, 1958, S. 199–204

ORTHMANN, W.: *Zum Erscheinungsbild der kranken Stimme;* Wiss. Z. Uni Halle, Ges.-Sprachw., IV, 1, 1954, S. 125–132

PANCONCELLI-CALZIA, G.: *Das Als-Ob in der Phonetik;* Hamburg 1947

PANCONCELLI-CALZIA, G.: *Die Taschenbandstimme;* Berlin 1953

PANCONCELLI-CALZIA, G.: *Die Stimmatmung. Das Neue – das Alte;* Nova Acta Leopoldina, 18, Leipzig 1956

PANCONCELLI-CALZIA, G.: *Die Atmung – ein sekundärer Faktor bei der Stimmerzeugung;* Wiss. Z. Uni Halle, Ges.-Sprachw., V, 3, 1956, S. 403–406

PAROW, J.: *Funktionelle Atmungstherapie. Dynamik, Leistungsfähigkeit, Versagen des Atem-Stimm-Apparates, Bronchialasthma und Lungenemphysem;* Stuttgart 1953

PASCHEN. P.: *Die Befreiung der menschlichen Stimme;* Stuttgart 1930

PICKENHAIN, L.: *Grundriß der Physiologie der höheren Nerventätigkeit;* Berlin 1959

RANKE, O. F./LULLIES, H.: *Gehör, Stimme, Sprache;* Lehrbuch der Physiologie, hrsg. v. W. TRENDELENBURG u. E. SCHÜTZ, Berlin, Göttingen, Heidelberg 1953

REPLOH, H.: *Die Beeinflussung des Keimgehaltes der Mundhöhle durch die Atmung;* Z. f. Laryng., Rhinol., Otologie, 26, 1935, S. 1 ff.

RICHTER, E.: *Das psychische Geschehen und die Artikulation;* Archives néerlandaises de phonétique expérimentale, XIII., S. 41 ff.

SCHILLING, R.: *Die Zwerchfellbewegung beim Sprechen und Singen;* Dt. Mediz. Wochenschr., Leipzig 1922, Nr. 46

SCHILLING, R.: *Untersuchungen über die Atembewegungen beim Sprechen und Singen;* Monatsschr. f. Ohrenhlk., 1925, 1–6

SCHILLING, R.: *Der M. sternothyreoideus und seine stimmphysiologische Bedeutunus* Arch. f. Spr.- u. Stimmhlk., I, 1937, S. 65 f.

SCHILLING, R.: *Über Stimmeinsätze;* Ber. ü. d. Intern. Kongr. für Singen u. Spre. in Frkf./M. 1938; München, Berlin 1939, S. 231–234

SCHILLING, R.: Besprechung von TROJANS „*Der Ausdruck von Stimme und*

175

*Sprache"* (Wien 1948); Z. f. Phon. ...,
III, 5/6, 1949, S.378–384

SCHILLING, R.: *Ein Beitrag zur Persön-
lichkeitsgestaltung des Erziehers;* Folia
Phoniatr., IV, 2, 1952, S.113–129

SCHILLING, R.: *Umwandlung unserer
stimmphysiologischen Vorstellungen auf
Grund der* GÖRTTLER*schen anatomischen
Untersuchungen am menschlichen Stimmband;* Z. f. Phon. ..., 1/2, 1952, S.94–105

SCHILLING, R.: *Das kindliche Sprechvermögen. Seine Entwicklung, seine Störung und seine Pflege im Bereich der Erziehung;* Freiburg i. Br. 1956

SCHIRMER, A.: *Das Sprachleben der Gegenwart und die sogenannte Sprachrichtigkeit;*
Muttersprache, 1950, S.15–23

SCHLOSSHAUER, B.: *Kann die myoelasti-
sche Stimmtheorie noch heute vertreten
werden?* Z. f. Phon. ..., X, 4, 1957

SCHMITT, J.L.: *Atemheilkunst;* 2.Aufl.,
München u. Berlin, Bern u. Salzburg 1956

SCHULTZ, J.H.: *Das autogene Training;*
5.Aufl., Leipzig 1942

SCHWEINSBERG, F.: *Stimmliche Ausdrucksgestaltung im Dienste der Kirche.
Ein Werkbuch für die Wiederaufbauarbeit;* Heidelberg 1946

SEEMAN, M.: *Sprachstörungen bei Kindern;* Beiträge z. Sonderschulwesen,
hrsg. v. R.DAHLMANN, 12, Halle 1959

SIEBS, TH.: *Deutsche Hochsprache. Bühnenaussprache;* hrsg. v. H. DE BOOR und
P.DIELS, 16., völlig neubearb. Aufl., Berlin 1957

SONNINEN, A.: *Über die Beteiligung der
äußeren Kehlkopfmuskeln an der Längen-
einstellung der Stimmlippen beim Singen.
Phoniatrische, röntgenologische und experimentelle Untersuchungen über die auf
die Höhe der Singstimme einwirkenden*
*Faktoren mit besonderer Berücksichtigung
des M. sternothyreoideus;* Folia phoniatr.,
10, 1958, S.5–29

STERN, H.: *Die Notwendigkeit einer ein-
heitlichen Nomenklatur für Physiologie,
Pathologie und Pädagogik der Stimme;*
Mschr. f. Ohrenhlk., 62, 1928, S.928ff.

STRECK: *Die Stimmdiagnose als Grundlage der modernen Stimmbildung und
Hilfsmittel gegen pädagogische Pfuscher-
arbeit;* Ber. ü. d. Intern. Kongr. f. Singen und Spre. i. Frankfurt/M., 1938;
München, Berlin 1939, S.140–143

TARNEAUD, J.: *Die Stimmlippen im Zustand der Phonation;* Der Ohren-, Nasen-
und Halsarzt, 28, 1937

TESKE, R.: *Probleme der Aussprache in
der Rundfunkarbeit;* Beiträge z. dt. Ausspracheregelung, hrsg. v. H.KRECH, Berlin 1961, S.80–97

TONNDORF,W.: *Die Wechselbeziehungen
zwischen dem Kehlkopf und seinem Ansatzrohr bei der Bildung der Sprachlaute;*
Z. f. Hals-, Nasen- u. Ohrenhlk., München u. Berlin 1928, S.490–497

TONNDORF,W.: *Zur Physiologie des
menschlichen Stimmorgans;* Z. f. H.-N.-
O.-Hlk., 1929, S.412–423

TROJAN, F.: *Der Ausdruck der Sprech-
stimme. Eine phonetische Lautstilistik;*
unter experimenteller Mitarbeit v. H.
PH.HÄUSLER (u.a.), 2. erg. Aufl., Wien,
Düsseldorf 1952; Wiener Beiträge zur
Hals-, Nasen- u. Ohrenhlk., hrsg. v.
C.WIETHE, I

TROJAN, F.: *Experimentelle Untersuchungen über den Zusammenhang zwischen dem
Ausdruck der Sprechstimme und dem vegetativen Nervensystem;* Folia phoniatr.,
4, 1952, S.65

TROJAN, F.: *Der Ausdruck der Sprechstimme im Deutschen;* Sprechkundliche

Arbeiten, hrsg. v. W.WITTSACK, Frankfurt/M., Berlin u. Bonn 1954

TROJAN, F.: *Die Ausdruckstheorie der Sprechstimme* (Literatur seit 1945); Phonetica, 4, 1959, S.121–150

TROJAN, F.: *Sprecherziehung auf entwicklungsgeschichtlicher Grundlage;* Z. f. Phon. ..., 1–4, 1959, S.326–334

ULBRICH, H.: *Einige Bemerkungen über die Realisation der [r]-Allophone (r-Laute und ihre Varianten) im Deutschen;* Beiträge z. dt. Ausspracheregelung, hrsg. v. H.KRECH, Berlin 1961, S.112–117

UNGER, H.: *Neue Erkenntnisse über die Funktionen des Gehirns;* Urania, XXV, 3, 1962, S.98–105

VOSS, H./HERRLINGER, R.: *Taschenbuch der Anatomie;* 3 Bde., Jena 1958/59

WÄNGLER, H.-H.: *Atlas deutscher Sprachlaute;* Berlin 1958

WÄNGLER, H.-H.: *Psychophonetische Untersuchungen über die Stimme;* Z. f. Phon. ..., 1–4, 1959, S.335ff.

WÄNGLER, H.-H.: *Grundriß einer Phonetik des Deutschen, mit einer allgemeinen Einführung in die Phonetik;* mit einer Sprachplatte, Marburg 1960

WEIHS, H.: *Die Beeinflussung der vegetativen Tonuslage durch komplexe akustische Reizfolgen (Sprechstimme und Musik);* Folia phoniatr. 6, 1954, S.19–34

WEINERT, H.: *Die Bekämpfung von Sprechfehlern;* 3. verb. Aufl., Halle 1959

WEITHASE, I.: *Die Geschichte der deutschen Vortragskunst im 19.Jahrhundert;* Weimar 1940

WEITHASE, I.: GOETHE *als Sprecher und Sprecherzieher;* Weimar 1949

WINKLER, CHR.: *Elemente der Rede. Die Geschichte ihrer Theorie in Deutschland von 1750–1850;* Halle 1931

WINKLER, CHR.: *Deutsche Sprechkunde und Sprecherziehung;* unter Mitarbeit v. E.ESSEN; Düsseldorf 1954

WITTSACK,W.: *Studien zur Sprechkultur der* GOETHE*zeit;* Berlin 1932

*Wörterbuch der deutschen Aussprache;* Leipzig 1964

ZENKER,W./ZENKER,A.: *Über die Regelung der Stimmlippenspannung durch von außen eingreifende Mechanismen;* Folia phoniatr., 12, 1960, S.1–36

*III. SPRECHFUNKTIONEN*

*UND -FEHLFUNKTIONEN*

*DES SCHAUSPIELERS*

Wir haben in dem vorigen umfangreichen Kapitel versucht, alles an theoretischen Erkenntnissen und praktischen Erfahrungen zusammenzutragen,
was für die Erklärung und Beschreibung der Sprechfunktion herangezogen
werden mußte. Dabei war es mitunter unumgänglich, daß wir aus dem
engen Kreis der nur schauspielerischen Leistungen heraustreten und uns
mit den sprecherischen Leistungen ganz allgemein auseinandersetzen
mußten.

> Freilich war die Gliederung und die gesamte Sichtung des umfangreichen
> Stoffes von unserer Themenstellung bestimmt. Der Leser also, der eine
> Orientierung auch in andere Richtung erfahren möchte, kann folglich
> durch unser Buch nicht vollauf befriedigt werden.

Dieses jetzige Kapitel beschäftigt sich ausschließlich mit der schauspielerischen Leistung. Durch das vorangegangene Kapitel sind wir in der Lage,
ohne Angst vor Mißverständnissen – etwa auf terminologischem Gebiet –
die sprecherischen Funktionen des Schauspielers zu begutachten.

Über den Sprechstand auf unseren Bühnen ist viel geschrieben worden –
sowohl von Theaterfachleuten als auch von Laien. Die meisten Diskus-
sionsbeiträge dieser Art sind Klagelieder über den niedrigen Sprechstand
auf unseren Bühnen und sind Lobeshymnen auf die goldenen Zeiten des
Theaters.
Meist kommt der schauspielerische Nachwuchs besonders schlecht weg.
Vor allem zwei Mängel werden von den Kritikern an unseren Schau-
spielern beobachtet: der Mangel an Sprechtechnik und das Unvermögen,
Verse zu sprechen.
Wir haben uns die Mühe gemacht, aus der unübersehbaren Zahl an
Schriften über das Theater, über berühmte Schauspieler, über die Technik
des Theaterspielens, über die Arbeit des Schauspielers an der Rolle, über

Verssprechen, aus Biographien und Autobiographien von Schauspielern und aus theaterwissenschaftlichen Schriften das herauszuziehen, was direkt im Zusammenhang mit der Sprechtechnik oder überhaupt mit der sprachlichen Leistung des Schauspielers steht. Das Ergebnis im Vergleich zur aufgewandten Arbeit ist außerordentlich gering, wenn nicht gleich Null!

> Wir haben darum auch in der an dieses Kapitel anschließenden Literaturzusammenstellung nur auf wenige Bücher hingewiesen. Eigentlich müßte die Zahl der in unserem Sinne zu verwendenden Schriften noch wesentlich reduziert werden.

Eines wird dem aufmerksamen Leser solcher Schriften allerdings klar: Jede Darstellung schauspielerischer Leistungen – des Mimischen, des Gestischen, des Sprachlichen – ist subjektiver Ausdruck des Geschmacks der Zeit und der jeweiligen Weltanschauung. Die Sprecherziehung – und mit ihr die Sprechtechnik – ist ebenfalls ein Kind ihrer Zeit.

> Letzteres stellt z. B. A. LOELTGEN – als Sänger – entschieden in Abrede. Auch er meint, es singe heute kein Sänger mehr so wie einer der großen aus der Vergangenheit. *Warum nicht? Weil der Gesangsstil sich genauso gewandelt hat wie der Sprechstil. Der Stilzweck hat sich verändert und wird sich weiter verändern, die Stilmittel sind heute genau die gleichen, die sie vor fünfzig, vor hundert und fünfhundert Jahren waren und wie sie noch nach tausend Jahren sein werden* (S. 29).
> Bei dem sowjetischen Sänger und Gesangspädagogen D. ASPELUND, der sich sehr um eine wissenschaftlich begründete Erziehungsarbeit bemühte, lesen wir folgende, sehr interessante Stellung zu dem eben angeschnittenen Thema (S. 16):
> *Der Einfluß des Singens auf die Entwicklung der Stimme hängt einerseits von der Phonetik der Sprache ab und ist andererseits durch den Stil der Musik und des Vortrags bedingt. Allgemein bekannt ist die Verschiedenheit im Klang der Stimmen von Volkssängern verschiedener Nationalitäten. Verschiedenheit im Klang zeigen die Stimmen der Opern- und Konzertsänger der europäischen Länder, was man dem gemischten Einfluß der Phonetik der Sprache und des hauptsächlich vorgetragenen Repertoires (Musikstil) und auch den nationalen Schattierungen im Vortragsstil zuschreiben muß. Aus der Geschichte der Gesangspädagogik ist bekannt, daß historisch bedingte Veränderungen des Musikstils auch Veränderungen der Stimmtechnik und der Gesangsschule hervorgerufen haben.*

Für eine wirklich fundierte kritische Beurteilung der sprecherischen Leistung der heutigen Schauspieler, nach der wir ein summarisches Urteil über den Sprechstand unserer heutigen Bühnen abgeben könnten, fehlt uns jede Unterlage.

Es gibt einige ausgezeichnete Arbeiten über die Geschichte der ge-
sprochenen deutschen Sprache, also über die Vergangenheit – z. B. von
I.WEITHASE (1961) –, wo versucht wird, aus den Zeugnissen und Quellen der
Zeiten ein objektives Urteil über die Sprechleistungen zu erhalten. Das
Ergebnis solcher Arbeiten belehrt uns, daß das Gerede vom Goldenen
Zeitalter des Theaters ein Mythos ist, der übrigens zu allen Zeiten von den
Kritikern gesponnen wurde. Eine realistische Einschätzung der Geschichte
zeigt, daß es auf der Bühne immer ein Auf und Ab gab, daß die Sorge um
ein Formungsniveau einmal mehr in den Vordergrund trat, ein anderes
Mal mitleidig belächelt wurde – ganz wie es der Weltanschauung, ganz
wie es der Kunstauffassung entsprach.

Um ein objektives Bild des heutigen Sprechstandes auf unseren Bühnen
zu bekommen, müßten die Schauspieler an den verschiedenen Theatern
während des Spiels von entsprechenden Fachleuten beobachtet und begut-
achtet werden, so daß man mit der Zeit eine größere Vergleichsmöglich-
keit hat. Und nur so könnte man auch die Absolventen unserer Schauspielschulen mit den Leistungen älterer Schauspieler vergleichen.

In den Diskussionen über die Sprechleistung unserer Schauspielschüler –
z. B. in den Jahren 1954/55 im „Theater der Zeit" – wird immer wieder
der Nachwuchs ob seines schlechten Sprechstandes kritisiert. Man findet,
die Absolventen und Studenten seien nicht genügend fleißig – dieses harte
Urteil hat allerdings in bezug auf die Sprechtechnik einige Berechtigung –,
sie seien desinteressiert – was wir aus unseren Erfahrungen mit Studenten
nicht bestätigen können – und ihre sprecherzieherische Ausbildung sei
mangelhaft.
Dem letzteren Argument ist eine einfache Tatsache aus der Praxis ent-
gegenzuhalten: die meisten Studenten werden heute noch nicht von den
z. B. von F.ERPENBECK, A.LOELTGEN, H.TÜRCKE kritisierten *Sprecherziehern*, sondern von den im Sinne der genannten Autoren arbeitenden
*Sprechtechnikern* unterrichtet.[1] Die Mehrheit der Sprechpädagogen arbeitet
also noch nach dem Maßstab der goldenen Theaterzeit!

Der Wert solcher Vergleiche ist gering; denn der Methodenstreit innerhalb der Sprecherziehung ist die häßlichste und auch dümmste Seite der
Vergangenheit. Ein Vergleich des Nachwuchses mit den erfahrenen Schauspielern m u ß zuungunsten der Jugend ausfallen, denn sonst hätten unsere
bewährten Darsteller bis jetzt umsonst und vor allem ohne Einsicht in die
praktische Notwendigkeit gearbeitet.

Wir haben diesen Exkurs in die Polemik unternommen, nur um die Sinnlosigkeit solcher Streitereien zu unterstreichen. Wir könnten Beispiele
ohne Zahl anführen, die zeigen, wie meist die Schärfe des polemischen

[1] Vgl. Kap. IV: über die verschiedenen *Methoden in der Sprecherziehung des Schauspielers*.

Tones der meisten Streiter gepaart ist mit einer bewundernswerten Über-
heblichkeit, der andererseits jede Grundlage im Sinne eines fundierten
Wissens und auch im Sinne unbestreitbarer Erfolge fehlt. Denn –
und auch das muß festgestellt werden – man kann nicht von Erfolgen
reden, wenn von, sagen wir, hundert Schülern drei eine leuchtende
Karriere gemacht haben. Diese drei Schüler sind das Aushängeschild!
Was aber kann der Laie und was der Fachmann mit solchen Aushänge-
schildern anfangen? Es fehlen von seiten der Lehrer meist objektive Angaben über die tatsächlich geleistete Arbeit. Interessante Angaben über
Mißerfolge aber fehlen vollständig. Wir haben andererseits Zeugnisse von
Ärzten, die in ihrer Praxis verpfuschte Stimmen wenigstens für den alltäglichen Bedarf wieder reparieren mußten!

Die sprecherische Leistung des Schauspielers ist von einer Reihe von
Faktoren abhängig, die alle zusammenwirken. Der Einfluß aller Faktoren
ist bestimmend für die Sprechleistung.

Es versteht sich von selbst, daß sich die Sprechleistung eigentlich nicht
ohne die schauspielerische (gestisch-mimische) Leistung beschreiben läßt,
denn die Sprechleistung ist eine schauspielerische Leistung.
Es würde aber den Rahmen dieses Buches und unsere Kompetenz überschreiten, würden wir alles berücksichtigen. Wir führen darum bewußt
eine theoretische Trennung herbei.

Wir wollen es schon jetzt betonen – selbst auf die Gefahr einer Wiederholung hin: Die Sprechfunktion des Schauspielers ist nicht zu verstehen,
wenn man lediglich sein sprechtechnisches Können unter die Lupe
nimmt.

Es halten sich in der Praxis erfahrungsgemäß die Beispiele die Waage, wo
einerseits bestes sprechtechnisches Können mit Fehlfunktionen gepaart
ist, andererseits trotz mangelnder Sprechtechnik erstaunliche Leistungen
vollbracht werden – und das bei namhaften Künstlern!

Der Regisseur hat gewisse Sprechfehlfunktionen seiner Schauspieler
nicht aus der mangelnden Sprechtechnik der betreffenden abzuleiten,
sondern die Ursachen bei einem der anderen Faktoren zu suchen. Wir
wollen uns im folgenden bemühen, Beispiele dafür anzuführen.[1]
Die Sprechfunktion des Schauspielers ist abhängig:
1. vom sprechtechnischen Können,
2. von der gedanklichen Konzeption,
3. vom Partnerbezug,
4. von der szenischen Anlage,
5. von der darzustellenden Figur und
6. von der Form des Werkes.

[1] Vgl. auch die Beispiele im Anhang dieses Buches.

## A. ZUM SPRECHTECHNISCHEN KÖNNEN

Das sprechtechnische Können steht selbstverständlich an erster Stelle. Es ist die Grundlage für die gesamte Sprechleistung des Schauspielers. Ohne eine solche Technik des Sprechens, die nicht nur automatisch beherrscht, sondern deren Funktionsablauf auch bis ins einzelne begriffen werden muß, bleibt die Sprechleistung des Schauspielers dem Zufall überlassen und damit immer ein Unsicherheitsfaktor.

Man hat in neuer Zeit oft Einspruch gegen das Wort „Sprechtechnik" erhoben. Man fand, das Wort „Technik" schränke die Sprechfunktion zu sehr ein: das Sprechen werde nur noch als äußere Mechanik angesehen, und die psychischen sowie intellektuellen Bezirke würden durch solche Technik vernachlässigt.

Die Gegnerschaft gegen das Wort „Sprechtechnik" ist offensichtlich aus der Abneigung der modernen Sprecherziehung gegen den Drill reiner Geläufigkeitsübungen[1] alter Schulen entstanden. An solcher Methode ist aber der Begriff „Technik" ganz unschuldig.

Wir behalten den Begriff bei, weil wir meinen, daß der Schauspieler tatsächlich eine „Technik des Sprechens" beherrschen muß, und wir finden den Ausdruck darum besonders glücklich, weil ihm etwas Handwerkliches anhaftet, also etwas, was man lernen und auch erklären kann! So gesehen, teilen wir die Meinung F. ERPENBECKS (1954 und 1955), wenngleich die Meinungen über die Methode solcher Sprechtechnik auseinandergehen.[2]

Die Sprechtechnik umfaßt als einheitliches Ganzes: Atemschulung, Stimmbildung und Artikulation.

Gegner moderner Sprecherziehung machen dieser oft zum Vorwurf, sie vernachlässige über der Artikulation die Stimmbildung. Solche Gegner verfügen über zu geringe Sachkenntnis. Meist stecken sie bis über beide Ohren in ihrer Gesangstechnik und machen sich nicht die Mühe, durch ein gründliches Studium auch anderer Arbeitsweisen den eigenen Horizont zum Nutzen des Faches und des Schülers zu erweitern.

Wir wollen untersuchen, wie sich mangelhafte Sprechtechnik auf die Sprechleistung des Schauspielers auswirkt. Wir wollen herausfinden, welche Sprechfehlleistungen auf einen Mangel an sprechtechnischem Können zurückzuführen sind und wie sich solche Fehlfunktionen akustisch und evtl. auch optisch äußern.

Im Anhang dieses Buches wird unter Nr. 15 ein Fall geschildert, der die Auswirkung einer unfertigen Sprechtechnik auf die gesamte Sprech-

---

[1] Vgl. S. 251 ff.
[2] Über die *Methoden der Sprecherziehung des Schauspielers* wird im nächsten Kapitel (IV) berichtet.

leistung und auch auf das Spiel verdeutlicht. Es handelt sich dabei um einen Schauspieler, der mehr zum Typ des Hyperkinetischen und Hypertonischen hinneigt.[1]

Bei den Beispielen 5 und 6 handelt es sich um ehemalige Studentinnen, die mehr zur Hypokinese tendieren.

Diese beiden Extremfälle, des mehr Überspannten und des mehr Unterspannten, findet man fortgesetzt in der Praxis. Die gute Mitte ist verhältnismäßig selten. Zwischen den beiden Extremen – zwischen dem Grenzfall des pathologischen Krampfes und dem Grenzfall der pathologischen Auflösung[2] – liegt die große Variationsbreite des Normalen.

> Wir hatten schon in anderem Zusammenhange darauf hingewiesen,[3] wie schwer es ist, das „Normale" zu definieren. Die Abb. 20 zeigt, wie der Bereich des Normalen nach beiden Seiten hin fließende Grenzen aufweist.

Interessant ist, daß die verschiedenen Sprecher, sobald sie die Grenze des Normalen überschritten haben, kompensieren. Die Kompensation ist mithin eine Schutzfunktion.

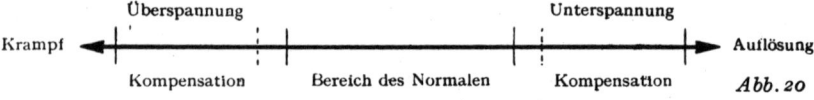

*Abb. 20*

Es gibt Schauspieler, bei denen die Kompensationsspannungen zur Gewohnheit geworden sind. Für sie ist ihre Kompensationsstimme die normale. Oft ist solche Kompensationsstimme (in einem gewissen Sinne stellt der Fall 12 im Anhang eine solche Stimmführung dar) sehr schwer zu korrigieren, denn der betreffende Schauspieler hat sich an sie gewöhnt und vollbringt mit ihr z. T. erstaunliche Leistungen.

## 1. Sprechfehlfunktionen bei Überspannung

Der gesamte Bewegungsentwurf des Hyperkinetikers ist von vornherein größer und großzügiger als der des Hypokinetikers. Nicht, daß sich der Hyperkinetiker immer durch einen Bewegungsluxus auszeichnet – solche Typen sind seltener und liegen erfahrungsgemäß mehr in der Mitte der beiden Extremfälle: ihre Bewegungsfreude ist meist gepaart mit Anmut

---

[1] Vgl. S. 37 ff. und 40 ff.
[2] Diesen pathologischen Grenzfall findet man z. B. als depressive Phase bei sog. „zirkulärem Irresein".
[3] Siehe S. 15, Fußnote und S. 96 f.

186

und Lockerheit –, der Hyperkinetiker zeichnet sich durch eine akzentuierte Bewegung aus. So kann durchaus Schwerfälligkeit mit großen, rohen Bewegungen gekoppelt sein.

Diesem Bewegungstyp paßt sich der Sprechtyp an.

Wir können im Bereich des Normalen zwei unterschiedliche Artikulationsweisen bei Schauspielern feststellen, die mehr zur Überspannung neigen: den Sprecher mit einem übertriebenen Artikulationsaufwand, der wie ein Nußknacker spricht (ohne deshalb deutlicher zu werden), der sich durch große Kieferbewegungen und z.T. auch Lippenbewegungen auszeichnet (Anhang, Nr. 8) – und den Sprecher mit einem zähflüssigen Artikulationsablauf, dessen Kiefer wie eingefroren wirkt, der die Lippen breitzieht, der mit sichtlicher Mühe spricht, dem aber die Eleganz und die Leichtigkeit der Bewegungen abgeht (Anhang Nr. 9 und 10).

Die stimmliche Leistung des zur Überspannung Neigenden ist oft erstaunlich groß. Der Grund ist wohl darin zu suchen, daß seine Schadensgrenze[1] verhältnismäßig hoch liegt.

> In dem Zusammenhang ist folgende Erfahrung interessant. Bei einer Einstudierung der Fischweiber des BRECHTschen Lehrstückes standen sich ein Mädchen, das eindeutig zur Unterspannung neigte, und eines mit starken Überspannungen gegenüber. Beide bewältigten sie ihre Aufgaben zur Zufriedenstellung des Schauspieldozenten; aber: die Unterspannte verausgabte sich wesentlich schneller als die mit einem a priori größeren Kraftaufwand arbeitende Überspannte.
>
> Offensichtlich kommt der „Ausbruch", die Lautheit einer Szene, der „Reiz der Dichtung" in solchen Fällen dem zur Überspannung Neigenden entgegen.
>
> Interessant ist z.B. auch in diesem Zusammenhang die Auswahl von Szenen zum Vorsprechen für die Eignungs- und Aufnahmeprüfungen an den Schauspielschulen: Die Unterspannte wählt mit Vorliebe Szenen entweder mehr lyrischen oder epischen Charakters, oder sie gleitet bei lauten, temperamentvollen Szenen leicht ab ins Sentimentale oder Larmoyante – die Überspannte wählt gern Szenen, in denen es hoch hergeht, wo man Kraft braucht und wo sie sich demzufolge oft überschreit!

Die hypertonische Stimme zeigt auch meist eine Hypertonie der Kehlkopfmuskulatur.[2] Der Druck in den subglottalen Räumen ist sehr hoch, die Stimmlippenkompression ist groß. Demzufolge entstehen harte, gepreßte Stimmeinsätze, die gesamte Stimmgebung wird überhöht.

> Eine Schauspielerin berichtete, daß ihre Stimme frühmorgens nach dem Schlafen dunkel und tief sei; abends aber läge sie wesentlich höher. Das sei, so meinte sie, für Stimmen ihres dunklen Timbres normal.

[1] Vgl. S. 38.
[2] Vgl. S. 127.

In Wirklichkeit ist es das typische Beispiel einer immer während en Überspannung. Durch die Nachtruhe ist der gesamte neuro-muskuläre Apparat ausgeruht, und die Stimme besitzt ihre normale Tieflage. Während der fortgesetzten Überspannungen tagsüber gerät auch die Kehlkopfmuskulatur in eine zu hohe Dauerspannung, die Folge ist eine Überhöhung der Stimmlage, die meist mit einer rauhen, leicht belegten Tongebung einhergeht.

Tatsächlich zeigte die Betreffende während des Sprechens starke Fehlspannungen der Hals- und Gesichtsmuskulatur, sie atmete vorwiegend hoch und hatte eine knarrende, belegte Stimme. Auffallend war ihr dauernder Räusperzwang.

Der eben geschilderte Fall gehört schon zur pathologischen Seite, der echten Überspannung. Solche Überspannung ohne Kompensationsfunktionen führt sehr leicht zum Versagen der Stimme. Beim Hypertoniker liegt diese Grenze – wie gesagt – sehr hoch; d. h., er kann oft erstaunliche Leistungen trotz seines falschen Funktionsablaufes vollbringen, ohne nennenswert stimmlich zu ermüden.

Meist glauben solche Schauspieler an die „Eisenhärte" ihres Materials. Sie erleben nicht direkt irgendwelche stimmlichen Sensationen und halten sich demzufolge für ein „Naturtalent". In Wirklichkeit merken sie nur ihre stimmliche Veränderung nicht.
Die Stimme wird nämlich mit der Zeit spröde und wenig biegsam. Solche Schauspieler kennen nur noch ein Brüllen oder ein heiseres, oft aphonisches Leisesein. Ihre Stimme legt sie mit der Zeit auch schauspielerisch fest!

Ist die Schadensgrenze erreicht, so treten folgende Erscheinungen auf:

Subjektive Beschwerden: Druck- und Stechgefühle im Kehlkopf; Nackenschmerzen (sehr häufig sind auch Kreuzschmerzen, die sich bis hoch in den Hinterkopf ziehen können); Schwindelgefühle, Blutleere im Kopf nach anstrengenden stimmlichen Leistungen; Kitzeln im Hals, verbunden mit Hustenreiz; katarrhalische Erscheinungen, wie Röcheln der Bronchien, Rötung der Rachen- und Gaumenschleimhaut, verbunden mit Schluckbeschwerden, Kitzeln und Stechen beim Schlucken im Bereich des Zäpfchens; Räusperzwang; starker Durst im Anschluß an phonische Leistungen (als Folge einer Austrocknung der Schleimhäute).

Sichtbare Merkmale: Der ganze Mensch macht den Eindruck von Angestrengtheit; das Sprechen macht sichtbar Mühe; oft wird der Kopf beim Sprechen schief gehalten (siehe Beispiel 2 im Anhang); starke Stirnfalten, oft Verschiebung der Augenbrauen; die Muskeln (und oft auch die

Adern) des Halses treten hervor; Verlagerung der Atmung nach oben; die Körperbewegungen verlieren ihre Geschmeidigkeit – alles steht unter dem Zwang einer muskulären Überspannung; einseitiges Verziehen der Gesichtsmuskulatur bei der Bildung bestimmter Laute (s, l, o usw.).[1]

**Hörbare Merkmale:** Die Stimme klingt belegt, rauh, setzt mitunter (auch beim ruhigen Spontansprechen) aus, wirkt beim Schreien schrill, kreischend, überschlägt sich oder wirkt in der Höhe dünn, stark verhaucht; bei Stimmübungen mit Vokalen oder Nasalen sind Nebengeräusche zu hören (Klirren, Knarren, Rasseln); die Stimme bricht in der Tiefe oder setzt aus; es fehlt die Mittellage; es wird nur noch hoch und laut gesprochen; Piano wirkt stimmlos; pathologischer Glottisschlag (oft mangelndes Ventiltönchen[2]); Stimmdruckprobe (nach GUTZMANN)[3] ohne Erfolg; die Artikulation wird oft verwaschen und macht sichtlich Mühe; nicht selten erscheint trockener Speichel („Schaum") in den Mundwinkeln; manche Sprecher spucken auch sehr stark (doch ist das nicht immer ein sicheres Zeichen für eine Überspannung – Austrocknung der Mundhöhle deutet viel sicherer auf falsches Sprechen hin!); mitunter entstehen durch die Trockenheit der Artikulationsorgane Schnalz- und Schmatzgeräusche.

Die eben geschilderten Merkmale sind aber bei Schauspielern verhältnismäßig selten anzutreffen. Solche Beschwerden sind bereits das Erscheinungsbild der kranken Stimme, in diesem Falle der sog. Phonasthenie (Stimmschwäche). Ein Schauspieler mit einer Phonasthenie ist spielunfähig und damit – wenigstens vorübergehend – berufsuntauglich.

Wie wir bereits in anderem Zusammenhang darlegten, sind ausgesprochene Stimmkrankheiten bei Schauspielern verhältnismäßig selten. Der Schauspieler hilft sich meist selbst: er kompensiert.[4] Die Kompensation setzt meist ein, bevor die Schadensgrenze erreicht wird.

**Kompensationsmerkmale** bei Überspannung sind nicht so leicht zu beschreiben, ja oft lange Zeit nicht zu erkennen.

Es gibt Überspannte mit verhauchten Stimmen. Eine Verhauchung ist

[1] Vgl. auch ADERHOLD (1962), Kap. III.
[2] Siehe S. 135 und 291.
[3] Während ein Ton lang ausgehalten wird, drückt der Pädagoge kurz (natürlich ohne Gewalt) auf die Kante des „Adamsapfels" und läßt sofort wieder los. Durch den Druck wird die Stimme automatisch etwas vertieft. Der funktionstüchtige Kehlkopf gleicht augenblicklich den Höhenunterschied reflektorisch aus.
[4] Auch H. WEIHS weist in ihrem Aufsatz auf sogenannte *kompensatorische Hyperfunktionen* hin.

meist ein Zeichen für mangelhafte Stimmlippenkompression, sie ist das typische Merkmal der Unterspannung. In solchen Fällen kompensiert der Überspannte also mit den Mitteln einer Unterspannung; es müßte folglich zu einem Ausgleich kommen.

In einem gewissen Sinne gibt es auch einen solchen Ausgleich. Nur nicht dergestalt, daß nun der Sprecher richtig spricht! Der Ausgleich zeigt sich vielmehr in dem interessanten Phänomen, daß in einer gewissen Stufe der Fehlfunktionen (entweder nach der überspannten oder unterspannten Seite hin) sich die Erscheinungsbilder der Überspannung und Unterspannung gleichen.

In solchen Fällen zeigt der Unterspannende typische Merkmale der Überspannung[1] und umgekehrt der habituell Überspannte zeigt Erscheinungen von Unterspannung.

Es kommt zu keinem echten Ausgleich innerhalb der Sprechleistung eines solchen Schauspielers, denn er behält die wesentlichen Merkmale seiner Fehlfunktionen bei – er weicht nur hier und da aus. Er bringt z. B. pathologische Vokaleinsätze, während er gleichzeitig stimmlich verhaucht; er behält die krampfhafte Verlagerung der Zunge und die Starre des Unterkiefers, während er gleichzeitig artikulatorisch „nuschelt" (diesen Kompensationsversuch finden wir ebenfalls im Beispiel 15 des Anhangs dargestellt).

Typische Kompensationsstimmen zum Schutze von Überspannungsschäden sind die röhrenden, hohlen, das ganze Theater durchdröhnenden Stimmen der mit Recht verschmähten „Knattermimen".

Bei dieser Gattung von Schauspielern ist die stimmliche Hohlheit (im wahrsten Sinne des Wortes) meist gepaart mit einer schauspielerischen Hohlheit, und darum fällt auch sogar dem Laien das Unmögliche ihrer Stimmgebung auf.
Aber wir finden solche Stimmen auch bei besseren Schauspielern. Meist halten sie diese ihre Stimmtechnik für besonders gut, da sie mit ihr stimmgewaltige Leistungen vollbringen können. In Wirklichkeit vermag die Stimme die wirkliche Ausdruckskraft des betreffenden Schauspielers nicht wiederzugeben.

Solche Stimmen klingen, als kämen sie aus tiefen, dickbäuchigen Flaschen. Auffallend ist, daß sich die Stimmen solcher Schauspieler oft zum Verwechseln ähneln (sie sind „auf Flaschen gezogen"), da die Stimme jeden individuellen Charakter, jede Variationsfähigkeit, das Tonspektrum der emotionalen Sphäre verloren hat.

---

[1] Siehe Abschnitt 2 dieses Kapitels, S. 193 f.

Wir können die physiologische Bildungsweise solcher Stimmen nicht genau beschreiben. Oft finden wir bei solchen Sprechern starke Verdickung des Halses, vor allem unterhalb des Kehlkopfes, was auf einen starken subglottalen Druck schließen läßt. Die Stimmlippen schwingen meist in ihrer ganzen Breite (wie bei der Beschreibung der sog. Bruststimme[1]) und haben offenbar die Fähigkeit für geschmeidige Formveränderung verloren (daher die röhrende „brustige" Tiefe!); wahrscheinlich sind auch die Taschenlippen an der Stimmgebung aktiv beteiligt.

Der Sprecher hat aber ein Körpergefühl im Bereich des Rachens und der gesamten Schlundmuskulatur erworben, welches die Muskulatur des Ansatzrohres auf die entsprechende einseitige Funktion des Kehlkopfes abstimmt und so die Kehlkopffunktion kompensiert. So kann er Leistungen vollbringen, die ihn nicht ermüden (oder wenigstens nicht so bald!).

Die gesamte Lautgebung – vor allem der Vokale – hat dabei meist gaumigen Charakter.

Eine andere Kompensationsstimme ist die plärrige, quäkende Stimme. Für diese Stimme ist der Mangel an Piano auffallend. Der Sprecher kompensiert, indem er seine fehlerhafte Stimmgebung durch eine besondere Form der *Artikulationsstütze*[2] zu überwinden trachtet. Er trompetet den Ton gegen Gaumen und vordere Zahnreihe, bei relativ geringer Mundweite. Der Sprecher erhält so eine gewisse pharyngeale und orale Weite – aber das Ansatzrohr weitet sich nur in die Breite, nicht auch in die Höhe.

Die Laute klingen gequetscht, zerbissen, aber sie sitzen „vorn", und es ist mit ihnen ein bestimmtes Körpergefühl für diesen Stimmsitz verbunden.

Darum halten manche Stimmbildner diese Stimmgebung für technisch richtig. Vor allem die Vokale e und i werden bewußt gegen die Zähne gequetscht, bis sie ganz „zahnig" klingen. Methodisch gehen die Betreffenden so vor, daß sie die übrigen Laute meist von diesen „Zahnlauten" ableiten, bis schließlich auch z.B. das a „zahnigen" Charakter erhält.

Bekannt ist die Kompensationsform des Näselns. Wir haben über das Näseln schon in anderem Zusammenhang gesprochen,[3] darum brauchen wir hier nur kurz darauf einzugehen.

Aus dem kompensatorischen Näseln haben ganze Schauspieler- und Stimmbildnergenerationen Lehrmethoden errichtet. Oft glaubt der Laie, daß sich ein geschultes Organ von einem ungeschulten gerade durch diese eigenartige Tonfärbung zu unterscheiden habe.

[1] Siehe S. 129.
[2] Vgl. S. 114.
[3] Siehe S. 83 f. und 156.

THOMAS MANN beschreibt im *Faustus* einen Schauspieler mit der typischen näselnden Stimme des *ausgebildeten* Organs.

Heute kann sich auf unseren großen deutschen Bühnen kaum noch ein erstklassiger Schauspieler eine solche Tonfärbung leisten. Man würde über ihn lachen. Er kann mit einer solchen Stimme heute nicht mehr erstklassig sein, sondern muß absinken zur einseitigsten Charge: zum Hanswurst oder zum Brunnenvergifter! Darum finden wir an unseren Theatern den echten Näsler nur noch vereinzelt, entweder unter älteren Kollegen, die einer veralteten Stimmtechnik anhängen oder die sich nicht dem Geschmack der Zeit anpassen konnten, oder aber unter solchen, die einfach nicht anders sprechen können, weil sie sonst heiser werden.

## 2. *Sprechfehlfunktionen bei Unterspannung*

Der Hypokinetiker und Hypotoniker zeigt vor allem laschere Bewegung als der Hyperkinetiker. Die Körperhaltung ist meist lasch und träge; es wird die Ruhehaltung[1] bevorzugt (vgl. Beispiel 5 und 6 im Anhang).

Wir haben die Erfahrung gemacht, daß die Neigung zur Unterspannung vielfach physisch bedingt ist. Die Betreffenden können oft viel schlafen und klagen dennoch über Müdigkeit, andere neigen leicht zu Kopfschmerzen, zu Kreislaufstörungen (vor allem Frauen) und fühlen sich in den meisten Lebenslagen schnell strapaziert.

Solche Fälle gehören im Grunde genommen zum Arzt. Leider aber ist die ärztliche Behandlung hier meist von geringem Erfolg oder schafft nur vorübergehend eine Besserung.[2]

Bei dem Hypokinetiker kommt es darauf an, durch eine strenge Selbstdisziplin dem überstarken Einfluß der Trägheit einen stärkeren Formungswillen entgegenzusetzen. Das Verhältnis von Formung zu Mitteilung[3] ist bei ihm meist stark zuungunsten der Formung verschoben.

Die Sprechleistung des zur Unterspannung Neigenden ist für den Bereich des Normalen folgendermaßen zu charakterisieren: Neigung zur Ruhehaltung und dementsprechend oft eine leichte Ver-

---

[1] Siehe S. 97.
[2] Ein praktischer Arzt sagte uns in diesem Zusammenhange: „Leider ist bis heute noch die Grenze unseres Einflußvermögens die Konstitution des Individuums."
[3] Vgl. S. 75ff.

schiebung der Atmung; leicht undeutliche Artikulationsweise (oft Sigmatismus addentalis mit labialer Komponente[1]); die Stimme hat oft einen angenehmen dunklen Klang und eine sinnliche samtene Klangfarbe, die durch den leichten Hauch, der über der Stimme liegt, zustande kommt; die Intonation weist geringe Kurvenunterschiede auf; die Sätze neigen fast immer zu fallendem Melodieabschluß (oft ergibt sich dadurch eine klagende, larmoyante Sprechweise).

Man erkennt hieran: Vom Stimmhygienischen ist die Leistung auf der Seite geringerer Spannung im Grunde günstig einzuschätzen, denn der zur Unterspannung Neigende schont mit Vorliebe seine Stimme. Für die Darstellung gewisser Situationen ist die oben beschriebene Stimmleistung ein gern verwendetes Ausdrucksmittel. Von seiten der Sprecherziehung wird häufig eine Schonleistung der Stimme angestrebt. So ist z. B. die Kaustimme[2] eine typische Schonstimme. Diese Schonstimme ist die bestgeeignetste Stimme im alltäglichen Spontansprechen. Aber: der Schauspieler kommt mit dieser stimmlichen Leistung allein nicht aus! TROJAN (1948) unterscheidet darum mit Recht die Schonstimme von der Kraftstimme.

Wenn der unterspannte Schauspieler größere Leistungen vollbringen soll und es gelingt ihm nicht, seine Schonhaltung aufzugeben, dann erreicht er sehr schnell seine Schadensgrenze. Folglich muß er sehr bald kompensieren, wenn er die geforderte Leistung überhaupt vollbringen will. Typische Fehlleistungen auf Grund von Unterspannungen sind folglich bei Schauspielern kaum zu finden (und sicherlich auch nicht in anderen Berufen). Die Fehlleistungen Unterspannter resultieren also bereits aus Kompensationsspannungen:

Typisch für die kompensatorischen Fehlleistungen bei Unterspannten ist der Widerspruch zwischen der Größe der zu vollbringenden Arbeit und der entspannten Ausgangshaltung. Der Betreffende schreit bei zusammengesunkenem Oberkörper – um ein extremes Beispiel zu wählen. Die Stoßkraft des Atems kommt also nicht aus der „Mitte" des Körpers, sondern wird mehr durch Zusammenpressen der oberen Rippenpaare erreicht. Die Folge ist eine völlige Verschiebung der Atmung!

Methodisch ist hier ein Vergleich interessant! Der Überspannte wie der Unterspannte können also genau das gleiche falsche Bild einer Hochatmung zeigen – nur: bei dem einen muß man eine Lösung der verkrampften Haltung herbeiführen, bei dem anderen eine Straffung der Haltung!

[1] Siehe S. 154 f.
[2] Siehe S. 261.

Auffallend ist ebenfalls die Diskrepanz zwischen der Stimmhöhe in ruhiger Sprechlage und der bei lauter Tongebung. Während beim Überspannten auch die ruhige Sprechweise überhöhte Stimmlage aufweist, hält der Unterspannte die Indifferenzlage meist inne. Für ihn aber ist ein Überschreien, ein dünnes hysterisches Kieksen beim Schreien fast die Regel. Der Unterspannte „röhrt" selten, er wird schrill (vor allem Frauen!).

Schauspieler dieser Art umgehen fast immer laute Szenen. Sie versuchen, sie mit „ihren Mitteln" zu lösen, indem sie meist „unterspielen". Ein solches Unterspielen ist aber nicht eine Tugend – wie sie uns glauben machen wollen –, sondern eine Not! Die Diskussionen mancher Schauspieler über „falsches Pathos" sind darum oft von vornherein subjektiv gefärbt, weil ihnen die Kraft für ein echtes Pathos fehlt. Folglich plädieren sie für gar keines, für einen Realismus, der in Wirklichkeit nur Trägheit, Unvermögen oder gar Faulheit ist.

Es ist verständlich, daß sich andererseits ein Schauspieler mit solcher Stimme seiner „Ausbrüche" schämt.

War für den Überspannten eine starke Kompression der Stimmlippen typisch, so ist es beim Unterspannten der mangelnde Stimmlippenverschluß (wahrscheinlich auch auf eine Trägheit der Kehlkopfmuskulatur zurückzuführen).

Wir wagen eine kleine Exkursion in die Pathologie. Es ist interessant, daß der Hypertoniker durch seine fortgesetzte forcierte Stimmgebung schließlich ebenfalls Unfähigkeit zu völligem Stimmlippenverschluß aufweist. Genaugenommen endet die in Abb. 20 nach der linken Seite gezeichnete Linie also nicht in einem stimmlichen Krampf, sondern in einem Versagen der Stimmlippen, gegeneinander zu schwingen. Das entspricht aber zugleich dem Endpunkt der rechten Linie. Wir haben also auch hier zweimal das gleiche Endresultat bei völlig verschiedenen Ausgangspositionen. Der Hypotoniker erreicht diesen Endpunkt viel schneller, da er das Stadium leistungsfähigerer Kompression überging.

Die Kompensation des Unterspannten ist meist für die Dauer nicht ausreichend. Er findet vielfach keinen echten Ersatzweg (wie der Überspannte), und er ist es eigentlich, der auf dem Theater schneller versagt, der unter dauernder Heiserkeit leidet, der schließlich stimmunlustig wird. Er gehört zu dem Heer der Bedauernswerten, die mit sich, mit ihrem Beruf, ihrer Leistung ewig unzufrieden sind, die immer Deprimierten, die Melancholiker und Zyniker unter den Kollegen.

Die psychische Labilität kann nicht hoch genug gewertet werden. Wir kannten Schauspieler und vor allem Schauspielerinnen an kleineren und mittleren Theatern (Beispiel 13 im Anhang), die stets in Angst vor einem stimmlichen Versagen auf der Bühne standen, die vor jeder Vorstellung nach den lächerlichsten Mittelchen griffen, um die Stimme zu beeinflussen, die zwischen nervösem, hektischem Sichgehenlassen (vor allem kurz vor ihrem Auftritt) und lascher, hinfälliger Unkonzentriertheit (die leicht zur Undiszipliniertheit werden kann) hin- und herpendelten.

Artikulatorisch findet man häufig eine gewisse Mundfaulheit, gekoppelt mit Denkfaulheit, wodurch die Unverständlichkeit sich nur erhöht. Der Unterspannte ist auch oft unfähig, sich lange zu konzentrieren, und häufig beklagen sich die Kollegen, weil sie von solchen Partnern „nichts bekommen".

Die hauchige Stimme ist also für den Unterspannten fast in allen Lagen typisch. Man hört auch bei ihm, wenn er Vokale länger auf einem Ton aushalten soll, Nebengeräusche, es ist das Geräusch von Luft, die nicht in Schwingungen versetzt wurde.

Die Vokaleinsätze werden entweder verhaucht oder – was fast die Regel ist – kompensatorisch mit pathologischem Glottisschlag gebracht.

### 3. Artikulatorische Fehlfunktionen

Man muß grundsätzlich unterscheiden zwischen Sprechfehlern, die auf dem Unvermögen des Sprechers beruhen, einen bestimmten Laut oder bestimmte Lautgruppen richtig auszusprechen – in der Sprachmedizin nennt man solche Sprechfehler Dyslalien – und Sprachverschluderungen.

Die häufigsten in der Praxis vorkommenden Sprechfehler sind:

S-Fehler (Sigmatismen) und
R-Fehler (Rhotazismen);

daneben steht noch die kleine Gruppe der

L-Fehler (Lambdazismen).

Über den S-Laut haben wir bereits genug geschrieben.[1] Er ist der schwierigste Konsonant im Deutschen, denn er verträgt nicht die geringste Abweichung innerhalb seiner Bildungsweise. Die Fehlbildung des S-Lautes ist meist gekoppelt mit Fehlbildungen des Sch-Lautes [ʃ].

R-Fehlleistungen im Sinne einer Dyslalie treten heute in Mitteldeutschland nicht mehr so häufig auf, da auch die SIEBSsche Normierung das Zäpf-

[1] Vgl. S. 33, 34 f., 60 f., 154 f. und S. 166 f.

chen-R [ʀ] als Ersatzlaut für das Zungenspitzen-R [r] anerkannte. Bis zum Zeitpunkt dieser Anerkennung galt das [ʀ] als Rhotazismus!

Wir haben an anderer Stelle darauf hingewiesen, daß das r immer mehr und mehr im Schwinden ist.[1] Diese umgangssprachlichen Veränderungen haben aber nichts mit einer Dyslalie zu tun!

Es gibt aber auch noch echte Rhotazismen, die sich auf die fehlerhafte Aussprache des [ʀ] beziehen. In solchen Fällen wird das für das [ʀ] typische, von Nebengeräuschen nahezu freie Schnurrgeräusch – welches durch die Schwingungen des Zäpfchens zustande kommt – nicht erzeugt. Es entsteht als Ersatz meist ein Reibegeräusch, eine Art Schnarchlaut. Das [ʀ] ähnelt in solchen Fällen sehr dem [x], also dem Ach-Laut.

Die L-Fehler werden von den meisten gar nicht wahrgenommen. Sie sind nicht aufdringlich, und sie treten auch nicht so häufig auf. Dieser Fehler beruht meist auf einem seitlichen Abweichen der Zungenspitze von der Mittellinie. Das l verliert dadurch seinen klingenden Charakter, es wirkt unbeholfen. Meist ist dieser Fehler auch mit einer seitlichen Verziehung des entsprechenden Mundwinkels verbunden. Solche laterale Belastung des Lautes erstreckt sich oft auch auf andere Laute, wo die Fehlbildung noch weniger auffällt. Solche Laute sind [d t n g k a]; oft sind bei solcher lateralen Bildungsweise auch [s z ʃ] gestört.

Es gibt auch Artikulationsfehlleistungen, die auf Fehlleistungen innerhalb der Stimmbildung zurückzuführen sind. Wir haben sie bereits schon in den vorigen Abschnitten beschrieben.

Sprachschludereien sind in den häufigsten Fällen auf Dialekteinflüsse zurückzuführen. Es gibt Fehlleistungen, die fast in allen deutschsprachigen Gegenden auftauchen:

Ersatz des [z] durch [s]: [sɔnə] statt [zɔnə];
Verwechselung von [ç] und [ʃ]: [ɪ ʃ] statt [ɪç];
Veränderung des [a] meist zur Verdunkelung dieses Lautes;
Bindung von vokalanlautenden Silben an vorangegangene Konsonanten: „Guten Abend" wird zu [gu:(t)na:mt];
Ausfall des unbetonten Endungs-e [ə]: [be:(t)n] statt [be:tən];
Ausfall oder Verschluderung des die Endung einleitenden Konsonanten: [le:m] statt [le:bən];
Ausfall oder Verschluderung des R-Lautes;
Diphthongierung einfacher Vokale (allerdings landschaftlich verschieden): „Lob" zu [loːᵘp]; „Weg" zu [veːᶦk].

[1] Siehe S. 170.

Wir haben nur einige solcher in ganz Deutschland verbreiteten Fehlleistungen angeführt. Man muß wissen, daß diese Fehler nur so lange Fehlleistungen sind, wie sie gegen die aufgestellte Aussprachenorm verstoßen. Eine allgemeine Veränderung dieser Ausspracheregelung würde natürlich manche noch heute als fehlerhaft gekennzeichnete Artikulationsweise als normal sanktionieren.[1]

Noch ein Wort zu einer mitteldeutschen Eigentümlichkeit: der Verwechselung der Explosivlaute. Die meisten Witze, die über den Sachsen gemacht werden, betreffen seine Intonationseigenart und seine Auflösung der Explosivae. Der waschechte Sachse kennt fast keine Unterschiede von stimmhaften und stimmlosen Konsonanten, weder bei den Reibe- noch bei den Explosivlauten. Für den Sachsen gibt es mithin weder ein richtiges [b] noch ein richtiges [p], weder ein [d] noch ein [t] usw. Es gibt überhaupt kein [z].

> Das p wird beim Sachsen ein b ohne Stimme. Das tatsächliche b hat aber ebenfalls keinen Stimmton, es besitzt vom normalen [b] nur die geringere Explosivkraft.
> Die Explosivlaute beim Sachsen sind das typische Produkt extremer Verschluderung: Die Explosion wird nur angedeutet, und dem stimmhaften Parallellaut wird die Stimme genommen. Auf diese Weise gibt es immer nur ein einheitliches b ohne Stimme, d ohne Stimme und g ohne Stimme. [p t k] gibt es folglich überhaupt nicht!

Wenn der Sachse die Laute verwechselt, wenn er [pro:t] für „Brot" sagt und [bo:lən] für „Polen", dann befindet er sich bereits in einem Stadium höherer Sprechformung – denn er unterscheidet jetzt tatsächlich zwei verschiedene Konsonanten. Daß er sie verwechselt, ist typisch für dieses Entwicklungsstadium. Es setzen nämlich überall dort, wo Explosivlaute auftauchen, Hemmungen ein. Diese Hemmungen führen zu den charakteristischen Fehlleistungen (vgl. die Beispiele 7 und 8 im Anhang!).

### 4. Der Einfluß gesundheitsschädigender Faktoren auf die Stimme

Unabhängig von dem sprechtechnischen Können des Sprechers, übt ein Übermaß im Genuß sog. Narkotika einen Einfluß auf die Stimmgebung aus.

[1] Vgl. auch S. 168 ff.

Die nachteilige Wirkung des Alkoholmißbrauches auf den Gesamtkörper ist allgemein bekannt. Es soll nicht wenig Schauspieler geben, die nur unter mehr oder weniger großem Einfluß von Alkohol spielen. Narkotika haben den Vorteil, gewisse, für den Schauspieler manchmal lästige Hemmungen zu beseitigen. Abgesehen davon, daß schauspielerische Scheinleistungen unter Alkohol nichts mit der klaren Luft der Kunst zu tun haben – wir wollen nicht moralisieren, denn das Berufsethos solcher Schauspieler ist eben gering –, die Leistung selber ist gar nicht so hoch, wie sie zu sein scheint. Bekannt ist, daß das Reaktionsvermögen herabgesetzt wird (kein Fernlastkraftfahrer kann sich auch nur ein Glas Bier leisten!), es wird aber auch das Partnerspiel dadurch stark beeinflußt. Der Narkotisierte spielt für sich allein – hemmungslos. Sein Spieltrieb ist zwar freier geworden, aber auch hemmungsloser. Man stelle sich also einen solchen Schauspieler in einer tragenden Rolle vor: alle anderen werden durch ihn zu „Reifenhaltern" degradiert. Die Theateranekdoten sind voll von solchen Fällen – über die man erstaunlicherweise lange Zeit noch lachte!

HERRMANN (1933) konnte nachweisen, daß Alkohol auch eine lähmende Wirkung auf die Flimmerbewegungen der Schleimhaut der oberen und unteren Luftwege ausübt. Dadurch steigert sich die Anfälligkeit für Bronchitis und andere Erkältungen.

Im phonetischen Laboratorium der Universität Hamburg wurde ein Film hergestellt, der Aufnahmen der Stimmlippenbewegungen vor und nach einer durchzechten Nacht wiedergibt. Wir haben diesen Film sehen können. Nach dem starken Alkoholgenuß war der Stimmlippenschluß geringer, die gesamte Beweglichkeit der Stimmlippen war merklich eingeschränkt und die Stimmlippenschwingungen hatten an Regelmäßigkeit verloren.

> Viele Schauspieler wenden ein, daß sie nach reichlichem Alkoholgenuß meist am nächsten Tage eine Stimmverbesserung spüren. Tatsächlich wird die Stimme in den meisten Fällen tiefer, aber auch rauher und spröder. Das hängt mit der geringeren Kompression der Stimmlippen zusammen. Das subjektive Gefühl von Stimmverbesserung stellt sich mithin nur bei einem Sprecher ein, der sonst vorwiegend mit Überspannung spricht.

Welchen Einfluß hat der Tabakgenuß auf den Schauspieler?
Beim Genuß von Narkotika spielt immer das Maß eine gewichtige Rolle. Es lassen sich hierfür aber keine Regeln finden. Der Körper reagiert offenbar individuell sehr verschieden auf die narkotischen Mittel. Es gibt viele

Beispiele sog. Kettenraucher, die ein hohes Alter erreichten, die keinerlei Beschwerden durch das Rauchen aufwiesen.

Sicher aber ist auch, daß z.B. durch das Rauchen eine Reihe von Erkrankungen gefördert werden. Die Statistik konnte nachweisen, daß der größte Prozentsatz an Lungenkrebs und Magenkrebs bei Männern dort auftrat, wo es sich um starke Raucher handelte. Herzgefäßerkrankungen, Störungen des Blutkreislaufes und der Verdauung sind oft auf zu starken Tabakgenuß zurückzuführen.

Uns interessieren diese Begleiterscheinungen nur am Rand. Denn die eben geschilderten Leiden üben nur einen indirekten Einfluß auf die stimmliche Leistung aus. Uns interessiert der direkte Einfluß. Die Teerrückstände, die der Raucher mit dem Rauch einzieht, werden von der Schleimhaut der Luftwege aufgefangen. Durch starkes Rauchen lagert sich allmählich – erst in der Nase, später auch im Nasenrachenraum, im Rachen, im Kehlkopf und schließlich in der Luftröhre – eine zähe, harzige Masse an den Wänden des Ansatzrohres ab, die die Flimmerhärchen verklebt und ihnen damit die Beweglichkeit nimmt. Auf diese Weise wird die Funktion der Flimmerverkleidung stark herabgesetzt. Es gelangen jetzt Staubteilchen und schließlich größere Mengen von Teerprodukten bis in die Lungen, wo ebenfalls eine Ablagerung stattfindet. Solche Veränderungen schaffen einen günstigen Nährboden für alle möglichen Bakterien! Der Organismus wird entschieden anfälliger.

Der Einfluß auf die Stimmfunktion ist ziemlich groß. Das gesamte Ansatzrohr verliert an Sensibilität, die feinsten Schattierungen innerhalb der Veränderbarkeit des Ansatzrohres für die Stimmbildung gehen verloren. Die Stimmlippen werden begreiflicherweise sehr stark mitbetroffen, da der eingezogene Rauch (vor allem wenn gleichzeitig gesprochen wird) direkt mit ihnen in Verbindung kommt. Dadurch wird auch ihre Beweglichkeit eingeschränkt. Die Schleimhaut trocknet schnell ein, was ebenfalls das Sprechen erschwert.

Bei starken Rauchern ist die Stimme meist am Morgen stark „verkratzt", es besteht Räusperzwang, und es werden große Mengen Schleim ausgeworfen. Dieser Säuberungsprozeß der Schleimhaut ist das Ergebnis einer vorübergehenden Erholung des Organismus während der Nachtruhe. Während der Nacht wurde nicht geraucht, folglich konnte sich die Schleimhaut erholen, und der Flimmerbesatz spülte die fremden Sekrete nach außen, d.h. bis an die Stimmlippen, bis in den Rachen.

Der Schauspieler sollte folglich das Rauchen auf ein Minimum einschränken, so wie es viele verantwortungsbewußte Sänger gibt, die das Rauchen unterlassen.

Räuspern ist bei vielen Menschen eine Gewohnheit. Die Ursache dafür ist häufig falsches Sprechen.

Man sollte zwischen einem Dauerräuspern und einem vorübergehenden, gelegentlichen Räuspern unterscheiden. Viele Sprecherzieher führen einen erbitterten Kampf gegen jedes Räuspern, sie verbieten es strikt (ohne es selbst immer unterdrücken zu können!). Man muß wissen, daß das Räuspern auch psychogen sein kann! Das sog. Verlegenheitsräuspern ist dieser Art. Es gibt Schüler, die lange Zeit im Beisein ihres Sprecherziehers fortwährend sich räuspern müssen. Hier ist das Räuspern Ausdruck von psychischen Hemmungen. Der Pädagoge sollte in solchem Falle nicht ein Verbot aussprechen, sondern seine eigene Methode überprüfen, ob er nicht den Schüler entweder verkrampft oder hemmt.

Hat man herausgefunden, daß der Sprecher gewohnheitsmäßig räuspert, so soll man ihn allmählich darauf aufmerksam machen. Der Grund für solches Räuspern ist folgender:
Die Stimmlippen sind normalerweise mit einem leichten Schleimüberzug bedeckt. Bei richtigem Schwingungsverlauf der Stimmlippen wird dieser Schleim von der Glottis weg, nach der Seite hin gespült. Wie die Brandung an der Küste den Schaum immer wieder zurück ans Land wirft, so werfen die Stimmlippen während der Phonation den Schleim beiseite. Sind nun irgendwo die Schwingungen unregelmäßig oder schwingt ein Teil der Stimmlippe weniger stark aus, so wird der Schleim von dem aktiveren Teil zu dem passiven hingeworfen. Es kommt zu einer Ansammlung von Schleim, der sich über die Glottis an der betreffenden Stelle legt und eine befriedigende Stimmproduktion verhindert.
Durch Räuspern werden die Stimmlippen zusammengepreßt, die Luft wird mit Gewalt hindurchgejagt, und gleichzeitig werden die Stimmlippen in Tätigkeit gebracht, d.h., es wird ein Ton produziert! Darin besteht die Gefahr! Die Strömungsgeschwindigkeit der Luft[1] ist ziemlich hoch, die Reibung ist also groß – und nun sollen die Stimmlippen noch phonieren! Es erweist sich mithin bei Räusperzwang ein vorsichtiges Abhusten besser als ein Räuspern!

Klima und der Staubgehalt der Luft üben natürlich ebenfalls einen Einfluß auf die Sprechleistung der Schauspieler aus.
WILDFÜHR/FORNFEIST haben über das Staubproblem in unseren Industriegebieten einen Aufsatz veröffentlicht. Darin wird der gesundheitsschädi-

[1] Siehe S. 133.

gende Einfluß der schmutzangereicherten Luft auf die Atmung des Menschen dargelegt.

Hier handelt es sich aber um Probleme, die die gesamte Gesellschaft angehen.

Man konstruiert technische Vorrichtungen, die den Staub schon in den Fabriken schlucken, große Filter für die Schornsteine usw. Man wird in den Groß- und Industriestädten den Grünanlagenbau verstärken, denn die Bäume und Sträucher wirken wie große Luftfilter.

Es gibt Schauspieler, die unter klimatischen Verhältnissen sehr leiden.

Da hilft eigentlich nur – wenn nicht durch sprechtechnische Einflußnahme eine Verbesserung des Befindens erzielt werden kann – ein Engagementswechsel!

Alle Sprechtechnik hat ihre Grenzen! Solche Grenzen liegen auch in der Beherrschung großer Räume.

Ist ein Theater akustisch schlecht gebaut – und es gibt solche Theater –, so nutzt die beste Sprechtechnik nichts. Der Bau muß so sein, daß er einerseits in Impedanzwirkung[1] mit dem Sprecher tritt, andererseits die Schallwellen an jeden Ort des Raumes trägt.

Auch Freilichtbühnen sind danach auszuwählen. Wenn ein Theater diesen Anforderungen nicht genügt, können die Leistungen seiner Schauspieler nie völlig befriedigen.

Der Schauspieler muß wissen, daß große Räume nicht durch Lautstärke allein zu beherrschen sind, sondern viel eher durch Präzision der Artikulation und durch eine gute Resonanzwirkung der Stimme.

## B. ZUR GEDANKLICHEN KONZEPTION

BIEHLE (S. 64) gibt uns das Urteil FONTANEs über zwei damals gefeierte Vorleser wieder, die aus seinen Werken lasen. FONTANE sagte: *Beide lasen gleich schlecht, weil nach demselben falschen Prinzip, das in dem altehrwürdigen Gegensatz von Gebrüll und Gewisper wurzelte. Dabei kam es vor, daß Schneider eine ganz zweifellose Wisperstelle geradezu donnerte. Junge Dichter begehen gewöhnlich den Fehler, dergleichen korrigieren zu wollen, was bloß verschnupft. Darauf hab' ich mich aber nie eingelassen, weil ich schon damals eine ziemlich richtige Vorstellung von dem hatte, was „Publikum" bedeutet.*

[1] Siehe S. 130 und 141.

Dieses Beispiel führt uns mitten in ein zweites Problem: die Abhängigkeit der Sprechleistung des Schauspielers von dem Denkprozeß, von der gedanklichen Konzeption. Die Sprechleistung wächst in dem Maß, mit dem sich der Schauspieler den Text seiner Rolle zu eigen macht.

> DREWS (S. 42) findet ein anderes, geradezu vernichtendes Beispiel: Öffnen die Schmierenjockel auf der Bühne *den Mund, bittet der Inspizient um Ruhe: „Die Probe hat angefangen, es wird schon unnatürlich gesprochen."* Oder ALFRED VON BERGER schreibt in *Meine Hamburgische Dramaturgie* (zit. bei DREWS, S. 42): *Wie sagten die russischen Bühnenarbeiter, als eine deutsche Truppe in Moskau gastierte? „Die Schauspieler schreien, der Akt muß gleich aus sein."*

Die geistige Erfassung des dichterischen Stoffes hat einen Einfluß sowohl auf den künstlerischen Ausdruck als auch auf die Sprechtechnik.

Die Beeinflussung des künstlerischen Ausdrucks liegt auf der Hand. Die Intonation, die Pausensetzung, die Klangfarbe, die dynamischen Akzente, alle diese einzelnen Faktoren des künstlerischen Ausdrucks bilden nur dann eine organische Einheit, wenn der Schauspieler den Text des Autors so erfaßt hat, daß er ihn quasi wie seinen eigenen während des Sprechens gedanklich produziert.

Der Schauspieler hat also nicht nur jeden Satz, jede Sinneinheit genau zu begreifen – das ist nur die selbstverständliche Voraussetzung –, sondern er muß den eben erfaßten Text nun umgekehrt wieder aus den eigenen Denkprozessen, gemischt mit persönlichen Vorstellungsinhalten, Assoziationen und Gefühlen, neu gestalten, neu produzieren. Jeder auf der Bühne gesprochene Satz müßte demnach – im Idealfall – jedesmal das Ergebnis persönlicher gedanklicher Arbeit, der Ausdruck individuellen Wollens und individueller Vorstellungsinhalte sein.

Der künstlerische Ausdruck auf der Bühne ist somit nichts Künstliches, nichts Einmaliges, nur den Gesetzen der Bühne Angepaßtes. Das schauspielerische Können und die schauspielerische Begabung äußert sich vor allem in dem Vermögen, den fremden Text sich so zu eigen zu machen, daß er zum geistigen Eigentum wird. Die Wiedergabe der dichterischen Vorlage durch den Schauspieler bedeutet immer eine Bereicherung dieser Dichtung, weil dem Abstraktum „Text" das Konkretum „persönliche Erfahrung" und – wie BRECHT immer wieder hervorhob – *genaue Beobachtung des Lebens* hinzugefügt wird!

Nur so – und wir sind zutiefst davon überzeugt, daß dies der einzige Weg ist – läßt sich die Sprechleistung des Schauspielers verstehen und lehren!

> Es gibt zwar heute noch Aufführungen in Hülle und Fülle, wo die Schauspieler eher Zirkuspferden gleichen, wo ihnen – vielleicht von genialen

Regisseuren – jede Pause, jede Tonhöhe, jede Geste, jeder Gang genau eingehämmert wurde; diese Art Theater zu spielen gilt aber – wenigstens für unsere Zeit – als gründlich überholt!

Welchen Einfluß hat der Verstoß gegen die eben geschilderte Arbeitsweise auf die Sprechtechnik des Schauspielers?

Es gibt Schauspieler, die eine panische Angst vor den sog. Versprechern haben, vor dem „Zungensalat". Solche Versprecher werden häufig auf eine mangelhafte Sprechtechnik zurückgeführt. Das ist nur in seltenen Fällen so.
Hat ein Schauspieler einen Artikulationsfehler, z. B. einen S-Fehler, so kann es vorkommen, daß ein Wort mit Häufungen solcher kritischer Laute immer wieder zum Stolpern während des Sprechens führt. Diese Fälle sind aber verhältnismäßig selten. Hier kann nur geholfen werden, indem der Fehler überwunden wird.

> Übrigens: Ein Versprechen durch echte Artikulationsfehler kann nur dann auftreten, wenn der Betreffende sich seines Fehlers bewußt ist, d. h. wenn jener kritische Laut Hemmungen im Sprecher auslöst! Denn die Hemmungen sind es, die zum Versprechen führen – nicht die falsche Artikulationsweise. Man kann durchaus in gleicher Geläufigkeit schwierige Texte mit S-Fehler sprechen – denn nicht die Artikulationsnorm schafft die Geläufigkeit, sondern die Artikulationsgewohnheit!

Häufiger entsteht der „Zungensalat" durch eine gedankliche Verwirrung. Solche Verwirrung manifestiert sich sehr leicht, und es setzen dann an dieser Stelle immer wieder die gleichen Hemmungen ein. In diesen Fällen hilft nur ruhige – nicht überhastete – neue gedankliche Verarbeitung des Textes.

Ein großer Fehler vieler Schauspieler ist das überhastete Sprechen. Die Schnelligkeit, mit der im täglichen Leben gesprochen wird, ergibt sich immer aus einer inneren Notwendigkeit. Es ist die Schnelligkeit des Denkprozesses, die sich in der Sprechweise äußert.

> Es gibt Lehrmeister, die behaupten, während des Sprechens müßten die Vorstellungsinhalte, die Denkresultate, die Assoziationen gleichsam wie ein Film vor dem inneren Auge des Sprechers abrollen.
> Diese Lehrmeinung läßt sich aber nicht mit den Erkenntnissen der Sprachpsychologie in Einklang bringen. Wir haben eine vollständige Ausarbeitung von dem, was wir sprechen wollen, in uns; wir haben nur ein rohes Konzept vor Augen, Stichworte, Reizworte, einzelne Begriffe – und nur in einem Ausnahmefall echte Handlungsabläufe und Bilder: nämlich

bei der Schilderung eines ureigensten Erlebnisses oder der Beschreibung eines Gegenstandes, Lebewesens oder einer Landschaft.

Man mache nur das Experiment und versuche, den eben hier gelesenen Text „aus dem Kopf" zu reproduzieren. Man wird erkennen, daß man nicht einfach einem Filmstreifen folgt – also sozusagen den gleichen Text jetzt von einem „geistigen Manuskript" ein zweites Mal abliest –, sondern daß man „hängengebliebene" Begriffe in Beziehung zueinander setzt und durch logische und dialektische Verknüpfungen zu einer Aussage kommt! Das ist auch der Beweis dafür, daß man nur das wiederholen kann, was man verstanden hat, nicht: was man behalten hat!

Schnelles Sprechen auf der Bühne muß sich also ebenfalls aus innerer Notwendigkeit ergeben. Dann und nur dann wird es auch gedanklich klar und artikulatorisch deutlich!

Es gibt Schauspieler, die ausgezeichnet sprechen, und doch versteht man den Inhalt nicht. Sie sprechen sinnleer. Ein Schauspieler sagte uns, bei Versen bestehe seine größte Angst immer vor dem Steckenbleiben. Verse lassen sich im Grunde leichter durch das rhythmisch-formale Element im Gedächtnis behalten. Oft geht die Sinnfüllung des Verses oder eines Liedes schneller aus dem Gedächtnis verloren, als die Melodie des Liedes, als der Rhythmus des Verses.

Das ist der Grund dafür, weshalb sich Verse so leicht auswendig lernen lassen, weshalb ihre sprachliche Wiedergabe aber auch so leicht nur eine Gedächtnisfrage und keine Sinndurchdringung ist. Der oben geschilderte Schauspieler spricht weniger den Sinn als die Form des Textes!

Das sogenannte, heute mit Recht so gefürchtete Schönsprechen auf der Bühne erklärt sich aus dem bereits S. 78 Gesagten. Der Schönsprecher verstößt gegen die Sinngebung, die in einer echten Mitteilung immer vorherrscht. Er bevorzugt die Formung. Das Resultat ist: Sprechen um des Sprechens willen, Übertreibung der Artikulation, Unkonkretheit in der Handlung, Unechtheit im sprachlichen und gestischen Ausdruck!

Viele Regisseure – z. B. solche, die durch die lehrreiche Schule BRECHTs gegangen sind – versuchen diesem Mißstand beizukommen, indem sie den Schauspieler veranlassen, während der Proben in seinem Heimatdialekt, zumindestens aber in seiner alltäglichen Umgangssprache zu sprechen. Das kann – wenn der Regisseur aus der Tugend ein Dogma macht – zu recht komischen Situationen führen. Wir erlebten Fälle, wo Schauspielschüler, die von Hause aus gutes Hochdeutsch sprachen, dem Regisseur zuliebe sich irgendeinen Dialekt „auspumpten". Das nennt man, den Satan mit dem Teufel austreiben.

Eine andere Gefahr dieser Methode besteht darin, daß Schauspielschüler, die noch unsicher in ihrer Sprechtechnik sind, wieder weit zurückgeworfen werden können. An den Schauspielschulen muß folglich hier sehr klug – und auch sehr individuell – die Höhe der Anforderungen im Schauspiel an die Höhe des Erreichten in der Sprecherziehung angepaßt werden.

Grundsätzlich hat die oben geschilderte Methode sehr viel Positives in sich. Am Theater ist es ja meist keine technische Frage, weshalb ein Kollege zum Schönsprechen neigt. Es ist also in den meisten Fällen nicht so, daß ein Verweisen auf die Umgangssprache ihn grundsätzlich zurückwerfen könnte. Seine Schönsprecherei ist eine Auffassungsfrage über Theaterspielen – und da ist die Forderung der Regisseure nach Natürlichkeit berechtigt!

Ein Regisseur, der diese Methode anwendet, muß allerdings auch die zweite beherrschen: aus der privaten, oft vernuschelten Sprechweise wieder zu einer höheren Formgebung zurückzuführen. Diese Methode ist die schwierigere.

Wie äußert sich ein Verstoß gegen die gedankliche Konzeption auf die Stimmführung?

Grundsätzlich führt Unsicherheit in der Darstellung auch zu sprachlicher Unsicherheit. Jede Unsicherheit aber hat stimmliche Fehlleistungen im Gefolge. Viele Fehlleistungen stimmlicher Art müssen also nicht so sehr vom Sprecherzieher als vom Regisseur beseitigt werden!

> Ein Schauspieler machte eine interessante Bemerkung: „Auch wenn ich auf einer Szene nichts zu sagen habe, wenn ich nur vortreten muß, um irgendeine Handlung stumm zu vollbringen, so fühle ich mich in meiner schauspielerischen Aktion behindert, wenn ich einen Frosch in der Kehle spüre. Ich muß, ob ich will oder nicht, ich muß ihn wegräuspern!"

Dieses Beispiel macht den Zusammenhang von schauspielerischer Leistung und Stimmführung deutlich. Ob er spricht oder nicht, die gedankliche Mitarbeit muß vom Schauspieler gewährleistet werden. Denken und inneres Sprechen aber sind eng miteinander verbunden.

> Eine Darstellerin der Stummen Kathrin in BRECHTS *Mutter Courage* soll geäußert haben, daß sie keine Rolle stimmlich so sehr beansprucht habe, wie gerade diese Rolle!
>
> Das ist erklärlich. Denn Stummheit ist ja nicht Dummheit! Die Stumme der Wirklichkeit kann ihren Ausdrucksdrang stimmlich nicht verwirklichen, die gesunde Schauspielerin dieser Rolle darf ihren Ausdrucksdrang nicht befriedigen. Das ist ein großer Unterschied, der sich durchaus stimmlich auswirken kann.

Die sog. „Ausbrüche" sind vielleicht höchstens „Ausbrüche" für den Hörer (und auch da nur in besonderen Situationen), für den Schauspieler sind es nie welche!

Das gefürchtete Überschreien bei einem Ausbruch ist in den häufigsten Fällen das Resultat einer zu geringen gedanklichen Vorbereitung des Schreiens.

Spontane, impulsive, rein reflektorische Schreie sind auf der Bühne kaum zu hören – es sei denn, es fällt einem unerwartet die Kulisse auf den Kopf. Jeder Schrei ist „gesetzt".

Die „Setzung" des Schreiens aber ist in erster Linie ein gedanklicher, in zweiter ein technischer Vorgang. Ein Schauspieler, der schreit, ohne daß eine innere Notwendigkeit dafür vorhanden ist, schreit erstens nicht überzeugend und zweitens stimmtechnisch verkehrt!

Natürlich verlangt das Schreien auch eine Technik: aber die beste Technik nützt nichts, wenn kein Grund zum Schreien ist. Und der Mensch schreit nicht ohne Grund! Diese Binsenweisheit wird seit Jahrhunderten gepredigt. Aber seit Jahrhunderten gibt es auch immer wieder Schlaumeier, die meinen, lautes und leises Sprechen auf der Bühne sei nur dazu da, Abwechslung in das ewige Einerlei des Geredes hineinzubringen. Manche glauben auch ernsthaft heute noch: Weil ein Räuber ein Räuber ist oder ein Soldat in *Wallensteins Lager* eben ein Soldat ist, muß in einer solchen Rolle nur geröhlt werden.
Bei solcher Einstellung ist von vornherein für den Sprecherzieher Hopfen und Malz verloren!

## C. ZUM PARTNERBEZUG

Theoretiker wie Praktiker des Theaters, STANISLAWSKI wie BRECHT, alle sind sich in der einen Frage einig: daß das heutige Theaterspiel ein Zusammenspiel ist. Das Solistentheater der großen Stars wurde abgelöst vom Ensembletheater des Kollektivs!
Die Stärke des Partnerbezuges während des Spieles übt auch einen nicht geringen Einfluß auf die Sprechleistung des Schauspielers aus.

Zuerst: Wie äußert sich sprachlich der Partnerbezug?
Partnerbezug bedeutet nicht immer Blickkontakt! In der *Theaterarbeit* des Berliner Ensembles wird das zum Ausdruck gebracht. Der Partnerbezug äußert sich viel mehr in der Art und Weise, wie der Partner auf die Rede seines Gegenüber antwortet, in der echten Auseinandersetzung, in

der Tonabnahme des Partners. Die *Replik* des Schauspielers ist eine *Entgegnung* auf die Rede des Partners, wie es in der *Theaterarbeit* heißt, ist eine Erwiderung. Mithin stellt das Zusammenspiel nicht nur Anforderungen an die Denkarbeit in bezug auf den eigenen Text, sondern auch in bezug auf den des anderen.

Es wird folglich vom Schauspieler Zuhören, Aufmerksamkeit, Anteilnahme verlangt.

> Die Fernsehansagerin begeht einen großen Irrtum, wenn sie glaubt, daß der Kontakt zwischen ihr und dem Hörer allein dadurch hergestellt werden kann, wenn sie in die Linse der Kamera blickt.
> Der ständige Fernsehzuschauer gewöhnt sich mit der Zeit an den beziehungslosen Blick der Ansagerin, der Neuling, der solcher Sendung selten oder gar das erste Mal beiwohnt, ist meist unangenehm berührt und dankbar, wenn die Sprecherin einmal wegsieht (z. B. ins Konzept).[1]

Das Melos des Sprechers ergibt sich folglich nicht nur aus den Gesetzen eigener Vorstellungs- und Denkprozesse, sondern auch aus dem Melos des Partners.

Tempo und Rhythmus der eigenen Replik wird vom Tempo und Rhythmus der Partner mitbestimmt.

Die zweite Frage ist: Welche Fehlleistungen sind zu erwarten, wenn der Partnerbezug fehlt oder mangelhaft ist?

> Wir haben schon in anderem Zusammenhang darüber gesprochen, daß Sprechen in erster Linie Mitteilung ist.[2] Wir können das an dieser Stelle präzisieren und methodisch verwenden: Die Sprechleistung des Schauspielers ist nicht nur abhängig von dem elementaren Denkvorgang – nämlich den Text denkend zu erfassen und wiederzugeben –, sondern auch abhängig von der Stärke des Mitteilungsbedürfnisses, mit der auf den Partner eingewirkt wird.
> Vielfach erwidern Schauspieler auf die Kritik des Regisseurs, wenn er ihnen vorwirft, sie hätten nicht genügend mitgedacht, daß sie sich bis in alle Einzelheiten ihres Textes im klaren wären. Sie können auf Anhieb den Text des Dichters durch einen eigenen, der das Wesentliche wiedergibt, ersetzen und so den Beweis erbringen, daß sie wissen, was sie zu sprechen haben. Dennoch kommt das, was sie sagen, nicht an, „es zündet nicht". Der Grund liegt oft in dem mangelnden Mitteilungswillen. Sie sagen alles richtig, aber sie sagen es niemandem. Folglich: Sie überzeugen niemand!
> Sie sprechen um des Textes willen, nicht, um einen anderen auf irgendeine Weise zu beeinflussen!

[1] Der Fernsehfunk hat sehr interessante eigene Gesetze, die uns noch vielfach unbekannt sind. Wir müssen in diesem Rahmen auf eine nähere Erörterung verzichten.
[2] Vgl. S. 75.

Durch mangelnden Partnerbezug stellen sich Ausdrucksmängel ein: Melos, Rhythmus, Lautstärke fallen aus dem Rahmen.
Es treten Störungen im Sprechablauf ein: Die sog. „Übergänge" fehlen, es treten „Löcher" auf, der Unkonzentrierte bleibt leicht stecken, er hat „Hänger".

Wir möchten behaupten, daß es für die Satzintonation der deutschen Sprache keine feste Regelung gibt. Es wurde mehrfach der Versuch unternommen, solche Regeln aufzustellen (z. B. durch o. von essen [1]), aber alle die angeführten praktischen Beispiele haben einen Fehler: sie können mit gleicher Überzeugungskraft auch auf ganz andere Weise gesprochen werden, als die Verfasser angeben.

Wir haben es darum unterlassen, unsererseits solche Regeln zu suchen – denn es gibt für die gesprochene Sprache keine! Aber es gibt eine sprachliche Eigentümlichkeit, gegen die der Sprecher nicht verstoßen darf: So, wie er einen Satz in bezug auf die Intonation begonnen hat, so muß er ihn nach einem inneren (uns nicht deutbaren) Gesetz vollenden.

Es gibt lange Sätze (z. B. von kleist), mit vielen Nebensätzen, die wiederum Nebensätze haben; für alle diese Sätze gibt es keine Vorschrift, auf welche Weise man sie als einheitliches Ganzes intonieren soll – bis auf eine: So, wie man die Intonation des Hauptsatzes begonnen hat, so muß man sie – auch wenn sie durch noch so viele anders zu intonierende Nebensätze unterbrochen wird – bis zum Abschluß des Hauptgedankens zu Ende führen. Wir gebrauchen im Unterricht gern das Bild des Flusses. Die Intonationskurve des Hauptgedankens fließt unter der Oberfläche (unter dem Nebengedanken) weiter als breite, starke Unterströmung. Sie bricht am Ende immer wieder durch, da, wo wir auf den Hauptgedanken zurückkommen. Sie taucht unter, sie bricht wieder hervor, aber sie bricht nie ab!

Ähnlich ist es mit den „Übergängen" auf dem Theater. Es gibt so etwas, wie einen Hauptgedanken innerhalb der Gesprächsführung zwischen den Partnern. Dieser Hauptgedanke schafft das Gesprächs„klima". Er bestimmt Melos, Rhythmus, Lautstärke sowohl der eigenen Sprache als auch der des Partners!

Stimmlich kann der mangelnde Partnerbezug zu ähnlichen Störungen führen, wie wir sie schon in anderem Zusammenhange darlegten. Es tritt Unsicherheit ein und damit auch stimmliche Unsicherheit.

Der Partnerbezug kann sich aber auch negativ auf die Sprechleistung auswirken, nämlich dann, wenn der Partner bestimmte Fehlleistungen aufweist, die eine starke Suggestivkraft ausüben können.
Wir haben die praktische Erfahrung machen können, daß sich eine verkrampfte oder verhauchte Sprechweise eines in einer Szene führenden Schauspielers sehr leicht auf die Partner überträgt. Oft fällt der Fehler

---

[1] o. von essen: *Grundzüge der hochdeutschen Satzintonation;* Düsseldorf 1956.

dem Regisseur erst beim anderen auf, den er dann kritisiert. Die eigentliche Fehlerquelle liegt aber bei dem ersten Schauspieler!

Die fehlerhaften S-Laute sind heute so stark verbreitet, daß der Kampf gegen sie aussichtslos erscheint. Vielleicht ist der Kampf in vielen Fällen auch sinnlos, da die meisten den Fehler gar nicht mehr wahrnehmen. Jedenfalls steht fest, daß heute eine gewisse S-Fehlbildung sehr leicht übernommen wird.

## D. ZUR SZENISCHEN ANLAGE

Die szenische Anlage hat insofern einen Einfluß auf die Sprechleistung, als sich diese den jeweiligen Anforderungen anzupassen hat. Solche Anpassung hat ihre genauen Grenzen, die der Schauspieler und mehr noch der Regisseur kennen und einhalten muß.

Es ist ein Unterschied, ob der Schauspieler in Richtung auf das Publikum oder in die Kulissen oder ob er sogar durch eine rückwärtige Tür hinter die Kulissen zu reden hat. Es ändert sich auf diese Weise nicht nur die Schallreflexion, es ändert sich auch die persönlich empfundene Impedanz.[1] Es gibt in diesem Falle keine festen Regeln, wie ein Schauspieler den Anforderungen gerecht werden soll, denn die akustischen Verhältnisse sind in jedem Theater anders. In den meisten Fällen wird nicht durch Lautstärke eine Verbesserung der Deutlichkeit erreicht, sondern eher durch eine sorgfältigere Artikulation. Im allgemeinen ist zu große Schnelligkeit der Artikulation dem vom Publikum abgewandten Sprecher abträglich. Es sollte folglich vermieden werden, eine hastige Sprechweise einem Schauspieler abzuverlangen, wenn er gegen die Kulissen oder hinter der Bühne zu sprechen hat.

Es gibt Rollen, die mit größter körperlicher Beweglichkeit gekoppelt sind. Die Körperbewegung ist im allgemeinen der Sprechbewegung dienlich; nur muß die Sprechbewegung synchron zur Körperbewegung verlaufen.[2] Ist diese Einheit gestört, entsteht nicht nur der Eindruck der Ungeschicklichkeit, sondern es kommt auch zu stimmlichen Fehlleistungen.

[1] Vgl. S. 130.
[2] Siehe auch S. 29, 65 und 68 f.

Meist handelt es sich bei solchen Schauspielern, die sehr bewegliche Rollen zu spielen haben (z. B. den Truffaldino), um motorisch Begabte. Sie kommen also von Natur aus der Aufgabe entgegen. Die Erfahrung lehrt, daß diese Darsteller nur in seltenen Fällen stimmlich – trotz ihrer großen Leistungen – versagen. Der Grund liegt in der motorischen Begabung und in der Unterstützung des Sprechablaufes durch die äußere Motorik.

Kommt es bei motorisch minder Geschickten zu stimmlichen Fehlleistungen, so sind die Ursachen meist in einer Verschiebung von Sprech- und Körperbewegungen zu suchen. Der Regisseur und der betreffende Darsteller haben dabei auf folgendes zu achten:
Einer spontanen Bewegung (fechterischer Ausfall, Sprung von einer Erhöhung, heftiger Gestus usw.) geht immer eine Einatmung voraus. Das ist ein physiologisches Gesetz. Gegen dieses Gesetz wird oft auf der Bühne verstoßen. Fehlt der Einatmungsimpuls, fehlt die Energieaufladung, so fehlt der Bewegung und dem mit ihr gekoppelten Satzteil die materielle Basis. Die Muskulatur verrichtet eine Arbeit ohne ausreichende Energieversorgung. Es entsteht Atemlosigkeit, es wird auf dem „letzten Drücker" gesprochen. Vielfach bekommen ursprünglich runde, schnelle Bewegungen eckigen, überhetzten Charakter.
Meist wirkt eine Einflußnahme in dem oben geschilderten Sinne durch den Regisseur auf den Schauspieler wie ein Wunder. Der Schauspieler glaubt meist, er könne die Arbeit dadurch nicht befriedigend ausführen, weil es ihm grundsätzlich an Atem mangelt. Das erweist sich aber in 99 von 100 Fällen als ein großer Irrtum!

Es ergibt sich oft, daß in einer Szene im Hocken oder im Liegen gesprochen werden muß.
Das Charakteristikum des Liegens ist die damit verbundene Entspannung. So ist die Rede Dantons, der auf einer Pritsche im Kerker liegt, typisches Produkt einer entspannten Lage (die dichterische Vorlage stimmt in den überwiegenden Fällen mit der tatsächlichen Situation überein). Im Liegen kann man folglich nicht schreien, jedenfalls nicht auf die Weise, wie es ein „Ausbruch" verlangt. Wer im Liegen schreien will, richtet sich wenigstens etwas auf. Verlangt man von einem Schauspieler etwas anderes als höchstens lautes Stöhnen im Liegen (die Kranke im *Fuhrmann Henschel* oder in *Nachtasyl*), so verlangt man etwas Widernatürliches!
Ein Mensch, der hockt, der hingekauert ist, kann nicht mit so voller, tönender Stimme schreien wie einer, der steht! Freilich kann auch der Hockende schreien, aber nicht mit der gleichen Ausdauer und nicht mit der gleichen Stimmstärke!

Ein Regisseur muß das berücksichtigen, wenn er nicht an seinen Schauspielern Raubbau treiben will.

Ein in einer Szene gefordertes „Außeratemsprechen" verlangt eine
ausgezeichnete Atemtechnik des betreffenden Schauspielers.

Wir kannten ein Beispiel, wo ein Schauspieler vor seinem „atemlosen"
Auftritt regelmäßig 30 Kniebeugen machte, um die Atemlosigkeit getreu
zu treffen. Das ist ein sinnloser Naturalismus, der nicht nur schädlich für
den Betreffenden, sondern auch schädlich für die Szene ist. Denn das
Schauspiel, das mit einem „Zeitraffer" arbeitet, verlangt von seinem Schauspieler auch eine „geraffte" Erholungszeit – wie aber will er dieser Forderung gerecht werden?

Der Schauspieler in solchen Situationen darf hochatmen, denn er spielt
Hochatmung, er darf die Sätze hervorstoßen, er darf sie überhauchen –
nur muß er genau wissen, wo jeweils der Atmungseinschnitt sein muß.
Denn jeder Atmungseinschnitt leitet einen neuen Gedanken ein. Und ist
der Satz, der gesprochen wird, noch so kurz, der Satz ist ein neuer Gedanke – oder der Autor hat versagt. Denn ein Mensch, der außer Atem
ist, ist auch mit seinen Gedanken „außer Atem", beides bildet eine untrennbare Einheit.[1] Wird das vom Autor oder vom Regisseur oder vom
Schauspieler nicht berücksichtigt, so muß es zu Fehlleistungen kommen,
zu einem Atmungschaos und evtl. zu einer Reizung der Stimmlippen
(durch die Luft, die durch die nicht völlig geschlossenen Stimmlippen
streicht).

Das Flüstern auf der Bühne ist nicht ohne gewisse Problematik (es wird
z. B. der III. Akt in *George Dandin* oft geflüstert!).
Grundsätzlich wird man sich überlegen müssen, ob in jedem Falle das
Flüstern als ein naturalistisches Mittel konsequent durchgeführt werden
muß.

Warum soll der Zuschauer unbedingt der Illusion Glauben schenken, er,
der Zuschauer, höre zwar den Flüsterer, der neugierige Partner auf der
Bühne aber nicht?!

Gesetzt den seltenen Fall, ein echtes Flüstern ließe sich nicht umgehen,
wie hat sich jetzt der Schauspieler zu verhalten?
Wir haben bereits in anderem Zusammenhang auf die Gefahren des
Flüsterns hingewiesen[2] und brauchen es darum hier nicht zu wiederholen.
Der Schauspieler hat vor allem darauf zu achten, daß sein Flüstern ton-

[1] Siehe S. 56 f.
[2] Siehe S. 136.

los oder wenigstens fast völlig tonlos bleibt. Er lege dabei Wert auf eine übertriebene Artikulationsweise und entspanne immer wieder bewußt seine Halsmuskulatur. Jedes längere Flüstern mit einem geringen Stimmton muß auf die Dauer ermüden!! Darum muß entweder stimmlos geflüstert oder aber sehr leise gesprochen werden.

### E. ZUR DARZUSTELLENDEN FIGUR

Man sagt, der gute Schauspieler wird von seiner Rolle getragen. Wir haben einen solchen Fall in dem Beispiel 11 des Anhangs dargelegt.

Die obige Behauptung wird aber sicherlich nur von dem akzeptiert werden, der eine Identifizierung des Schauspielers mit der Rolle bejaht. Die negative Kehrseite der Behauptung wird hingegen von jedem anerkannt werden können: Unsicherheit bei der Führung der Rolle muß sich in einer allgemeinen Unsicherheit ausdrücken, folglich auch in einer Unsicherheit der Sprechleistung.

Ein älterer, erfahrener Schauspieler, der vorwiegend Charakterrollen darzustellen hat, erzählte uns, daß die Darstellung solcher Rollen besondere Anforderungen an die Stimme stelle. Da gibt es Rollen, in denen chargiert werden müsse: hier wird für die Charakterisierung eines alten Griesgrams eine hohe dünne Kastratenstimme angenommen; dort wird ein ewig sich räuspernder, ständig stimmlich verkratzter abgedankter General karikiert; am nächsten Abend ist ein immer wieder versoffener, lallender, fluchender, brüllender heruntergekommener Intellektueller zu spielen – die Aufgaben sind bunt, mannigfaltig, von unübersehbarer Variationsbreite. Der betreffende Schauspieler erzählte, daß er anfangs diese Aufgaben nur sehr schwer habe bewältigen können. Er sei aus einem stimmlichen Krampf überhaupt nicht mehr herausgekommen. Abends die Aufführungen, zu gewissen Zeiten vormittags noch die Proben: ein ewig sich drehendes Mühlenrad!

In der Tat, die Aufgaben, die dem Schauspieler gestellt werden, sind so bunt wie das Leben.

Wie kann der Schauspieler den mannigfaltigen Anforderungen der Rollen gerecht werden? Nur dadurch, daß er die Fähigkeit besitzt, seinen Körper vollständig zu beherrschen. Für die Sprechleistung bedeutet das: Der

Schauspieler muß die Funktionen kennen und sie in seiner Gewalt haben!

Die Darstellung des stimmlich Pathologischen z.B. verlangt ein besonderes Maß an Können.

Läßt man eine heisere Figur durch einen heiseren Schauspieler verkörpern, so ist das – genaugenommen – keine stimmliche Leistung mehr. Der betreffende Schauspieler kann nur Heisere spielen. Für ihn wäre die Darstellung eines Gesunden eine besondere Leistung.

Wir wollen versuchen, einige Hinweise zu geben.

Bei der Darstellung z.B. des Heiseren aus der *Optimistischen Tragödie* ist Vorbedingung, daß der Darsteller die Fähigkeit besitzt, bei jeder nur irgend gegebenen Möglichkeit sich vollkommen bewußt stimmlich und körperlich zu entspannen. Wir halten solche Entspannungspausen für eine unerläßliche Notwendigkeit. Der betreffende Darsteller schützt auch seine Stimmorgane, wenn er vor seinen Auftritten, während der Pausen und einige Zeit nach der Vorstellung das Rauchen einstellt.

Die Sprechleistung selbst geschieht meist von seiten des Sprechers unbewußt. Der heisere Klang wird erzielt durch eine Aufwärtsbewegung des gesamten Kehlkopfes (der Kehlkopf verschwindet fast unter dem Kinn), dadurch legt sich der Kehldeckel fast völlig über den Kehlkopfeingang, die echten Stimmlippen werden von den Taschenbandlippen (falsche Stimmlippen) überdeckt (es entsteht eine Art Pseudotaschenbandstimme, in der Art, wie sie PANCONCELLI-CALZIA dargestellt hat), die Stimmlippen schließen nicht ganz. Die Stimme klingt stark verhaucht, belegt und fern (ähnlich der Stimme sog. „Bauch"redner).

Wir brauchen die Gefahren einer solchen Stimmbildung nicht wiederholt zu schildern; wichtiger ist die Frage, wie man ihnen entgehen kann. Wir haben die Erfahrung gemacht, daß es am günstigsten ist, von der Bauchrednerstimme auszugehen. Die Bauchrednerstimme verlangt: Kehlkopfhochstand, tiefste Bauchatmung, starke Bauchdeckenkontraktion bei der Stimmgebung. Dabei übe man anfangs am besten im Falsett (hohe Kastratenstimme, also im allgemeinen eine Oktave höher, als die Normalstimme sitzt!). Eine solche Stimme klingt unverhaucht, sehr hoch und sehr dünn und macht den Eindruck der Ferne (als käme sie aus dem Bauch). Im Gegensatz zum Bauchredner des Varietés, der des optischen Eindruckes wegen sich jeder sichtbaren Artikulationsbewegung enthält, kann der Schauspieler gut, vielleicht sogar übertrieben artikulieren. Schließlich übe er vorsichtig – erst sehr leise, allmählich lauter werdend –

mit der geschilderten Stimmtechnik in seiner natürlichen Sprechlage (bzw. suche allmählich eine Lage, die ihm am günstigsten erscheint). Während der ersten Proben muß genügen, die Stimme nur anzudeuten. Erst bei völliger Geschicklichkeit soll die heisere Stimme verwendet werden. Die Geschicklichkeit besteht eben in dem Vermögen, alle Verkrampfungserscheinungen des Körpers auf die Bauchdeckenmuskulatur zu verlagern und die echten Stimmlippen durch die falschen – für die man allerdings kein Bewußtsein besitzt – zu entlasten. Wichtigstes Gebot aber bleibt die Entspannung während der Stimmpausen!

Die Wiedergabe der Kastratenstimme ist weniger gefährlich. Es handelt sich ja nicht um eine einfache Überschreitung der Indifferenzlage – was freilich wesentlich anstrengender wäre –, sondern es handelt sich um eine völlig andere Stimmfunktion (die Stimme liegt beim Manne dann eine Oktave höher!). Auch hier ist wieder darauf zu achten, daß eine völlige Tiefatmung erhalten bleibt und daß die Hauptbelastung die Bauchdecke übernimmt!

Wesentlich schwieriger ist die künstliche Vertiefung der Frauenstimme, um den Eindruck einer Männerstimme zu erwecken. Wir finden solche Aufgaben hin und wieder in Hosenrollen der Commedia dell'arte.
Die Schauspielerin muß darauf achten, daß ihre gesamte Kehlkopfmuskulatur in einem besonderen Maße entspannt ist. Der Kehlkopf soll sich dabei in Tiefstellung befinden. Das Ansatzrohr muß eine Weite haben wie beim Gähnen! Man vermeide lautes Sprechen mit dieser verstellten Stimme.

Die Darstellung von Süchtigen stellt im allgemeinen keine großen technischen Anforderungen. Die Schäden durch Süchtigkeit sind vor allem nervöser Natur. Es ist folglich nicht so sehr die Stimmtechnik als die Artikulation gestört. Einige Hinweise über die Verhaltensweise von Süchtigen findet der Darsteller z.B. bei G. SCHRÖDEL.

Die Wiedergabe von Tierstimmen – beispielsweise in Kinderstücken – stellt meist ähnliche Anforderungen wie die schon geschilderten Stimmverstellungen. Es handelt sich entweder um eine Stimmerhöhung oder um eine abnorme Vertiefung. Wichtig ist in jedem Falle die völlige Beherrschung der Atmung. Die Atmung bietet die Möglichkeit zur Kompensation!

# F. ÜBER DIE FORM DES WERKES

Nichts ist schwerer, als Rollen zu verkörpern aus Stücken, deren sprachliche Qualität gering ist. Im Grunde haben für das Theater die beiden Kunstgattungen Dichtung und Schauspielkunst eine Einheit zu bilden. Beide – Autor wie Schauspieler – schöpfen aus den gleichen Erfahrungsquellen, beide müssen eine gleichgute Beobachtungsgabe besitzen, beide müssen sie Phantasie, die Fähigkeit zur Heraufbeschwörung konkreter Vorstellungsinhalte haben, beide müssen sie sich auszeichnen durch Geschmack, durch Verstand, durch eine Kombinationsgabe und durch eine ausgesprochene Sprachbegabung.

Die Form der Dichtung übt einen großen Einfluß auf die Sprechleistung aus: Es ist ein Unterschied, ob es sich um eine Rezitation eines Gedichtes oder um die Wiedergabe des Textes einer Rolle, ob es sich um moderne Konversation oder um Versdramen handelt, ob in Dialekt oder in klassischer Hochsprache gesprochen werden soll, ob SCHILLERsches Pathos oder die Lässigkeit eines KURT-GÖTZ-Stückes verlangt wird: es ist schließlich ein Unterschied, ob der Schauspieler nur seine eigene Stimme erklingen läßt oder ob er durch eine musikalische Untermalung unterstützt wird, ob er zu der Musik sprechen oder singen soll oder ob er sprechen und singen soll – beides in einem Atemzuge.

Der Fragen und Antworten sind so viele, daß dieses Kapitel bei weitem nicht ausreicht. An dieser Stelle verlassen wir die eine Seite der Sprecherziehung – die Beschreibung der Sprechtechnik – und betreten ein neues Gebiet, die andere Seite der Sprecherziehung: die Ausdrucksschulung, die künstlerische Gestaltung der Sprache.

Wir wollen uns darum hier nur auf die Beantwortung einer Frage beschränken, nämlich: Welchen Einfluß nimmt die Form des Werkes auf die Sprechleistung des Schauspielers?

Und selbst bei der Beantwortung dieser Frage können wir nur wenige Beispiele herausgreifen.

Zunächst: Haben die Interpunktionen einen Einfluß auf das Sprechen?

Auf Grund einer einfachen Beobachtung muß man diese Frage verneinen. Die Interpunktionen haben für das Spontansprechen absolut keine Bedeutung! Kein Mensch denkt auch nur im entferntesten während seiner freien Rede an ein Komma, ja, nicht einmal an einen Punkt! Wären die Interpunktionszeichen aus den Gesetzen der gesprochenen Sprache ent-

standen, so brauchten die Kinder in der Schule die Kommata nur dort zu setzen, wo sie während des Spontansprechens natürliche, d. h. sinngemäße Pausen machen. Trotzdem wären sie nicht sicher vor dem Rotstift des Lehrers, denn es zeigt sich: das Interpunktionszeichen fällt nicht immer zusammen mit einem tatsächlichen Sinneinschnitt in der Rede.
Wir sprechen folglich nicht einfach Haupt- und Nebensätze im grammatikalischen Sinne, sondern wir sprechen nach anderen Gesetzmäßigkeiten. Nicht nach grammatischer Logik, sondern nach gedanklicher Dialektik! Wir sprechen Sinneinheiten! Wir sprechen nicht in grammatischen Sätzen, sondern in Sinnschritten!

> Freilich gibt es viele Fälle, wo die Interpunktionszeichen mit der Begrenzung von Sinnschritten zusammenfallen. Das ist meist (nicht immer!) der Fall beim Punkt· und seinen Varianten (Ausrufezeichen, Fragezeichen und Doppelpunkt), beim „Gedanken"strich, bei der Klammer. Es ist seltener beim Komma und beim Semikolon.
> Die Kommata werden ja bekanntlich bei den meisten Deutschen nicht ohne Schwierigkeiten gesetzt. Der Grund liegt darin, daß die deutsche Sprache ihre Grammatik nicht völlig eigenständig, sondern unter dem fremden Einfluß des Lateinischen entwickelt hat.

Für die Pausensetzung sind also die Sinneinheiten verantwortlich.
Die Interpunktion hat aber auch keinen Einfluß – wie man lange Zeit, vor allem in den Elementarschulen, gelehrt hat – auf die Intonation. Es ist falsch zu sagen: Nach einem Komma wird die Stimme gehoben, nach einem Punkt gesenkt; nach einem Fragezeichen wird sie wiederum gehoben, nach einem Ausrufezeichen wiederum gesenkt. Solche Regelung wäre der Tod der lebendigen Sprache – vor allem der Tod des Theaters!

> Viel Schuld an solchen und ähnlichen falschen Lehrmeinungen hat das Bestreben, auf die geschriebene Sprache unbedingt die Gesetze der Musik anwenden zu wollen! Man kann es nicht genug betonen: Das Notensystem mit seinen verschiedenen Zeichen hat mit der Sprache und seinem Schriftsystem nicht das geringste zu tun.
> Die Schreibart in der Musik ist viel später entstanden und unter ganz anderen Bedingungen als die Schrift!
> Man sagt: Der Musiker bekommt durch das Notensystem eine Vorlage in die Hand, nach der er sich blind richten kann. Das System schreibt die Melodie, die Dynamik, das Tempo, den Rhythmus, ja sogar die Klangfarbe vor. Etwas Ähnliches – so folgert man – müssen wir auch in der Schrift haben!
> So wird der Takt mit dem Versfuß verglichen, die Dauer der Noten wird auf die Länge der Vokale übertragen, die Intervalle auf die Sprechkurven; die Zeichen p, pp, f, ff, mf usw. werden in die Dichtung eingesetzt – und zwar meist unter dem Gesichtspunkt einer musikalischen Abwechslung –,

und so glaubte man auch, die Interpunktionszeichen unseres Schriftbildes als phonetische Zeichen auffassen zu dürfen, die dem Sprecher anzeigen, wo Pausen gesetzt werden müßten und wie die Stimmkurve zu verlaufen habe!

Wir wollen ein Beispiel anführen, an dem der Leser unsere Behauptungen überprüfen kann. Wir vermeiden es, Intonationszeichen einzusetzen, da kein Zeichen den tatsächlich möglichen Verlauf der Stimme wiedergeben kann. Einmal schreiben wir den Satz auf, wie er nach der Zeichensetzung KLEISTS gelesen werden müßte (der Leser sollte dabei einmal nach jedem Komma die Stimme anheben, und er wird die ganze Langeweile solcher Leseart empfinden!), das andere Mal teilen wir den Text in Sinnschritte auf, und bemühen uns, die Stimme möglichst oft am Ende je eines Sinnschrittes zu senken:

I.

*Luther,*
*der unter Schriften und Büchern an seinem Pulte saß,*
*und den fremden,*
*besonderen Mann die Tür öffnen und hinter sich verriegeln sah,*
*fragte ihn:*
*wer er sei?*
*und was er wolle?*
*und der Mann,*
*der seinen Hut ehrerbietig in der Hand hielt,*
*hatte nicht sobald,*
*mit dem schüchternen Vorgefühl des Schreckens,*
*den er verursachen würde,*
*erwidert:*
*daß er Michael Kohlhaas,*
*der Roßhändler,*
*sei;*
*als Luther schon:*
*„weiche fern hinweg!"*
*ausrief,*
*und,*
*indem er,*
*vom Pult erstehend,*
*nach einer Klingel eilte,*
*hinzusetzte:*
*„dein Odem ist Pest und deine Nähe Verderben!"*

## II.

*Luther*
*der unter Schriften und Büchern an seinem Pulte saß*
*und den fremden besonderen Mann die Tür öffnen*
*und hinter sich verriegeln sah*
*fragte ihn wer er sei?*
*und was er wolle?*
*und der Mann*
*der seinen Hut ehrerbietig in der Hand hielt*
*hatte nicht sobald mit dem schüchternen Vorgefühl des Schreckens den er*
*        verursachen würde erwidert*
*daß er*
*Michael Kohlhaas der Roßhändler sei*
*als Luther schon „weiche fern hinweg!" ausrief*
*und*
*indem er vom Pult erstehend nach einer Klingel eilte hinzusetzte*
*„dein Odem ist Pest*
*und deine Nähe Verderben!"*

Die zweite Lesart, die man natürlich auch – je nach der Sinngebung –
anders aufteilen kann, gruppiert den Text in Sinnschritte. Alle diese Sinneinheiten fallen wiederum nicht auseinander, sondern stehen unter einer
großen geistigen Klammer. Die Aussage steht bei diesen langen KLEIST-
schen Sätzen fast immer am Ende des Ganzen. Dadurch ergibt sich eine
Spannung, die durch den gesamten Sprechabsatz geht. Die Spannung
wird aber wiederum durch den Intonationsverlauf unterstützt (und auch
durch die Farbgebung). Fallende Intonation am Ende eines Sinnschrittes
bei gleichzeitiger Aufrechterhaltung einer Gesamtspannung (!) erhöht in
diesem Falle den Eindruck des Ungewissen, des Lauernden, des Gefahr-
vollen der Situation – steigende Intonation am Ende der Sinnschritte ent-
schärft die Situation!

Langer Rede kurzer Sinn: Für die Gestaltung eines Textes gibt es durch
die Interpunktionen keinen Anhaltspunkt! Und zweitens: Man kann
durch keinerlei noch so raffiniert ausgeklügelte Zeichen, die tatsächliche
Länge der Pausen, den Verlauf der Intonation, die Farbe der Stimme, die
Artikulationsspannung, mit der ein Text gesprochen werden soll, aus-
drücken.
Woran soll sich dann aber der Sprecher halten?
Die Sprache hat gegenüber der Musik – um nochmals bei dem Vergleich zu

bleiben – einen unschätzbaren Vorteil: sie sagt etwas aus, was konkret durch das Wort ablesbar ist. Die Konkretheit der Gedanken ist es folglich, die uns für die Gestaltung als Maßstab gilt, ein Maßstab sowohl für die Gestaltung als auch für die Beurteilung einer schauspielerischen Leistung.

Der Sprecher hat aber noch einen anderen Anhaltspunkt – der aber stets dem ersten untergeordnet bleibt: das ist die jeweilige dichterische Formgebung des Kunstwerkes.

Man hat über das Sprechen von Versen schon viel geschrieben. Die meisten Autoren solcher Abhandlungen machen dem Schauspieler unserer Tage den Vorwurf, er könne keine Verse mehr sprechen. Die wenigsten Kritiker vermögen zu sagen, wie man Verse sprechen solle.

Fest steht eines: Der heutige Schauspieler darf über dem Metrum nicht den Sinn vergessen. Der noch so gut vorgetragene Vers verliert seine Wirkung, wenn man den Sinn nicht mehr versteht!

Andererseits kann man einen Text in Versen nicht einfach in Prosa auflösen.

Welche Möglichkeiten der Formgebung hat der Autor? Er kann den Text durch eine gleichmäßige Wiederkehr einer bestimmten Anzahl von Hebungen und Senkungen (Versfuß) rhythmisieren, und er kann den Text durch eine gewisse Zeilenaufteilung gruppieren.

In den klassischen Versen ergibt sich die Zeilenlänge aus der Anzahl der Versfüße. Der klassische Autor unterliegt also einem äußeren Zwang bei der Formgebung. Hat er ein bestimmtes Versmaß gewählt, so bestimmt dieses Versmaß sowohl die Wortwahl und Wortstellung als auch die Zeilenlänge. Diese Gesetzmäßigkeit kann noch erhöht werden durch die Einführung des Endreims.

Eine solche unter dem Versfußzwang stehende Dichtung kann in den wenigsten Fällen das Zeilenende mit einem Sinnabschluß zusammenfallen lassen. Die Sinnschritte reichen in der Mehrzahl der Fälle über den Zeilenabschluß hinaus und enden inmitten der nachfolgenden Zeile.

Daneben gibt es Dichtungen, die sich nur den Zwang der Zeilengruppierung auferlegen, die Füllung der Zeilen mit Hebungen und Senkungen aber frei gestalten. Solche Dichtung ist nicht frei von einer rhythmischen Gruppierung, nur sind die Rhythmen nicht der starren Gesetzmäßigkeit stetiger Wiederkehr unterworfen. Wir finden diese Verse vorwiegend bei modernen Dichtern (aber natürlich auch schon bei den Klassikern). Der Dichter hat auch hier die Möglichkeit, die Form noch durch einen Endreim etwas zu versteifen.

Diese Dichtungsform gruppiert ihre Verszeilen zwar auch nicht immer nach der Länge eines Gedankens, wohl aber immer mit der Tendenz, die Sinngebung durch die äußere Zeilenaufteilung zu unterstützen!

Man muß nun noch die Gattung des Kunstwerkes berücksichtigen. Bei dem Versdrama der Klassik wird der Formzwang mehr empfunden als bei einem klassischen Gedicht ähnlicher starrer Gesetzmäßigkeit.

Das klassische Gedicht hat kaum Rücksicht auf Rede und Gegenrede zu nehmen. Die Aussage ist konzentrierter, und der Stoff läßt sich in der Gedichtsform leichter in die äußere Fassung einordnen.

Das klassische Drama gerät nicht selten in Widerspruch zwischen der sprachlichen Sinngebung und der Form. Darin liegt der Reiz, aber auch die Gefahr des klassischen Dramas.

> Die Gegenrede des Partners setzt in den meisten Fällen mitten in der Verszeile ein.
>
> Die Wortbetonungen, die der (meist antike) Vers vorschreibt, stimmen nicht immer überein mit der Betonungseigenart der deutschen Sprache.[1]
>
> Der höchste Sinnakzent innerhalb eines Ganzen fällt nicht immer zusammen mit dem Stärkeakzent eines Versfußes.

Würde man folglich das Versdrama, dem äußeren Zwang entsprechend, skandieren, so würde der Sinn des Gesprochenen völlig verlorengehen.

> Mangelhafte Verständlichkeit auf der Bühne bei Versdramen ist oft auf solche skandierende Sprechweise des Schauspielers zurückzuführen (und nicht auf mangelhafte Sprechtechnik!).

Es ergibt sich von selbst, daß die akademische Forderung, immer die Verszeileneinteilung beim Sprechen mit zu berücksichtigen, für den Schauspieler einer klassischen Rolle nicht zutreffen kann.

> Das ist auch nicht erforderlich! Denn der Hörer erhält den Eindruck der gebundenen Form nicht durch die Berücksichtigung der Zeilenlänge – welcher Fachmann (!) kann wirklich nur durch das Ohr feststellen, ob eine Zeile zu Ende ist oder nicht? –, sondern durch die Gleichheit der Versfüße!
>
> Auf dieses Gleichmaß und nur auf dieses kommt es folglich an, und der Schauspieler wird hier mit Geschmack, Sinnbetonung und Versbetonung eines Wortes in Einklang zu bringen haben (was in manchen Fällen nicht leicht ist)!

Anders in einem modernen Versdrama, z.B. BRECHTs: Hier ist die Verszeile meist das formgebende Element – allerdings unterstützt durch die Wortwahl (nach Silbenlänge, Sinngewichtigkeit, Bildstärke usw.) –; der Rhythmus innerhalb der Verszeile wechselt!

[1] Wir empfehlen dem Interessierten die *Deutsche Verslehre* von E. ARNDT.

Ein Darsteller einer Rolle aus solchen Stücken wird sich hier streng an den vorgeschriebenen Zeilenschluß halten müssen und wird dabei feststellen, daß der Autor mit diesem Zeilenschluß die Sinngebung in eigenartiger Weise unterstützt. Hierin liegt der Reiz wiederum des modernen Dramas! Wer diese Eigenart nicht sprachlich wiederzugeben imstande ist, macht aus dem Versdrama ein Prosastück.

> Freilich muß der moderne Autor – wie BRECHT – wissen, warum er den Zeilenbruch (Enjambement) vornimmt, er muß ihn gestalten, d. h., er muß von der Sprechbarkeit seiner Dichtung ausgehen; und nicht, wie uns ein junger Autor auf unsere Frage erwiderte, das Enjambement nur machen, damit der Vers „eigenwillig" wird.
> Schulbeispiele gelungener Versaufteilung sind BRECHTS *Fragen eines lesenden Arbeiters* und GOETHES *Mahomets Gesang*.
> Hingegen würde man der Dichtung und auch dem Hörer Gewalt antun, wollte man z. B. *Hermann und Dorothea* nach genau eingehaltenen Verszeilen sprechen!

Über den Unterschied von Rezitation und Bühnensprechen wollen wir in diesem Rahmen nicht reden, sondern verweisen auf die reichhaltige Literatur. Es sei nur gesagt, daß ein Schauspieler, der während des Rezitierens Theater spielt, der Kunstgattung Gewalt antut, der immer berichtenden Form (ganz gleich, ob es sich um ein Gedicht oder um einen Roman handelt) das Typische ihres Berichtes nimmt und den Zuschauer im allerhöchsten Falle beeindruckt, im seltensten Falle überzeugt!

Für das Singen auf der Bühne durch Schauspieler sei hier – vor allem für den Regisseur und den verantwortlichen Kapellmeister – nochmals betont: Jedes Lied muß auf die individuelle Stimmlage des betreffenden Schauspielers transponiert werden. Zu hohe Lieder müssen den Schauspieler stimmlich gefährden. Denn der Schauspieler ist kein Sänger, und ein Lied auf der Bühne ist kein Lied im Konzertsaal!

Wir wollen das III. Kapitel mit Zitaten aus der *Theaterarbeit* des Berliner Ensembles beenden (S. 353 und 385).

HELENE WEIGEL sagt zur Sprechtechnik:

*Ich möchte sagen, daß man nicht aufhören darf, an der Sprache zu arbeiten. Solange ich Theater spiele, habe ich kaum einen Tag vergehen lassen, ohne Sprechübungen zu machen. Dafür ergibt sich immer etwas Zeit; ich habe z. B. oft das Waschen dazu benutzt.*
*Die Sprache ist eine handwerkliche Voraussetzung, die absolut notwendig ist, sonst kann man nicht spielen … jetzt ist der Vers bei uns völlig verkommen. Man hat den Vers völlig aufgelöst, ihn auf Prosa zurückzuführen versucht,*

*um den Wortsinn herauszuarbeiten; aber den rückläufigen Prozeß, den Vers wieder mitzuarbeiten, sobald die sinngemäßen Betonungen gefunden sind, hat man nicht beachtet. Deshalb ist Versesprechen jetzt allgemein weiter nichts als ein abgehacktes Sprechen von Prosa.*

Einer realistischen Spielweise, sagen die Mitarbeiter des Buches *Theaterarbeit*, stehen das sog. *Bühnentemperament* und die sog. *Bühnensprache* entgegen.

Das erstere – ein äußerliches Sichaufpumpen, sobald der Vorhang hochgeht – *tobt sich meist in überlautem oder künstlich verhaltenem Sprechen aus und überdeckt die Leidenschaften der Stückfiguren durch die Leidenschaft des Schauspielers;* das letztere läßt das Sprechen zu einer leeren Form erstarren. Denn: *Allzu artikuliertes Sprechen erleichtert nicht, sondern erschwert die Verständlichkeit. Und Hochdeutsch lebt nur, wenn es von den Volksdialekten durchtönt wird... Die große Form kann nur neu erstehen, wenn eine ständige Speisung aus der sich ständig wandelnden Realität stattfindet.*

## LITERATUR

ADERHOLD, E.: *Körpermotorik und Sprechmotorik. Ein Beitrag zur Spracherziehung des Schauspielers;* Wiss. Z. Uni Halle, Ges.-Sprachw. Reihe, XI, 12, 1962, S. 1529 ff.

ARNDT, E.: *Deutsche Verslehre. Ein Abriß;* Berlin 1960

ASPELUND, D.: *Die Entwicklung des Sängers und seiner Stimme*, aus dem Russischen übersetzt von E. M. ARNDT; Studienmaterial f. d. künstl. Lehranstalten der DDR; Reihe Musik, 2, 1954

BAB, J.: *Kränze dem Mimen. Dreißig Porträts großer Menschendarsteller im Grundriß einer Geschichte der modernen Schauspielkunst;* Berlin, Darmstadt 1954

BAHR, H.: *Schauspielkunst;* Leipzig 1923

BENTLEY, E.: *Die Theaterkunst Brechts* (1949); Sinn und Form, 2. Sonderheft, Berlin 1957, S. 159 ff.

BIEHLE, H.: *Stimmkunde für Beruf, Kunst und Heilzwecke;* Berlin 1955

DREWS, W.: *Theater;* Wien, München, Basel 1961

ERPENBECK, F.: *Pathos;* Theater der Zeit, 8, 1954

ERPENBECK, F.: *Rächenvermerkriechn;* Theater der Zeit, 10, 1954

ERPENBECK, F.: *Technik, das Fundament;* Theater der Zeit, 10, 1955

FINOHR, H.: *Aus der Praxis der Spracherziehung;* Theater der Zeit, 5, 1955

FIUKOWSKI, H.: *Schauspieler und Rezitation;* Wiss. Z. Humboldt-Uni Berlin, Ges.-Sprachwiss. Reihe, X, 1961, S. 250 bis 256

GENERLICH, H.: *Stimmbildung und Sprecherziehung;* Theaterarbeit, 6 Aufführungen d. Berliner Ensembles, Dresden 1952, S. 390–393

GORTSCHAKOW, N.: *Stanislawski über das Wort;* Theater der Zeit, 7, 1954

GRÜNDGENS, G.: *Wirklichkeit des Theaters;* Frankfurt/M. 1953

HEINITZ, W.: *Untersuchung und Beurteilung schauspielerischer Sprechleistungen. Ein Materialbeitrag für die vergleichende Ästhetik;* Z. f. Ästhetik u. allg. Kunstwiss., hrsg. von M. DESSOIR, XXII, 1, Stuttgart 1928, S. 1–16

HERRMANN, A.: *Experimentelle Untersuchungen der Schleimhautfunktion der oberen Luftwege;* Z. Laryng., Rhinologie, Otologie, XXIV, 1933, S. 479

JAKOBS, M.: *Deutsche Schauspielkunst. Zeugnisse zur Bühnengeschichte klassischer Rollen;* bearb. von E. STAHL, Berlin 1954

KAULHAUSEN, M.-H.: *Die Gestalt des Gedichtes, seine sprechkundliche Interpretation und Nachgestaltung,* 2. veränd. Aufl. (mit 3 Sprechplatten), Göttingen, Zürich 1958

LIEBSCHER, O.: *Verskunst auf der Bühne. Ein Weg zur Leistungssteigerung in der Schauspielerkunst;* Tübingen 1953

LOCKEMANN, F.: *Der Rhythmus des deutschen Verses. Spannkräfte und Bewegungsformen in der neuhochdeutschen Dichtung;* München 1960

LOELTGEN, A.: *Stimme und Sprache;* Theater der Zeit, 11, 1954

MÖNCKEBERG, V.: *Der Klangleib der Dichtung;* Hamburg 1946

MORSCHEL-WETZKE, E.: *Der Sprechstil der idealistischen Schauspielkunst;* Emsdetten (Westf.) 1956

PANCONCELLI-CALZIA, G.: *Die Taschenbandstimme;* Berlin 1953

PHILIPP, H. W.: *Grammatik der Schauspielkunst. Eine Funktionslehre der Sprache;* 2 Bde.[1], Wiesbaden 1948/51

QUADFLIEG, W.: *Will Quadflieg;* Hamburg-Volksdorf 1957

SCHRÖDEL, G.: *Sucht – ein gesellschaftliches Problem;* Urania, XXI, 12, 1958

STANISLAWSKI: *Die Arbeit des Schauspielers an sich selbst. Tagebuch eines Schülers.*
Teil I: *Die Arbeit an sich selbst im schöpferischen Prozeß des Erlebens;* Berlin 1961

TROJAN, F.: *Die Ausbildung der Sprechstimme. Ratschläge für alle, die beruflich viel sprechen müssen;* mit Übungen von L. LEIN, Sprecherziehung, 1, hrsg. von F. TROJAN, Wien 1948

TROJAN, F.: *Die Kunst der Rezitation. Eine Anleitung zu ausdrucksrichtigem Vortrag;* Sprecherziehung, 7, hrsg. von F. TROJAN, Wien 1954

WEIGEL, H.: *Theaterarbeit. 6 Aufführungen des Berliner Ensembles;* hrsg. vom Berliner Ensemble und H. WEIGEL, 2. erw. Aufl., Berlin 1961

WEIHS, H.: *Psychologie der Stimmstörungen;* Z. f. Menschenkunde, XX, 1, 1958, S. 189–204

[1] Wir haben leider nur den 1. Band durcharbeiten können. Den 2. Band, der sich vor allem mit der sprachlichen Leistung des Schauspielers auseinandersetzt, haben wir nicht erhalten können.

WEITHASE, I.: *Zur Geschichte der gesprochenen deutschen Sprache;* 2 Bde., Tübingen 1961

WEKWERTH, M.: *Theater in Veränderung;* Berlin 1960

WILDFÜHR, G./FORNFEIST, H.: *Das Staubproblem im Industriegebiet und in der Großstadt;* Urania, XX, 6, 1959

WINKLER, CHR.: *Gesprochene Dichtung. Textdeutung und Sprechanweisung;* Düsseldorf o. J. (1958)

WINKLER, CHR.: *Bemerkungen zur Beurteilung künstlerischer Vortragsleistungen;* Sprechkunde und Sprecherziehung, IV, 1959, S. 107–115

WINTERSTEIN, E. VON: *Mein Leben und meine Zeit;* Berlin 1951

WOLF, E.: *Von der Technik zur Rolle.* Theater der Zeit, 4, 1955

WOLF, E.: *Zur Sprecherziehung des Schauspielers;* Festschrift zum 50jährigen Bestehen der sprechkundlichen Arbeit an der Martin-Luther-Univ. Halle/Wittenberg, hrsg. von H. KRECH, 1956

# IV. METHODEN
## DER SPRECHERZIEHUNG
## DES SCHAUSPIELERS

## A. ZUR ÜBUNGSWEISE DES SCHAUSPIELERS

### 1. Wissen und Können

Über die Art und Weise des Übens herrschen verschiedene Ansichten. Es gibt Schauspieler, die glauben, es genüge, wenn man sich ein wenig nebenher mit der Sprecherziehung befasse, etwa beim morgendlichen Zähneputzen, beim Anziehen oder ähnlichen Beschäftigungen.[1] Diese Art zu üben genügt nicht.

Es gibt nicht wenig Schauspieler, die glauben, Sprechübungen seien überhaupt zu entbehren. Sie möchten nur dem ein Training auferlegen, der mit echten Sprechfehlern behaftet ist.

Wir haben in den vorangegangenen Kapiteln versucht, die Sprechleistung und besonders die des Schauspielers zu erklären.

> Freilich, es gibt viele, die ohne Übung ein Leben lang den Anforderungen genügen. Sie spielen so, wie sie es k ö n n e n, ohne das Bewußtsein um eine höhere Qualität, ohne sich auch nur im Traum einfallen zu lassen, daß ihre Stimme nicht nur Träger von Sinneinheiten zu sein brauchte, sondern zugleich die Ausdruckskraft eines hervorragenden Instrumentes haben könnte!

Wir sind der festen Überzeugung, daß das Sprechenkönnen die wichtigste Voraussetzung des Schauspielerberufes ist und daß die Forderungen, die diesbezüglich an den Schauspieler gestellt werden, viel höher sind als die jedes anderen Sprechberufes. Diesen Forderungen i m m e r zu genügen, bedarf es eines t ä g l i c h e n Trainings.

> Es handelt sich dabei um ein echtes Training, um eine sinnvolle Aktivierung der entsprechenden Muskulatur.

Wie soll der Schauspieler üben?
Es zieht sich wie ein roter Faden die Auffassung durch dieses Buch, daß

---

[1] Vgl. S. 221. In diesem Punkte stimmen wir mit H. WEIGEL nicht überein.

die Sprechübung nur zum Erfolge führen kann, wenn sie vom Übenden richtig angewandt wird, d. h., wenn er weiß, warum er gerade diese Übung machen muß.

Der Schauspieler soll nicht blindlings üben, was man ihm vormacht. Er soll seinen Körper – sein Instrument – genau kennen, besser als jeder andere. Er soll wissen um die Sprechfunktionen, um sie so beeinflussen zu können.

> Nur so ist er in der Lage, seine eigene Sprechleistung zu beurteilen und zu lenken. Und so ist er gefeit gegen jede Kurpfuscherei!

Das Können wird folglich vom Wissen hergeleitet. Alle Übungen sollen also bewußt gemacht werden. Auf diese Weise übt der Schauspieler die entsprechende Muskulatur, sein funktionelles Hören, sein Körpergefühl und sein Raumgefühl.

Solche Übungsweise stellt auch besondere Anforderungen an den Sprecherzieher.

Der Sprecherzieher des Schauspielers braucht sehr viel Erfahrungen, ein umfangreiches fachliches Wissen, ein gutes Gehör und selbst gute sprecherische Fähigkeiten.

> Es gibt Lehrer, die sehr stark mit den Mitteln der Suggestion arbeiten, die ihre Schüler in einen Zustand der Verzückung oder Entrücktheit bringen und so beachtliche Leistungen hervorzaubern. Solche Leistungen sind sinnlos, da der Schüler nicht weiß, wie sie zustande kamen.
> Es gibt auch Lehrer, die mit einem Drill alles erreichen wollen. Der Schüler muß die Übungen geläufig wie am Schnürchen herunterleiern, er muß sie im Schlaf können! Auch solche Übungsweise halten wir für unsinnig, da sie meist nur eine äußere Mechanik drillt und eben „im Schlaf" geschieht.

Andererseits ist eine sprecherzieherische Ausbildung ohne die fachgerechte Anleitung eines Pädagogen nicht möglich. Der Schüler braucht für eine gewisse Zeit die Erfahrungen und das Ohr eines Lehrers.

Der ausgebildete Schauspieler kann sicherlich – wenn er über das entsprechende Übungsmaterial und Wissen verfügt – einen Lehrer entbehren. Für ihn genügt von Zeit zu Zeit eine Überprüfung durch einen Sprecherzieher (viele Theater haben heute schon für ihr Ensemble einen Pädagogen).

Unsere Erfahrung an den verschiedenen Berliner Theatern lehrt uns, daß die besten Schauspieler zugleich die fleißigsten sind! Wir sagen das nicht allein aus pädagogischen Absichten, wir sagen es an dieser Stelle, weil auch wir die alte Binsenweisheit bestätigt fanden: Ohne Fleiß kein Preis!

Die Arbeit mit solchen Schauspielern ist anregend, sie bringt für beide Teile Gewinn. Die Sprecherziehung wird lebendig, denn sie ist kein Selbstzweck mehr, sondern Mittel zum Zweck!

Noch ein paar Worte zur Übungsdauer. Wir halten ein tägliches Training für unerläßlich. Im allgemeinen stimmen darin die meisten Autoren mit uns überein. Der Schauspieler soll nicht stundenlang üben. Es genügt, eine halbe Stunde oder – noch besser – dreimal am Tage etwa 20 Minuten zu üben. Bedingung dabei ist, daß wirklich geübt wird, daß alle Konzentration der Arbeit zugewandt ist.

HERMANN (1913), der der mechanistischen Übungsweise nahesteht, empfiehlt ein tägliches Üben von dreimal 15 Minuten; ERNST VON POSSART, ein berühmter Sprecher, Schauspieler und Regisseur seinerzeit (geb. 1841), dem man allerdings schon damals Übertreibung in Deklamation und Spiel vorwarf, der aber als hervorragender Techniker galt, empfiehlt ein Training von einer halben Stunde täglich (1902); der Phonetiker WÄNGLER hält zweimal 10 Minuten und der Mediziner ZUMSTEEG – allerdings für Stimmkranke – drei- bis viermal 20 Minuten täglich für ausreichend.

Nach unseren Erfahrungen müßte der Stundenplan an unseren Schauspielschulen mindestens folgende Unterrichtszeiten für Sprecherziehung als wöchentliches Arbeitspensum vorsehen:

I. Jahrgang: 2 Lektionen Gruppenunterricht (Gruppe zu 4 Pers.), 2 Lektionen Einzelunterricht (= 3 × 30 Min.);
II. Jahrgang: wie der I. Jahrgang;
III. Jahrgang: 1 Lektion pro Gruppe, 2 halbe Lektionen Einzelunterricht (= 2 × 30 Min.);
außerdem für jeden Jahrgang eine Lektion in der Woche theoretischen Unterricht, wo dem Schüler in einer anschaulichen zusammengefaßten Übersicht das nötige Grundwissen erteilt wird.[1]

Wir haben die Formsprecher der Vergangenheit an anderer Stelle[2] genügend kritisiert, so daß wir, wenn wir VON POSSART nochmals zitieren, nicht mißverstanden werden können. Der Fleiß, der Arbeitsernst, die Höhe der erreichten Formstufe zwingen uns unsere volle Bewunderung ab. Aus diesem Grunde teilen wir hier – vor allen unseren jüngeren Lesern – mit, was einer dieser „Alten" über die Tageseinteilung des Schauspielers sagte (E. VON POSSART, 1902, S. 885):

[1] Wir möchten betonen, daß der Schüler natürlich nicht das in diesem Buche zusammengetragene Fachwissen in allen Einzelheiten lernen muß. Die umfassende Kenntnis ist Sache des Lehrers. Er hat aus der Fülle klug auszuwählen!
[2] Siehe S. 30 f. und 78.

*Die Tageseinteilung eines Schauspielers ist allein schon entscheidend für den Ernst, mit dem er seine Aufgabe erfaßt; und einzig in der Art und Weise, wie der Bühnenkünstler sein Leben führt, liegt für ihn die Gewähr dauernder Erfolge.*

*Der junge Schauspieler stehe früh auf. Er wasche mit kaltem Wasser bei einer Zimmertemperatur von 14–15 Graden den ganzen Körper, und mache dann im wohlgelüfteten Zimmer – im Sommer bei offenen Fenstern, mit Schuhen und Strümpfen versehen, im übrigen aber unbekleidet – 20–30 Minuten lang gymnastische Übungen; er bediene sich dabei des überaus praktischen Metzlerschen Turnapparates[1], der ganz geringen Platz einnimmt und bequem auf jeder Reise mitgeführt werden kann.*

*Nach dem Frühstück beginne der Darsteller nun mit den oben schon vorgeschriebenen Stimmübungen[2], die ungefähr eine halbe Stunde in Anspruch nehmen sollen.*

*Dann lasse er das Organ ausruhen und erlerne leise einige Sätze seiner Rolle wortgetreu.*

*Nach einer weiteren halben Stunde memoriere er das Gelernte auswendig mit lauter Stimme.*

*Um 10 Uhr vormittags beginnen in der Regel die Proben. Bleibt dem Darsteller nach Beendigung derselben noch Zeit bis zum Mittagessen, so verwende er sie zu einem Spaziergange.*

*Probefreie Vormittagsstunden fülle er mit der Lektüre eines guten Buches aus.*

*Wer am Abend eine größere Rolle zu spielen hat, die stimmliche Anstrengung erfordert, der begnüge sich mit einer bescheidenen Mahlzeit. Ein überfüllter Magen erschwert das tiefe und anhaltende Atmen. Auch vermeide der Darsteller, an allen Spieltagen vor dem Ende der Vorstellung geistige Getränke zu sich zu nehmen oder zu rauchen. Alkoholgenuß regt auf und verwirrt das Gedächtnis, Nikotin und Tabakrauch aber röten die Schleimhäute und beeinflussen den Klang der Stimme.*

*„Tags Arbeit, abends Gäste", sei auch das Zauberwort des darstellenden Künstlers; nach der Vorstellung wird jedem Schauspieler ein reichlicher Abendtrunk und eine gute Zigarre die pflichtgemäße Enthaltsamkeit, die er den Tag über gehabt hat, freundlich lohnen.*

*Der häufige Besuch des Wirtshauses gereicht keinem Bühnenkünstler zum Vorteil. Bei dem jetzt allerorts gebräuchlichen, späten Beginn der Vorstellungen kommt der Schauspieler vor 10 Uhr nachts niemals aus dem Theater.[3] Da soll er nicht noch einmal Toilette machen müssen, um in Gesellschaft erscheinen zu können; da soll er bequem in seiner Wohnung sitzen, und nach dem Abendessen das Bett nicht allzu weit haben.*

---

[1] Heute könnte das ein handelsüblicher Expander sein.

[2] Siehe S. 252.

[3] POSSART konnte sich damals nicht träumen lassen, welchen physischen Anforderungen oft heute der Schauspieler – vor allem der der Großstadt – gewachsen sein muß. Allerdings: Die Zusatzbetätigung des modernen Schauspielers bleibt freiwillig. Wer so viel nebenher arbeitet, daß seine Bühnentätigkeit darunter leidet, trägt selbst die Verantwortung dafür!

*Der Bühnenkünstler braucht eine behagliche Häuslichkeit und liebevolle, auf-
merksame Bedienung, will er die Anstrengung seiner Tätigkeit auf die Dauer
ertragen.*

*Ein ermüdetes Organ aber noch stundenlang der schlechten Wirtshaus-
atmosphäre auszusetzen, zeigt von wenig Nachdenken.*

*Es ist etwas ganz anderes, ob ich in meinem eigenen, vorher gut ausgelüftetem
Zimmer nach Tisch eine Zigarre rauche, oder nach einer großen Rolle meine
Lungen und Stimmbänder von dem Qualm eines ganzen Tabakkollegiums
belästigen lasse.*

*Und in der Regel ist es doch wiederum die Gesellschaft von Kollegen, die das
Bühnenmitglied nach der Vorstellung aufsucht.*

*Auch in dieser Hinsicht gereicht der Besuch des Wirtshauses der Lebens-
einteilung des Schauspielers nicht zum Vorteil. Er befindet sich auf der Probe
den ganzen Vormittag schon unter seinen Kunstgenossen. Um 6 Uhr betritt
er die Garderobe und verweilt wiederum oft vier Stunden unter ihnen, also
nahezu die Hälfte des Tages. Da dürfte es am Platze sein, daß er die übrige
Zeit einem anderen Interessenkreise widme, denn unter Theaterleuten wird
doch immer nur vom Berufe gesprochen.*

*. . . . . . . .*

*Der Schauspieler versäume niemals – nachdem er Mittagsruhe gehalten hat –,
selbst bei ungünstigen Witterungsverhältnissen, vorsichtig bekleidet, ein bis
zwei Stunden spazierenzugehen.*

*Hat er am Abend zu spielen, so mache er diesen Spaziergang schweigend, also
am besten ohne Begleitung.*

*Große Anstrengungen des Organs erfordern auch ein entsprechendes Aus-
ruhen desselben[1], und nichts konserviert den Metallklang der Stimme mehr,
als wenn man v o r einer bedeutenden Rolle und am Tage n a c h h e r einige
Stunden v ö l l i g s c h w e i g t.*

*Ich habe mir in 40jähriger, gewiß nicht lauer Bühnentätigkeit den Umfang
und Klang meines Organes einzig dadurch erhalten, daß ich es mir zur Regel
machte, an Spieltagen vom Schluß des Mittagsmahles bis zum Betreten der
Bühne kein lautes Wort zu sprechen, sondern meine Gedanken für die bevor-
stehende Rolle schweigend zu sammeln. Und wie viele herrliche Stimmen
junger Sängerinnen habe ich während meiner langen Künstlerlaufbahn vor
der Zeit zugrunde gehen sehen, einzig dadurch, weil die von Natur so reich
Begabten es nicht über sich gewinnen konnten, die Nachmittage vor ihrem
Auftreten in stiller Beschaulichkeit zu vollbringen, sondern weil sie beim be-
liebten Klatsch der Kaffeegesellschaft durch Lachen und anhaltendes Sprechen
das Organ so stark ermüdeten, daß es am Abend einer ruhigen Durchführung
der Partie nicht mehr gewachsen war, und auf das äußerste zum Dienst forciert werden mußte – ein gewaltsamer Mißbrauch, der durch jahrelange
Wiederholung endlich den Verlust der Stimme zur Folge hatte.*

Die strenge Selbstdisziplin, die POSSART vom Schauspieler forderte, wurde
auch schon dem Schauspieler der Antike auferlegt. Es ist erstaunlich, wie

[1] Auch von medizinischer Seite kann das heute noch unterstrichen werden. Es gibt
bei Stimmermüdungen eine Schweigetherapie.

wenig dagegen der heutige Schauspieler für die Gesunderhaltung seines Körpers tut.

Bei KRUMBACHER (1920) lesen wir, wie der antike Schauspieler täglich Deklamations- und Stimmübungen zu machen hatte: *Die Atem- und Deklamationsübungen werden nüchtern und gewöhnlich am frühen Morgen vorgenommen. Nötigenfalls wurde Magen und Darm durch künstlich herbeigeführtes Erbrechen und Klystiere entleert, offenbar um in der Atmung unbehindert zu sein. Aller für die Stimme schädlichen Nahrung enthielt man sich und bevorzugte dafür stimmzuträgliche Speisen und Getränke, wie man auch einer stimmlichen Indisposition durch besondere diätetische Mittel abzuhelfen wußte ... Schließlich galt als stimmfördernd die geschlechtliche Enthaltsamkeit ...* (S.85).

### 2. Über die Übungen

Der Übungsstoff der Sprecherziehung ist praktisch unbegrenzt, und da die Sprecherziehung so alt ist wie die Sprechkunst, verfügt sie über einen Erfahrungsschatz, der unüberblickbar ist.

Viele Werke der Vergangenheit sind in Vergessenheit geraten, wertvolle Erfahrungen mußten neu erworben werden – um wieder in Vergessenheit zu geraten, die Mode der Zeiten zog diese oder jene Methode ans Licht der Öffentlichkeit –, manche bescheidene Erkenntnis wurde überschattet von dem Prunk einer äußeren künstlichen Aufmachung, die sich der Gunst der Zeit erfreute!

Es ist uns heutigen unmöglich, alles oder auch nur einen größeren Teil des Ganzen zu überblicken. Es ist uns ebenfalls unmöglich, uns vor die Brust zu schlagen und zu rufen, wir hätten endlich den Stein der Weisen gefunden! Es gibt keinen solchen Stein!

Auch heute noch gilt der Grundsatz: Richtig ist, was nützt! (Das ist freilich mehr, als wenn man nur sagen würde, richtig ist, was nicht schadet!)

Es nützt aber nur das, was übereinstimmt mit den Naturgesetzen, d.h. mit den physischen und psychischen Gegebenheiten; alles Nützliche kann folglich auch beschrieben, kann folglich auch erkannt werden.

Wir haben versucht, dem Leser den Grad unserer heutigen Erkenntnis ohne Beschönigung, zum Vorteil etwa dieser oder jener Lehrmeinung, vor Augen zu führen. Unser Wissen ist größer, muß größer sein als das der Vergangenheit.

Größere Erfahrungen haben wir nicht sammeln können – wir wissen sie nur besser zu deuten!

Wenn wir nun den Übungsstoff im einzelnen betrachten, so wollen wir uns wiederum um Sachlichkeit bemühen, die Polemik zurückhalten, und eine Auswahl des bekanntesten Übungsmaterials dem Leser zur Diskussion stellen. Wir wollen zugleich den Fachvertreter mit einer Fülle des Stoffes bekannt machen und ihn zu weiterem Studium anregen.

Freilich werden wir an alles den Maßstab unseres Wissens anlegen – in dieser Beziehung sind wir subjektiv.

## Zunächst: Es gibt sinnleere und sinnbezogene Übungen!

Man kann an ein sprecherzieherisches Übungsbuch nicht den Maßstab anlegen, ob es sehr viele sinnleere oder sehr viele sinnbezogene Übungen wiedergibt. Diese Art der Kritik bleibt im Formalen stecken. Denn die Sprecherziehung kommt nicht ohne eine gewisse Sorte von Übungen aus, die ohne sprachliche Sinnbezogenheit sind.

Die sinnleeren Übungen stehen meist im Zusammenhang mit der stimmlichen Ausbildung.

Aber auch wenn es sich um echte Artikulationsfehler handelt (um sog. Dyslalien), wird der Fachmann hier und da nicht auf sinnleere Übungen verzichten können. – Dennoch ist die Schulung der Artikulation wesentlich mehr auf die Sinnwiedergabe bezogen als die Stimmschulung; denn die Deutlichkeit eines Sprechers kann nur an dem Sinn dessen, was er sagt, gemessen werden!

Die stimmliche Seite des Sprechens ist wesentlich mehr auf die tieferen Schichten unseres Zentralnervensystems[1] bezogen als die artikulatorische. Folglich bedarf es zur Überwindung von Stimmfehlern auch Methoden, die mit anderen als nur den Mitteln des Intellektes die Fehlleistungen bekämpfen.

Diese Feststellungen wollen nun nicht etwa auf eine Trennung von Stimmbildung und Artikulation hinaus.[2] Eine solche Trennung ist praktisch gar nicht durchzuführen; denn auch die Artikulation hat einen direkten Einfluß auf die Stimme, wie wir in den vorigen Kapiteln zu beweisen versuchten. Man kann folglich als Beurteilungsmaßstab eines Sprechübungsbuches die Antwort auf die Frage nehmen: Wird die Stimme und die Artikulation in genügendem Maße geschult?

Es braucht hier ebenfalls nur am Rande erwähnt zu werden, daß auch die Schulung der Atmung von uns besonders betont wird. Die Atmungsschulung ist für uns ein Teil der Stimmbildung. Wir haben sie an anderer Stelle ausführlich behandelt[3] und können hier und in den folgenden Übungszusammenstellungen auf eine Wiederholung verzichten.

---

[1] Vgl. S. 58 ff. und 67.
[2] An einer unserer Schauspielschulen gab es vor Jahren tatsächlich auch im Stundenplan eine Trennung von Stimmbildung und Sprechtechnik. (Die Fächer wurden auch von verschiedenen Dozenten vertreten.)
[3] Siehe S. 90 ff.

Es soll nur noch einmal daran erinnert werden, daß die Atmung eingebaut werden muß in den zentralen Ablauf. Darum finden wir den Hinweis, den A. STAMPA (1956) gab, so außerordentlich wichtig, bei den Übungen (ganz gleich welcher Art) niemals gleich nach Beendigung einer Exspirationsphase neu einzuatmen, sondern immer erst den zentralen Impuls zur Einatmung abzuwarten!

Sinn leere Übungen sind aber keine sinnlosen Übungen! Auch die sinnleeren Stimmübungen haben einen Zweck, sind innerhalb des Ausbildungsverlaufes durchaus sinnvoll.

Sinnlos sind für uns alle Übungen, die sich nur auf die Schulung einer äußeren Mechanik konzentrieren. Sie sind folglich gerade das Gegenteil unserer sinnleeren Stimmübungen: Erstere verhaften nur an der Peripherie – ihr Ziel ist eine *Oberflächenkorrektur*[1].

> Sinnlos sind folglich sinnleere Geläufigkeitsübungen zum Zwecke der Artikulationsschulung; Übungen mit konstruierten Sätzchen, um einen einzelnen Laut möglichst steril zu erhalten; sinnlos sind Übungen, die die Ausdruckskraft der Stimme schulen wollen, ohne dem Sprecher die Notwendigkeit, sich so auszudrücken, mit den Übungen zugleich aufzudrängen; 'sinnlos bleiben alle sinnleeren Stimmübungen, wenn sie nicht zu einem Stimmerlebnis (LOCKEMANN) führen und wenn sie nicht eingebettet werden können in die Sinnbezogenheit eines Textes.

Es ist eine merkwürdige, aber erfreuliche Tatsache: Von den Büchern, die wir auf ihre Brauchbarkeit hin untersuchten, ist nur eine verschwindende Minderheit der sinnlosen äußeren Mechanik verschworen. Das ist darum merkwürdig, weil heute noch eine Mehrheit der Praktiker nach dieser Minderheit des Fachschrifttums arbeitet!

In dem von uns sehr geschätzten Büchlein von KRUMBACH und BALZER (7. Aufl.) heißt es:

Es *soll auch im Sprechen die Übung ausdrucksgemäße Sprachelemente herausbilden, die sich an der „wirklichen Sprache" möglichst sofort zu bewähren haben. Laute, Worte und Sätze empfinde und bilde man daher stets als ein Ganzes von kleinerer oder größerer Einheit, so daß auch die geringste Übung schon zu einem durchgeformten Spracherlebnis wird. Für verwickeltere stimmliche Sprachvorgänge, fließendes Sprechen, Satzmelodien u. dgl., ist die Übung mit sinnlosen Reihen wirklicher Worte meist vor denen mit nur ausgedachtem Sinn vorzuziehen, muß aber natürlich mit Beispielen guter sprachlicher Wirklichkeit immer gemischt werden. Die Mundgerechtheit des Sprachgutes soll man nicht durch mechanische Mittel zu ersetzen suchen, sondern, seine Mannigfaltigkeit erhaltend und benutzend, auch auf die*

---

[1] Vgl. S. 32 f.

*natürliche Auslese des sich übenden Organs vertrauen, die auf Geschicklichkeit und Anstrengungslosigkeit hinarbeitet. Die Reize der natürlich gewachsenen Sprache sind so groß, daß sie stets anregend und förderlich wirken, wenn man in der Übung mit ihnen rechnet.*

KRUMBACH/BALZER deutete bereits an, welche Kombinationsmöglichkeiten dem Übenden durch Wortübungen zur Verfügung stehen.

Bei LOCKEMANN (S. 96) fanden wir eine Form der Wortzusammenstellung, die wir sonst in keinem der untersuchten Bücher fanden. LOCKEMANN suchte kleine Aussprüche und Sätze aus der Dichtung; vor jeden solcher Sätze stellte er Wortübungen; die Worte waren aus dem Text herausgegriffen, sie bereiteten ihn damit vor, sie zielten direkt auf ihn ab. Wir halten das für eine gute Übergangslösung für den Übergang von Wort- zu Satzübungen.

WINKLER (1950) stellte seine Wortübungen vor allem nach 2 Gesichtspunkten zusammen: dem phonologischen und dem der Koartikulation. Im Grunde zielen alle Artikulationsübungen auf diese beiden Gesichtspunkte ab: Die Übungen, die nach phonologischen Unterscheidungen streben, bieten Wortbeispiele ähnlicher Art, aber mit deutlichen Bedeutungsunterschieden, die sich durch die Veränderung nur eines Lautes oder nur weniger Laute ergeben:

Seide  –  Seite      Vieh  –  wie
Dose  –  tosen      Wappen  –  Waben

Übungen nach koartikulatorischen Gesetzen berücksichtigen die Bewegungsverflechtungen der Laute:

starkgliedrig – starrgliedrig    Aussicht
sei dem – seitdem                Absicht

Wir wollen an dieser Stelle einige aus der großen Zahl von Übungsbüchern nennen, die vorwiegend mit sinnbezogenen, also Wortübungen arbeiten:

BALSER-EBERLE; BENEDIX; BORUTTAU; DRACH; FUTTERKNECHT; GERATHEWOHL; GRAEF, K.; HARTH; KRUMBACH/BALZER; KUHLMANN; LOCKEMANN; LORENZ; WEITHASE; WINKLER; WOLF/ADERHOLD; ZÖPPEL.

Bei einigen dieser Bücher kommt allerdings die Stimmbildung zu kurz. So bei DRACH; GERATHEWOHL; GRAEF, K.; HARTH; JAKOBI; LORENZ; WEITHASE; WINKLER; ZÖPPEL.

Bei WEITHASE finden wir bei den einzelnen Lauten eine gründliche Darlegung der jeweils möglichen Artikulationsfehlleistungen und ihrer Bekämpfung. In diesem Buch, wie auch in dem von HARTH, sind die Wortbeispiele vielfach aus Fremdwörtern zusammengestellt, so daß man den Eindruck bekommt, es handele sich um Ergänzungen des *Siebs* zur Aussprache von Fremdwörtern.

Die Hinweise, die DRACH über die Satzzeichen (S. 197 ff.) gibt, sind noch heute von Wert. Drach ist im Grunde das Buch für die Sprecherziehung des Lehrers in der Schule!

235

Wenn man über die Übungen spricht, so darf man auch nicht Bildmaterial und Tonbandgerät zu Demonstrationszwecken vergessen. Bilder machen nicht nur die Übungen lebendiger, sondern sie verdeutlichen die physiologischen Vorgänge. Die meisten Menschen haben nicht einmal eine richtige Vorstellung von der Lage ihres Zäpfchens am hinteren Gaumendach.

Das Tonband dient der Schulung des Gehörs, es dient zum Vergleich der früheren und der augenblicklichen Sprechweise (es zeigt also das Arbeitsergebnis an), und es schafft einen objektivierenden Abstand zur eigenen Stimme.

> Im allgemeinen kann man allerdings die feinen stimmlichen Nuancen, denen sich der Schauspieler bedienen muß, an unseren handelsüblichen Geräten nicht so gut wiedergeben, wie z. B. artikulatorische Unsauberkeiten!

Meist wird der Unterricht einzeln durchgeführt. An den Theatern in jedem Falle. Das ist auch richtig so. Denn der Sprecherzieher des Theaters hat eine andere Funktion als der der Schauspielschulen.

An den Schauspielschulen sollte man auf keinen Fall auf den Gruppenunterricht verzichten.

Der Hauptwert solchen Gruppenunterrichts liegt in der Schulung des Gehörs für die Leistung des anderen. An den Fehlern der Mitschüler lernt man bekanntlich am besten die Überwindung der eigenen.

Aber dem Gruppenunterricht kommt auch methodischer Wert zu: Der Schüler wird von Anfang an zum Hörerbezug erzogen. Außerdem wird das subjektive Ich-Du-Verhältnis zwischen Lehrer und Schüler durch die Gruppe verändert, der Unterricht wird sachlicher, klarer; und die Schüler treten unbewußt in einen Wettstreit, der fördernd ist.

> KRECH (Jan. 1959) spricht direkt von einer *Gruppentherapie* (S. 423 ff.). Der Mensch als Gemeinschaftswesen überwindet in der Gruppe – wenn er erst einmal Kontakt gefunden hat – schneller seine Hemmungen und löst sich unter dem Einwirken der anderen leichter. Er bekommt hier schneller das *Bewußtsein des eigenen Könnens*.

# B. DIE VERSCHIEDENEN METHODEN

## 1. Methoden mit passiver Übungsweise

### a) Hilfsmittel

Die Verwendung von äußeren Hilfsmitteln für die Sprecherziehung ist uralt. Solche Übungsweise wird sowohl von der Sprecherziehung als auch von der Sprachheilkunde durchgeführt.
Man kann grundsätzlich folgende Unterteilung vornehmen:
1. Hilfsmittel, die in die Mundhöhle eingeführt werden,
2. Hilfsmittel, die von außen am Körper angreifen und
3. Hilfsmittel, die ohne Berührung mit dem Körper bleiben.

Die Verwendung von Hilfsmitteln der Kategorie I leitet sich ab von der Anschauung, daß die Sprechwerkzeuge während der Artikulation falsche Bewegungen durchführen – sozusagen in falschen Bahnen gleiten. Das Hilfsmittel soll den Weg der Artikulationsorgane eindämmen, es soll wie eine Barriere den Sprechwerkzeugen bei der Abirrung von der „rechten Bahn" hemmend entgegenstehen.
Im Grunde ist eine solche Anschauung mechanistisch. Erfahrungsgemäß ist die eigentliche Beeinflussung der Sprechwerkzeuge durch den Willen gar nicht so schwierig; die Schwierigkeiten liegen bekanntlich in der zentralnervösen Verankerung der Artikulationsfehlleistungen.[1] Hier, im Zentrum, gilt es den Fehler zu beseitigen.
Natürlich wird auch das Zentralnervensystem durch die Beeinflussung der peripheren Mechanik durch Hilfsmittel angeregt. Tatsache ist, daß man auch durch solche Hilfsmittel Artikulationsfehlleistungen aberziehen kann. Aber die Aberziehung dauert länger und ist meist nicht so erfolgreich – da sie passiv geschieht – wie eine aktive Beeinflussung[2] durch Ableitungsmethoden.

Bekannt ist die Übungsweise des DEMOSTHENES, der zur Überwindung von „Undeutlichkeit" und „Stammeln" *Steinchen in den Mund nahm und Redestücke hersagte* (KRUMBACHER, S. 25).

> DEMOSTHENES schulte auch seine Atmung und Stimme durch raschen Lauf und indem er redend einen Berg bestieg.
> Außerdem machte er seine Deklamationsübungen zu Hause vor dem Spiegel.

[1] Vgl. S. 65 f. und 34 f.
[2] Siehe S. 303 ff.

Von den Steinchen des DEMOSTHENES stammt die Verwendung eines
Korkens für Übungszwecke. Der Korken wird zwischen die Zähne ge-
klemmt und verhindert somit einen Kieferschluß während der Artikulation.

> JAKOBI (1927, S. 85) empfiehlt, mit durchschnittenem Korken zu arbeiten
> (Schnittfläche dem Mundraum zugekehrt). Der Erfolg solcher Arbeit sei:
> *die Zähne kommen auseinander,*
> *die Zunge wird frei,*
> *die Tonsäule kann sich ungehindert entwickeln.*
> Interessant für uns ist die Bemerkung JAKOBIS:
> *Unbequemlichkeit und Müdigkeit in den Kaumuskeln soll man überwinden,*
> *aber bei krampfartigen Schmerzen die Übung abbrechen. Nach und nach ver-*
> *schwinden sie.*

Es gibt verschiedene Modifizierungen innerhalb der Arbeit mit Korken.
Es gibt Übende, die den Korken mit den Lippen halten, die ihn in seiner
Längsachse zwischen die Kiefer klemmen, die ihn aushöhlen und die
Zunge zwingen, in diese Höhlung hineinzuartikulieren.

> Ein Schauspieler berichtete uns, daß er den Korken nicht mit den Zähnen
> oder den Lippen halte, sondern mit der Hand. Die Zähne sollten vielmehr
> vermeiden, den Korken zu berühren.
> Solche Übungsweise mag vielleicht noch angehen – obwohl wir auch sie für
> zwecklos halten.

Wir haben selbst keine Erfahrung auf diesem Übungsgebiet, da wir
solche Mittel aus einfachen theoretischen Erwägungen ablehnen. Sie sind
nicht nur sinnlos, sondern auch z.T. gefährlich.
Denn durch den Korken wird der Kiefer festgestellt und der Lautgriff
durch die Lippen wird direkt unterbunden. Die Artikulation geschieht
also vorwiegend durch die Zunge!
Da aber gerade der vordere Teil des Ansatzrohres fixiert wird, für die
Artikulation also ausfällt, wird in stärkerem Maße der hintere Teil des
Ansatzrohres für die Artikulation herangezogen. Durch den Biß der Zähne
überträgt sich zugleich eine Festigkeit und Versteifung auf die gesamte
Artikulationsmuskulatur!

Viel Ähnlichkeit mit dem Korken haben auch die sog. Stentsplatten,
die auch heute noch teilweise in der Sprachheilkunde verwendet werden.
Bei WEINERT (S. 97) finden wir eine Beschreibung dieser Stentsplatten, die
aus einem wachsähnlichen Material von Handtellergröße sind. Der Patient nimmt die Platte in den Mund und beißt darauf, so daß sich seine
Zähne in dem weichen Material abdrucken. Genau in der Mitte, da wo die

Schneidezähne aufeinandertreffen, wird eine Kerbe eingeschnitten. Nun wird die Platte gehärtet und dem Patienten zur Übung gegeben. Die Stentsplatte findet z. B. Verwendung bei der Aberziehung von S-Fehlern (Sigmatismen). Die Platte verhindert ein Hochstellen des Zungenkörpers. Die Zunge wird auf die Mittellinie gezwungen. Aus der vorn eingeschnittenen Kerbe entweicht die Luft.

KRECH (1955) hat u. a. darauf hingewiesen, daß die Verwendung von Stentsplatten zur Aberziehung von Sigmatismen durch die aktive Methode der Ableitung des S-Lautes von richtig gebildeten ähnlichen Lauten ersetzt werden kann.

Von der Sprachmedizin wurden und werden auch die unterschiedlichsten Sonden zur Aberziehung von Artikulationsfehlern empfohlen; so früher z. B. von GUTZMANN und heute von SEEMAN und WEINERT. Sonden sind zurechtgeformte Metallstäbe, mit Hilfe derer man die Zunge in die gewünschte Lage schieben kann. Sie finden Verwendung bei den verschiedensten Erscheinungen der Dyslalie (Stammeln). Hier gilt ähnliches, was wir über die Verwendung von Stentsplatten sagten. Wir haben bei lateralen S-Bildungen ebenfalls von Fall zu Fall Sonden angewandt. Die Sonden bestanden aber meist nur aus einem spitzen Gegenstand – oft nur der Fingerkuppe –, der an die Mitte der Unterlippe geführt wurde, um dem Übenden das Gefühl der Mitte zu ermöglichen, auf die er den Luftstrom leiten sollte.

Die Hilfsmittel der Kategorie II wollen durch äußere Einwirkungen einen Einfluß auf die Sprechfunktionen ausüben. Allgemein bekannt ist die Verwendung von Gewichten zur „Unterstützung" der Atmung. Auch diese Übungsweise finden wir schon in der Antike. Sie hat sich als Rudiment der Barbarei bis in unsere Tage herübergerettet. So hören wir über den schon genannten DEMOSTHENES, daß er seine Hochatmung dadurch bekämpfte, daß er Bleiplatten auf die Brust oder den Bauch legte. Er lag dabei auf dem Rücken, und die Beschwerungen sollten ein übermäßiges Heben der Rippen vermeiden.

Wie KRUMBACHER durch Zeugnisse aus der Antike belegt (S. 27), hat DEMOSTHENES seine Schulteratmung auch bekämpft, *indem er bei seinen Übungen eine Lanze (bzw. ein Schwert...) darüber aufhängte.* Wir wollen an dieser Stelle am Rande vermerken, daß die Berichte, DEMOSTHENES habe zur Kräftigung seiner Stimme gegen das Getöse der Wellen deklamiert, Erdichtungen der späteren Fremdenführer Athens waren, die ihre Führungen durch die phalerische Bucht auf diese Weise interessanter machten.

Bleiplatten des DEMOSTHENES wurden von den Mechanisten durch Bücher ersetzt. Es gibt Stimmbildner, die zwar vor den Lanzen der Antike zurückschrecken, aber keine Hemmungen haben, sich auf den Bauch oder die Brust ihrer Schüler zu stellen oder zu setzen, um deren Atmung zu verbessern!

Wir sagten es schon oben: Diese „Übungen" haben mit einer Sprecherziehung nichts mehr zu tun. Ihnen haftet etwas Barbarisches an.

In der Medizin werden häufig für die Stimmbildung elektrische Apparaturen verwendet.

Man legt z.B. von außen an den Hals Pole – beidseitig an den Schildknorpel –, durch die ein schwacher Strom geschickt wird. Dieser Strom teilt sich den Kehlkopfmuskeln – vor allem kommt es auf die Stimmlippenmuskulatur an – auf völlig ungefährliche Weise mit. Die Muskulatur wird dadurch kräftiger innerviert. Außerdem bedeutet der Stromreiz eine Art Massage, die zu einer höheren Durchblutung der Muskeln anregt. Man läßt den Patienten dabei leichte Summübungen machen, und oft wird der Rhythmus der Stromstöße auf die Frequenz der Stimmlippenschwingungen abgestimmt. So kommt es zu einer direkten Unterstützung der Stimmlippentätigkeit.

Diese Faradeisierung der Stimmlippen hat sich vor allem bei den sog. Phonasthenien[1] bewährt. Man muß aber bedenken, daß der Patient dabei völlig passiv ist, daß also eine momentane Besserung völlig ohne sein Zutun eintritt. Ein Dauererfolg stellt sich folglich nur ein, wenn diese Übungsweise neben einer aktiven Stimmbildung einherläuft!

Manche Stimmärzte verwenden auch einen sog. Vibrationsmassageapparat. Das Prinzip ist etwa folgendes: Ein Klöppel schlägt in einem bestimmten Rhythmus auf die Brust des Patienten und erzeugt somit eine Vibrationsmassage vor allem der subglottalen Organe. Durch diese leichten Erschütterungen wird die Stimmgebung meist während der Dauer der Übung günstig beeinflußt.

> Der Einfluß ist wohl weniger auf die Massage zurückzuführen als auf die Tatsache, daß jede leichte Vibration eine krampflösende Wirkung auf den Organismus ausübt.

Auch hier gilt das, was wir bereits von der Faradeisierung sagten.

[1] Phonasthenie = Stimmschwäche.

Wir haben nun noch einige Hilfsmittel der Kategorie III zu erwähnen. Diese Hilfsmittel finden bereits als Unterstützung aktiver Methoden Verwendung.

Die Verwendung von Sprachrohren oder sprachrohrähnlichen Hilfsmitteln kann einen sehr guten Einfluß auf die Stimmbildung ausüben.

Ein Sprachrohr, was man während der Tongebung an die Lippen hält, bedeutet eine künstliche Verlängerung des Ansatzrohres. Für den Sprecher selbst wird dabei das spezifische Körpergefühl und auch der akustische Eindruck ein anderer.

Die Unterstützung der Stimmgebung durch solche und ähnliche Mittel (man kann z. B. auch einfach die Hände als Sprachrohr formen – vgl. Abb. 21) führt nicht zu einer passiven Übungsweise, denn der Übende ist in weit stärkerem Maße aktiv als in den anderen genannten Übungen.

Berichte, nach denen schon die antiken Schauspieler in ihren Masken Stimmverstärkungsanlagen hatten – also ebenfalls so etwas wie ein Sprachrohr, die Vorform unseres Mikrophons –, konnten, wie KRUMBACHER (S. 83) angibt, nicht bestätigt werden.[1]

Ein wichtiges Hilfsmittel, auf das die Sprecherziehung nicht verzichten kann, ist der Spiegel. Diesbezügliche Hinweise finden wir u. a. bei KRUMBACH/BALZER; WEINERT; WEITHASE.

*Abb. 21*

Der Spiegel läßt sich durchaus als Unterstützung einer aktiven Methode verwenden. Er fügt der taktilen und akustischen auch die optische Kontrolle hinzu.

Alle Tonwiedergabeapparate sind Hilfsmittel einer Sprecherziehung. Wir haben schon wiederholt auf ihre Bedeutung hingewiesen.

---

[1] KRUMBACHER zitiert: O. DINGELDEIN, *Haben die Theatermasken der Alten die Stimme verstärkt?* Berl. Stud. f. klass. Phil., XI, 1890.

KRECH (Okt. 1959, S. 1246) bezeichnet für den kranken Menschen die Tonbandaufnahme als *ein Mittel der Selbsterkenntnis*. KRECH geht dabei allerdings davon aus, daß der Patient seine Stimme tatsächlich zum ersten Male hört. Das ist heute äußerst selten. Vor allem die jungen Menschen sind bereits recht vertraut mit dem Tonbandgerät und erleben beim Hören ihrer eigenen Stimme kaum noch die Erschütterungen, von denen KRECH spricht.

Wir verwenden den Tonwiedergabeapparat vorwiegend zur Demonstration von Artikulationsfehlleistungen. Für die stimmliche Leistung genügt er meist nicht. Auch die künstlerische Leistung wird durch das Aufnahmegerät nicht so widergespiegelt, wie sie auf der Bühne hörbar wäre. Das Mikrophon hat andere Gesetze, die natürlich gerade der Schauspieler genau kennt und bei Tonaufnahmen sofort anwendet.

### b) Passives Training

Wir haben hierzu bereits einiges im vorangegangenen Kapitel gesagt.

Wir wollen noch hinzufügen: Grundsätzlich muß ein passives Training nicht abgelehnt werden, wenn es neben der aktiven Schulung einherläuft.

So ist z. B. ein Rückenklopfen des Schülers während der Einatmung durch eine zweite Person durchaus förderlich (vgl. WOLF/ADERHOLD, S. 22). Auch ein solches Klopfen stellt eine Vibrationsmassage dar.

Die oben beschriebene Vibrationsmassage[1] kann natürlich auch mit den eigenen Händen oder Fäusten durchgeführt werden.

Im gewissen Sinne stellt auch das einseitige Üben am Klavier für den Sprecher ein passives Training dar. Das Klavier gibt jeweils den Ton an, es „trägt" den Übenden.

> Hierin besteht z. B. ein Unterschied zum Gesangsunterricht! Durch die Unterstützung der Stimmgebung mit dem Klavierton wird das Üben zwar leichter, aber auch inaktiver.

Jedes Nachsingen, jedes einseitige Tonabnehmen bei den Stimmübungen bedeutet ein passives Training.

Hierbei gibt es gewisse Gefahren! Der Schüler nimmt zu leicht die Tonhöhe und Tonfarbe des Lehrers ab. Was der Lehrer stimmlich als bequem empfindet, muß längst nicht auch bequem für den Schüler sein.

[1] Siehe S. 240.

242

Natürlich kann der Unterricht nicht auf das Vormachen des Lehrers verzichten. Nur darf solche Praxis nicht zur Methode erhoben werden.

In einem tieferen Sinne ist auch die mechanische Geläufigkeits-
übung[1] als passiv zu bezeichnen.
Der Schüler denkt nicht während des Sprechens solcher Übungen. Die
Zunge und die Lippen vollführen Bewegungen, deren Beziehung zur
Sprache dem Schüler nicht bewußt wird. Ein in einer solchen Übung aus-
gesprochenes [b] hat mit dem stimmhaften explosiven Lippenlaut innerhalb eines Wortes nur zufällig die Bildungsweise gemein. Wir werden
an anderer Stelle[2] ausführlich darüber schreiben.

### c) Handgriffe

Ähnlich wie man mit technischen Hilfsmitteln auf die Sprechvorgänge
einwirken kann, so kann man auch durch Handgriffe die Sprechfunktionen beeinflussen.
Auch hier gibt es neben guten, empfehlenswerten Methoden sehr bar-
barische.

Zu den barbarischen zählen wir z.B. das Herauszerren der Zunge
durch die Hand (indem man ein Tuch um die Zungenspitze legt, um sie
besser greifen zu können). Dazu wird noch empfohlen, den Kehlkopf
gleichzeitig mit der Hand nach unten zu ziehen.
Grundsätzlich ist diese Methode nicht sinnlos, es liegt ihr ein realer Sinn
zugrunde. Durch das Herausstrecken der Zunge und Hinabziehen des
Kehlkopfes werden die Stimmbänder indirekt beeinflußt. Es verändern
sich die Spannungsverhältnisse im Kehlkopf. Aber diese, vor allem durch
STOCKHAUSEN vertretene Methode ist brutal, und bei ihrer Durchführung
ist der Übende selbst so passiv, daß man sie nicht empfehlen kann.

> Überhaupt umgehen wir jede direkte mechanische Beeinflussung der
> Zunge während der Artikulation. Es stehen uns viel bessere Übungen zur
> Verfügung, die denselben Zweck mit besseren Mitteln erfüllen.[3]

Etwas anderes ist der leichte Druck auf den Kehlkopf während der
Stimmgebung, den GUTZMANN zur Prüfung der stimmlichen Leistung
empfiehlt.[4]

[1] Siehe S. 251 ff.
[2] Siehe S. 245–257.
[3] Vgl. die Übungen von FERNAU-HORN, z.B. S. 292.
[4] Siehe S. 189, Fußnote 3.

Günstig sind auch folgende Handgriffe zu bewerten:
Leichter Druck des Zeigefingers gegen den Mundboden. Druck erzeugt in der Regel Gegendruck. Der Druck gegen den Mundboden (unterhalb des Kinns) erzeugt reflektorisch Gegendruck der Zunge nach unten. Man empfiehlt daher ein solches Verfahren bei gewohnheitsmäßigem Zungenheben während der Artikulation, vor allem der Vokale.

Auch das von uns schon an anderer Stelle angeführte Zuhalten oder Verengen der Nase durch die Finger zum Zwecke einer Verschärfung der Inspiration und damit zur direkten Beeinflussung der Zwerchfelltätigkeit ist zu empfehlen![1]

H. STERN (1935, S. 257f.) beschreibt Stimmplazierungsgriffe wie folgt:
*Man legt den Daumen der rechten Hand ziemlich fest an die Mitte des Oberkiefers unterhalb der Nase (Philtrum), den Zeigefinger derselben Hand ebenso oberhalb der Nasenwurzel (M. procerus) an die Stirne an. Daumen und Zeigefinger der linken Hand legt man in die Rinne zwischen Jochbein und dem Corpus maxillare des Oberkiefers; sie heben beiderseits die Wangen recht energisch in die Höhe. Dabei sind speziell der M. levator nasi et labi beteiligt. Wenn man das eine Zeitlang in dieser Weise hat passiv ausführen lassen, so geht man dazu über, es aktiv machen zu lassen – nämlich das Heben und Weiten der Wangen –, wobei (bei der aktiven Innervation) hinsichtlich der infolge dieses Vorgehens eintretenden, später zu besprechenden Entlastung und Entspannung anderer Organe die Wirkung eine oft noch promptere ist. Man lasse nun sprechen oder singen. Es zeigt sich eine deutliche Beeinflussung des Tones. Er klingt freier, heller, mit starker Benutzung der Kopfresonanz. Dabei wird der Ton voluminöser, resonanzreicher usw.*
Als Begründung gibt STERN die Beeinflussung des inneren Gesichtsreliefs an:

1. durch äußere Belastung – innere Entlastung!
2. durch i-Stellung der Lippen größere Weite im Kehlraum!
3. der Handgriff wirkt suggestiv im Sinne von Klangrichtungsvorstellungen!
4. günstige Beeinflussung der direkten sowie der indirekten Kopfresonanz!
5. es vollzieht sich ruckartige Fixation des Larynx!

Wir führen noch in späterem Zusammenhang[2] einige Übungen mit Handgriffen an.

---

[1] Siehe S. 109.
[2] Siehe S. 297 ff.

Man kann auch mit den Händen die Ohren künstlich vertäuben. Durch solche Vertäubung verändert sich fast augenblicklich die Stimmgebung, weil der Vertäubte jetzt nur noch die Stimme durch die Knochenleitung hört, und darum die Konzentration auf die resonatorischen inneren Vorgänge verstärkt wird.

## 2. Mechanistische Methoden

### a) Stimmschulung

Die Mechanisten haben es vor allem auf die Schulung der Artikulation abgesehen, auf ein Geläufigkeitstraining. Die Stimmschulung kommt bei den meisten zu kurz.

> Es ist bezeichnend: Aus der ursprünglich 4bändigen *Gesangsschule* J. HEYS (1896) wurde der *Kleine Hey* herausgeschält. Damit blieb von dem z. T. sehr guten Werk des Gesangspädagogen der dürftigste, rein mechanistische Teil mit seinen gedrechselten Sprechübungstexten übrig. Heute spricht – ungerechterweise – kaum noch jemand von HEYS Stimmbildungslehre.[1]

Man kann es also fast als ein Charakteristikum mechanistischer Übungsweise ansehen, daß die Stimmschulung zu kurz kommt.

Wie wir an anderer Stelle schon darlegten, ist auch die Trennung der kombinierten Atmung in einzelne Atmungstypen mechanistisch. Für jeweils getrennte Atmungsschulung der Bauch-, Flanken- und Brustatmung plädieren z. B. CALM, FORCHHAMMER und KOFLER. ENGEL (1927) verlangt eine vorwiegend *unbewußte* Atmung. Durch eine gute Stimmschulung komme die Atmung quasi von allein in Ordnung.

ENGELS Stimmbildung ist in erster Linie ein Training der Zunge. Die Zunge bringt – nach ENGEL – die Stimme nach vorn. Vorderzunge und Schneidezähne liefern zusammen die *Klangschwelle*, an der der Klang sich *bricht*.[2]

> Typisch für die Einseitigkeit mechanistischer Übungen scheint uns auch die Tendenz, alle Vorgänge, die im Zusammenhang mit dem Sprechen, ja oft mit dem ganzen Körper stehen, lediglich auf eine Ursache zu beziehen.

[1] Siehe S. 270 ff.
[2] Wir berichten im nächsten Kapitel ausführlich über ENGELS Sprechübungen. Siehe S. 252 ff.

So ist bei ENGEL die Zungentätigkeit, bei anderen Pädagogen die Atmung für alles verantwortlich, wieder andere heilen Kopfschmerzen, Stuhlverstopfungen, Herzerkrankungen, u.a. auch die Stimme, durch besondere Vokalübungen (so LESER-LASARIO). Dadurch wird immer viel Richtiges mit viel Falschem vermengt.

J. FORCHHAMMER, der 3 Bände über Stimmbildung herausgegeben hat, von denen uns in diesem Zusammenhang lediglich der 2. Band interessiert, da er sich mit der Ausbildung der Sprechstimme beschäftigt, geht programmgemäß mehr auf die Stimmschulung ein.[1]

FORCHHAMMER liefert *Vorübungen*, dazu gehören: *Allgemeine Körperübungen, Übungen der Artikulationsorgane, Stimmlippenübungen, Atmungs- und Kräftigungsübungen, Übungen zur Lockerung der Stimm- und Sprechwerkzeuge.*

Weiter werden *Stimm- und Lautbildungsübungen* gegeben: Nasallaute und die Vokale, Konsonanten ohne Nasallaute, besondere Stimmübungen.

Unter Allgemeinen Körperübungen werden Entspannungsübungen, wie wir sie etwa bei FAUST kennengelernt haben, aufgeführt. Sie sollten, nach FORCHHAMMER, das ganze Leben hindurch beibehalten werden.

Bei den Übungen der Artikulationsorgane handelt es sich teils um Entspannungs-, teils um Geläufigkeitsübungen der einzelnen Artikulationsorgane: Kiefer-, Lippen-, Zungen- und Gaumensegelübungen.[2]

Über die Stimmlippenübungen sprechen wir an anderer Stelle.[3]

Die Atmungs- und Kräftigungsübungen schulen die einzelnen Atmungstypen und empfehlen z. B. folgendes Training: *Man lege sich bäuchlings auf einen Stuhl, so daß der Körper von der Taille ab frei in der Luft schwebt, und strecke beide Fersen unter einen Schreibtisch oder dergleichen. Dann Oberkörper nach unten beugen (ausatmen) und wieder über die Horizontale hinaus aufrichten (einatmen)* (S. 27).

Schließlich folgen die Übungen zur Lockerung der Stimm- und Sprechwerkzeuge: Sämtliche hier angeführten Silben und Wörter sind *stimmlos in der sog. Hauchstimme zu sprechen, was den Vorteil hat, daß das eigentliche Stimmorgan: die Stimmlippen zunächst geschont und somit die von der Stimmgebung herrührenden Spannungen vermieden werden* (S. 29).

---

[1] Wir besprechen einige Übungen FORCHHAMMERs in anderem Zusammenhang. Siehe S. 265, 291, 306.
[2] Siehe auch den Abschnitt 4c dieses Kap., S. 303 ff.
[3] Siehe S. 291.

Wir haben an anderer Stelle auf die Gefahren der Flüsterstimme hingewiesen.[1] FORCHHAMMERS Anweisung ist also von vornherein problematisch!
Es ist ein Irrtum zu glauben, daß beim Flüstern die Spannungen geringer sind. Außerdem fehlt durch die Flüsteranweisung bei den nun folgenden Übungen – von denen wir eine Auswahl dem Leser vorstellen – ja gerade das Stimmelement, das doch geschult werden soll.
Der aufmerksame Leser hat bisher bei der Darlegung der FORCHHAMMER-schen Übungen bestätigt gefunden, was wir anfangs sagten: Es ist das Gute mit dem Sinnlosen verbunden. So ist FORCHHAMMER durchaus nicht in allem mechanistisch.

Der Verfasser geht synthetisch vor: Die Übungen sollen bewirken: *Mühelose, lockere und dennoch charakteristische Bildung der Sprachlaute, Erweiterung unserer Resonanzräume*, Förderung der *Luftstauung* (konsonantisch verengte Räume), *Beruhigung der Nerven, günstige Gemütsstimmung* und *Verschönerung der Gesichtszüge* (S. 29).

1.      *pf pc pch psch ps*

Die Konzentration soll auf dem Klang (?) oder auf der Luftfunktion (lauschende Haltung) liegen, nicht auf der Artikulation!

2.      *lf- jf- rf- / lsch-* u. ä.
3.      *pft*

Die Übungen sollen mit *Erregung* vorgenommen werden. *Ein jeder wird die Vorstellung wählen und sich in die Stimmung versetzen müssen, die ihn am leichtesten zur inneren Lockerung führt (Lachen, Weinen, Angst, Freude, Erwartung etc.). Die Erregung darf sich aber nicht durch Gesten und Gebärden äußern; sie darf nur nach innen wirken und die Lockerheit der Schlaffunktion*[2] *nicht beeinträchtigen* (S. 32).
Man erkennt hier die Sinnlosigkeit und die Willkür!
So spreche man *in Erregung und mit Luft* (?), *gleichsam atemlos* (S. 33):

     *pft tft kft ft sft schft lft jft rft nft ‧mft* usw.

Dann ist stimmlos *mit gehobener Brust und sehr viel Luft, in großer Erregung, gleichsam ängstlich flehend, mit schnellen, elastischen Kieferbewegungen, wobei die Backen sich zunächst passiv aufblähen, fünfmal die Silbe*

     *pəpp – pəpp – pəpp – pəpp – pəpp*

zu sprechen [starkes und schnelles Heben und Senken des Unterkiefers (nicht mit den Lippen ausführen!)].

[1] Vgl. S. 136.
[2] Gemeint ist „Schlaff-Funktion".

Warum die Lippen nicht beteiligt sein sollen, ist nicht einzusehen. Durch die einseitige Hervorhebung der Kieferfunktion wird sehr leicht eine Art „Nußknackersprechen" begünstigt.

4. werden Wörter zusammengestellt, die analog zu den Silbenübungen **stimmlos** gesprochen werden sollen. Der Vokal wird nicht gesprochen, sondern die Konsonanten werden zusammengezogen:[1]

*Duft Schuft | Düft' Lüft' | Wulst Schwulst* usw.

5. folgen Lockerungsübungen (ohne Stimme):

*pǝpp pǝpp pǝtt tǝ | pǝpp pǝkk kǝtt te | pǝpp pǝpp Bette*
*pǝpp pǝtt Decke | pǝpp pǝkk Kette* usw.

6. Kleine Wörter und Sätzchen (ebenfalls in Hauchstimme zu sprechen) (S. 40):

*Bitte, bedecke dich! Du Kapitalist.*
*Bitte gib mir die Bettdecke.*
*Gib Papa den Kakadu.*

Und ähnliche „sinnvolle" Sätzchen.

Zur *Resonanzerweiterung* schlägt der Verfasser vor, ein Wort wie *Schuß* ohne Stimme aber im Sinne der Koartikulation unter Senken und plötzlichem Heben des Geräusches zu üben:

*Schuß:* $s_ǝ$ (s mit ǝ-Einstellung)
↓
$s_ü$ (s mit ü-Einstellung)
↓
$sch_ü$ (sch mit ü-Einstellung)
↓
$sch_u$ (sch mit u-Einstellung)
↓
*ss* (plötzlich herausgeschossenes [s]).

Dazu die graphische Darstellung:

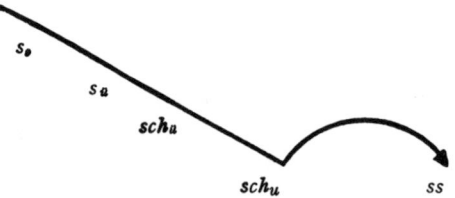

Damit haben wir bereits das erste umfangreiche Kapitel FORCHHAMMERS erschöpft, und noch immer sind uns keine Stimmübungen aufgefallen, die wir im Sinne der *sprach- und stimmphysiologischen Grundlage* (wie der Titel des Buches verspricht) wirklich ernst nehmen könnten! Dabei zählt FORCHHAMMER zu den Wissenschaftlern unter den Mechanisten.

[1] Das ist das Gegenteil der Übungen von ENGEL; siehe S. 254f.

248

Interessant ist die oben angeführte Übung *Schuß*. Hier erleben wir den typisch mechanistischen Prozeß der analytischen Auflösung des Wortes und seine formale Synthese. FORCHHAMMER verwendet dabei die Gesetze der Koartikulation – aber in einem formalen, durchaus sprachfremden Sinne!!

Schließlich folgen im II. Kapitel FORCHHAMMERs die eigentlichen **Stimm-** und **Lautbildungsübungen**:
FORCHHAMMER geht auch hier von dem „Urlaut" [ə] aus[1] und baut seine Silbenübungen auf der Resonanzfähigkeit der Nasallaute auf. Jetzt wird stimmhaft gesprochen.

> *hmǝm   mǝm   mǝm / hmün   nüŋ   ünü   mǖ\* (mit stakkatierten und langen Vokalen)
> *nimm   Mumm   Müh'   nie   Minimum / hin   hing   hü!   hu!   Huhn*
> (S. 51)
> Auch die Wortzusammenstellung ist sinnlos, nämlich dem Zwange der Lautfolge unterworfen.

Dann gibt es eine Art Kauübungen:

> *hmin   neŋ   an   nam   min   neŋ   an   nam\*

Dann stakkatierte Lachübungen (vgl. auch KEPICH-OVERBECK):

> *hǝnü   hü   hü   hü   hü   hü   hü   hǖ\* (auf ähnliche Weise mit den Vokalen: i u ö o e ä a)
> *mönöŋönöm   meneŋenem   monoŋonom* usw.
> *Mann   Mannin   Mammon   Minna*

Folgen **Vokalausgleichsübungen** und **Konsonantenübungen**:
1. gleiche Konsonanten bei wechselnden Vokalen:

> *nün   nin   nün   nin / hün   hin   hün   hin / ün   in   ün   in /*
> *Minne   Mumme   Memme   Menge / Imme   inne   Enge   Amme   Anne*

2.  *hǝ-büm   -böm   -bom   -bum   -bim   -bem   -bam / hǝ-güŋ   -göŋ* usw.
Es wimmelt nur so von Silbenübungen auf kurzen und langen Vokalen. Man erkennt auch an diesen Übungen deutlich ihre Hinzielung auf die Lippen- und Zungengeläufigkeit! Ihr stimmschulender Wert ist wieder sehr untergeordnet.
*tüt   töt   tut   tit   tet   tat* usw. (schnell und langsam).

Endlich wird noch der Ton laut und leise, hoch und tief geübt (der Verfasser bedient sich dabei der musikalischen Begriffe piano, forte usw.):

> *hnü   nü   nǖ* ─────────────────
>                pp – <mp>  <mf>  <f>  <ff> pp

[1] Vgl. auch S. 160 f.

Wir haben mit dem FORCHHAMMERschen Übungsschema das typische Beispiel einer Stimmschulung für die mechanistischen Methoden gegeben. Für die Druckereien ist der Druck eines mechanistischen Übungsbuches immer ein besonderes Problem. Die Bücher sind überfüllt von Pfeilen, treppenartiger Gruppierung der Zeilen der Silbenübungen usw.

Typisch für die mechanistische Stimmübung scheinen uns auch die Übungen zur Stimmumfangserweiterung und Stimmsteigerung zu sein. Das Buch von L. KEPICH-OVERBECK liefert eine Fülle solcher Übungen.

> Bezeichnend für die Starrheit solcher Methoden ist auch der Aufbau des Büchleins. Das Buch liefert 41 Lektionen. Der Schüler und Lehrer wird sich im allgemeinen an den Aufbau der Lektionen halten müssen, wenn auch versichert wird, daß je nach der Individualität des Schülers die Übungsfolge hier und da vertauscht werden dürfe. Wo aber wird tatsächlich bei solcher Starrheit des Aufbaus die Individualität berücksichtigt? Die Ausbildung ist grundsätzlich festgelegt!

Die Verfasserin ist einer Reihe von Autoren mechanistischer Bücher verpflichtet (so ENGEL; HERMANN; HEY; KOETSIER-MULLER; KUIJPERS), die wir zum größten Teil im nächsten Kapitel behandeln.

Da gibt es z. B. Trommelschlagübungen nach KUIJPERS. Sie werden stakkatiert nach dem Metronom gesprochen:

*lalalálálá    lalalálálá | lalalá    lalalá    lalalá*
*lalalálálé    lalalálálé | lalalé    lalalé    lalalé*   usw. auf allen Vokalen

Die Verfasserin gibt dazu folgende Anweisung: *Die stoßweise Durchführung darf nicht als Glottisschlag mit den Stimmlippen ausgeführt werden. Sie wird mit dem Wort „Atemwurf" anschaulich bezeichnet. Die Kraft nehmen wir aus den Muskeln, die sich durch die Atemarbeit schon gestärkt haben, die uns zumindest bewußt geworden sind. Der Körper darf sich bei dem Schlag nicht einziehen, sondern muß sich weiten. Wir kontrollieren das durch Auflegen der Hände* (S. 49).

> Wo soll hier ein Glottisschlag herkommen?[1]
> Die Anweisung, den Körper *zu weiten*, läuft auf die „Bauchstütze" hinaus.[2]
> Im Grunde haben wir es wieder mit Geläufigkeitsübungen zu tun, deren stimmbildnerischer Wert gering ist!

Ähnlich verhält es sich mit den auf den Seiten 66f. beschriebenen Steigerungsübungen:

*balala balale | balala balale balali | balala balale balali balalo* usw.

---

[1] Vgl. S. 135.
[2] Vgl. S. 112f.

Es kommt immer ein Vokal mehr hinzu. Dabei wird erst die Stimme von oben nach unten, später von unten nach oben geführt.

> In der Praxis werden diese Übungen meist sehr schnell mit erstaunlicher Geläufigkeit durchgeführt. Die Schüler beherrschen diese und ähnliche Übungen im Schlaf!
> Und darin liegt ihr geringer Wert für die Praxis: die Laut- und Tonfolgen schleifen sich ein, sie werden rein mechanisch!
> Der Schüler vollführt sie glänzend und fühlt sich auch dabei wohl. Aber die zentrale Repräsentanz dieser Übungen ist eine ganz andere als die der Sprache mit ihren stimmlichen Anforderungen!

### b) Geläufigkeitsschulung

Wir haben schon mehrfach darüber gesprochen, daß für die Mechanisten eine Geläufigkeitsschulung an Hand sinnleerer Silbenübungen oder sinnloser konstruierter Sätze typisch ist. Wir wollen einige solcher Bücher betrachten.

Neben mechanistischen Übungen enthalten natürlich auch fast alle Bücher gute, verwendbare Übungen. Und umgekehrt: Es gibt Arbeiten, die den Sprechablauf in durchaus sinnvoller Weise üben und daneben auch mechanistisches Übungsmaterial verwenden.

Zu den letzteren gehören: BALSER-EBERLE; BROCK; CALM; JAKOBI.

V. BALSER-EBERLE (Burgschauspielerin und Professor an der Akademie für Musik und Darstellende Kunst in Wien) hat ihr Buch durchaus nach modernen Gesichtspunkten aufgebaut. Sie übt die einzelnen Laute vorwiegend an Hand von Texten. Dadurch fallen allerdings die Anleitungen für die Schulung der Stimme etwas rar aus. Die Artikulation aber wird gründlich geübt. Die Satzbeispiele sind im Sinne HEYs konstruiert:

> A: *Dem lahmen Asiaten sah man niemals an, was er dachte.*
> *Der Mann nahm an allen afrikanischen Luftangriffen teil.*
> *Anna und Franziska ahnten die baldige Ankunft des alten Mannes.*
>
> EI: *Meide seinesgleichen, er meint's nicht treu.*
> *Leite die Leute, sie läuten die kleinen und die großen Glocken.*

> Ähnliche Beispiele finden wir für sämtliche Laute.

Das *ABC des Sprechens* von BROCK enthält neben vielem Falschen und Mißverständlichen auf dem Gebiete der Stimmphysiologie methodisch nicht viel Neues. Die einzelnen Laute werden an HEY-Versen geübt.

Der herzogliche Hofschauspieler a. D. H. CALM sagt in dem Vorwort zu seinem Buche, daß es ihm vorwiegend auf die Schulung der Sprechtechnik ankomme und weniger auf eine Stimmschulung. Er geht methodisch von sinnleeren Lautverbindungen aus (in vertretbaren Grenzen und Maßen) und schließt sofort mit dem Text an. Seine Texte häufen anfangs in formalistischer Weise die entsprechenden Laute an und wechseln schließlich in Gedichtzitate. Er verweist auf SEYDEL und SIEBS.

Die Arbeit JAKOBIS ist in 3 Teile aufgeteilt: Der I. Teil bringt Wortbeispiele für die Aussprache, der II. Teil vorwiegend mechanistische Übungen und der III. Teil gute praktische Beispiele, vor allem aus der Dichtung. Er spricht sich gegen die Konstruktionssätze HEYS aus.

> JACOBI kann durchaus in seiner theoretischen und z. T. auch praktischen Arbeit als einer jener der Vergangenheit gelten, die in sinnvoller Weise – bis auf einige Einschränkungen – die Sprechleistung übten.

Auch E. VON POSSART (1907) schulte seine Schüler an Wörtern und sinnvollen Texten. Allerdings enthielt seine Atmungsschulung falsches.

> Er ist bisher der einzige, bei dem wir die paradoxe Atmung als Norm beschrieben fanden: ... *geräuschlos durch die Nase einatmen, während zu gleicher Zeit die Bauchmuskeln kräftig eingezogen werden* (1907, S. 13).

Bei ihm zeigt sich die Mechanistik vor allem in der mechanischen Anwendung der Schrift auf die Aussprache:

> So sieht er einen Unterschied in der Aussprache z. B. des ei und des ai oder des äu und des eu!
> Darum baut sich seine Sprecherziehung vorwiegend aus Vergleichsbeispielen auf.

Typisch für eine mechanistische Übungsweise ist die Methode EDUARD ENGELS.

> ENGEL starb 1926. Danach wurden die Neuauflagen vor allem durch seinen Sohn F. E. ENGEL übernommen.
> Die ENGEL-Methode erfreute sich einer solchen Anhängerschaft, daß es sogar einen eingeschriebenen „Verein zur Verbreitung der Stimmbildungslehre Professor ENGELS" gab (vgl. den *Übungsstoff*, 3. Aufl. 1920).
> ENGEL faßte (nach der Darstellung seines Sohnes) die Prinzipien der klassischen Gesangspädagogen (NEHRLICH, SCHMITT und HEY) zusammen und entwickelte sie weiter.
> ENGELS Verdienst liegt vor allem in seinen Bemühungen, die Sprecherziehung auch in die Elementarschulen hineinzutragen. Sprechbildung dem ganzen Volke! war seine Losung.

HEY habe – so schreibt F. E. ENGEL – den Anstoß zu einseitig mechanischen Ausbildungsversuchen gegeben (S. 23), und ENGEL definiert die Mechanisierung als *übermäßige Bewertung der mechanischen Einstellung des gesamten Stimmapparates zur Erziehung des Idealtones* (S. 24). Der Verfasser kommt zu dem Schluß: *Die entsprechende mechanische Einstellung der in Betracht kommenden Organe hat sich als durchaus möglich und richtig erwiesen, und die akustisch einwandfreie Wirkung ist auf diese Weise ebenso sichergestellt wie das so bitter nötige gesundheitliche Erfordernis* (S. 31).

ENGEL legt auf S. 30 den Unterschied dar zwischen der mechanistischen Auffassung von Sprache und jener Auffassung, die das Sprechen als Koartikulation auffaßt: Für ENGEL gibt es *keine differenzierten Lippeneinstellungen, fast keine Mundveränderung bei der Klängebildung, keine Verschiedenheit der Artikulationsstellen* im Ansatzrohr für die Mitlaute. Für ihn gilt das Gesetz: *Beim Übergang von einem Laut zum folgenden werden alle gemeinsamen Elemente beibehalten!*
Das ist ein grundlegender Unterschied zu unserer Auffassung von Sprechen.
Sehr konsequent auf diesem Wege geht es dann weiter:
Wir unterscheiden klangöffnende, klangverengende und klangschließende Laute. Wichtig ist also die *Willenskonzentration auf den richtigen Klang, den richtigen Resonanzraum, der nicht zu schaffen ist durch „Dehnen des Ansatzrohres" oder „Weiten der Mundhöhle", sondern der gefunden und gehalten wird in dem schmalen Luftband zwischen steilgestellter Vorderzunge und Alveolen! In diesem kleinen Raume können sämtliche Resonanzeigenschaften des „Idealtones" geweckt werden, und das Finden dieser „Anschlagstelle" wird unablässig gesichert durch zwei mechanische Impulse und durch Verbinden der Klänge in einem Ausatmungsstrome, also im Gleitlaut, und durch stetes Vorfedern der hochgewölbten, lockeren Vorderzunge.*

Zur Atmung: *Atemübungen sind gut und oft sehr zweckdienlich, dürfen aber nicht in direkte Beziehung zum Stimmbildungslehrgang gebracht werden* (S. 37). *Der Schüler muß unbewußt mit den Sprechfunktionen die richtige Atemfunktion verbinden.*

Zur Tongebung: ENGEL verlangt *weichen* Stimmeinsatz und lehnt die willkürliche Tiefstellung des Kehlkopfes ab; er verwirft die sog. Vielregistertheorie.

Zur Artikulation und Resonanz: Klang- und Artikulationsarbeit sei – sagt ENGEL sehr richtig – vor allem Konzentrationsarbeit. Methodisch legt ENGEL auf eine gezielte Konzentration größten Wert.

253

Gehör-, Tast- und Gesichtssinn werden in Anspruch genommen. Der Zungenkontakt wird verlangt. Die Zunge lasse *vom Schlund bis zur Mundöffnung nur ein ganz schmales Luftband frei!* (?)
*Das Breitziehen der Lippen bei i und e, das Vorstülpen der Lippen bei u, ü und ö, das Weiten des Mundraumes bei a, o und [ɔ] sind willkürliche, unnötige und schädliche Muskelarbeiten* (S. 42).

Zur Übungsweise: Der Stoff wird in 24 Lektionen aufgeteilt. Man beginnt anfangs in der Indifferenzlage. Jeder Laut wird buchstabiert. Die Konsonanten sind nur Öffner oder Schließer und sollen blitzschnell gesprochen werden. Der Vokal (Klinger) herrscht vor! Die Silben der Übungen müssen gleichmäßig betont und gedehnt werden. Alle Übungen auswendig lernen!

Aufbau des Lehrsystems:

Elementare Lautgebungsübungen → Lautierendes Üben und Buchstabieren (1. der Klangreihen, 2. eines Mitlautes im Anlaut, 3. mehrerer Mitlaute im Anlaut, 4. eines oder mehrerer Mitlaute im Anlaut) → Lautierendes Sprechen ein- und mehrsilbiger Wörter → Verbindendes Versesprechen → Freies Versesprechen → Einfache Gedichte → Rezitation von Gedichten → Freies Sprechen.

Zu den Übungen:

Buchstabiermethode: Die einzelnen Silben werden buchstabiert und dann zusammengefügt:

| | |
|---|---|
| *be – a – ba* | hier ist die Silbe ba buchstabiert worden. Die Sprechanweisung sieht so aus: |
| *be͡ a͡ bà* | die Mitlaute sind ganz kurz, öffnend und schließend zu sprechen. |

ENGEL zerlegt also das Wort in seine Silben und die Silbe wieder in ihre Buchstaben, nicht etwa in ihre Laute. Denn die ursprünglich gesprochenen Laute werden wie das Alphabet buchstabiert:
*ef – a – fa / ef – e – fe / ef – i – fi /* und so weiter durch alle Vokale, mit allen Konsonanten.
Schließlich mit mehreren Mitlauten:
*sbl: es – be – el – a – sbla*
*pfr: pe – ef – er – a – pfra*
Dann gibt es Übungen, wo der Konsonant im Auslaut ist:
*ab / eb / ib /* usw. *af / ef / if /* usw.
oder:
*schpa schta schpla schpra* usw.

# Lautiermethode der Wörter:

*du der den dem dein*   Sprechanweisung:   ᵈu  ᵈä  ʳᵈe  ⁿᵈe  ᵐᵈein

*er red rein mir dir*   Sprechanweisung:   ä  ʳē  ᵈʳā  ⁱⁿᵐᵢ  ʳᵈᵢᵣ

oder: *lau lauf leid lad lud*   soll gesprochen werden:

ˡā  ᵘˡā  ᵘᶠˡā  ⁱᵈˡā  ᵈˡūd

ENGEL hat es folglich verstanden, auch das Wort so unkenntlich zu machen, daß es zu einer komplizierten Übung geworden ist!
Schließlich werden die Wörter:
*fächeln röcheln nörgeln heucheln gaukeln*   gleichmäßig gedehnt und betont
gesprochen:
*fä̱ – chä̱ – lnrö̱ – chä̱ – lnö̱ – rgä̱ – lnhe̱u̱* – ...

Die Sätze werden wie folgt gesprochen:

*Das Dach ist hoch   Dā⌒ᵉDā⌒ᶜʰᵢ⌒ˢᵗhōch*

Schließlich kommt ENGEL zum Textsprechen:
*Bei dem verbindenden Sprechen... erkennt ENGEL keine weiteren Laut-
trennungsgebote als solche für die Trennung von auslautendem s sowie von r
und anlautenden Klängen an. Es kann dem Schüler nur nahegelegt werden,
im verbindenden Sprechen auf der nun schon gesicherten Artikulations-
bahn ruhig im Anfang des Guten zuviel zu tun. Um so treuer wird später
nach dieser Übungsweise die stete Sprechhilfe des nur gedanklichen Ver-
bindens wirksam bleiben* (S. 90 f.).
Beispiel:
*Der Sand ist fein*   wird gesprochen: *Dersa̱ndistfe̱i̱n*
Unterstrichenes wird betont.

Wir haben das in aller Ausführlichkeit dargelegt, weil es noch heute viele
Kollegen gibt, die nach der ENGEL-Methode arbeiten. Eines Kommen-
tares braucht es nicht mehr.
Wie ist ENGEL zu dieser sinnlosen Auseinanderreißung des sinnvollen
Wortes und Textes gekommen?
Er hat die Anweisung HEYS und mancher anderer Gesangspädagogen
wörtlich und bis zur letzten Konsequenz befolgt: nämlich den „Ton-
strom" nicht oder wenigstens sowenig wie möglich durch den Konsonanten zu unterbrechen.[1]

Für viele Gesangsschulen war der Konsonant ein Übel, das man an der
Sprache mit in Kauf nehmen mußte. Das Übel sollte so unauffällig wie
möglich gesprochen werden. Das tut ENGEL gründlich. Daher auch in
den Sprechanweisungen die Nebensetzung des Konsonanten.

[1] Vgl. über HEYS Gesangsmethode S. 272.

Typisch für eine synthetische Methode ist auch die *Sprecherziehung* von
J. KOETSIER-MULLER.
Die Mechanisten tun so, als könnte der Erwachsene prinzipiell über-
haupt noch nicht sprechen. Dem liegt die Anschauung zugrunde, daß sich
Kunst und Natur feindlich gegenüberstehen.[1]
So übt auch KOETSIER-MULLER erst jeden Laut einzeln, dann übt er sinn-
lose Konsonantenverbindungen:

> *Wenn die Konsonanten einwandfrei gebildet werden, machen wir Konsonant-*
> *Verbindungsübungen, sog. Konzentrationsübungen. Die Verbindungen*
> *sind oft schwieriger als die Sprache* (S. 31).
> Mit dem letzten Satz befindet sich der Verfasser in einem großen Irrtum.
> Die Lautverbindungen der Sprache sind wesentlich schwieriger. Man
> braucht nur zu versuchen, eine Sprache zu sprechen, die man überhaupt
> nicht versteht, sondern wo man gerade die Schrift lesen kann, und man
> wird erkennen, wie schwierig das ist.
> Die Verbindungen der Mechanisten sind nicht schwieriger, sondern nur
> ungebräuchlicher! Darin liegt eben der Unterschied: Die Sprache wird
> nach anderen Gesetzen gesprochen!
> Die beste „Konzentrationsübung" im Sinne der Mechanisten wäre ein
> Rückwärtslesen eines sinnvollen Textes!
> *bp ... bp bp ... bp bp bp ... bp bp bp bp bp*
> *ptk ... ptk ptk ... ptk ptk ptk ... ptk ptk ptk ptk ptk*
> *prbr drtr trdr ssrsrschr schrsrssr* usw. usf.

Demgegenüber muten die konstruierten Sätzchen von HEY, HERMANN,
OBERLÄNDER und REINECKE geradezu poetisch an.

> Wir können uns eine ausführliche Wiedergabe der Texte ersparen. Die
> HEY-Verschen erfreuen sich solcher Berühmtheit unter den Schauspielern,
> daß mancher moderne Lyriker vor Neid erblassen könnte.

Der Sinn solcher konstruierten Sätzchen soll die Lautanhäufung des zu
erübenden Lautes sein.

> Der Königliche Schauspieler und Lehrer der Schauspielkunst H. OBER-
> LÄNDER hat neben Sätzen für die einzelnen Laute auch solche für die
> Schulung der Tonfarben konstruiert. So gibt es Sätze für *Gleichmut und*
> *Sorglosigkeit*, für *Scham* und *Trauer* usw.
> Trauer: *Sieh mir noch einmal in die Augen Geliebte/Geliebter und dann*
> *lasse uns scheiden. Ob und wann wir uns wiedersehen, weiß nur Gott allein*
> (S. 197).
> *Die Übungen in der richtigen Anwendung der Tonfarben, d. h. im charak-*
> *teristischen Vortrage, wurden von mir hauptsächlich zum Zwecke der Prü-*
> *fung natürlicher Veranlagung bei jungen Leuten, welche sich der Bühne*
> *widmen wollen, erfunden* (S. 193).

[1] Siehe auch S. 264.

K. HERMANN verlangt, daß man die Sätze erst gleichmäßig betont und dann *sinngemäß* spreche:

*Dort hoch oben thront Frau Sonne, dort wo Ottos Sohn jetzt wohnt.*
*Specht, Spatz, Storch und Sperber, sprangen spornstreichs schrillen Schrei's*
*— den steilen Steg hinunter.*

Ein solcher Satz ist übrigens als humoristisches Beiwerk zu anderen Übungen durchaus akzeptabel.
Ähnlich ist es mit den *Wiener Waschweibern...* und dem *Potsdamer Postkutscher.*

Den Tonumfang schult HERMANN wie folgt:

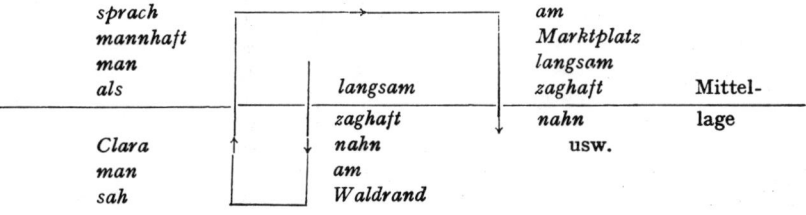

(Man lese den Text in Pfeilrichtung.)

## 3. Psychotherapeutische Methoden

### a) Über die psychologische Beeinflussung

Unter Nr. 13 im Anhang ist eine Schauspielerin geschildert, deren stimmliche Mängel auf psychische Ursachen zurückzuführen sind. Solche Fälle sind in der Praxis nicht selten. Sie kommen bei männlichen wie weiblichen Personen vor und machen vielfach den Eindruck der Hysterie.

Hysterie ist im Zusammenhang mit stimmlichen Fehlleistungen nicht selten. Die Hysterie ist eine Art Flucht in die Krankheit. Unsicherheit auf anderem Gebiet wird durch vorgetäuschte Krankheit im Bereiche des Kehlkopfes oder stimmliche Indisponiertheit überdeckt.
Früher hat man die Hysterie abgetan und wie das Simulieren behandelt. Heute hat man erkannt, daß die Hysterie den Neurosen nahekommt. Tatsächlich haftet dem Hysteriker etwas Neurotisches an. Die gewohnheitsmäßige Flucht — die ja doch meist unbewußt geschieht — führt zu einer Erwartungsneurose, die ihrerseits tatsächlich eine psychogene Indisponiertheit nach sich ziehen kann.
Die Befunde durch den HNO-Arzt können ohne Ergebnis sein, aber sie können auch das Bild eines akuten Katarrhs liefern.

Es gibt sehr viele stimmliche und auch artikulatorische Fehlleistungen, die psychogener Art sind.[1] Wir möchten fast behaupten, daß bei Sprechberufen jede Sprechfehlleistung – auch wenn sie ursprünglich rein funktioneller Art ist – eine psychogene Überlagerung nach sich zieht! Folglich ist auch jede sprecherzieherische Beeinflussung zugleich eine psychologische.

> Wir sind in unserer eigenen Praxis lange zwischen der Überschätzung und der Unterschätzung der psychologischen Beeinflussung hin- und hergependelt. Es wollte uns lange Zeit scheinen, als sei jede sprechtechnische Einflußnahme belanglos, da wir in keinem Falle die zentrale Leistung angehen könnten – dann wollte uns scheinen, daß alle Psychologie unsinnig sei, da sie auf das handwerkliche Können kaum einwirke.
> Es sind dies Fragen, die sicher jeden Sprecherzieher beschäftigen, gleichgültig in welche Richtung er in seiner Arbeit geht.
> Wir glauben heute, einen vorläufigen Weg gefunden zu haben, der den Schauspieler an das Zentrum seiner Sprechleistung heranführen kann. Wir hoffen, wie die späteren Kapitel zeigen, durch bestimmte sprechtechnische Übungen, die wir mit Vorstellungsinhalten[2] und Körperbewegungen koppeln[3], auf die Peripherie und das Zentrum zugleich einwirken zu können (jedenfalls soweit es sich um die Sprecherziehung des Schauspielers handelt). Dabei glauben wir, zwar nicht auf die Psychologie, doch aber auf die Psychotherapie verzichten zu können.

Man sollte sich hüten, die psychologische Seite der Sprecherziehung zu hoch zu werten. Der eigentliche Wert der Sprecherziehung liegt in ihrer Vermittlung technischen Könnens und des Wissens um die Sprechfunktionen.
Den Erfolg garantiert – eine gute Sprecherziehung vorausgesetzt – einzig und allein der Schüler selbst! Denn – wir wiederholen es zum x-ten Male – der Erfolg ist abhängig vom Fleiß, nämlich vom täglichen Training und vom Bewußtsein, mit dem dieses Training durchgeführt wird!
Wer nicht an sich arbeitet, den führt auch die beste Methode nicht zum Erfolg!

Eine Übertreibung des Psychologischen, ein Abirren in Metaphysik und Psychologismus findet sich bei P. PASCHEN (1952).[4]
PASCHEN stellt fest, daß fast alle Menschen falsch sprechen. Und er leitet diese Behauptung von einer philosophisch-psychologischen Beurteilung der Menschheit ab. Bei den meisten Menschen finde man die *Bauchpresse*,

[1] Vgl. auch S. 55 und 62.
[2] Siehe S. 293 ff.
[3] Siehe S. 299 ff.
[4] Wir müssen gestehen, daß es uns unmöglich war, das Buch bis zu Ende zu lesen.

verbunden mit Zwerchfellhochstand. Dadurch entstehe ein Kehlverschluß
und Kontraktion des Velums. Auch das Stottern beruhe auf den gleichen
Fehlleistungen.[1]

Ursache solcher Fehlleistungen sei die Furcht, die dem Menschen imma-
nent sei seit Urzeiten.

> Die Furcht sei entstanden mit der Vertreibung des Menschen aus dem
> ersten Paradieszustand, in dem der Mensch einst gelebt haben müsse. Er
> sei das einzige Lebewesen ohne Waffen und Verteidigungsmittel, woraus
> der Verfasser schließt, daß dieses Wesen sich nur in einer Zeit habe ent-
> wickeln können, in dem es weder angegriffen wurde noch selbst angegriffen
> habe. Die erste Begegnung dieses paradiesischen Geschöpfes, die noch viel
> früher gewesen sein müsse, als die prähistorischen Funde bisher auswiesen,
> die erste Begegnung mit dem Raubtier habe eine Schockwirkung aus-
> gelöst und die ewig bleibende Furcht erzeugt. Auch die modernen Kriege,
> die Ausbeutung, alles erklärt der Verfasser aus dieser Furcht.

Die von PASCHEN kritisierte *Bauchpresse* wird z. B. bei der *Atemwurf-
übung*[2] nach FERNAU-HORN direkt therapeutisch angewandt. Es geht
PASCHEN im Grunde um die Anerziehung der Bauchstütze, mit der damit
verbundenen Tiefstellung des Zwerchfells beim Phonieren. Aber welcher
Aufwand für eine alte Lehrmeinung!

> Selbstverständlich hat die *Bauchpresse*, d. h. das ruckartige Einziehen der
> Bauchdecke beim Sprechen, Gefahren. Aber sie sind gering.
> Der Atemwurf ist immer angebracht, wenn laut gerufen wird, wenn starke
> Lautheitsakzente innerhalb eines Satzes fallen. Bei ruhiger Sprechweise –
> vorausgesetzt allerdings die richtige Tiefeneinatmung – gehen die Bauch-
> wände fast synchron zur Ausatmung allmählich nach innen.
> Wir fanden eine einzige Schülerin, die auch in ruhiger Sprechweise die
> Bauchpresse anwandte. In diesem Falle handelte es sich um eine hyper-
> kinetische Erscheinung, die sich auf die ganze Sprechweise erstreckte.

HARTH (1956 und 1959) leitet eine gewisse Form von S-Fehlleistungen, den
sog. Stridor – ein S-Fehler, bei dem während der S-Bildung die Luft durch
zu große Rillenbildung der Zunge mit einem Pfeifgeräusch entweicht –,
von psychischen Hemmungen ab.

> Sicher ist, daß viele S-Fehler psychogen überlagert sind, es sei aber dahin-
> gestellt, ob durch psychotherapeutische Einwirkungen der Fehler beseitigt
> werden kann.

---

[1] Es ist erstaunlich, mit welcher Sicherheit manche Autoren Behauptungen aufstellen, die sie nie zu beweisen in der Lage sind. Die Medizin bemüht sich seit Jahren
um erfolgreiche Methoden bei der Behandlung des Stotterns, und hier wird das
Problem mit einem Federstrich aus der Welt geräumt!

[2] Siehe S. 279.

HARTH konnte vermittels des WARTEGG-Tests – ein Test, der durch Er-
gänzungszeichnungen des Patienten das assoziative Verhalten, Wunschbilder und -vorstellungen des Getesteten sichtbar macht – die psychischen
Ursachen für Sigmatismen diagnostizieren und durch psychotherapeutische Maßnahmen beseitigen.
Wir halten solche Ausnahmefälle für die Praxis belanglos.

### b) Die kombiniert-psychologische Methode

Der Terminus *kombiniert-psychologische Übungstherapie* stammt von
KRECH (Jan. 1959).

> Wir halten den Ausdruck nicht für glücklich, weil er nur eine Seite der
> Kombination zeigt, die psychologische. Womit ist die psychologische Seite
> kombiniert?

KRECH gibt in seinem Aufsatz auf diese Frage eine Antwort.
Die *kombiniert-psychologische Methode* ist eine ganzheitliche Methode. Sie
verbindet eine psychotherapeutische Behandlung des Patienten mit einer
Stimmschulung besonderer Art und mit allgemeinem Entspannungstraining. Die *kombiniert-psychologische Methode* findet ihre Anwendung
als Individual- und auch als Gruppentherapie.

> In der von KRECH beschriebenen Form gehört die *kombiniert-psychologische
> Übungstherapie* gar nicht zu unserem Thema der Sprecherziehung des
> Schauspielers. KRECHS Methode gehört vielmehr in die Medizin. KRECH hat
> vor allem den Stimmkranken vor Augen.
> Wir führen sie aber dennoch hier an, weil wir der Methode manche An-
> regung verdanken und weil erst durch das Institut in Halle die sog. *Kau-
> methode* FRÖSCHELS' bei uns bekannt wurde (ORTHMANN, 1956).

Der psychotherapeutische Teil der Methode arbeitet auf eine *Bewußtheit des Könnens* bei dem Patienten hin. Solche Bewußtheit wird erreicht durch die Schallaufnahme[1], die dem Patienten eine Vergleichs-
möglichkeit seiner kranken Stimme mit der bereits verbesserten ermöglicht, und durch das kontaktfördernde Gespräch zwischen Patienten und
Therapeuten.

> KRECH schreibt (Okt. 1959): Die Stimme des Therapeuten zwingt den
> Patienten zum Nachvollzug; durch *funktionelles Hören*[2] übernimmt der
> Patient die *Spannungslage* des Therapeuten. Auch die Bezirke des Vege-

---

[1] Vgl. S. 242.
[2] Siehe S. 171 f.

260

tativen, Unbewußten, die den sprachlichen Ausdruck formen, werden so angesprochen.

Auch dem Entspannungstraining, im Sinne SCHULTZes und FAUSTS,[1] kommt eine psychotherapeutische Bedeutung zu.

Die Stimmschulung der Methode greift auf die Kaumethode von FRÖSCHELS zurück.

Die *Kaustimme* hat ursprünglich noch nichts mit dem Sprechen zu tun. Wir können sie erzeugen, wenn wir während des Kauens – wie um dem angenehmen Gefühl der Eßlust und Befriedigung unseres Nahrungsbedürfnisses Ausdruck zu verleihen – ungehindert und ungeformt Stimme geben. Eine solche Stimmgebung geschieht nach FRÖSCHELS ohne Krampf und ohne die Fehlleistungen, die sich beim Sprechen oder Singen einstellen können.

Den Grund dafür sieht FRÖSCHELS in der tieferen Repräsentanz innerhalb des Nervensystems der *Kaustimme* gegenüber der Sprechstimme. Die Kaufunktion ist phylogenetisch und ontogenetisch älter als die Sprechfunktion.[2]

Das Genußerlebnis während des Essens soll auf die Stimmgebung übertragen werden. Es entsteht so – nach ORTHMANN – eine zeitweilige Verbindung im Sinne der Reflextheorie PAWLOWS. Die *Kaustimme* entspricht der *Schonstimme* TROJANS.[3]

Aus diesem Grunde läßt KRECH seine Patienten etwas essen, was ihnen besonders gut schmeckt und auf das sie sich freuen sollen. So wird das Lusterlebnis Essen auf das Sprechen übertragen.

Wir haben innerhalb unserer praktischen Arbeit gefunden, daß die von FRÖSCHELS und KRECH bzw. ORTHMANN beschriebene Tiefenwirkung der Kaumethode ihre Grenzen hat.
Sie reicht z.B. für die *Kraftstimme* (TROJAN) nicht aus.
Außerdem gibt es auch gewisse Gegenargumente, so z.B., daß die Eßfunktion der Sprechfunktion im Funktionsverlauf entgegensteht.[4] Die Schluckfunktion zeigt z.B. eine Verengung des Rachenraumes, ein Aufwärtssteigen des Kehlkopfes und eine Abwärtsbewegung des Kehldeckels. Es erscheint uns auch als fraglich, ob der Mensch mit seinem komplizierten II. Signalsystem überhaupt die niedrige Kaufunktion völlig auf die viel höhere und belastetere Sprechfunktion übertragen kann.

Der Wert der *Kaustimme* liegt für uns vor allem in ihrer Beeinflussung der Indifferenzlage. Außerdem führt die *Kaustimme* zwangsläufig zu einer

[1] Siehe auch S. 36–40.
[2] Siehe II. Kap., S. 63 f.
[3] Vgl. S. 81.
[4] Siehe S. 144 f.

Bevorzugung der Nasallaute. Damit stellt sie eine Verbesserung der Resonanzübungen dar.[1]

Auch TROJAN (1948) empfiehlt nach Entspannungs- und Sprechübungen für die *Schonstimme*, im Liegen autosuggestive Übungen durchzuführen mit folgender Beruhigungsformel:
*Ich liege nun völlig ruhig und entspanne meine Muskeln auf das vollkommenste. Die Zunge fällt breit und locker im Munde vor, und ich habe das Gefühl, etwas Gutes in mich aufgenommen zu haben, das ich genieße und das mich körperlich und seelisch bereichert und beglückt. Der Raum und ich selbst bilden eine große Einheit. Die Welt der Gegenstände versinkt, und es ist nichts da, was mich irgendwie erregen, ärgern, schrecken, schmerzen oder ängstigen könnte. Ebenso fühle ich mich aus der Zeit herausgehoben und vollkommen zufrieden, ruhig und glücklich (S. 37).*

> Diese Trainingsformel verstößt insofern gegen die psychotherapeutischen Grundsätze, als sie auch das Negative (Ärger, Schreck, Schmerz, Angst), wovor gerade die Formel schützen soll, aufgenommen hat. Dadurch gerät die Negation erst deutlich ins Bewußtsein und von da auch in tiefere Schichten!

### c) Biblio- und Musiktherapie

KRECH (Jan. 1959, S. 429) gibt eine Erklärung der *Bibliotherapie*, die er ebenfalls in seine *kombiniert-psychologische Methode* eingebaut hat:
*Wir verstehen ... unter „Bibliotherapie" eine spezielle Bibliotherapie, die von gesunden, physiologischen Gegebenheiten des Autors auf dem Wege über die Konservierung der einstigen sprachlichen Mitteilung im Schrift- oder Druckbild rückwirkend den nachvollziehenden Sprecher trifft.*

> Hier ist die *Bibliotherapie* wieder speziell angewandt worden auf den kranken Menschen.
> Es ist bekannt, daß allein das Lesen guter Bücher sowohl anregend als auch entspannend wirken kann. Eine solche Wirkung soll nun in sinnvoller Weise ausgenutzt und gelenkt werden.

Für uns besitzt die *Bibliotherapie* insofern Bedeutung, als wir in unsere Übungsbücher Texte aufnehmen, die dem jeweils erwünschten Spannungsgrad entsprechen.

> So wählte z. B. BALSER-EBERLE SCHILLER- und GOETHE-Texte, um speziell die Atmung zu schulen. Sie nahm entweder Texte, die eine ruhige Tiefenatmung förderten, oder solche, die lange Ausatmungsphasen verlangten.

---

[1] Vgl. S. 281.

Allerdings entsprechen die von ihr eingezeichneten Atmungseinschnitte nicht den tatsächlichen Sinnschritten.

Fast jedes sprecherzieherische Übungsbuch stellt seine Texte nach ähnlichen Gesichtspunkten zusammen.

> So suchte z. B. ORTHMANN Einzelsätze und Texte für *gespannte* und *ungespannte* Rede.
> Als *gespannt* bezeichnet er BRECHTS *Fragen eines lesenden Arbeiters* (?), GOETHES *Prometheus*, die Rede Brutus' in SHAKESPEARES *Julius Cäsar;* *ungespannt* sind HOLZENS *Rote Dächer* (aus *Phantasus*), GOETHES Brief *am 10. Mai* aus dem *Werther*.
> Ähnlich suchte TROJAN für die *Schonstimme entspannende Texte* und für die *Kraftstimme spannende Texte*.

Für die Sprecherziehung wird der Text auch noch in einem engeren Sinne als „Therapie" verwendet. Die bisher beschriebenen Texte wurden nach den Gesichtspunkten ihrer stimmlichen Beeinflussung ausgewählt. Wir stellen aber auch Texte für die Beeinflussung der Artikulation zusammen.

> WOLF/ADERHOLD benutzten z. B. Gedichte von ARNO HOLZ, um Lautüberfüllungen zu üben.
> KRECH (1955) fand spezielle Texte für die Beeinflussung der Sigmatismen.
> WEITHASE benutzte Schüttelreime, Sprichwörter usw. als spezielles Übungsmaterial für die Artikulation.
> Es gibt Autoren, die die Verwendung von Dichtung zu Übungszwecken ablehnen, weil durch eine solche einseitige Verwendung der Dichtung das Verhältnis des Sprechers zur Literatur ungünstig beeinflußt werden könne. Auf alle Fälle verlieren die ausgewählten Textstellen ihren besonderen Wert.
> Ein solches Argument ist nicht zu entkräften. Deshalb sind die Dichtungsbeispiele mit viel Geschick zu wählen. Außerdem kommt es natürlich darauf an, wie die Texte im Unterricht behandelt werden.

Auch die Musik baut KRECH in seine Methode ein. Die Musik nimmt einen direkten Einfluß auf das Nervensystem. Sie kann auf das ergotrope wie auf das trophotrope System[1] einwirken.

TRÄNKLE fand, daß die Musik, wo Melodie und Takt aufeinander bezogen sind, anregender wirkt als z. B. Jazz und zumeist moderne Musik. Hohe Töne führen meist zur Zunahme, tiefe zur Abnahme der Muskelspannungen. *Zergliederndes* Hören spannt, frei *erlebtes* Hören entspannt.

H. WEIHS konnte den Einfluß der Musik auf die vegetative Tonuslage experimentell nachweisen.

---

[1] Siehe S. 44.

## 4. Spezialübungen

### a) Theoretische Voraussetzungen und allgemeine Regeln

Wir wollen im folgenden aus den verschiedensten Übungsbüchern nach Übungen suchen, die sich jeweils um Aberziehung spezieller Fehlleistungen bemühen.

Natürlich ist eine solche Unterscheidung nicht konsequent durchzuführen. Der Grund liegt in der untrennbaren Einheit des Sprechvorganges: Resonanz ohne gleichzeitige Artikulation z. B. ist unmöglich!
Dennoch lenkt im sprecherzieherischen Übungsverlauf der Übende einmal die Aufmerksamkeit mehr auf jenen Teil der Sprechfunktion und das andere Mal auf diesen.

Grundsätzlich gibt es zwei verschiedene theoretische Voraussetzungen:
Es gibt Autoren, für die das Erziehungsziel eine Veredelung des ursprünglichen Rohmaterials ist. Für sie ist der *Idealton* etwas anderes als der *Naturton*. Für sie hat die Sprecherziehung die Aufgabe, grundsätzlich eine *Kunst*stimme anzuerziehen, weil der Mensch mit der gegebenen *Natur*stimme nicht in der Kunst auskomme.
Eine andere Gruppe von Autoren will die von den *Normal*funktionen abgewichene Stimmfunktion wieder zur natürlichen zurückführen.
Die beiden verschiedenen Standpunkte wirken sich auch methodisch aus.

Die erste Gruppe kann jederzeit mit Recht auf den Vorwurf, sie würde zur Unnatur erziehen, entgegnen, daß eben *Natur und Kunst sich fliehen*. Die Übungen solcher Autoren (z. B. HEY, ARMIN, STEINER) haben keine Rücksicht zu nehmen auf das Spontansprechen, die erarbeitete Formstufe hat sich nicht der Realistik des Alltags anzupassen, sondern umgekehrt: der Alltag hat sich der besonderen Übungslage anzupassen. So klaffen Übungssprache und Umgangssprache entweder weit auseinander, oder die Umgangssprache wird eine „angewandte" Übungssprache!

HEY geht z. B. den Weg vom *Naturton* über den *Normalton* zum *Idealton*. ARMIN teilt mit MÜLLER-BRUNOW die Auffassung, daß der alltäglich gesprochene Vokal zu nichts in bezug auf die Kunst tauge. Daher müsse die *Naturstimme* umgeschult werden. Es ist bezeichnend, daß die meisten Anhänger dieser Theorie vom Gesang kommen, der ja tatsächlich eine andere Formstufe besitzt als das Sprechen.[1]
RUDOLF STEINERS anthroposophische Sprachbehandlung soll hier nur als Kuriosum am Rande Erwähnung finden. Tatsächlich richtet sich in der

[1] Vgl. S. 72 f. und 78.

Praxis kaum noch jemand nach STEINER. Für ihn ist die Sprache höchstes Kulturgut. Die Bedeutung der Sprache sieht er aber nicht sosehr in ihrem kommunikativen Charakter als vielmehr in einem metaphysischen Ausdrucksgehalt. STEINERS Sprecherziehung ist etwas für Leute mit *Astralleib* und *Ätherseelen* und aus diesem Grunde schon nicht zu verallgemeinern.

Die zweite Gruppe versucht immer wieder, das durch Übung Erreichte auf das Spontansprechen zu übertragen. Sie will eine allmähliche Annäherung von Übungssprache und Umgangssprache. Jene Autoren (z. B. DRACH, SCHIEGG, KRUMBACH/BALZER) trachten danach, die Übungslage der Alltagslage nahezubringen.

Viele sprecherzieherische Bücher stellen allgemeine Regeln auf, die sich auf die Methode der Sprecherziehung beziehen, und die wir wegen ihres allgemeingültigen Charakters in keinem unserer Kapitel unterbringen können. Der Leser soll aber dennoch mit solchen wertvollen Hinweisen vertraut gemacht werden. Darum wollen wir an dieser Stelle einige Autoren zitieren.[1]

J. FORCHHAMMER sagt im I. Band seiner *Stimmbildung,* die Formel jeder Stimmschulung laute: *erweitern, Raum schaffen!* (S. 46).
Wie kann man das machen?
1. Tiefstellen des Kehlkopfes (durch *tiefe, freie, geräuschlose Einatmung* und Gähnen);
2. Zungenwurzel nicht zurückrutschen lassen;
3. *sitzend in vorgebeugter Stellung, mit locker herabhängendem Kopf* üben, wodurch die Zunge durch ihr Eigengewicht nach vorne fällt;
4. Nachahmung der französischen und italienischen Laute: *madame, padre, pauvre* usw.;
5. zu schlaffes Gaumensegel ergibt gaumigen Ton; darum den Zungenrücken senken!
6. Unterkiefer lockern; Unterlippe nicht zu stark herabziehen;
7. für Nasalität sorgen!

JAKOBI fordert:
Mund- und Nasenatmung und die kombinierte Atmung;
*mangelhaft geöffneter Mund fördert die Undeutlichkeit und ist ein Hauptgrund des schlechten Sprechens überhaupt! Breiter Mund (liegend oval) ist Tod, langer Mund (stehend oval) ist Leben für die Sprache!* (S. 25);

[1] Siehe auch WOLF/ADERHOLD, II. Kap., und unsere Ausführungen über KRUMBACH/BALZER, S. 296.

die Zungenspitze liege an den Zähnen;
die Lippen seien ein wenig von den Zähnen abgehoben (Mundvorhof).

SCHIEGG (1955, S. 79–82) stellt 10 Gebote auf:

*1. Mache nichts, was gegen die Natur ist, durch Fixieren der Organstellung
(Zunge, Gaumen, Kehlkopf, Atemmuskulatur usw.), absichtliches (statt
automatisches) Spannen der Muskulatur, gewaltsames (statt naturgemäß er-
forderliches) Stauen der Luft und dergleichen!*

> *Also kein willkürlicher Eingriff auf die Zungenfunktion durch Niederdrücken
> der Zunge mittels Löffelstiel, Pressen an die Zähne, Herausziehen mittels
> Taschentuch und dergleichen. Kein absichtliches Hochziehen des Gaumen-
> segels, kein gewaltsames Tiefstellen des Kehlkopfes, kein Festhalten der Ein-
> atmungsmuskulatur während der Ausatmung, kein forciertes Stauen der
> Luft...*

*2. Atme unter Vermeidung der Hochatmung (Schulter-, Brustatmung) mit
der vereinigten Bauch- und Flankenatmung: Tiefatmung! ...*
*3. Setze den Ton in der Kehle weich, sachte (nicht hart und auch nicht ge-
haucht[1]) an! Jeder Ton geht piano an! (Jeder Ton ist am Anfang ein in aller
Kürze verlaufender Schwellton, die praktische Ausführung des weichen An-
satzes) ...*
*4. Singe auf Atem! (Denke dir den Ton von der Luftsäule getragen ähnlich
dem von dem Wasserstrahl eines Springbrunnens balancierten Ball! ...)[2]*
*5. Sorge in richtiger Vokalform bei genügender Weithaltung der Schallräume
durch lockere Haltung des Unterkiefers (Tiefspannung) und lächelnde
Mundstellung (Breitspannung) für freie Tongebung und gute Tonführung
in die hochvornliegenden Schallräume des Kopfes! („Maskensitz"!) ...*
*6. Denke dir den Ton nie von der Brust aus geführt („gestemmt!"), sondern
vielmehr eingesaugt gleich dem Duft einer Blume![2] (Tonstütze in der
„Maske") ...*
*7. Je höher der Ton, desto höher nehme man in weiter Form seine Führung
in die Schallräume des Kopfes unter zunehmender Verdunkelung der Vokale.
(Die drei „F": Form, Führung, Farbe!)*

> *Während für die tiefere Stimmlage vorwiegend die Mundhöhle mit dem harten
> Gaumen als Resonanzfaktor in Betracht kommt, werden in der höheren
> Stimmlage mehr die in der Gegend der Nasenwurzel gelegenen Nebenhöhlen*

---

[1] Wir vermeiden es, jedesmal wieder unsere persönliche kritische Stellungnahme zu
den einzelnen Problemen darzulegen, und verweisen auf die entsprechenden Kapitel
des Buches.
[2] Siehe auch die Ausführungen über „Fiktionen" bei der Sprechschulung, S. 293 ff.

*der Nase (...) als Resonanzräume in Anspruch genommen. Das ist das Wesen des natürlich „gedeckten" Tones, daß Höhe, Sitz und Farbe des Tones sich decken.*

*8. Bilde die Stimme von Anfang durch Übungen in f a l l e n d e r Tonreihe! Ansteigende Tonreihen beginne piano und schwelle allmählich an! ...*

*9. Also bannst du das Schreckgespenst „Registerdivergenz" (Singen mit getrennten Registern), indem du die Stimme auf ihrem ganzen Umfange zur Verschmelzung der Register, zum Ausgleich, zum „Einregister" erziehst...*

*10. Und merke endlich: Was du der Stimme an Schönheit, Umfang und Kraft abgewinnen willst, das mußt du ihr a b s c h m e i c h e l n und nicht abtrotzen! Also Geduld unter der Devise: Mit einem Minimum von Kraftaufwand ein Maximum an Leistung!*


### b) Übungen zur Stimmschulung

Gesangsmethoden:

Mit den Geboten SCHIEGGS sind wir bereits mitten in dem Problemkreis der Gesangsmethoden.

> Die Zahl der Schriften über den Gesang ist unübersehbar. Fast alle Gesangslehrer versprechen, in ihre gesangliche Ausbildung auch das Sprechen einzubeziehen.
> Wir haben uns nur auf einige wenige Autoren beschränkt und hoffen, mit ihnen die wichtigsten Probleme zu kennzeichnen, die im Zusammenhang mit der Ausbildung eines Sprechers durch Gesangsmethoden entstehen können.

Es gibt grundsätzlich zwei Richtungen: Die einen gehen

> vom Sprechen zum Singen,

die anderen

> vom Singen zum Sprechen.

Zur ersten Gruppe gehören z. B.: EGENOLF, ENGEL, PASCHEN, REINECKE; zur zweiten Gruppe: ARMIN, BIEHLE, BORUTTAU, MÜLLER-BRUNOW.

> Eine Schrift REINECKES heißt *Vom Sprechton zum Sington*. Methodisch geht er so vor, daß er für das Sprechen einen *Mischregisterklang* bei *Kopfregistervorstellung* verlangt. Er läßt nach anfänglichen Silbenübungen auf Noten rezitativartig oder skandierend sprechen und leitet so – mit Hilfe von Übungssätzen im Sinne HEYS – auf das Singen über. Dabei stellt er fest: *Scharfe Konsonantierung beim Anfänger nützt wohl der guten Aussprache, schadet aber dem Vokalklang*, darum solle der Übende zuerst mehr auf den Vokal achten!

BIEHLE schreibt (S. 68): Dem Sprechen fehlt das Vibrato des Gesanges, *deshalb kann Sprechen niemals die Gesangssprache fördern, wohl aber ist das Umgekehrte der Fall,* und er hält auch für den Schauspieler eine Gesangsausbildung für erforderlich.

Viele Gesanglehrer liebäugeln mit der *italienischen Gesangsschule.* So z. B. EGENOLF:

EGENOLF lehnt wie SCHIEGG jede künstliche Fixation des Kehlkopfes ab, wie sie STOCKHAUSEN vornahm; er ist auch gegen das *Stauen* ARMINS. EGENOLFs Stimmbildung geht aus von der *Stimmstütze* – eine *Zwerchfell-* und *Schädelstütze*[1] –, von der Kehlkopftiefstellung, die durch ein hängendes Gaumensegel erreicht werde, und von deutlicher Artikulation.

Mit seiner Forderung nach deutlicher Artikulation unterscheidet sich EGENOLF von den meisten Sängern, die die italienischen Gesangsschulen bevorzugen. Meist vernachlässigen jene Pädagogen gerade den Konsonanten zugunsten des Vokals.

Bei EGENOLF lernen wir eine große Gefahr kennen, die die Gesangsausbildung für den Sprecher haben kann: die Überbewertung der Höhe! EGENOLF findet, daß viele Stimmen verdorben würden, weil sie entgegen ihrer natürlichen Anlage zu tief ausgebildet wurden. Zu tiefes Sprechen schade der Stimme besonders. Wir sprächen alle meist zu tief, weil es uns an Kopfresonanz mangle.

Wir sehen, wie gefährlich falsche subjektive Vorstellungen sein können. Denn die stimmärztliche Praxis zeigt gerade das Gegenteil: Für viele Stimmerkrankungen ist ein zu hohes Sprechen oder zu hohe Gesangslage verantwortlich! EGENOLF verbindet mit der Vorstellung der Kopfresonanz immer die Stimmhöhe.

Gut ist der Hinweis EGENOLFs, die meisten Stimmen stünden unter *falschem Druck,* wofür er das *Stauprinzip* ARMINS verantwortlich macht. Es gelte, solche Stimmen erst zu *entfesseln.*

Auch REINECKE (1925), der doch vom Sprechton zum Gesangston finden will, bezeichnet als die *Kunst der idealen Tonbildung* die gute Beherrschung eines *Kopfpianos.* Für ihn entwickeln sich alle Register aus der Kopfstimme.

Die Töne sind im Kopf anzusetzen, dabei habe der Ton in Mund und Nase zu verschmelzen. Der Sänger müsse mit Gähngefühl singen.

[1] Siehe *Resonanzübungen,* S. 282.

Gegen diese Vorstellungen wäre nicht viel zu sagen, wenn nicht die Überbewertung der Höhe zu Schäden führen könnte. REINECKE hat sicherlich ähnliche Erfahrungen gemacht, die er allerdings falsch deutet:

*Es treten bei bester schonendster Ausbildung funktionelle Stimmstörungen auf, die eine organische Erkrankung vortäuschen, die nicht da ist. Diese Belegtheiten, Kiekser, Versager beruhen auf der Verschmelzung der Stimme zum Einregister. Die Prozesse haben nichts mit Erkältungskatarrhen zu tun. Sie gehen bei vorsichtigem Weiterüben schneller vorbei als beim Aussetzen und Ausruhen* (REINECKE, 1922, S. 6).

REINECKE beseitigt das lästige „Knödeln" durch Übungen, die die Bewegungen im Bereiche des Gaumens aktivieren sollen:

*kro kru kri / klo klu kli* usw. (1925, S. 6)

Der „italienischen Gesangsschule" steht eine „deutsche" gegenüber.
Die deutsche Gesangsschule, die vor allem durch RICHARD WAGNER sehr gefördert wurde, verlangt eine stärkere Berücksichtigung der deutschen Laute im Gesang. Während für die italienische Schule die Stimme das wichtigste war, will die deutsche Schule auch den Vortrag und die Artikulation schulen.

HEY schrieb einen *deutschen Gesangsunterricht*. Ein Teil dieses 4bändigen Werkes ist der Aussprache gewidmet. Nur so ist die Entstehung der HEY-Verschen zu denken: Der Mitteilungs- und Sinnbezug sind HEY nicht wichtig, denn ihm geht es gar nicht um das Sprechen, sondern um die Aussprache während des Singens. Kein Wunder, daß ihn WAGNER dafür nach Bayreuth berief!

Die eigentliche Gesangsschulung in moderner Weise beginnt – nach BIEHLE – mit der 1890 erschienenen Schrift *Tonbildung oder Gesangsunterricht? Beiträge zur Aufklärung über das Geheimnis der schönen Stimme* von MÜLLER-BRUNOW.
MÜLLER-BRUNOW entwickelte den sog. *Primärton*[1], der etwas ganz Neues in der Stimmführung darstelle, sagt BIEHLE!

BIEHLE schreibt (der Verfasser ist Anhänger der Lehre MÜLLER-BRUNOWS) (S. 74 f.):
MÜLLER-BRUNOW *stellte die kühne Behauptung auf: die uns angeborene Sprache und anerzogene Sprechweise ist schon so unnatürlich, daß sie nicht zum Ausgangspunkt einer stimmlichen Entwicklung werden kann. Die Natur der menschlichen Stimme ist überhaupt nicht ohne weiteres für die Kunst brauchbar,*[2] *vielmehr erst nach* „Hinwegräumen aller Kulturanhängsel". *Das*

---

[1] GUTZMANN schlug (1912, S. 95) vor, MÜLLER-BRUNOWS *Primärton* zur Unterscheidung gegenüber dem *primären Tonprodukt* (siehe S. 146) als *primären Gesangston* zu bezeichnen.
[2] Vgl. S. 264.

*Material der Stimme muß deshalb auf einen Urbestandteil zusammen-*
*geschmolzen werden, aus dem die Neugeburt des Tones hervorgeht. Es gilt*
*den Organismus so umzubilden, daß er den Eigenton jedes Menschen er-*
*zeugt, einen Ton, der vollkommen mühelos, ja automatisch dem Munde*
*entströmt, ohne durch irgendeine Methode beeinflußt zu sein.*
Dieser Ton ist der *Primärton.*

G. ARMIN hat die Lehre MÜLLER-BRUNOWS und SCHMITTS fortgeführt und
durch sein *Stauprinzip* ergänzt.

Wir wollen im folgenden auf die Lehren HEYS, MÜLLER-BRUNOWS und
ARMINS näher eingehen.[1]

> HEYS Arbeit hat sich wohl von allen Übungsbüchern bisher am längsten
> gehalten. Die Neuauflagen erstrecken sich über die beachtliche Zeit von
> 60 Jahren.
>
> 1896 erschien JULIUS HEYS *Deutscher Gesangsunterricht.* Dann wurde der
> *Hey* als verkleinerte Ausgabe in zwei Teilen herausgegeben: H. E. HEY gab
> den sog. *Kleinen Hey* heraus, dessen II. Teil die Gesang-Schule enthielt.
> FRITZ VOLBACH wurde der eigentliche Sachverwalter des HEYSchen Sprech-
> übungsbuches. Es erschien als der I. Teil des *Kleinen Hey*, als eine *Kunst*
> *der Sprache* (1. Aufl. 1912). Die letzte Auflage, die uns bekannt wurde, ist
> die von FRITZ REUSCH. Sie ist 1956 erschienen.
>
> REUSCH meint in seinem Vorwort: Während VOLBACH (1912) eingreifende
> Änderungen des Originals vornahm, habe er, der neue Herausgeber, sich
> dem Urtext wieder mehr angeglichen. HEY wird als der *Altmeister der*
> *Sprecherziehung* bezeichnet. Durch seine Verse werde das Erlebnis der
> elementaren Lautgebärde vermittelt, und sie müßten daher als *Sprech-*
> *etüden* angesehen werden (S. 3 f.).

HEY versteht unter seinem *Naturton*[2] die unausgebildete Stimme, das *Roh-*
*material;* REUSCH deutet den *Naturton* als *primäres Tonprodukt,* welches
an den Stimmlippen entsteht.

> REUSCH, genau wie sein Vorgänger VOLBACH, versucht, die alte Lehre HEYS
> auf den modernsten wissenschaftlichen Stand zu bringen. Darum setzen
> sich die Herausgeber in ihren verschiedenen Auflagen immer wieder mit
> der wichtigsten wissenschaftlichen Literatur ihrer Zeit auseinander. Dieses
> Bestreben ist grundsätzlich gutzuheißen. Darum finden wir auch, was die
> Seite der Stimmbildung betrifft, sehr interessante Hinweise und prak-
> tische Anregungen. Hinter allem steht der reiche Erfahrungsschatz des
> alten HEY.

Der *Normalton*[2] HEYS ist nach VOLBACH der Ton, der durch die *günstigste*
*Stellung* der Stimmorgane erzeugt werden könne; REUSCH hingegen setzt

---

[1] Viele praktische Winke anderer Gesangspädagogen führen wir an anderer Stelle an!
[2] Siehe S. 264.

ihn in Vergleich zum *phonischen Nullpunkt* MERKELS bzw. zur Indifferenzlage, wie sie SCHWEINSBERG z. B. schildert.

HEY arbeitet auf eine Stimmschulung hin, die sowohl die Konsonanten
für die Deutlichkeit nutzt als auch die Vokale als eigentliche Stimmträger
ausbildet. Obwohl jede Auflage des HEY die Beachtung der Konsonanten
besonders empfiehlt, ist doch sehr deutlich aus den Stimmanleitungen
HEYs die Höherbewertung des Vokales herauszulesen.

> Bei REUSCH lesen wir (S. 17): *Unabhängig davon –* nämlich von der Schu
> lung der Konsonanten *– hat die Sprecherziehung vom Vokalismus aus
> zugehen. Durch Anhäufung von Vokalen zu fließenden Sätzen habe ich die
> Aussprache des normalklingenden Vokals zu sichern gesucht.*

HEY unterscheidet *helle Vokale (ä e i), dunkle Vokale (o ö ü u)* und den
*neutralen Vokal a.* Es kommt nun darauf an, meint er, den Charakter
beider Vokalgruppen miteinander zu mischen: die dunkle Tonfärbung
auf die hellen Vokale und die helle Tonfärbung auf die dunklen Vokale zu
übertragen.

Das erreicht er, indem er Übungen zusammenstellt, wo helle mit dunklen
Vokalen wechseln:

ö – e – ö – e usw. oder: o – a – o – a – o[1]

Der Ausgleich muß so stark sein, daß in der Tonfarbe kaum noch Unterschiede bestehen.

Zu diesen Übungen kommen die Registervorstellungen hinzu:

Das B r u s t r e g i s t e r werde durch Tiefstellung des Kehlkopfes erreicht.
Der Schüler habe zu diesem Zwecke mit Gähnstellung die Vokale a und e
zu singen. Die Schallstrahlung werde auf diese Weise zum Munde geführt.[2]

> HEY glaubte, daß durch die Gähnmechanik die Knorpelspangen der Luft
> röhre aneinandergerückt würden und sich so die Kehlkopfschwingungen
> leichter auf die Brust übertrügen.
> VOLBACH hat mit einem Arzt entsprechende Versuche an Kaninchen vor
> genommen. Diese Versuche konnten aber die Annahme HEYs nicht be
> stätigen.

Das K o p f r e g i s t e r entstehe durch Schallstrahlung. Diese Strahlung
gehe vom Kehldeckel aus gegen die Rachenwand, von wo aus der Schall
in die Kopfhöhlen weitergeleitet werde. Für die Kopfresonanz ist – nach
HEY – vor allem die nasale Färbung typisch. Darum werden *Klinger* und
Vokale zu Übungen verbunden:

*e ä e ing | na nä ne ning* usw.

---

[1] Vgl. auch die Übungen von DRACH, S. 286, und LESER-LASARIO, S. 287 ff.
[2] Siehe auch S. 128 f. und 147 f.

Auch HEY/VOLBACH empfiehlt, die Übungen zuerst *in etwas höherer Lage, als man meist zu sprechen gewohnt ist* (S. 13), durchzuführen.

> Daß die Gesangspädagogen die höhere Lage so bevorzugen, hat seinen Grund in der Tatsache, daß bei hohem Singen die Stimme meist „dichter" ist als in tieferer Lage. Auch ein mangelhafter Stimmlippenverschluß läßt sich in höherer Lage oft überwinden. Die Stimmlippenspannung ist eben in der Höhe größer.

Zur Erarbeitung der Resonanz empfiehlt VOLBACH die Resonanzübung nach S. G. SPIESS.[1]

Zwischen den beiden Registern ist ein Ausgleich herzustellen. Das erreichte HEY durch seine Vokalausgleichsübungen.

> Der Hinweis, während des Singens langer Töne den Mund leicht zu bewegen (wie etwa beim Kauen), ist sehr richtig. Weil die leichte Bewegung eine Entspannung zur Folge hat.

HEY stellte sich die Stimmgebung während des Singens und Sprechens wie das allmähliche Anwachsen einer Tonsäule vor. Er malte einen sog. *Vokalzylinder*, der veranschaulichen sollte, wie das Singen (und Sprechen) möglichst nur durch Klang erfolge. Die *Klangsäule*, der *Vokalzylinder*, sollte so wenig wie möglich durch Geräusche (stimmlose Konsonanten) unterbrochen werden.

> Hier wird für den Sprecher auch die Stimmschulung HEYS nicht ungefährlich. Denn auch diese Anschauung führt schließlich zur Vernachlässigung der Konsonanten.

Schließlich versucht HEY den Gesangston auf den Sprechton zu übertragen. Er läßt folgende Übung im Wechsel von Singen und Sprechen durchführen:

> *ja* (singen) *nein* (sprechen) / *ja* (singen) *nein* (sprechen) / *ja* (singen) *einmal* (sprechen)

dann mehrsilbige Wörter, schließlich Sätze:

> (singen): *tu to teun* (sprechen): *einmal, zweimal, dein*
> (singen): *ul ol eul aul* (sprechen): *Arbeit trägt sehr viel*

Auch im Sprechen werden die Vokale ausgeglichen, indem Sätzchen mit Vokalhäufungen gesprochen werden:

> *Sieh, ins Elend selbst drängt Feindschaft, Wahn aufs neu, oft so schnöd trügt Flucht-ruh'* usf. (S. 55).

---

[1] Siehe unter *Resonanzübungen*, S. 281.

Hier auf diesem Gebiet der Sprechbildung vermögen wir HEY heute nicht mehr zu folgen.

Auch die Artikulationsbeschreibung der Laute durch HEY entspricht nicht unseren Anforderungen:

Artikulation des a: *Dabei ziehe man die Oberlippe und Mundwinkel etwas aufwärts, forme die Lippenränder breitoval und bringe den Lautklang nach vorne, in die Nähe der oberen Zahnreihe* (REUSCH, S. 21). Die Unterlippe soll dabei die Unterzahnreihe nicht verlassen.

Für m: *Lippen geschlossen, jedoch mit der Tendenz möglichst gehobener Oberlippe; der stark angezogene Unterkiefer bewirkt den eigentlichen Lippenverschluß...* (VOLBACH, S. 61).

Gut sind HEYs Hinweise für die Bekämpfung einiger funktioneller stimmlicher Fehlleistungen (z. B. Verhauchungen, spröder Stimmklang usw.). Wir brauchen diese Hinweise nicht im einzelnen anzuführen, weil sie gegenüber unserer Darlegung an anderer Stelle[1] nichts grundsätzlich Neues bringen.

Den *primären Gesangston* (nach GUTZMANNs Vorschlag) MÜLLER-BRUNOWS findet man – wir zitieren BIEHLE (S. 75) – *nicht durch Üben von Mund-Hals-Zungen- und Kehlkopf-Stellungen, sondern unter vollständiger Verleugnung der bisherigen Muskeltätigkeit der Vokalwerkzeuge durch eine richtige Luftfunktion. Die ausströmende Luft ist aufzufangen, zu konzentrieren – was mit Atemtechnik im bisherigen Sinne nichts zu tun hat. Der so gebildete Sänger spielt mit klingender Luft.*

Leider sind solche Ausführungen dem Uneingeweihten nie völlig klar. Das hängt mit der Tendenz der meisten Gesangspädagogen zusammen, vor allem mit Fiktionen zu arbeiten. Wir halten die Vorstellungshilfen im Unterricht für unerläßlich und für eine wertvolle methodische Unterstützung[2] – nur müssen sich die Vorstellungen ungefähr mit den physiologischen Tatsachen decken.

MÜLLER-BRUNOW erreicht den *primären Gesangston* durch die sogenannte *runde Vokalform*. Die *runde Vokalform* ist eine Art Vokalausgleich – wohl ähnlich des von HEY beschriebenen. *Alles, was nicht von unserem Willen abhängig ist, wie z. B. die Register, hat nur noch sekundäre Bedeutung. Die gesamte sog. Gesangstechnik fällt als Frucht der runden Vokalbildung ab, sie braucht also nicht besonders geübt zu werden. Das ganze Studium ist demnach nur ein solches zum Instrument.*

BIEHLE führt aus, daß die runde Vokalform am besten von dem Urlaut [ə] aus erfolge. Der Urlaut – es eignet sich auch ö und ü dafür – wird so

[1] Vgl. S. 280, 286, 290.
[2] Vgl. S. 293 ff.

von einem Naturton zum musikalischen Ton, *ohne daß die übrigen Vokale besonders zu studieren, nur zu probieren sind* (S. 79).

Man erkennt auch hier wieder die Verwandtschaft zu HEYS *Natur-* und *Idealton.*

BIEHLE wendet auf den primären Gesangston MÜLLER-BRUNOWS auch das *Stauprinzip* ARMINS an.

Auch ARMIN fordert eine grundlegende Umschulung der Stimme, die vor allem über das Gehör zu gehen habe. Sein *Stauprinzip* geht aus von dem Stöhnlaut, wie er aus der Kehle bei Schmerzempfindungen dringt: *Er wird zart angesetzt, steigert sich, um am Schluß abgehustet zu werden* (ARMIN, S. 12). Aus diesem Stöhnlaut wird der Gesangston entwickelt; zuerst etwa in der Folge nasaler Verbindungen:

> *mö* (offenes ö).
> ARMIN definiert unklar, was eigentlich *gestaut* werden soll – wahrscheinlich meint er die Luft unterhalb der Stimmlippen.
> Von wissenschaftlichen Belegen will er nicht viel wissen. Auch er verlangt die runde Vokalform. Er bestreitet zwar, daß *rund* etwas mit der Mundstellung zu tun habe, scheint aber doch letzthin darauf abzuzielen, denn er betreibt Vokalvergleichsübungen, in denen er von ö, o zu i, e bzw. a führt.
> Dabei verlangt er weder Aktivität der Lippen noch der gesamten Mundeinstellung.
> Der „Ton" erfährt bei ARMIN ein merkwürdig mystisches Eigenleben.

Die Arbeit am Konsonanten ist sehr dürftig. Man müsse vor allem mit m, w und ähnlichen Konsonanten arbeiten. Alles andere stelle sich dann von selbst ein.
Die Ausbildung gehe über Jahre. Sie sei eine Lebensaufgabe.

Diskussion:

Wir verdanken den Gesangsmethoden besonders die stärkere Hinwendung zur Stimmschulung und die besondere Beachtung des Vokales.
Wir haben in unseren Unterricht den HEYschen Vokalvergleichsübungen ähnliche Vokalübungen eingebaut. Wir halten die Durchführung solcher Übungen, die mehr oder weniger den Gesangston fordern, auch für den Sprecher für günstig.
Dem Gesang verdanken wir auch wertvolle Vorstellungshilfen, soweit sie sich mit unserem Wissen von den Stimmfunktionen decken.
Gefährlich ist die Überbewertung der Höhe durch den Gesang auch für den Sprecher. Den Weg der direkten Übertragung des Gesangstones auf

den Sprechton – wie ihn z. B. HEY vorschlug – halten wir für wenig ergiebig.

So sind uns aus der Praxis von Gesangspädagogen Übungen bekannt, bei denen die Schüler Sätze wie *Die blühenden Bäume* abwechselnd singen und sprechen müssen.

Günstiger ist der Übergang vom Singen zum Sprechen zu erreichen, wenn man auch beim Sprechen bestrebt ist, die Vorstellungsinhalte, die man mit dem Gesangston verbindet, beizubehalten (Vorstellung der Weite, der Helligkeit oder der dunklen Tönung usw.).

Auch die Vernachlässigung des Konsonanten durch viele Gesangsschulen ist von der Sprecherziehung abzulehnen.

Wir haben in unserer Praxis z. T. auch die aus den Gesangsmethoden entlehnten Registervorstellungen angewandt.[1] In solchen Fällen handelte es sich in unserer Anwendung weniger um die „Register" als um die Erzielung verschiedener Klangfarben während des Sprechens.

## Lockerungsübungen (Schonstimme):

Wir haben gesehen, daß sehr viele stimmliche Fehlleistungen auf allgemeine Verkrampfungen zurückzuführen sind. Will man, wie EGENOLF sagte, die Stimme *entfesseln*, so gibt es keinen besseren Weg als den der Lockerungsübungen.

In Wahrheit ist das, was wir „Stimme" nennen, ja nichts Greifbares oder Lenkbares. HEY wie auch MÜLLER-BRUNOW und mit ihnen viele andere Autoren taten so, als habe die Stimme ein Eigenleben, als sei es möglich, sie hier- oder dorthin „abzulenken", wie man etwa das Licht mit einem Spiegel durch Reflexion „lenken" kann. In Wirklichkeit ist solche Annahme eine Fiktion[2], die man zwar zu Stimmbildungszwecken anwenden kann, die man aber nie mit der Wirklichkeit verwechseln darf!

So ist die Stimme in Wirklichkeit das Produkt von Muskelarbeit. Auf den Schall selbst können wir keinen direkten Einfluß nehmen. Wir können die Resonatoren erweitern, und wir können alle Verspannungen während der Tätigkeit der Muskulatur abbauen. Genau das will die Lockerungsübung!

Da die meisten sprecherzieherischen Arbeiten vor allem die Schonstimme fördern wollen, ist es um so erstaunlicher, daß der Anteil der Lockerungs-

[1] Siehe das Kapitel über die *Fiktionen*, S. 293.
[2] Siehe S. 295.

übungen an dieser Arbeit relativ gering ausfällt. Die Resonanzübungen nehmen in der Literatur den größten Raum ein. In den meisten sprecherzieherischen Büchern gibt es Lockerungsübungen in unserem Sinne gar nicht. Sondern ähnliche Übungen dienen hier vor allem der Geläufigkeit der peripheren Organe.[1]

> Die Erklärung für den Mangel an echten Lockerungsübungen liegt in der falschen theoretischen Einschätzung der Stimmfunktion durch die meisten Praktiker. Die Muskelarbeit wird vielfach unterschätzt.
> Wir wollen im folgenden zusammentragen, was an Lockerungsübungen in der Praxis verwendet werden kann.

Von TROJAN übernahmen wir den Terminus *Schonstimme*.

TROJAN empfiehlt für die Ausbildung der *Schonstimme* folgende Übungen:

Oberkörperfallübungen: Es sind das Übungen, ähnlich wie sie WOLF/ADERHOLD (S. 30ff.) beschrieben haben. Der Oberkörper, die Arme, der Hals, der Kopf, alles soll durch Schütteln, durch Vorfallenlassen gelöst werden. WOLF/ADERHOLD verbinden damit *Lippenblähübungen* (s. u.).

TROJAN und viele andere Autoren empfehlen auch Kopfkreisen zur Entspannung der Hals- und damit auch der Kehlkopfmuskulatur.

Er übt das sog. Ausseufzen: Auch diese Übung erfreut sich bei einigen Autoren großer Beliebtheit. Man beginnt meist in etwas höherer Lage und seufzt (stöhnt) einen Laut aus – meist [ə] oder ö –, indem man die Stimme zwanglos abwärtsgleiten läßt.

> Auch ARMIN (s. o.) ging von diesem Ausstöhnen aus. Unglücklich halten wir seinen Hinweis auf Schmerzempfindungen während des Ausstöhnens. Außerdem wird sein Stöhnlaut auch wesentlich aktiver eingesetzt, die Kompression der Stimmlippen wird forciert, so daß es zu jenem *Stauen* kommt. Bei ihm endet der Ton mit einem hörbaren Abächzen – *Abhusten* –, was durch die Kompression der Stimmlippen zustande kommt.
> Wir können folglich ARMINS Übung nicht zu den Lockerungsübungen zählen.

TROJAN läßt für die Schonstimme den *weichen Einsatz* durch Schwellklangübungen trainieren:

$$o < > o$$

Die Stimme schwillt auf dem Vokal an und ab (so mit allen Vokalen).

---

[1] Siehe S. 256 und 305 f.

276

Schließlich gibt es bei TROJAN – ähnlich den Übungen von HEY – noch Silbenübungen zur Erzielung eines Klangbandes, mit nur geringer Unterbrechung durch stimmlose Laute:

> *nödölögöni gusilidomü düwülabami* usw. (der unterstrichene Vokal soll betont werden).
> Dann werden ähnliche Übungen mit Vokalanfängen und schließlich mit gehäuften Nasallauten vorgenommen.
> Damit befinden wir uns bereits wieder bei den Resonanzübungen.

TROJAN empfiehlt außerdem autogenes Training[1] und Vibrationsmassagen durch Beklopfen der Brust mit der Faust.[2]

KUHLMANN läßt Entspannungsübungen machen. Sie bestehen aus: Seufzen; Kiefer fallen lassen; Gähnübungen; *duft*atmen, mit der Vorstellung, man rieche an einer Blume; Kiefer lockern; Kopfrollen; *gesichterschneiden* zur Lockerung der mimischen Muskulatur.

> PASCHEN schreibt (1930, S. 216): *Spannen wir die Zunge oder das Gaumensegel, so drückt sich das für den Wissenden auch in den Mundwinkeln, den Nasenflügeln, der Stirn, den Kaumuskeln aus!*
> Wir können diese Beobachtungen voll und ganz bestätigen! Aus diesem Grunde empfiehlt PASCHEN Lockerung der Gesichtsmuskulatur.

KUHLMANN läßt zur Entspannung auch flüsternd und halblaut lesen.

KRECH und ORTHMANN empfehlen Kauübungen[3] und die *kombiniert-psychologische Übungstherapie.*

KRUMBACH/BALZER empfehlen folgende Silbenzusammenstellung:

> [ə] – *a – ja / a – ja – jawohl*
> [ə] – *ä – jäh / ä – jäh – jählings* usw.

WOLF/ADERHOLD führen an Lockerungsübungen an: die Pleuelübung[4] nach FERNAU-HORN; Gähnübungen; Zungenschleuderübungen: die Wangen werden etwas aufgeblasen, die Zungenspitze wird gegen die obere Zahnreihe geschleudert. Es entstehen folgende Silbenübungen:

> *blom blum blam* usw.

[1] Siehe S. 39.
[2] Vgl. S. 240.
[3] Siehe S. 261.
[4] Siehe S. 292.

Lippenflatterübungen, vergleichbar dem „Lippen-r" oder „Kutscher-r", welches die Kinder machen; Lippenblähübungen, ähnlich
den Zungenschleuderübungen, mit folgenden Silben:

ba-ba-ba-bō   ba-ba-ba-bū usw.
bla-bla-bla-blō   bla-bla-bla-blū usw.

Kopfschütteln, Phonation bei kräftigem Schütteln des Kopfes; eine
Glöckchenübung, das ist eine Summübung, bei der die Zungenspitze
außerhalb des Mundes die Lippen entlangfährt, Kreise beschreibt.

WÄNGLER beschreibt Lippenvibrationsübungen:
Die Übung I entspricht dem „Kutscher-r". Die Übung kann stimmlos
und stimmhaft ausgeführt werden.
Übung II (wie Übung I) auf verschiedenen Tönen *einer bequemen Mittellage. Das Intervall einer Quinte ist ... zunächst nicht zu überschreiten. Jeder
Ton ist (wie unter I) bis zu 10 sec auszuhalten. Zum Abschluß gleite man
einige Male von oben nach unten durch seinen natürlichen Stimmumfang,
läßt den Ton unter der Vibration der Lippen „in den Keller fallen"* (S. 52).
Übung III: entspricht der Übung I. Die Übung geht schließlich in den
Vokal über. *Ein fließender Übergang ist das Kernstück der Übung, deren
vokalischer Anteil der zeitlich kleinere sein soll. Die Zungenspitze muß dabei
immer an der Innenkante der Unterzahnreihe liegenbleiben.*


Kräftigungsübungen (Kraftstimme):
Grundsätzlich bedeutet jede Übung eine Kräftigung der Muskulatur.
Will man aber nicht nur eine Schonstimme erzielen, sondern den mannig-
fachen Anforderungen der schauspielerischen Praxis gerecht werden, so
muß man auch Spezialübungen suchen, die in besonderem Maße der
Kraftstimme gerecht werden.
Auch nach solchen Übungen suchen wir in den einschlägigen Werken oft
vergebens.

Der Grund ist sicherlich wieder in einer falschen Einschätzung der stimmlichen Leistung zu suchen. Es kommt den meisten Autoren entweder auf
die Schonstimme oder im Sinne des Gesanges auf den Stimmklang an.
Der für die Sprechstimme so wichtige „Laut"- und „Atemgriff" wird vielfach übersehen. Im Vordergrund stehen meist die halb gesungenen Resonanzübungen.

Die besten Übungen, die wir auf diesem Gebiet kennen, sind die von
H. FERNAU-HORN. Wir haben sie bereits in unserem Übungsbuch (WOLF/

ADERHOLD, S. 37 ff.) beschrieben. FERNAU-HORN liefert Atemwurf-übungen auf den Silben:

> *hop hup hap* usw.
> Wir wählten lieber Verbindungen mit Konsonanten des I. und II. Artiku-lationsgebietes:
> *wop wup wap / sop sup sap* usw.
> Wichtig ist bei dieser Übung die federnde Einziehung der Bauchdecke, die kurze „Stauung" der Luft hinter den geschlossenen Lippen bei [p], der „Griff" der Lippen und der Zunge bei der Bildung der Konsonanten – der Vokal wird quasi „umgriffen" – und die gleichzeitige Lösung von Bauch-decke und Lippenverschluß während der Explosion des [p].

Durch die FERNAU-HORNsche Übung, die man auch in Verbindung mit der *Pleuelübung*[1] machen kann, werden Atmung, Stimmgebung und Artiku-lation automatisch in einen untrennbaren Zusammenhang gebracht. Der Stoß der Atmung wird im Ansatzrohr abgefangen, der Kehlkopf wird daher entlastet, die Stimmlippen erfahren durch ein *Kehlfederungs-prinzip* eine automatisch durchgeführte „Gymnastik", wodurch die Durchblutung dieser Muskeln gefördert wird und damit ihre Versorgung mit Sauerstoff zunimmt.

FRÖSCHELS gibt ähnliche Übungen an, die er Stoßübungen nennt: Auf den Silben

> *pa- ka- pfa- ta-* usw.

werden die Vokale durch die Stoßkraft der Konsonanten herausgeschleu-dert. Die Übung wird durch synchrone Bewegungen der Arme[2] unter-stützt.

> Bezeichnend für die Übungen von FERNAU-HORN und FRÖSCHELS ist, daß sie mit ziemlicher Stimmkraft ausgeführt werden. Der Übende kann die Übungen längere Zeit – fast unbegrenzt – durchführen, ohne auch nur die geringste stimmliche Ermüdung zu spüren!
> Die Übungen eignen sich daher auch vorzüglich zur Therapie von hypo-kinetischen Stimmstörungen.[3]
> Dem Schauspieler werden sie für das tägliche Training dringend emp-fohlen!

KRUMBACH/BALZER wollen die Muskulatur kräftigen, indem sie die von ihnen zusammengestellten Wortbeispiele[4] auf unterschiedliche Weise

---

[1] Siehe S. 292.
[2] Vgl. S. 302.
[3] Siehe auch S. 41 und S. 192 ff.
[4] Vgl. S. 234 und 296.

sprechen lassen: mit allmählicher Erhöhung der Stimme; flüssig an- und abschwellend; mehrere auf einem Atem usw.

> Wörter auf u und o lassen die Autoren „*wuchtig*" sprechen: *Beim „wuchtigen Sprechen" wird das einzelne Wort durch starkes Zurückhalten des Atems (wie „aufgebäumt") zu voller Kraft entwickelt. Jedes Wort hat anderen Grad und andere Art von Wucht* (S. 11):
> *Flug! Bruder! genug! Blut!*
> Es ist dies ähnlich der FRÖSCHELschen und FERNAU-HORNschen Übungen, nur mit sinnvollen Wörtern.
> WOLF/ADERHOLD (S. 92) wollen auf ähnliche Art *Befehle – Ausrufe – „Ausbrüche"* üben.

TROJAN wendet für seine Kraftstimme das *Stauprinzip* an.
Dieses Prinzip verlange gute Atemtechnik und Kompressionsfähigkeit der Stimmlippen. Die Luft wird dadurch zurückgehalten, indem sie gegen die Stimmlippen gestützt wird. Durch dieses Stauen wird zugleich der (nach TROJAN) für die Kraftstimme unerläßliche harte Stimmeinsatz gefördert!

> Die Übungen TROJANS zur Stärkung der Stimme – TROJAN fordert mit Recht in seinen verschiedenen Schriften die Erarbeitung der Kraftstimme – sind dürftig und als praktische Nutzanwendung der Lehre TROJANS enttäuschend.

Resonanzübungen:

Wie gesagt, jedes einschlägige Lehrbuch liefert Resonanzübungen. Natürlich kommt eine Stimmschulung auch nicht ohne solche Übungen aus. Betrachtet man aber die einzelnen Übungen näher, so findet man, daß sie sich fast alle gleichen.
Die Resonanzübungen laufen im Grunde auf eine Stärkung der nasalen Resonanz hinaus! Wir haben an anderem Ort ausführlich über die Bedeutung der Nasenresonanz und über ihre Gefahren gesprochen.[1]
Wir finden, daß Resonanzübungen nur Sinn haben, wenn sie verbunden werden mit bestimmten Klangvorstellungen, mit geschickt ausgesuchten Fiktionen. In einem späteren Abschnitt werden wir darauf zurückkommen.[2]

[1] Siehe S. 35, 155 f. und 191.
[2] Siehe S. 295 f.

280

VOLBACH verdanken wir den Hinweis auf S. G. SPIESS *(Kurze Anleitung zur Erlernung einer richtigen Tonbildung in Sprache und Gesang;* 2. Aufl., 1904).

Um den Ton weit nach vorne zu bringen, empfiehlt SPIESS Übungen mit

m w n l und s.

Man soll bei m die Lippen nicht einziehen, sondern wie zum Pfeifen spitzen. SPIESS empfiehlt eine Ansatzkontrolle mit einem Glasröhrchen, welches in den Mund genommen wird, während gleichzeitig m gesummt wird. Auch wenn die Nase zugehalten wird, muß jetzt der Ton kontinuierlich weiterklingen (Mundresonanz bei m!!). Desgleichen muß der Ton weiterklingen, wenn man die Röhre mit dem Finger vorn zuhält (Nasenresonanz!).

> Der Versuch ist vor allem darum dringend zu empfehlen, weil auch wir feststellen konnten, daß bei vielen Sprechern während der Phonation eines m Verengungen im Nasenrachenraum auftreten und die Mundresonanz verhindert wird.[1]

Zu den Resonanzübungen zählt natürlich auch wieder die Kaumethode von FRÖSCHELS, KRECH, ORTHMANN.

> Hier in diesem Kapitel ist der eigentliche Platz der *Kauübungen.* Sie schulen in besonderer, lockerer Weise die nasale Tonfärbung.
> Die Kauübungen sind die besten Übungen, auf sichere Weise die Indifferenzlage zu bestimmen und zu finden.

Die meisten Autoren halten die Vibrationsempfindungen an der Schädeldecke und an Teilen des Gesichtes für ein Kriterium einer guten Resonanz. GUTZMANN weist (S. 84 ff.) darauf hin, daß solche Vibrationsempfindungen kein Ausdruck einer guten Stimme sind. Die Vibrationen sind bei den einzelnen Menschen verschieden (es gibt sog. Vibrationsbezirke) und werden wahrscheinlich vom anatomischen Bau der Knochen bestimmt.[2] u und i zeigen die stärksten Vibrationen, a verursacht die geringsten (das entspricht der Weite des Ansatzrohres). GUTZMANN beginnt seine Übungen ebenfalls mit m:

> *m – a  n – a* lang gehaltener Nasallaut, Übergang zum Vokal
> *ma mo mu mau | ma me mi meu*
> *mamomumau mamemimei mämömümeu* auf einem Atem
> *babobubau* usw.

[1] Vgl. auch S. 164 f.
[2] Siehe auch S. 147 f.

Das gleiche mit d, g usw.

HOPMANN hat Bedenken, die Übungen mit m zu beginnen, da auch das m meist pathologisch gebildet werde (s.o.). Er umgeht daher die nasalen Resonanzübungen und beginnt mit dem Vokal o.[1]

EGENOLF liefert Sperrübungen.

Die Sperrung bezieht sich auf die Tätigkeit des Gaumensegels:

[ŋɔŋ] [ŋɛŋ] usw.

Außerdem macht er Kauübungen und zur Erzielung der Kopfresonanz Übungen mit j:

*jä-jä-jä-jä-* ... *je-je-je-je-* ... u.ä.

KRUMBACH/BALZER üben mit l, n, m und w

Die guten Übungen von LESER-LASARIO führen wir in späterem Zusammenhang an.[2]

WÄNGLER läßt Summübungen machen:

Übung I: auf m. *Man spürt die ganze „Maske", einen stehend-ovalen Bezirk um Mund und untere Nasenpartie* (S.53).

Übung II: m, n und [ŋ] im Wechsel. Die Vibrationsempfindungen sollen während der gesamten Phonation andauern. Die Übung sei dem Kauen nicht unähnlich.

Übung III: Übertragung der Vibration auf die Vokale:

[mœm nɔn nœŋ nɔŋ] und ähnliche Verbindungen
[nɔŋ – ɛŋ – aŋ]

LOCKEMANN (S.93f.) gibt folgende Übungen an:

1. Bruchlosen Übergang von w zu m suchen (innere Weite des Ansatzrohres)

2.     *m mo / m ma*
   *mu mo ma / mü mö ma / ma mä me mi / mo mö me / mu mü mi*

*Greifende, die Form ausschöpfende Bewegung, Anhubbewegung wie beim Trinken.*

LOCKEMANN geht dabei von KRUMBACH/BALZER aus.

[1] Über den Vokalbeginn in Übungen siehe S.160 und 284f.
[2] Siehe S. 287ff.

Die gleichen Übungen mit w, n und l. Schließlich Wörter mit den entsprechenden anlautenden Konsonanten.

3. Wörter mit h-Anlaut *(um das Fließen des Atems zu fördern)*.

4. In hoher Stimmlage und *herauf- und herabschleifend:*

> *hu ho ha | hü hö ha | hi he ha*
> *hö? ja? ho? ha?*
> *hu-u-u | ha-a-a*

5. In hoher und tiefer Lage abwechselnd zu sprechen:

> *huben*        *hoben*
>     *hoben*        *haben*   usw.

Man kann die nasale Resonanz auch durch eine sehr einfache Übung verbessern: Während der Bildung des m drücke man ab und zu einen Moment die Nasenflügel mit Daumen und Zeigefinger zusammen. Auf diese Weise entsteht eine vorübergehende Luftstauung in der Nase, die das Körpergefühl für die nasale Resonanz beeinflußt.

Das Resonanzerlebnis läßt sich auch durch Veränderungen der Impedanz[1] verstärken. Wir haben an anderer Stelle entsprechende Übungen angeführt.[2]

Vokalübungen:

Auch für den Sprecher sind Vokalübungen von größter Wichtigkeit. Es kommt dabei nicht nur auf die richtige Aussprache der Vokale an, sondern vor allem auf die richtige Stimmführung. Der Vokal ist der Laut, der am deutlichsten den Stimmsitz des Sprechers widerspiegelt.
Es ist nicht unwichtig, wie man die sprecherzieherischen Übungen aufbaut, welchem Vokal man vor den anderen den Vorzug gibt. Bekanntlich ist der Einfluß der Vokale auf die Stimmführung bei jedem Vokal anders.[3]
Natürlich wird der Pädagoge – wie BALSER-EBERLE vorschlägt – bei der Wahl der Vokale zu seinen Übungen sich nach den individuellen Gegebenheiten seiner Schüler richten. Dennoch läßt sich in der Praxis eine gewisse Schematisierung nicht umgehen.

[1] Vgl. S. 130.
[2] Siehe S. 297.
[3] Siehe S. 158 ff.

Viele Autoren bevorzugen den „Urlaut" [ə]. Für ihn ist eine „neutrale" Zungenlage typisch, er verlangt das geringste Artikulationsaufgebot. Von diesem Laut aus lassen sich die anderen Vokale ableiten!

Dem [ə] geben daher den Vorzug ESSER; FEIST, FORCHHAMMER; GERATHEWOHL; KRUMBACH-BALZER; STAMPA und z. T. auch DRACH.

Der Nachteil dieses Lautes ist seine geringe Formstufe. Darum halten wir den Übergang von [ə] zu den anderen Vokalen für gar nicht so nahtlos, weil der Formungsunterschied so groß ist.

Günstig ist auf jeden Fall die Verwendung des [ə] in Lockerungsübungen. Auch bei den Kauübungen ergibt sich meist zwangsläufig anfangs ein [ə]-ähnlicher Laut.

Andere Autoren (GUTZMANN; ENGEL; HEY; WEITHASE) setzen das a an den Anfang ihrer Übungen.
Es gibt zwei Begründungen: Die eine stützt sich auf die Tatsache, daß das a der erste Buchstabe unseres Alphabetes sei.

Diese Begründung ist für die Sprecherziehung völlig sinnlos, da das Alphabet nicht Maßstab unserer Übungen sein kann!

Eine andere Begründung geben u. a. REUSCH/HEY: Für sie steht das a an der Spitze der anderen Vokale. Sie halten sich an das HELLWAGsche *Vokaldreieck:*

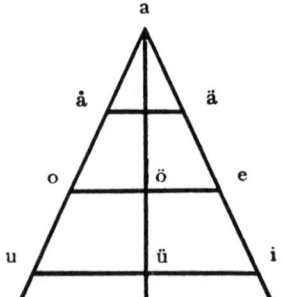

Für HEY hat das a die größte Mundöffnung, von hier aus läßt sich das Ansatzrohr nach allen Richtungen hin verändern. Das a sei auch der erste Laut, den das Kind sprechen könne.
Wir halten das a für den schwierigsten Vokal. Die Erfahrung lehrt, daß die wenigsten ihn auf Anhieb beherrschen. Darum beginnen wir nur in äußerst seltenen Fällen unsere Übungen mit a.

Andere geben den Vokalen o, u oder ö (ü) den Vorrang (NADOLECZNY; GRAEF, K.; ZUMSTEEG; HOPMANN; WOLF/ADERHOLD; z. T. auch DRACH). Diese Vokale zählen zwar zu den Hinterzungenvokalen[1], aber sie haben den Vorteil des längsten Ansatzrohres während ihrer Bildung. Durch die vorgestülpten Lippen wird der „Mundvorhof" in besonderer Weise für die Stimmbildung ausgenutzt! Das macht den Nachteil der zur Bildung dieser Vokale notwendigen Hebung des hinteren Teiles der Zunge wieder wett. Es ist natürlich vor allem bei diesen Vokalen auf einen guten Zungenspitzenkontakt mit den unteren Schneidezähnen zu achten!

Einige Autoren (EGENOLF; HARTH) beginnen mit i (e). Diese Vokale haben den Vorzug, daß der Sprecher während ihrer Bildung durch die leichte Hebung des vorderen Teiles der Zunge (Vorderzungenvokale) ein deutliches Gefühl für den Vordersitz bekommen kann.

> Dennoch haben wir uns für die Hinterzungenvokale entschieden, weil erfahrungsgemäß i und e von vielen Sprechern leicht gequetscht werden. Auch werden viele Sprecher zum Lippenbreitzug veranlaßt!

Über die *nasale Setzung* der Vokale haben wir an anderer Stelle ausführlich gesprochen.[2] Trotz der Bevorzugung einer l e i c h t e n nasalen Tendenz, hüte man sich vor näselnder Tongebung. Natürlich ist die Nase ein außerordentlich günstiger Resonator. Der Nasenraum und vor allem der Nasenrachenraum geben der Stimme aber auch etwas Verdumpfendes oder Quäkendes, da das Klangspektrum für die einzelnen Vokale durch die Nasalität stark verändert werden kann!

Für unsere Begriffe ist die Betonung des Nasalen bei einigen Autoren zu groß. So bei FEIST; HEY; PASCHEN und z. T. auch bei KRECH (im Zusammenhang mit der *Kautherapie*).

> PASCHEN (1930, S. 203) verlangt, daß bei allen Vokalen das Gaumensegel ganz schlaff sei! Das würde dem Zustand des offenen Näselns entsprechen.

Wir wollen im folgenden einige Vokalübungen anführen.

Vokalableitungsübungen:

Man kann die Vokale ableiten von Konsonanten und von anderen, besonders günstigen Vokalen.

---

[1] Siehe S. 160.
[2] Siehe S. 155 f.

Vokalkonsonantenableitung finden wir in folgenden Übungen:

wowowowow-ō    wuwuwuwuwuw-ū    usw.    [vɔ vɔ vɔ vɔ voː]...
bobobobob-ō    bububububub-ū    usw.
momomomom-ō    mumumumumum-ū    usw.
Bei diesen Übungen handelt es sich um Ableitungen der Vokale von Konsonanten des I. Artikulationsgebietes.
Ähnliche Übungen ergeben sich, wenn man den Vokalen Konsonanten des II. Artikulationsgebietes voranstellt.

Ehe man auf dem letzten, lang gehaltenen Vokal verweilt, schleudert man durch den vorderen Konsonantengriff die Stimme quasi nach vorn. Man bekommt auf diese Weise eine besonders günstige Ausgangslage für die Vokale.

Den letzten langen Vokal kann man entweder lang auf einem Ton halten (Gesangston), oder man kann ihn in einem sanften Bogen nach unten abgleiten lassen.

Wir weisen später auf die Kopplung der Vokalübungen mit Körperbewegungen hin.[1] Außerdem üben wir die Vokale meist mit besonderen Vorstellungsinhalten (Vokal schwebt wie ein Ball auf einer Fontäne – die Fontäne ist in diesem Falle der Atem).[2]

Es gibt viele Übungen mit Vokalzusammenstellungen. Hier werden die einzelnen Vokale von anderen Vokalen abgeleitet:

Wir stellen anfangs auch solchen Vokalreihen günstige Konsonanten voran.

[oː – uː – oː – uː – oː .....]    Ableitung des u von o
[oː – øː – oː – øː – oː .....]    gleichbleibendes Ansatzrohr, Veränderung der Zungenlage
[øː – eː – øː – eː – øː .....]    gleichbleibende Zungenlage, Veränderung des Ansatzrohres
[oː – eː – oː – eː – oː .....]    *dunkle* und *helle* Vokale
[oː – ɔː – aː – ɔː – oː .....]    Ableitung des a von o
[eː – ɛː – aː – ɛː – eː .....]    Ableitung des a von e.

Man kann auf diese Weise alle Vokale miteinander vergleichen. Solche Übungen führen wir meist anfangs im Gesangston aus. Wir achten dabei vor allem darauf, daß der Übende nicht nur die Lippen und die Zunge bewegt, sondern daß seine „Weitevorstellung" bis tief in das Ansatzrohr hineindringt. Über die Methode solcher Vorstellungen berichten wir an anderer Stelle.[3]

[1] Siehe S. 301 f.
[2] Vgl. S. 296.
[3] Vgl. S. 292 und 296.

Übungen der oben beschriebenen Art finden wir u.a. bei DRACH; HEY;
STAMPA.

STAMPA führt einen Vokalreigen an:

> Er beginnt seine Übungen mit einem *ausgestöhnten* ö, welches nur kurz
> gehalten werden soll, und geht dann über zu u usw.
> *ö – u – o | o – a | ö – e (i)* | So entwickelt er alle Vokale vom ö her. Der
> Vokalreigen übt alle Vokale ohne Unterbrechungen:
> *ö-e-i-ü-u-o-a-ä-e-i-ü-u-o-a-ä-ö-...* und so beliebig weiter

Eine besondere Vokalübung stellt die Vokal-Gebärde-Atmung von
LESER-LASARIO (1931) dar.
LESER-LASARIO geht von den bei den einzelnen Vokalen verschiedenen
Resonanzvorstellungen und -erlebnissen aus. Er ist fest davon überzeugt,
daß jedem Vokal eine bestimmte Vibrationszone zukommt, die nicht nur
als Fremitus außen spürbar ist, sondern die tief ins Körperinnere hinein-
reicht. So können seiner Meinung nach die Vokale einen massierenden
Einfluß auf die Körperorgane ausüben – auf Herz, Leber, Lunge, Magen,
Gedärme usw.
LESER-LASARIO glaubt ferner, daß die Vorstellung der Bildungsart der
einzelnen Vokale auf die Weite des gesamten Einatmungsweges einwirken könne. Stelle man sich z.B. bei der Einatmung (mit geschlossenem
Mund) recht deutlich ein o vor, so übertrage sich die runde, weite Form
auf den gesamten Atmungsweg bis tief in die Lungen hinein. Da o zugleich Brustresonanzcharakter habe, würde ein nach solcher Einatmung
erfolgendes m (in das wiederum ein o gedacht wird) durch Vibrations-
übertragung tief bis in die Eingeweide einwirken.
Das e hat – nach LESER-LASARIO – Kopfresonanzcharakter. Eine Einatmung (immer durch die Nase) mit E-Vorstellung (lächelnden Mundes)
führe daher automatisch zu einer Weitung der Kopfhöhlen. Ein so an-
gesetztes m (mit E-Vorstellung) habe einen Vibrationseinfluß auf das
Kopfinnere.
LESER-LASARIO gibt nun für jeden Vokal die Vibrationssphäre an.
Der Verfasser verfolgte vor allem orthopädische Zwecke. Er wollte durch
Vibrationsmassagen – und zwar durch den Einfluß der von den Vokalen
hervorgerufenen Vibrationen – auf die Eingeweide einwirken.

> Der Arzt R. KOCH schrieb in der Münchener medizin. Wochenschrift Nr. 28,
> 11. Juli 1919, über *die Grundlagen des Atmungssystems von* LESER-LASARIO:
> Die A-Inspiration entspreche am nächsten der natürlichen Atmung. Nur
> sei durch die A-Vorstellung die Inspiration noch tiefer. Bei e und i sei die

287

Inspiration weniger tief (Verf. meint flacher als bei a). Die Verbreiterung des Brustkorbes sei bei o und u bedeutend.

Hinzu kämen *Atemempfindungen*: i erzeuge Spannungsgefühl im Kopf, in der Höhe des Gaumens, der Nasenhöhle und der Schädelhöhlen; a in der Brustgegend; o in der Oberbauchgegend; u im Unterleib. Schließlich würden durch die Vokalatmung die entsprechenden Grundgefühle der Affekte hervorgerufen: a, e, i seien mehr Ausdruck der Freude, o, u mehr Ausdruck des Ernstes.

Man könne auch die Exspiration durch die Vokale beeinflussen: man beginnt die Exspiration mit i (Verzögerung) und endet mit u (plötzliches Ablassen der Spannung). Die Spannung kann noch erhöht werden durch Pausen, durch vor die geflüsterten Vokale gesetzte Konsonanten (b, p, m, n), so ergeben sich Ausatmungssilben, -worte und -sätze.

Endlich kämen noch Farbvorstellungen hinzu: i = hellgelbe, e = orange und goldene, a = blaue und grüne, o = zinnoberrote bis purpurne, u = schwarze Vorstellung.

LESER-LASARIO könne auf diese Weise einen erheblichen Einfluß orthopädischer Art ausüben: günstige Veränderung von Gaumen, Kehlkopf und Kehldeckel (KOCH führt hier keine entsprechenden Beispiele an). Außerdem könnten Bronchial- und Emphysemasthma günstig beeinflußt werden. KOCH führt zwei Fälle von Erfolg durch *U-Atmung* bei chronischer Verstopfung an.

LESER-LASARIO leitet seine *innenorthopädische Atmungsmassage* aus der YOGA-Lehre ab. Er will *das Gewebe und die Zellen durch Ausstrahlung elektromagnetischer Wellen (Vibrationen)* beleben (S. 22).

Der Körper wird von ihm als ein *radio-aktives Instrument* aufgefaßt, wobei das Zwerchfell der eigentliche *Lebensregulator* sei.

## Diskussion:

Entkleidet man die Lehre LESER-LASARIOs ihres mysthischen Gehaltes, nimmt man ihr das Subjektive (z. B. der Farbvorstellungen) und schenkt man dem therapeutischen Anliegen des Autors keinerlei Beachtung – auch wenn die Autorität eines Arztes dahintersteht –, so bleiben Vokalübungen übrig, die durchaus in der sprecherzieherischen Praxis Verwendung finden können.

Die Übungen LESER-LASARIOs:

Wir verwenden die Übungen meist im Zusammenhang mit suggestiv wirkenden Vorstellungsinhalten („tiefgriff" des o und u, „hochgriff" des e und i). Die Einatmung erfolge dabei – trotz Vokalvorstellungen – immer durch die Nase. Die Lippen nehmen die „Gebärde" des betreffenden Vokales an. Die Übung verlangt im Sinne des Autors größte Konzentration. Die Ausatmung und Phonation erfolgt entweder direkt auf dem „eingeatmeten" Vokal oder aber auf m oder n mit der entsprechenden Vokalvorstellung.

Der aufmerksam Übende wird nach einiger Zeit deutlich einen Klang-unterschied zwischen o und e hören und auch einen Unterschied in der Körpervibrationssphäre spüren.[1]

Beispiel einer Übung (LESER-LASARIO, S. 59):
Ruhige, völlig entspannte Körperhaltung und anfangs auf s ausatmen.
Bei allen I-Übungen (Schwingungsfeld: Kopfl, Scheitel, Stirnhöhle) freudige Einatmungsgebärde, Lippenstellung breit wie in „Liebe", „Friede". Einatmung wie immer durch die Nase. Ausatmung auf der Formel:

| | |
|---|---|
| *Pi* | ein ununterbrochenes, langgezogenes uuuuu, solange man dies |
| *u* | ohne Anstrengung kann. |
| *H* | |
| *u* | |
| *u* | |
| *u* | |

Später folgen dann *atemhygienische Gesangsübungen* (S. 74 ff.) auf

*mi me ma* u. ä.,

dann auf Wörtern (bzw. kleinen Sätzchen):

*Himmelslicht*     *Mut-ter-lieb,*

dann *Atemsinnsprüche* von LESER-LASARIO:

*Meine Seele wird belebt*
*Meine Mühe ist für dich*
*Atme mit Freude ein und aus*
Selbstverständlich empfehlen wir dem modernen Praktiker, die Übungen nach eigenem Belieben zu variieren und nicht den ganzen Ballast, den muffigen Plüschbehang der Gründerjahre in seine Praxis aufzunehmen!

BALSER-EBERLE geht bei ihren Übungen wieder vom Stöhnlaut aus (S. 13 f.):

Stöhnen → ö(ü) → e(i) → h + Vokal → Reibelaut → Vokaleinsätze

Die Verfasserin gibt dabei immer zugleich Wortanwendungen.
Schließlich werden die Vokale in Wörtern und vokalgehäuften Sätzen einander gegenübergestellt.

HOPMANN geht zur Überwindung der Phonasthenie ähnlich vor.
Er erübt zuerst die Indifferenzlage und gewöhnt dem Patienten das Ge-

---

[1] Tatsächlich beruht der Unterschied zwischen den Vokalen nicht auf der unter-schiedlichen Belastung der „Kopf"- oder „Brusthöhlen", sondern auf einer Ver-änderung im Spannungsmechanismus der Kehlkopfmuskulatur, die durch die Sug-gestivvorstellungen jeweils für die einzelnen Vokale spezifische Veränderungen vornimmt – etwa im Sinne der Registerunterscheidungen. (Siehe auch S. 129.)

wohnheitsräuspern ab. Er beginnt seine Übungen mit Vokalen (nicht wie
GUTZMANN mit m), achtet dabei auf den Zungenkontakt und vermeidet
harte Vokaleinsätze:

o – ö – e / o – u – ü – i / o – [ɔ] – a

dann erst folgen die Konsonanten in der Reihenfolge:

m w [z] n l r j f [s] [ʃ] b d p t [v] g k

endlich läßt er monoton, schließlich frei lesen und sprechen.

ZUMSTEEG geht zur Überwindung der Phonasthenie vom Hauchen und
Flüstern aus:

h → flüstern (des Vokales) → Vokal (im piano): o (ö oder a) → anschwellend.

Auf diese Weise übt er den „leisen" Stimmeinsatz.
Eine andere Möglichkeit sieht er in der *Brumm*-Methode:

Vokale nach *tönenden Dauerlauten*.

Zur Ausnutzung der nasalen Resonanz, aber zur Verhütung des Näselns
übt er:

*m-pa  m-pe* usw. Allmählich in die Tonhöhe ansteigend, die für die
betreffende Berufsgruppe gebraucht wird (auch HOPMANN empfiehlt für
die Ausbildung der Kommandostimme Übungen *eine Quint über der
Sprechtonhöhe*).
ZUMSTEEGS Schrift ist eine ausgezeichnete Darlegung der Diagnose und
Therapie der Phonasthenie, mit ausführlichen Krankengeschichten.

Übungen zur Beeinflussung der Kehlkopftätigkeit:
Natürlich beeinflußt j e d e Übung die Tätigkeit auch des Kehlkopfes. Wir
haben im folgenden Übungen zusammengestellt, die vor allem auf eine Beeinflussung des Stimmeinsatzes hinzielen.[1]

THAUSING ist wohl am konsequentesten in der bewußten Beeinflussung
des Kehlkopfes durch Übungen. Für die meisten Erkrankungen der
Stimmorgane macht er eine ungenügende Kompression der Stimmlippen
verantwortlich.

So will er z. B. auch das Husten be w u ß t durch Kehlkopfübungen steuern,
indem er entweder den Kehlkopf öffnen läßt (durch stimmlose Konsonanten) oder fest verschließen läßt (durch Atemstemmen).

[1] Vgl. S. 133 f.

Wir halten für einen Mangel seiner Übungen ihre Einseitigkeit und damit Gefährlichkeit. Praktisch ist für ihn Schulung der Kompressionsfähigkeit der Stimmlippen, des sog. Vollverschlusses, A und O aller Stimmbildung. Wir führen nachfolgend die Übung THAUSINGS für den Vollverschluß an, machen aber Lehrer wie Schüler auf die Gefahren dieser Übungen nochmals aufmerksam!

## Zur Erreichung des Vollverschlusses:

Luft stauen →Herauspressen der Luft →immer schnelleres Entweichen der Luft / Stemmverschluß →hauchen →Stemmverschluß →hauchen usw. (dabei soll nie gepreßt werden).

THAUSING will auf diese Weise auch das Stottern bekämpfen (?).

Auch FORCHHAMMER führt Stimmlippenübungen (II. Bd., S. 20ff.) an:

1. *Klarer Sprengeinsatz:*
*Man gehe von der geschlossenen [ʔ] zur ganz offenen Stimmritze [h] über durch plötzliches Öffnen des Kehlverschlusses; dann zurück zur Verschlußstellung [ʔ]. In dieser Weise wechsle man mehrmals...:*

[ʔ – h – ʔ – h – ʔ – h –].....

Diese Übung entspricht etwa dem SCHILLINGschen und FERNAU-HORNschen „Ventiltönchen".

Hierunter versteht man ein vorsichtiges Abknallen der Stimmlippen, welches tonlos, als reines Stimmlippenprodukt, erfolgt.[1] Dieses Ventiltönchen ist nach SCHILLING der in den anlautenden Vokal eingebettete hygienische Glottisschlag.
Das Ventiltönchen soll klingen wie der Trommelschlag des auf die Tenne fallenden Regentropfens. Es darf keinerlei Hauch- oder knarrende Nebengeräusche aufweisen!

Der Sprengeinsatz wird schließlich von FORCHHAMMER auf den Stöhnlaut übertragen:

[ʔəː]

2. *weicher Stelleinsatz:*
FORCHHAMMER geht hier wie GUTZMANN vom Hauch aus:

[həː→ (h)əː→əː]

3. *Kompressionsübung:*

[ʔəː – həː – ʔə. – fəː – ʔəː...] / [ʔəː – həː – əː – ʔəː – həː – əː.....]

Diese Übungen entsprechen vollkommen den Übungen THAUSINGS, und es gilt folglich auch das dort Gesagte.

---

[1] Siehe S. 134 f.

Eine günstige Stimmlippenbeeinflussung stellt die „Pleuelübung" von FERNAU-HORN dar:
Die Übung erfolgt ohne Stimmgebung. Der Mund wird weit geöffnet und die Zungenspitze wird gegen das untere Zahngehege gestemmt. Dann wird der Zungenkörper herausgestreckt und wieder hineingezogen. Die Zunge wölbt sich dabei heraus, während ihre Spitze immer hinter den unteren Zähnen bleibt!
Hebt man dabei etwas den Kopf, so spürt man deutlicher den Gegenzug des M. sternothyreoideus vom Kehlkopf zum Brustbein. Durch diese Übung wird folglich ohne Gewaltanwendung der gesamte Kehlkopf nach oben und nach unten gezogen, wodurch abwechselnd der Trachealzug zu- und abnimmt.[1] Auf diese Weise erleben wir eine Stimmlippengymnastik durch eine fortgesetzt wechselnde Spannungsmechanik.
Auch die Atemwurf- und Stoßübung durch FERNAU-HORN[2] beruht auf einem ähnlichen *Kehlfederungsprinzip* und stellt eine ausgezeichnete Übung zur Beeinflussung der Kehlkopfmuskulatur dar.

WÄNGLER (S. 54) empfiehlt Weitungsübungen:
*Dabei kommt es darauf an, unter extremer Weitstellung des Ansatzrohres den Phonationsbeginn bis fast ans Ende der Einatmung zu legen. Natürlich wird in Wahrheit ausgeatmet... Es bleibt aber für den Stimmeinsatz entscheidend, in welcher Stellung die Stimmlippen bei Phonationsbeginn stehen ..., und da ist die Vorstellung günstig, man wolle den Vokaleinsatz gleichsam schon am Ende der Inspiration beginnen. Bald kann man das typische Weitungsgefühl bei tiefer Einatmung willkürlich erzeugen, es ist einem aufkommenden Gähnen ähnlich. Der während solcher Einstellung einsetzende Vokal wird keinen Glottisschlag aufweisen, besonders nicht, wenn die Stimmbildung leise erfolgt. Tönt der Vokal erst, kann man ihn anschwellen lassen:*

$$i < e < ü < ö < u < o < a <$$

*später Wörter oder sinnleere Lautverbindungen:*

$$Uhu \longrightarrow< aha \longrightarrow< usw.$$

Ähnlich geht GERATHEWOHL vor:
Vokal erst flüstern, dann allmählich zur Stimme übergehen (vgl. auch S. 290: ZUMSTEEG).

[1] Vgl. auch S. 127.
[2] Siehe S. 279.

292

KRUMBACH/BALZER üben den Vokaleinsatz vom [ə] aus:

[ə:] – [a:] – *A achen* / [ə] – :[a] – *ab* usw.

LORENZ übt den Vokaleinsatz durch Vokalwiederholungen:

*ö–ö–ö–ölig* / *a–a–a–Abend* usw.


Stimmbeeinflussung durch Vorstellungen (Fiktionen):
Ein wichtiges methodisches Mittel der Sprecherziehung ist die gute Hilfsvorstellung. Die Sprecherziehung konnte zu allen Zeiten nicht auf Fiktionen verzichten, und sie kann es auch heute nicht!
Der Grund liegt im folgenden. Wie wir im II. Kapitel dieses Buches zeig-
ten, ist das Sprechen in erster Linie ein zentralnervöser Vorgang und als
solcher in den meisten Fällen unbewußt. Zieht man den unbewußten Vorgang zu stark ans Tageslicht, so treten häufig Störungen der Funktionsabläufe auf.
Solche Störungen werden aber vermieden, wenn man in den Übungen gerade von dem unbewußten Ablauf der Funktionen der Stimmuskulatur
ablenkt.
Der Wert der Fiktionen beruht folglich in ihrer Ablenkung!
Andererseits vermag gerade die Hilfsvorstellung direkt auf das Zentrum
einzuwirken; vor allem dadurch, weil die Hilfsvorstellung nicht an einzelnen Teilen der Peripherie hängenbleibt, sondern weil sie auf das Ganze
übergreift. Die Veränderung des Funktionsablaufes der Peripherie geschieht gewissermaßen unter dem direkten Einfluß der Hirnrinde. Die
Hirnrinde schafft Vorstellungsinhalte, die sich über den Weg der tieferen
Schichten des Zentrums über die pyramidalen und extrapyramidalen
Bahnen in konkrete Organreaktionen der Peripherie verwandeln.
Darum haben wir an die Fiktionen mit STAMPA (S. 68) eine Bedingung zu
stellen:
*Die Hilfsvorstellungen dürfen den richtigen Bewegungsabläufen nicht wider-
sprechen. Also kann nur der gute Bilder angeben, der ein genaues Wissen
über die Bewegungsvorgänge hat und der außerdem die Abläufe selber be-
herrscht.*


Es gibt folglich auch schädliche Hilfsvorstellungen!
Dazu zählen solche, die den tatsächlichen Bewegungsabläufen zuwider-
laufen:

Vorstellungen, die eine paradoxe Atmung unterstützen; Vorstellungen einer einseitigen Nasenresonanz; Vorstellungen von einem Tonansatz in hygienisch ungünstigen Körpersphären (z. B. im Genick und z. T. auch im Hinterkopf); Vorstellungen, die auf Verengung des Ansatzrohres hinzielen.

Wir führen ein n e g a t i v e s Beispiel von Hilfsvorstellungen aus der Praxis an:

w. BITTERLING (Opernsänger und Gesangspädagoge), der in seiner dürftigen Schrift gegen alles und gegen jeden polemisiert, schreibt über den Registerausgleich folgenden Unsinn (S. 28):

*Am edelsten ist er dann in der Auswirkung, wenn der Vokal mit Hilfe der besagten geistigen Vorstellungen bei der Bruchstelle um den ganzen Körper herumgeschwungen wird, eine mühselige, aber schöne Arbeit.*

Oder:

*Die Kopfstimme hat ihren Sitz im Hinterkopf zwischen Kleinhirn und Nacken und hat mit der Mittelstimme im Prinzip genauso wenig zu tun, wie die Sonne mit dem Mond. Letztere unterscheidet selbst ein Laternenanzünder, Mittelstimme und Kopfstimme selten einmal ein Gesanglehrender.*

BITTERLING mag vielleicht mit ähnlichen Vorstellungen an seinem eigenen Körper Erfolg verspüren, die Fiktionen sind so subjektiv, daß sie nicht verallgemeinert werden können, denn es gibt zu ihnen keine physiologische Parallele!

In einem gewissen Sinne sind wir noch heute w. BITTERLING für seine Niederschrift dankbar. Denn durch ihn kommen wir in die Lage, einen greifbaren Beleg schriftlich wiedergeben zu können für den haarsträubenden Unsinn, der uns seit Jahren in der Praxis begegnet, den wir uns auf manchen Fachtagungen von „Praktikern", von „Künstlern", von großprotzigen „Autoritäten" auftischen lassen mußten.

Man kann – trotz des Bemühens um Mäßigung – nur mit Bitterkeit davon sprechen, daß auch heute noch junge, fortschrittliche, willige Menschen, die sich um Klarheit auch in der Sprecherziehung bemühen, von Pseudowissenschaftlern und „Auch"künstlern, die nichts in ihrem Leben ganz, alles nur halb gelernt und ausgeführt haben, an die Wand gedrückt werden – nur: weil keine Gesetzgebung solchen Leuten das Handwerk legt!

Wir können nicht beurteilen, wozu w. BITTERLING zählte, vielleicht war er ein ausgezeichneter Künstler, seine Schrift aber enthüllt ihn als einen schlechten Lehrer und noch schlechteren Kollegen!

Und soll der Nachwuchs dieses Faches – für den wir an dieser Stelle das Wort ergriffen – aus solchem Unsinn lernen? (S. 22):

*Den Gesang zu erlernen ist eben schwer, weil es leicht ist. Warum ist es leicht? weil es schwer ist. Dies klingt paradox, ist es aber nicht… Verstandesgemäß angewandtes Gefühl, gefühlsmäßig angewandter Verstand. Hier treffen sich zwei Pole des Daseins…*

Negativ sind auch Vorstellungsinhalte zu werten, die einer sinnlosen Übung einfach einen erdachten Sinn unterschieben möchten. Solche Hilfsvorstellungen nehmen keinerlei Einfluß auf die Peripherie, geschweige denn auf das Zentrum!

Ein Professor der Sprecherziehung für Schauspieler ließ folgende Übungen machen:

> *wafa   wofo   wefe* ... mit der Vorstellung der *Völkerwanderung;*

oder:

> *gaka   goko   geke* ... mit der Vorstellung eines *kecken, frechen, jungen, lustigen Burschen, der die Straße heraufkommt.*

Man erkennt, die Vorstellungsinhalte werden aus der Zufälligkeit der Lautmalerei der betreffenden Silben abgeleitet. Im Grunde hat das mit der Schauspielerei aber überhaupt nichts zu tun. Das kann möglicherweise jeder Laie besser als mancher begabte Schauspieler, der sich scheut, solchen Unsinn ernst zu nehmen. Der Professor nahm ihn bitterernst!

Wir wollen einige Beispiele g u t e r Hilfsvorstellungen anführen:

Es ist nichts einzuwenden gegen die Vorstellungen, der Ton setze am Schädel, in der Stirn, in der Gegend der Nase, an den Lippen, kurz: in der sog. *Maske* an. Solche Vorstellungen lenken vom Kehlkopfgeschehen ab und belasten die „strapazierfähigen" Teile des Gesichtes und der Schädelknochen. Vielfach führen solche Vorstellungen auch zur Entspannung der Gesichtsmuskulatur. Diese Entspannung teilt sich der Muskulatur des Ansatzrohres mit.

Die Schädelvibration kann man ausnutzen, sollte sie aber nicht überbewerten.

Nicht ungefährlich sind die Vorstellungen, der Ton schlage am harten Gaumen an (FEIST). Oft führt gerade diese Vorstellung zu gaumigem Sprechen.

Wir wollen noch einmal sagen, was GUTZMANN über den tatsächlichen Einfluß der Schallwellen auf das Ansatzrohr ausdrückte, damit keiner seine persönliche subjektive Vorstellung für bare Münze nehme, denn dann könnte es bereits wieder zu erheblichen Irrtümern kommen.

GUTZMANN schreibt, daß die Schallwellen weder gelenkt noch gebrochen werden können, dazu bedarf es bei der großen Wellenlänge unserer Stimme größerer Reflexwände:

Das Subkontra-A hat eine Wellenlänge von $12^1/_2$ m, die Kontraoktave A von 6,3 m; das kleine a von 1,5 m; $a^1 = 0,8$ m; $a^2 = 0,4$ m usw. Die menschliche Stimme umfaßt 4 Oktaven: E mit einer Wellenlänge von 4,2 m und e3 = 0,25 m. Man stelle sich dazu die Proportionen unseres Ansatzrohres vor, und man wird einsehen, daß eine tatsächliche Reflexion absolut nicht möglich ist.

Sehr gut ist die Vorstellung der Rundung (Ball) im Zusammenhang mit den Vokalen.

Man kann sich den Vokal auch als einen Ball vorstellen, der auf dem Atem als einer Fontäne tanzt. Die Fontäne kann steigen (Kopfstimme), sie kann sinken (Bruststimme) – immer aber muß der Raum, in dem sich der Ball befindet, so weit sein, daß der Ball nirgends anstößt. KRUMBACH/BALZER arbeiten z. B. mit einer ähnlichen Vorstellung.

Ein Schauspieler teilte uns mit, daß er gelegentlich die Artikulation übe, indem er sich vorstelle, der Mund befinde sich auf der Schädeldecke. Mit diesem Mund habe er kräftige Artikulationsbewegungen auszuführen. Auf diese Weise artikuliere er tatsächlich besser, ohne sich jedoch fortgesetzt auf seinen Mund konzentrieren zu müssen, was leicht zum „Frisieren" führe.

Sehr gut sind die Vorstellungen, die wir bei KRUMBACH/BALZER, bei SEYDEL und auch LOCKEMANN finden.

Bei KRUMBACH/BALZER heißt es:

*Alle Vokale und Konsonanten sind so zu sprechen, daß sie als leichte, aber bestimmt ausgeführte Griffe im Munde von vorn her genommen zu sein scheinen, vorn schwingen und zugleich für den Schallraum bis in die Kehle hinein weitend und öffnend wirken (der Laut ein Schlüssel, der Klang und Schallraum aufschließt, nicht zudrücken soll). Je besser der Anhub, desto sicherer kann der Lautgriff sein, der dann um so deutlicher als Lautgebärde (Schallgebärde) plastisch wirkt. Der Atemhalt ist dabei immer mitbeteiligt und bildet zusammen mit der richtigen Mundbewegung die Hauptquelle zu klangvoller, bildwirklicher Sprache in gesundem Ansatz mit ausgenutzter Resonanz.*

KRUMBACH/BALZER sprechen sogar von *Gesäßatmung* und meinen damit eine Einatmung *vom tiefsten Rücken her*.

Die Vorstellung von Artikulationsgriffen und von der Anhubstellung des Mundes wie beim Trinken halten wir für besonders wertvoll.

Wir verweisen in diesem Zusammenhang auch nochmals auf die Vokalvorstellungen LESER-LASARIOS.[1]

[1] Siehe S. 287 ff.

Es gibt so viel Vorstellungsinhalte, daß man sie unmöglich niederschreiben kann. Hier kann man auch kaum dem Lehrenden und Lernenden vorschreiben, was zu tun ist. Das ist eine Sache der Praxis! Wir verbinden unsere Hilfsvorstellungen meist mit entsprechenden Körperbewegungen.[1]

## Stimmbeeinflussung durch Impedanz:

Wir haben an anderer Stelle über die Impedanzwirkung, wie sie HUSSON dargelegt hat, gesprochen.[2] Man kann diese Wirkung auch für die Stimmbildung nutzen.

Der Unterricht macht sich insofern die Impedanz zunutze, als er das mit Impedanz zusammenhängende Körpergefühl und akustische Stimmerlebnis durch besondere Übungsweise heraufbeschwört.

In der Praxis ist das nicht neu!

Es gibt nicht wenige Lehrer, die ihre Schüler phonieren lassen, indem sie sie mit der Stirn gegen die Wand lehnen lassen. Meist deuten die Pädagogen eine damit zusammenhängende Verbesserung der Resonanz als das Ergebnis einer Einwirkung der Wand, die zum Mitschwingen veranlaßt worden sei und nun ihrerseits die Kopfschwingungen beeinflusse.

Tatsächlich läßt sich durch solche Übungsweise der Stimmklang deutlich hörbar verbessern. Die Ursachen sind aber nicht Schwingungsübertragungen der Wand, sondern Druckänderungen innerhalb des Ansatzrohres und auch innerhalb unseres Ohres! Eine ähnliche und z. T. noch bessere Wirkung erzielt man nämlich, wenn man die Stirn die Wand gar nicht berühren läßt, sondern einen entsprechenden Abstand hält. Der Abstand ist individuell verschieden. Das ist auch ganz erklärlich, da die Verhältnisse im Ansatzrohr ebenfalls individuell verschieden sind!

Die Impedanz nimmt ab einer gewissen Entfernung von der Wand zu bzw. ab.

Man kann die Impedanzwirkung noch vergrößern, wenn man gleichzeitig mit den Händen die Ohren abschirmt (vgl. Abb. 22). Die Einwirkung ist noch größer, wenn der Übende wie auf unserer Abbildung in eine Ecke des Raumes spricht. Hat er die gewünschte Verstärkung seiner Stimme erreicht, dann kann er allmählich auf das äußere Mittel verzichten, indem er bei gleichbleibender Phonation sich langsam umdreht und nun den

[1] Siehe S. 299 ff.
[2] Siehe S. 130.

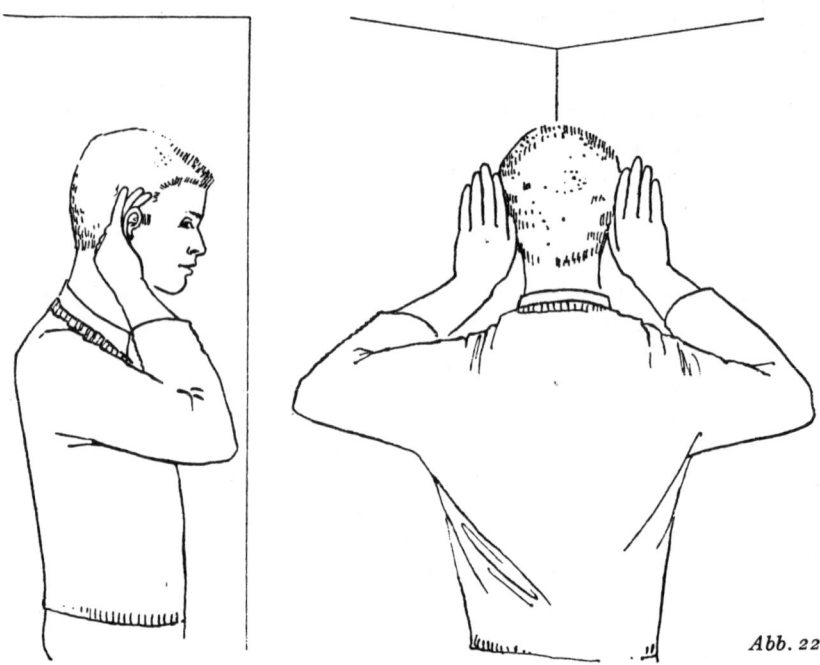

*Abb. 22*

ganzen Raum in seine Tongebung einbezieht – oh n e möglichst die Fülle
seines Klanges aufzugeben (geringe Klangveränderungen sind normal!).

Eine ähnliche Wirkung erreicht man auch, wenn man gegen die Hand-
fläche phoniert. Indem man dann die Hand wegzieht, kann man den Ton
gleichsam mitnehmen! Diese Wirkung wird auch hier erhöht, wenn die
andere Hand hinter dem Ohr als „Schallfänger" dient.

> Wir haben in Filmaufnahmen eine ähnliche Technik bei dem bekannten
> Negersänger PAUL ROBESON beobachten können.

Die Stimme läßt sich auch meist schon verbessern, wenn man während
des Singens oder Sprechens die Hände fast vor das Gesicht legt. In diesem
Falle kommt außer der Impedanz noch eine andere Ursache für die
Stimmverbesserung hinzu: das Suggestiverlebnis der *Maske.*

> Wir haben kürzlich Schauspieler im Theater mit Halbmasken, die die
> ganze obere Gesichtshälfte bedeckten, agieren sehen. Es handelte sich um
> ein modernisiertes antikes Schauspiel. Die stimmliche Leistung war bei

fast allen Mitgliedern ausgezeichnet. Es gibt zweierlei Ursachen: Einmal die Formstufe des Stückes,[1] zum anderen die Masken. Durch die Masken wurde zwar zum großen Teil auch die nasale Setzung verstärkt, andernteils aber auch der orale Klang erheblich verbessert.
Die unausgesetzte Berührung des Gesichtes durch die Maske hat eine Suggestiveinwirkung auf die Tonführung. Außerdem scheint auch die Gesichtsmuskulatur durch die Maske entspannt zu werden.
Durch die Halbmaske wurde für den Maskenträger auch das Gefühl für die Beweglichkeit der Lippen gesteigert. Auch das trug zur Verbesserung der Stimmgebung bei.

Wir haben irgendwo gelesen, daß man auch den Stimmklang verbessern kann, wenn man während des Singens oder Sprechens von Vokalen ab und zu mit der flachen Hand gegen die Lippen schlägt – also den Mundinnendruck für kurze Zeit erhöht. Auch solche Stimmverbesserung beruht auf Impedanzwirkung.

Außerdem schrieb der betreffende Autor, daß durch den plötzlichen Mundverschluß das Gaumensegel beeinflußt werden könne. Die Veränderung des oralen Druckes habe eine Hebung des Gaumensegels zur Folge.

Jeder Raum hat einen Eigenton. Man kann den Eigenton eines Raumes bestimmen, wenn man einen Vokal laut, von oben nach unten gleitend, singt. Der Eigenton des Raumes ist der Ton, der die von uns gerade gesungene Stimmlage am deutlichsten verstärkt. In solchem Falle erleben wir die günstigste Kopplung unseres Ansatzrohres mit dem Raum, der jetzt als Resonator wirkt!

Die Theater sind natürlich so gebaut, daß sie unsere Stimme in möglichst allen Lagen verstärken. Jedes Mitglied eines Theaters sollte aber wenigstens einmal bewußt von der Bühne herab die Kopplungsfähigkeit seines Ansatzrohres mit dem Zuschauerraum überprüfen.

Stimmübungen mit Körperbewegungen:
Der kinästhetisch-motorische Analysator steht in einem besonderen Zusammenhang zum Sprechen. Er ist vorrangig an der Ausbildung der Sprachzentren an der Hirnrinde beteiligt, und er hält auch noch nach deren Ausbildung stets eine Verbindung mit diesen Feldern inne.[2]
ADERHOLD hat in einem Beitrag 1962 den Zusammenhang zwischen Körper- und Sprechbewegung dargelegt. Er versuchte zu zeigen, wie viele

[1] Vgl. auch S. 215 ff.
[2] Vgl. auch S. 29 f., 62 f. und 65.

Fehlfunktionen bei der Stimmgebung und Artikulation mit augenschein-
lichen Ungeschicklichkeiten in der Körperbewegung einhergehen.
Umgekehrt bedeutet das: Man kann über den kinästhetisch-motorischen
Analysator auch auf das Sprechen einwirken; man kann durch entsprechend gelenkte Körperbewegungen auch die Sprechbewegungen lenken!
Solche Übungsweise hat den Vorteil, von der eigentlichen Sprechmusku-
latur abzulenken.

> Daß die Konzentration auf Körperbewegungen direkten Einfluß auf
> unsere Sprechorgane nehmen kann, läßt sich durch ein einfaches Beispiel
> belegen:
> Man kann die Vorstellung der Weite des Rachens sofort unterstützen, so
> daß sich eine solche Weite wirklich ergibt, wenn man während der Bildung
> eines Vokales (möglichst eines gesungenen) gleichzeitig mit den Händen
> in Höhe des Halses die Weite darstellt. Führt man aber die Hände
> während der Vokalbildung allmählich zusammen (Raumverengung), so
> spürt man, wie schwer jetzt entgegen der Körperbewegung die faukale
> Weite erzielt werden kann.

Bedingung für die Durchführung solcher Übungen ist genaue Kenntnis der physiologischen Zusammenhänge beim Sprechen und äußerste
Konzentration auf den Bewegungsvorgang selbst. Der Übende muß
die Körperbewegung wirklich für die Sprechbewegung nehmen!
Laufen die Körperbewegungen mit den Sprechbewegungen „synchron"
und hat der Übende wirklich das Gefühl, daß durch seine Gesten die
Stimmqualität beeinflußt wird, so kann er die Gesten allmählich abbauen.
Das Ziel der Übungen ist eine völlige „Beherrschung" der Sprechfunktionen. Der Schauspieler kann sie auf diese Weise allmählich „in die Hand"
bekommen.

Man kann z.B. die Zwerchfelltätigkeit durch Arm- und Handbewegungen
unterstützen (siehe Abb. 23). Die Zwerchfellfunktion wird dabei als das
Auf- und Abwärtsgleiten eines Kolbens in einem Zylinder aufgefaßt. Die
Abwärtsbewegung der Hände entspricht der Einatmung, die Aufwärtsbewegung der Ausatmung.
Man kann auch die Armbewegungen den Zwerchfellbewegungen entgegen-
laufen lassen. In diesem Falle bedeutet die Abwärtsbewegung der Arme
während der Ausatmung eine „Zügelung" des Zwerchfells und damit eine
Betonung der Stützfunktion.

> LOCKEMANN (S. 31 und 93) faßt die Atmung als ein Nehmen und Geben
> auf. Er läßt folglich entsprechende Armbewegungen durchführen: Diese
> Bewegungen unterstützen die Vorstellung des Nehmens und Gebens.

Wir haben schon oben eine Übung zur Unterstützung der Stimmgebung (faukale Weite) angegeben. Wir können auf ähnliche Weise auch die Resonanzvorstellungen unterstützen: So kann die LESER-LASARIOsche Übung durch Handbewegungen wirkungsvoll unterstützt werden. Will man die Obertonzusammensetzung der Vokale unterstützen, will man die Vokale „heller" haben, so kann man die Vokalübungen mit Handbewegungen ausführen, die die Weite nach oben veranschaulichen. Die Handbewegungen verlaufen parallel zur Längsachse des Körpers (möglichst in Kopfhöhe); die eine Hand stellt die Weite nach oben dar, die andere gleichzeitig die entgegengesetzte nach unten. In ähnlicher

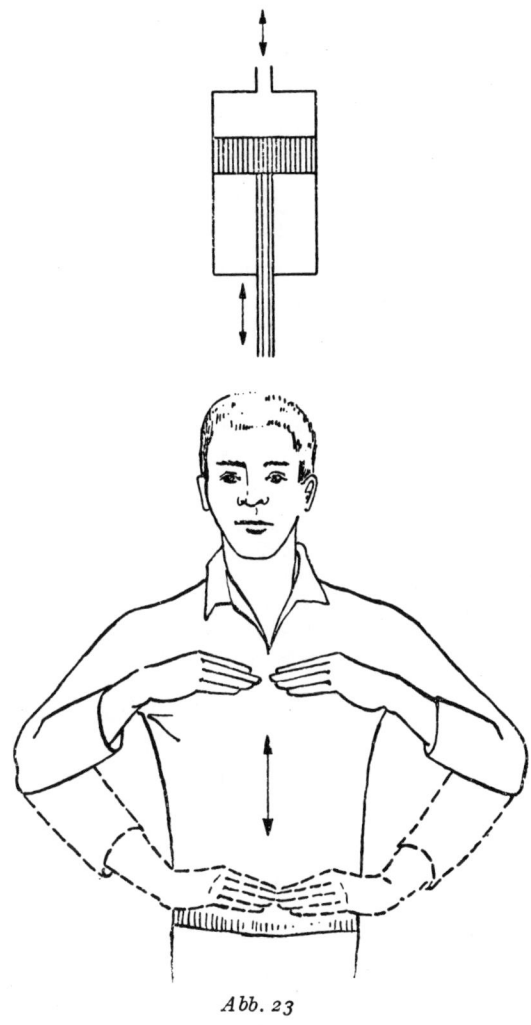

Abb. 23

Weise kann man die Weitung in die Tiefe veranschaulichen, jetzt ist die nach unten führende Hand dominierend.

Auch die Kauübungen können von Handbewegungen begleitet werden. Man läßt auf Silben kauen:

njom    njum    njam    usw.

und dabei mit einer Hand eine Acht in die Luft malen. Der Armbewegung wird dabei die Stimmbewegung angepaßt: eine große Umschreibung des unteren Teiles der Acht führt zur Ausweitung der Tiefe der Kaustimme, einer Vergrößerung des oberen Teiles der Acht entspricht einer Ausweitung der Höhe der Stimme.

Die von uns angegebenen Lockerungsübungen

*bla-bla-bla-blō*   *bla-bla-bla-blū*   usw.

können durch Fallbewegungen des ganzen Oberkörpers oder auch nur der Arme unterstützt werden.[1]

Die FERNAU-HORNschen Atemwurfübungen auf

*wop*   *wup*   usw. oder   *sop*   *sup*   *sap*   usw.

kann man mit Bewegungen koppeln, die den Bewegungen des Tennisspielers beim Tischtennis oder – bei größeren stimmlichen Leistungen – des Spielers beim Rasentennis gleichen.

> FRÖSCHELS läßt seine Stoßübungen auf
> *pa*  *pe*  *pi*  usw.
> von energischen Armbewegungen (Stoß nach unten) begleiten (zitiert bei WEINERT, S. 41).
> Auch TROJAN koppelt seine Übungen für die Erlernung der Kraftstimme *mit schwunghaften Bewegungen z.B. des Armes oder der Hand* (S. 38).

Die Vokaleinsatzübungen (FERNAU-HORNscher *Atemwurf* auf vokalanlautenden Silben) können durch federnde Armbewegungen (Abfangen des Atemwurfes durch nach unten federnde Hände in Höhe des Halses) unterstützt werden.

Man kann Wörter gegen die Handflächen sprechen und dabei die Hände mit der Stimme vom Munde wegziehen.

Greifbewegungen der Hände können die Greifbewegungen der Artikulationsorgane verdeutlichen.

Man kann sogar den Schwingungsmechanismus der Stimmlippen durch entsprechende Finger- und Handbewegungen nachahmen: Zusammenlegen der Zeigefinger der waagerecht gehaltenen Hände symbolisiert den Stimmlippenverschluß, Auseinandergehen der Hände (die Hände beschreiben dabei eine Ellipse) das Öffnen der Stimmlippen.
Auch so kann man den Vokaleinsatz üben!

---

[1] Siehe auch WOLF/ADERHOLD, S. 30f.

Bei lateralen S-Fehlern kann die Kuppe des Zeigefingers den richtigen Weg des Luftstromes versinnbildlichen.

Man kann auch „Ausbruchsübungen" mit Körperbewegungen koppeln. So kann z.B. auf dem Wort

Peitsche

ein Peitschenhieb ausgeführt werden. Der Übende glaubt, in der Hand eine Peitsche zu haben, mit der er nach einem mehr oder weniger entfernten Gegenstand im Raum tatsächlich schlägt!

Ausgezeichnet sind die Übungen, die COBLENZER anführt. Körpermotorik und Atmung sind hier eine Einheit. Konsequent wird alles vermieden, was durch den störenden Eingriff des analytischen Verstandes den natürlichen Rhythmus der Atmung beeinträchtigen könnte.

### c) Übungen zur Artikulationsschulung

Für die Artikulationsschulung halten wir grundsätzlich sinnvolle Übungen für die besten. Wort- und Satzübungen schulen die Artikulation und mit ihr die Sprechdeutlichkeit besser als alle noch so raffiniert zusammengestellten Silbenübungen.

Für den Schauspieler, der artikulatorische Schwierigkeiten hat, ist darum als oberster Grundsatz zu empfehlen: lesen und immer wieder laut lesen! Hier kann ihm das Tonbandgerät gute Dienste leisten, weil es ihm immer wieder Vergleichsmöglichkeiten bietet.

Ableitungsmethoden:

Im Grunde sind die Ableitungsmethoden so alt wie die Sprecherziehung selbst. Man leitet fehlerhaft gebildete Laute von besser beherrschten ab. Wir haben schon in anderem Zusammenhang auf die Ableitungsmöglichkeiten hingewiesen,[1] darum sei hier nur in Stichworten das Wichtigste vorgetragen:

Über Vokalableitungen haben wir schon gesprochen. Man kann die Vokale sowohl voneinander ableiten als auch von ähnlichen Konsonanten. CALM z.B. leitet folgendermaßen ab:

$$j \rightarrow i \quad w \rightarrow a \quad i(a) \rightarrow e \quad a(u) \rightarrow o \quad a \rightarrow ä \quad e \rightarrow ä \quad i \rightarrow ü \quad e \rightarrow ö$$

[1] Siehe S. 165 ff.

Auf ähnliche Weise beeinflussen sich gegenseitig:

i ←→ j   u ←→ w / i → k   i → g

Im letzteren Falle haben wir zwei Beispiele, wie Vorderzungenvokale die Artikulation von Konsonanten des hinteren Artikulationsgebietes günstig beeinflussen können.

BROCK will z. B. auch das hintere [R] vom a aus beeinflussen. Andererseits können die Vokale auch durch Konsonanten der vorderen Artikulationsgebiete beeinflußt werden.

Gut ist die Konsonantenableitung z. B. des S-Lautes:

[ç] → s   t → s   k → s   p → s   usw.   (siehe auch KRECH 1955)

oder sch [ʃ]:

[t → ʃ   r → ʃ   s → ʃ   z → ʃ]   (siehe auch WEINERT, S. 101 ff.)

Eine andere Form der Ableitungsmethode besteht in den Lautausgleichsübungen, wie sie z. B. WINKLER anführt:
Es werden Verbindungen, wie

er ist da   mit dir   hast du   usw.

oder

Absicht   Absatz   Aussicht   es soll   usw.

geübt.

Übungen, die die Bedeutungsunterschiede wiedergeben, hat in ausgezeichneter Weise schon BENEDIX zusammengestellt:

backen – packen   Ballast – Palast
lebt – lebst   schleppt – schleppst
Pflaumen – Flaumen   Fährte – Pferde   fad – Pfad   usw.

BENEDIX übt auch an besonderen Satzbeispielen Sinngegensätze:

Ich habe nicht auf Dank gerechnet, Undank habe ich nicht verdient!
Der See kann sich, der Landvogt nicht erbarmen!
Ich hätt' ein friedlich Volk beglücken können, ein wild empörtes kann ich nicht bezähmen!

BALSER-EBERLE (u. a.) übt besondere Konsonantenverbindungen:

Kauf Fleisch – kau Fleisch   lief räudig – lief freudig   Strick gezogen – Stricke zogen   rasch schreiten – rasch reiten

Geläufigkeits- und Deutlichkeitsschulung:
Eine gute Deutlichkeitsschulung ist das flüsternde Lesen.[1]

Auch ESSER wies z. B. auf den Wert des Flüsterns für die Schulung der Deutlichkeit hin.

[1] Siehe auch S. 136.

Man flüstert zuerst den Text tonlos, wodurch besonders die Aussprache der Konsonanten gefördert wird. Dann spricht man den gleichen Text mit voller Stimme und versucht, möglichst die vorherige Ausformung beizubehalten.

Wie schon erwähnt, ist die beste Geläufigkeitsschulung lautes Lesen anspruchsvoller Texte. Der Übende hat hier besonders darauf zu achten, daß er sinnbezogen liest, da sonst das natürliche Verhältnis von Formung zu Mitteilung[1] gestört wird und folglich die Übungssituation zu weit von der auf dem Theater und im Alltag geforderten abweicht.

Unabhängig von solchen Leseübungen kennt auch die nicht mechanistische Sprecherziehung besondere Geläufigkeitsübungen.

> DRACH z.B. führt Übungen zur *Zungenbeherrschung* an (S. 36):
> *Zum Anüben des Zusammenwirkens von Lippen und Zunge empfiehlt sich oftmaliges Wiederholen von Lautfolgen wie:*
> *ktp ptk tkp bdg gbd kgk tbt* usw.
> Wir halten allerdings von solchen Konsonantenfolgen ohne eingeschobene Vokale sehr wenig!
> Auch Zungen- und Lippenübungen ohne gleichzeitige Artikulation – wie sie z.B. WÄNGLER (S. 55 f.) anführt – halten wir für überflüssig.

Wir schulen die Zungengeläufigkeit z.B. durch schnelles Sprechen von Wörtern, die vor allem Häufungen von

> l d t g k usw.

aufweisen.

Die Lippengeläufigkeit läßt sich schulen an Wörtern mit

> pf- schw- schp- pl- Verbindungen usw.

Die Lockerungsübungen[2] erfüllen ähnliche Dienste.

Übungen zur Erreichung des Zungenspitzen-[r]:
WEINERT (S. 66 ff.) gibt eine große Zahl solcher Übungen an. Am bekanntesten sind die Übungen von dem französischen Schauspieler TALMA:

> *Man spreche „trat" wie tedat, erst langsam, dann immer schneller. Dabei ist e kurz und unbetont, a lang und betont. tdt-tdt... und dtd-dtd... sind rasch hintereinander anzugeben, t so explosiv und reinklingend wie möglich, d recht weich. Eventuell ist ein h zwischen zu schalten* (WEINERT, S. 69).

Andere Übungen leiten vom „Lippen-r" ab.
ENGEL leitet von d mit schnellem Zungenschlag ab.
Auch von p, b, pl oder bl läßt sich [r] ableiten.

---

[1] Siehe auch S. 75 ff.
[2] Siehe S. 215 ff.

BROCK (S. 30f.) führt eine Übung zur Erlernung des Gaumen-[R] an:

*Man singt ein a (in etwas höherer Lage als man zu sprechen gewöhnt ist), dabei verengt man die Mundöffnung so, daß der hintere Teil der Zunge mit dem locker herabhängenden Zäpfchen zusammenstößt. Machen wir das sehr behutsam, so muß mit der Zeit ein r entstehen.*

Das [R] läßt sich auch ableiten von dem Ach-Laut [x] und von g, k und [ŋ] (WOLF/ADERHOLD).

Besondere Gaumensegelübungen sind folgende:
Man achte vor allem auf eine Vorverlagerung der Zunge. Man kann Vokale singen und dabei mit der Hand gegen die Lippen schlagen.[1]
Wechsel von Verschluß- und Nasallauten:

pusten – m – pusten – m – pusten – m   usw.
[poŋ puŋ paŋ peŋ] usw.
pop  pup  pap  (mit FERNAU-HORNschem Atemstoß)
*b – m – b – m – b – m*... (flüsternd, nach FORCHHAMMER)
*m – pa   m – pe* usw. (nach ZUMSTEEG)

GUTZMANN findet die Gaumensegelhebung stark bei i und u, gering bei a. Darum empfiehlt er Übungen folgender Art:

oder:
*pi  pu | ma  na*

*mi  pa | mu  ba*

oder den Vokalwechsel:

*i – a – u | a – i – u*

WEINERT läßt das Gaumensegel durch Gähnübungen und durch folgende Verbindungen trainieren:

[*so:  su:  sa:*]... (bei [s] starker Nasalverschluß)
scho  schu ... / [ço:  çu:  ça:*]...

---

[1] Vgl. auch S. 299.

ADERHOLD, E.: *Körpermotorik und Sprechmotorik. Ein Beitrag zur Sprecherziehung des Schauspielers;* Wiss. Z. Uni Halle, Ges.-Sprachwiss. Reihe, XI, 12, 1962, S. 1529 ff.

ARMIN, G.: *Von der Urkraft der Stimme. Ein Vortrag;* mit einleitenden Worten von Dr. L. WÜLLNER, Leipzig 1921

BALSER-EBERLE, V.: *Sprechtechnisches Übungsbuch. Ein Unterrichtsbehelf aus der Praxis für die Praxis;* mit Übungen von F. STEIL u. a., 4. verb. Aufl. (mit 2 von der Autorin besprochenen Schallplatten), Wien 1959

BENEDIX, R.: *Redekunst. Anleitung zum mündlichen Vortrag;* verb. hrsg. von M. SEYDEL, 7. Aufl., Leipzig 1913

BIEHLE, H.: *Stimmkunde für Beruf, Kunst und Heilzwecke;* Sammlung GÖSCHEN, 60, Berlin 1955

BITTERLING, W.: *Im Anfang war der Vokal. Gedanken und Empfindungen zu einer Reformation des Kunstgesanges;* 2. Aufl., Leipzig 1929

BORUTTAU: *Grundlagen, Ausbau und Grenzen der Stimmkunst;* Schriften zur Sing- und Sprechkultur, Bd. II, hrsg. vom internationalen Rat für Sing- und Sprechkultur, Deutscher Fachbeirat, Berlin und München 1941

BROCK, R.: *Das ABC des Sprechens. Kleine Sprecherziehung für Laienspieler;* Halle a. d. S. o. J.

CALM, H.: *Lehrbuch der Sprechtechnik für Pädagogen, Theologen, Offiziere, Juristen, Schauspieler und Sänger, Lehrer- und Lehrerinnenseminare;* 5. verb. und verm. Aufl., Dessau o. J. (um 1920)

DRACH, E.: *Sprecherziehung. Die Pflege des gesprochenen Wortes in der Schule;* 12. Aufl., Frankfurt/M., Berlin, Bonn 1953

COBLENZER, H.: *Erfolgreich sprechen. Fehler und wie man sie vermeidet* (mit Kassetten); Wien 1987

COBLENZER, H./MUHAR, F.: *Atem und Stimme;* Wien 1976

EGENOLF, H.: *Die menschliche Stimme. Ihre Erziehung, Erhaltung und Heilung. Ein Praktikum für Sänger, Sprecher und alle, die ihre Stimme pflegen wollen;* Stuttgart 1953

ENGEL, E.: *Stimmbildungslehre;* hrsg. von Dr. F. E. ENGEL, 2. Aufl., Dresden 1927

EDUARD ENGELS *Stimmbildungslehre. Übungsstoff für den Unterricht im Sprechen;* hrsg. vom Verein zur Verbreitung der Stimmbildungslehre Professor ENGELS; 3. Aufl., Dresden 1920

ESSER, W. M.: *Deutsche Sprecherziehung;* Berlin, Bonn 1939

FEIST, H.: *Sprechen und Sprachpflege (die Kunst des Sprechens);* 2. verb. Aufl., Berlin 1952

FENGLER, F. A.: *Leistungs- und Gesundheitssteigerung durch Atmungs-, Entspannungs-, Resonanz- und Konzentrationstraining;* 2. Aufl., Halle a. d. S. 1955

FERNAU-HORN, H.: *Zur Übungsbehandlung funktioneller Stimmstörungen;* Vortrag, gehalten auf dem Kongreß für Logopädie und Phoniatrie, Zürich am 3. 9. 1953

307

FORCHHAMMER, J.: *Stimmbildung auf stimm- und sprachphysiologischer Grundlage;* 3 Bde., München 1937/38
  I. Bd.: *Die wichtigsten Probleme der Stimmbildung,* 1937
  II. Bd.: *Die Ausbildung der Sprechstimme,* 1937
  III. Bd.: *Die Ausbildung der Gesangsstimme,* 1938

FUTTERKNECHT, H.: *Methodische Sprech- und Vortragsübungen für Berufsredner und Sänger;* mit anatomischen und lautphysiologischen Vorbemerkungen von Dr. J. BAUCHAUER, 2. verm. Aufl., Augsburg 1923

GERATHEWOHL, F.: *Richtiges Deutschsprechen (ein sprechkundliches Übungsbuch);* 6. Aufl., Heidelberg 1949

GRAEF, K.: *Sprechtechnik;* 4. verb. Aufl., Berlin 1925

GUTZMANN, H.: *Stimmbildung und Stimmpflege;* gemeinverständliche Vorlesungen mit 57 Figuren, 2. Aufl., Wiesbaden 1912

HARTH, K.-L.: *Deutsche Sprechübungen, mit Ausspracheregeln;* 3. Aufl., Weimar 1961

HARTH, K.-L.: *Beiträge zur Therapie oraler Sigmatismen funktioneller Art:*
  *III. Beitrag: Der Stridor der S-Laute und des Sch;* Wiss. Z. Päd. Hochsch. Potsdam, Ges.-sprachwiss. Reihe, II, 1956, S. 181
  *IV. Beitrag: Ein Beitrag zur Kasuistik des oralen Stridors;* Wiss. Z. Pädag. Hochsch. Potsdam, Ges.-sprachwiss. Reihe, IV, 2, 1959, S. 171–179

HERMANN, K.: *Die Technik des Sprechens (begründet auf der naturgemäßen Bildung unserer Sprachlaute). Ein Handbuch für Stimmgesunde und -kranke;* 4. Aufl., Leipzig und Frankf./M. 1913

HEY, H. E.: *Der kleine Hey. II. Teil: Gesang-Schule;* zusammengestellt von H. E. HEY
A für Sopran
B für Alt und Mezzo-Sopran
C für Tenor
D für Baß und Bariton
Mainz, Leipzig o. J.

HEY, J.: *Deutscher Gesangsunterricht;* 4 Bde., Mainz o. J. (1896)

HOPMANN, E.: *Über Phonasthenie und Übungen zu ihrer Heilung;* Z. f. Laryng., Rhinol. und ihre Grenzgebiete, 5, 1913, S. 617–623

JAKOBI, F.: *Kultur der Aussprache;* München 1927

KEPICH-OVERBECK, L.: *Die Kunst des Sprechens (Stimmbildung und Sprecherziehung);* 2. unverb. Aufl., Berlin (1953)

KOETSIER-MULLER, J.: *Sprecherziehung. Ein praktisches Lehrbuch zur Behandlung von Stimme und Sprache;* Leipzig 1931

KRECH, H.: *Die Behandlung gestörter S-Laute (Sprechkundliche Beiträge zur Therapie der Sigmatismen);* Halle 1955

KRECH, H.: *Die kombiniert-psychologische Übungstherapie;* Wiss. Z. Uni Halle, Ges.-sprachwiss. Reihe, VIII, 3 (Jan. 1959), S. 397–430

KRECH, H.: *Zur Frage des therapeutischen Erfolges in der Übungsbehandlung;* Wiss. Z. Uni Halle, Ges.-sprachwiss. Reihe, VIII, 6, Okt. 1959, S. 1245–1248

KRUMBACH-BALZER: *Sprechübungen (Sprich lautrein und richtig!);* hrsg. von M. SEYDEL, 8. erw. Aufl., Leipzig und Berlin 1932

KRUMBACHER, A.: *Die Stimmbildung der Redner im Altertum bis auf die Zeit Quintilians;* Rhetorische Studien, hrsg. von E. DRERUP, X, Paderborn 1920

KUHLMANN, W.: *Schule des Sprechens. Atmung, Stimm- und Lautbildung, Rechtlautung, Betonung. Lesestücke in Lautschrift;* Heidelberg 1939

LESER-LASARIO, B.M.: *Lehrbuch der Original-Vokalgebärden-Atmung;* hrsg. von Frau A. LESER-LASARIO, Gettenbach bei Gelnhausen 1931

LOCKEMANN, F.: *Sprecherziehung als Menschenbildung;* Werkhefte zur Sprecherziehung, Heidelberg 1954

LORENZ, A.: *Sprecherziehung;* hrsg. vom Zentralhaus f. Laienkunst, Halle a.d.S. o.J. (1953)

NADOLECZNY, M.: *Die Untersuchung und Behandlung von Stimmstörungen der Redner und Sänger;* Klin. Wochenschr., 22, 1922, S. 1108–1111

OBERLÄNDER, H.: *Übungen zum Erlernen einer dialektfreien Aussprache;* 5. Aufl., München 1900

ORTHMANN, W.: *Sprechkundliche Behandlung funktioneller Stimmstörungen;* Halle a.d.S. 1956

PASCHEN, P.: *Die Befreiung der menschlichen Stimme;* Stuttgart 1930

PASCHEN, P.: *Die Überwindung der Furcht, der Verkrampfungen und Hemmungen;* Frankf./M. 1952

POSSART, E. VON: *Der Lehrgang des Schauspielers;* Das goldene Buch des Theaters, Berlin und Stuttgart 1902

POSSART, E. VON: *Die Kunst des Sprechens. Ein Lehrbuch der Tonbildung und der regelrechten Aussprache deutscher Wörter;* Berlin 1907

REINECKE, W.: *Vom Sprechton zum Sington (von der Mischstimme zur Vollstimme (Schwellton).*
II. Teil von *Die natürliche Entwicklung der Singstimme (für Sänger, Schau-*spieler, Gesanglehrer, Schulen, Konservatorien und Seminare), 1. Aufl., Leipzig 1912

REINECKE, W.: *Die natürliche Entwicklung der Singstimme [vom Kopfklang zur Mittel- (und Voll-) Stimme] in 20 praktischen Übungsstunden.*
I. praktischer Teil der *Kunst der idealen Tonbildung,* 3. Aufl., Leipzig 1925

REUSCH, F.: *Der kleine Hey. Die Kunst des Sprechens;* nach dem Urtext von JULIUS HEY neu bearbeitet und ergänzt von FRITZ REUSCH, Mainz (1956)

SCHIEGG, A.: *Der Stimmpädagoge. Ein Leben im Dienst der Stimmerziehung;* Diessen vor München (1955)

SEYDEL, M.: *Grundfragen der Stimmkunde. Für Sänger und Sprecher;* Leipzig 1909

SEYDEL, M.: *Die „Ausschöpfung der Bewegungen" als physiologisches Prinzip des Stimmansatzes;* Die Stimme, VII, 7, 1913, S. 201–204

STAMPA, A.: *Atem, Sprache und Gesang;* Kassel 1956

STEINER, R.: *Sprachgestaltung und Dramatische Kunst;* Vorträge von R. STEINER, gehalten für die Sektion der Redenden und Musischen Künste am Goetheaneum vom 5. Sept. bis zum 23. Sept. 1924, hrsg. von M. STEINER, Dornach (Schweiz), 2. Aufl. (1926)

STERN, H.: *Zur Diagnose der Phonasthenie;* Z. f. H.-N.-O.-Hlk., III, 1922, S. 541–548

STERN, H.: *Über Mittel und neue Wege, den Stimmanschlag (Tonansatz) günstig zu beeinflussen;* Z. f. Laryngol. Rhinol. Otol., XXVI, 4, 1935, S. 257

THAUSING, A.: *Die Sängerstimme, ihre Beschaffenheit und Entstehung, ihre Bil-*

dung und ihr Verlust; 2. Aufl., Stuttgart und Berlin 1927

THAUSING, A.: *Die Heilkraft der Stimme bei chronischen Leiden besonders der Atmungsorgane;* mit einer Einleitung von P. LOHFELDT, Hamburg 1936

TRÄNKLE, W.: *Über die anregende und entspannende Wirkung von Musik nach Versuchen mit elektromyographischer Methode;* Musik in der Medizin, Beiträge zur Musiktherapie, hrsg. von H. R. TEIRICH, S. 54–67, Stuttgart 1958

TROJAN, F.: *Die Ausbildung der Sprechstimme. Ratschläge für alle, die beruflich viel sprechen müssen;* mit Übungen von L. LEIN; Sprecherziehung, 1, hrsg. von F. TROJAN, Wien 1948

VOLBACH, F.: *Die Kunst der Sprache. Praktisches Lehrbuch für Schauspieler, Redner, Geistliche, Lehrer und Sänger;* auf Grund der sprachlichen Lehre JULIUS HEYS neu bearb. und in Übereinstimmung gebracht mit der vom Deutschen Bühnenverein u. d. Genossenschaft Deutscher Bühnenangehöriger einheitlich geregelten Deutschen Bühnenaussprache von FRITZ VOLBACH. Zugleich *Der kleine Hey,* I. Teil (Handausgabe von J. HEY, *Deutscher Gesangsunterricht*), 29.–31. verb. u. erw. Aufl., Mainz und Leipzig o. J.

WALTER-HÄHNEL, E.: *Gesunde Sprechstimme. Das Natursystem der Tiefatmung und Sprechtechnik. Singen und Sprechen im Ausatmen. Gesundschulung kranker Stimmen;* I, Berlin 1910

WÄNGLER, H.-H.: *Leitfaden der pädagogischen Stimmbehandlung;* Berlin 1961

WEIHS, H.: *Die Beeinflussung der vegetativen Tonuslage durch komplexe akustische Reizfolgen (Sprechstimme und Musik);* Folia phoniatrica, 1, 1954, S. 19–34

WEINERT, H.: *Die Bekämpfung von Sprechfehlern;* 3. verb. und erw. Aufl., Halle a. d. S. 1959

WEITHASE, I.: *Sprechübungen;* 3. Aufl., Weimar 1955

WESPI, H.-U.: *Die Geste als Ausdrucksform und ihre Beziehungen zur Rede. Darstellung anhand von Beispielen aus der französischen Literatur zwischen 1900 und 1945;* Romanica Helvetica, 33, Bern 1949

WINKLER, CHR.: *Lautreines Deutsch. Übungsstoffe zur Grundausbildung im Sprechen;* Braunschweig, Berlin, Hamburg 1950

WOLF, E./ADERHOLD, E.: *Sprecherzieherisches Übungsbuch;* 2. Aufl., Berlin 1962

ZÖPPEL, G.: *Handreichungen für den Unterricht im Sprechen;* Halle a. d. S. 1956

ZUMSTEEG: *Über Phonasthenie;* Arch. f. Laryng. u. Rhinol., XXIV, Berlin 1911, S. 1–24

*ANHANG*

# BEISPIELE AUS DER
SPRECHERZIEHERISCHEN PRAXIS
FÜR SCHAUSPIELER[1]

*Schauspielstudenten* (1 bis 10)

*Beispiel 1:* Studentin

Schlank bis hager, übertriebene Schonhaltung; leicht basedoid; im Bewegungsunterricht guter Durchschnitt; im Schauspielunterricht galt sie als begabt und gehörte zu den besten ihres Studienjahres; fleißig und sehr aktiv in der Mitarbeit; hatte schon ein Jahr Gesangsunterricht.
Sprachlich aufgewachsen in Sachsen.
Artikulation: leichte Dialektfärbung der Vokale, Verwechselung von [ç] und [ʃ]; leichter Sigmatismus lateralis (links); auffallend ungeschickte Artikulationsweise, laterale Bildung vieler Laute (l, a, o); die Vokale i und e wurden fast mit Kieferschluß gesprochen; leichte Prognatie (obere Frontzähne stehen weiter als normal über den Unterkiefer); Versteifung des Unterkiefers.
Stimme: zu hoch, schäppernd; pathologische Glottisschläge; überschreit sich leicht.
Ausbildung: Die Studentin war im Laufe der Ausbildung oft in ärztlicher Behandlung, da sie viel an Kopfschmerzen und Kreislaufschwächen litt (vegetative Dystonie). Sie verrichtete jede Arbeit mit einem zu großen Kraftaufwand (hyperkinetisch).
Da sie sehr fleißig mitarbeitete, gelang es, während der dreijährigen Ausbildung ihre artikulatorischen Fehlleistungen fast völlig zu überwinden;

---

[1] Es wurden vorwiegend Beispiele ausgewählt, die problematisch und damit interessant waren. Dabei kommt es uns auf das Typische und weniger auf das Charakteristische der Person und auch nicht auf die Darlegung methodischer Erfolge des Verfassers an.

stimmlich fand sie ihre Indifferenzlage und konnte auch lange Zeit auf der Bühne laut sprechen, ohne stimmlich zu ermüden. Die Stimme behielt einen scharfen, harten Klang. Die pathologischen Glottisschläge verschwanden nie völlig.

Ihre hyperkinetische Arbeitsweise hatte sie während der ganzen Ausbildung nicht nennenswert beeinflussen können, so daß für die Praxis – bei nachlassendem Training – die Gefahr der Rückfälligkeit bestand.

Theaterpraxis: Sie ist an einem mittleren Theater als gute Schauspielerin seit Jahren tätig.

*Beispiel 2:* Student

Asthenischer Typ; äußerst beweglich, fast artistisch; „kann nicht stillestehen"; im Bewegungsunterricht gut, im Fechten schnell ermüdet; hatte früher etwas Gesangsunterricht; im Schauspielunterricht hatte man von ihm bis zum Ende der Ausbildung kein klares Bild, er galt als problematisch; er war fleißig, aber sehr empfindlich; befand sich stets im Konflikt mit der Ausbildungsart der Schule; leicht aufbrausend; aufrichtig und intelligent.

Sprachlich aufgewachsen: früher im ehemaligen Ostpreußen, dann in Berlin.

Artikulation: keine besonderen Fehlleistungen.

Stimme: starke Hochatmung (obwohl er bewußt seine Schulteratmung unterdrückte); heisere, knarrende Stimme mit gepreßten, oft auch verhauchten Vokaleinsätzen; auch die stimmhaften Konsonanteneinsätze oft gepreßt; beim Sprechen Hals und Gesichtspartien verkrampft, während der Artikulation wurde der Kopf schief gehalten (er spielte also alle Rollen mit leichter seitlicher Kopfneigung).

Eine fachärztliche Untersuchung ergab: mangelnder Stimmlippenverschluß während der Phonation; Phonasthenie.

Ausbildung: Wir fanden eine hyperkinetische Sprechweise, die einherging mit starker Fehlatmung und stimmlicher Verlagerung. Der Student war fleißig und konnte so nach einem halben Jahr den mangelnden Stimmlippenverschluß überwinden. Im Laufe der Ausbildung wurde die krampfhafte Sprechweise so weit verbessert, daß die schiefe Kopfhaltung verschwand; die Belegtheit der Stimme und die Neigung zu überhöhter Stimmführung konnten aber nicht völlig beseitigt werden.

Theaterpraxis: nach fünfjähriger schauspielerischer Tätigkeit an kleinen und mittleren Theatern, wo er zugleich als Regieassistent mitwirkte, ist er jetzt vor allem als Regisseur tätig.

*Beispiel 3:* Studentin

Athletischer, sportlicher Typ; temperamentvoll; in den Bewegungsfächern gut; im Schauspiel eine der besten Studentinnen des Jahrganges;
ihr Fleiß ließ im Laufe der Zeit immer mehr nach; gegen Kritik empfindlich; litt anfangs unter starken Hemmungen, die sie aber durch Lässigkeit
und Burschikosität zu verdecken suchte; wurde im Laufe der Ausbildung
selbstsicherer.
Sprachlich aufgewachsen in Sachsen.
Artikulation: Sigmatismus addentalis und stridens (auch bei [ʃ]); Verwechselung der Explosivae, Stimmlosigkeit der Reibelaute, Verwechselung von [ç] und [ʃ]; alle Vokale wurden mit zu geringer Kieferöffnungsweite gesprochen, dadurch artikulatorische Unbeholfenheit (nuscheln).
Stimme: tiefe, stark belegte und verhauchte Stimme, vor allem beim
Lachen stark verlagert; Hochatmung; „gaumige" Sprechweise; Räusperzwang.
Ärztlicher Befund: Ungenügender Stimmlippenverschluß; chronische
Mandelentzündung.
Ausbildung: Die Ausbildung war vor allem auf artikulatorischem Gebiete erfolgreich; sie sprach am Ende der Ausbildung verständlich und
ohne sächsischen Anklang. Der Sigmatismus kam allerdings immer wieder
vorübergehend zum Vorschein. Stimmlich konnte lediglich der Stimmlippenverschluß wieder hergestellt werden. Die Hochatmung überwand
sie nicht völlig. Die Studentin spielte stimmlich anspruchsvolle Szenen mit
erstaunlicher Mühelosigkeit; sie fühlte sich anschließend nie stimmlich
strapaziert (obgleich ihre Stimme belegt und angestrengt klang).
Theaterpraxis: Sie ist eine erfolgreiche Schauspielerin, deren stimm-
liches Timbre für das Theater nicht ohne Reiz ist.

*Beispiel 4:* Student

Athletisch; in den Bewegungsfächern sehr gut; im Schauspielunterricht
gehörte er zu den schwachen; sehr fleißig und ehrgeizig, aber langsam
und umständlich im Denken; ungehemmt; psychisch unkompliziert.
Sprachlich aufgewachsen in Thüringen.
Artikulation: stark dialektgefärbt (vor allem stark verdunkelte A-
Laute); keine Artikulationsfehlleistungen.
Stimme: bei vorwiegend Brustatmung immer stark belegt; Räusperzwang; starker Lippenbreitzug; bei der Stimmgebung (vor allem auf
der Bühne) so starker subglottaler Druck, daß sich der Halsumfang während des Sprechens erweiterte.

**Ärztlicher Befund:** akuter Katarrh der oberen Luftwege; Kehlkopf o.B.

**Ausbildung:** Die Ausbildung verlief im allgemeinen positiv. Die Umgangssprache konnte vor allem auf stimmlichem Gebiet erstaunlich verbessert werden (wahrscheinlich weil keine besonderen psychischen Hemmnisse im Wege standen); hingegen blieb auf der Bühne die stimmliche Leistung weniger befriedigend (wahrscheinlich weil er schauspielerisch stets unsicher blieb). Artikulatorisch war das Ergebnis umgekehrt: das Sprechen in der Rolle war sauberer als im Umgang (Verhältnis von Mitteilung und Formung!).

**Theaterpraxis:** Er hat sich an einem kleineren Theater gut entwickelt.

*Beispiel 5:* Studentin

Kleiner, eher athletischer Typ, der vielleicht im Alter zum Pyknischen neigen wird; im Bewegungsunterricht durchschnittlich; im Schauspielunterricht erst durchschnittlich, ein wenig kindlich, später gut und eine der besten des Jahrganges; von durchschnittlichem Fleiß, etwas passiv in der Mitarbeit; Körperhaltung und Gang lasch und etwas träge; kurzes, stoßweises Sprechen im Unterhaltungsgespräch, unterbrochen durch Schulteratmung.

Sprachlich aufgewachsen in Sachsen.

**Artikulation:** ohne nennenswerte Dialektfärbung (Einfluß des Elternhauses); Sigmatismus addentalis mit labialer Komponente; sprach mit leicht geschürzten Lippen, ohne große Mundbewegungen.

**Stimme:** bei Erregung starke Überschreitung der Indifferenzlage (piepsig); sonst Stimme stark verhaucht, mit entweder verhauchten oder (meist) harten Vokaleinsätzen; durch Hochatmung Neigung, jeden Satz in der Höhe zu beginnen und am Satzende absinken zu lassen; leicht näselnde Vokalbildung.

**Stimmärztliche Untersuchung:** o.B.

Die Ausbildung war positiv, was die Überwindung des Sigmatismus, der Hochatmung und des überhöhten Sprechens betrifft; die verhauchte Tongebung konnte nur gering eingedämmt werden; die Studentin fiel immer wieder in ihre lasche Körperhaltung zurück.

**Theaterpraxis:** Sie ist seit Jahren mit bestem Erfolg an einem großen Theater als Schauspielerin tätig.

*Beispiel 6:* Studentin

Sehr schlank, mittelgroß, von schwächlicher Konstitution; im Bewegungsunterricht schwacher Durchschnitt; im Schauspielunterricht gerade befriedigend, aber ohne „Saft und Kraft"; allen ihren Bewegungen haftete etwas „Vornehm-Verhaltenes" an, ihre Gangart war langsam, ohne lasch zu sein (sie rannte selten); nicht sehr fleißig; brauchte viel Schlaf und versäumte viel Unterricht, da sie immer kränkelte; psychisch ohne Problematik, lustig, ohne sich auch da zu verausgaben; wenig Humor.

Sprachlich aufgewachsen in Sachsen.

Artikulation: vorbildlich (Elternhaus!).

Stimme: verhaucht und stark knallende (nicht gepreßte) Vokaleinsätze; „Ausbrüche" umging sie entweder, oder sie brachte sie mit schriller Stimme (die Ausbrüche wirkten immer hysterisch); sonst besaß sie ein angenehm dunkles Timbre.

Ausbildung: völlig befriedigend; die pathologischen Glottisschläge verschwanden nicht ganz.

Theaterpraxis: Sie ist an einem mittleren Theater seit Jahren mit Erfolg beschäftigt.

*Beispiel 7:* Student

Pyknischer Typ; ungeschickt; schwerfällig im Denkablauf; ungeschlachte Bewegungen, aber nicht bewegungsunbegabt; im Bewegungsunterricht Durchschnitt; im Schauspielunterricht typenmäßig festgelegt, sehr langsam umsetzend, aber nicht ohne Begabung.

Sprachlich aufgewachsen in Sachsen.

Artikulation: stark sächsisch, sowohl in der Klangfärbung wie in der Artikulationsweise, z.B. konnte er lange Zeit nicht die bilabiale W-Bildung überwinden; Verwechselung von [ç] und [ʃ]; Diphthongierung von [oᵘ] und [eⁱ]; singendes Melos.

Stimme: kräftige, unproblematische Stimme; neigte etwas zum Forcieren, dennoch ohne Gefahr.

Ausbildung: Die Artikulation konnte nur sehr langsam und mühsam verbessert werden; das funktionelle Hören ließ sich nur gering entwickeln. Bei seiner geringen Geschicklichkeit mußte er durch äußere Mechanik ersetzen, was andere mit Bewegungsvorstellungen schafften. Das sächsische Melos verschwand nie ganz; die Artikulation gelang schließlich verhältnismäßig gut.

Theaterpraxis: Er spielt seit Jahren mit Erfolg an einem mittleren Theater (im sächsischen Sprachraum).

*Beispiel 8:* Student

Kräftiger, athletischer Typ, neigt leicht zum Pyknischen; im Bewegungsunterricht gut; desgl. im Schauspielunterricht; intelligent, sehr ehrgeizig;

empfindlich gegenüber jeglicher Kritik, aber nicht borniert, sondern ernsthaft um Verbesserung seiner Leistungen bemüht.

Sprachlich aufgewachsen in Sachsen.

Artikulation: stark dialektgefärbt (ähnlich Beispiel 7).

Stimme: neigt zu gepreßter und verlagerter Stimmgebung; Lippenbreitzug und Halsanspannung.

Ausbildung: auf stimmlichem Gebiet völlig befriedigend; die Artikulation verbesserte sich sehr langsam; etwa im II. Studienjahr stellten sich die für den Sachsen und Thüringer typischen Sprachhemmungen ein: es kam zu fortgesetzten Verwechselungen, vor allem der Explosivae; das steigerte sich bei ihm bis zu einer Art Artikulationsangst (im Gegensatz zu Fall 7, wo diese Hemmungen völlig ausblieben). Alles das wurde bis zum Ende der Ausbildung fast völlig überwunden.

Während seiner erfolgreichen Theaterpraxis (im norddeutschen Raum) überwand er die Hemmungen vollkommen.

*Beispiel 9:* Student

Groß, asthenisch, etwas schlaksig; zerstreut (ließ fortgesetzt überall irgend etwas liegen); von geringer Disziplin, aber besessen; las sehr viel; schwerfällig im Denken, aber reich und originell an Einfällen; bewegungsarm, steif und linkisch; im Bewegungsunterricht schlecht; im Fechten völlig unbefriedigend; im Schauspielunterricht etwas festgelegt, aber begabt, einfallsreich, verläßlich und diszipliniert, mit „trockenem" Humor.

Sprachlich aufgewachsen in Berlin.

Artikulation: nuschelnd, völlig unverständlich (wie eingefroren); Sigmatismus addentalis mit labialer Komponente.

Stimme: sehr leise, stark verlagert; ausdrucksschwach mit geringen Farben; gewisse Monotonie in der Melodieführung.

Die Ausbildung war bei den geringen Anlagen erstaunlich günstig. Die Artikulation wurde verständlich (bei allerdings noch immer gleich starkem Sigmatismus). Die Artikulationsweise und seine Körperbewegungen blieben eckig und hölzern; er hatte schließlich eine kräftige und raumfüllende Stimme bekommen, deren Modulationsfähigkeit freilich gering blieb.

Theaterpraxis: Er spielt seit längerer Zeit mit Begeisterung an einem mittleren Theater, wo er in den unterschiedlichsten Rollen eingesetzt wird.

*Beispiel 10:* Student

Asthenisch, schmales Gesicht, mit vorspringendem, spitzen Kinn; starker vorspringender Kehlkopf; im Bewegungsunterricht durchschnittlich;

desgl. im Schauspielunterricht; schüchtern, ohne runde Bewegungen; sprach hoch, abgehackt, nuschelnd, bei häufigem Versprechen.

Sprachlich aufgewachsen im Harz.

Artikulation: wie eingefroren, dabei ohne nennenswerte Dialektfärbungen; Lippenbreitzug; geringe Kieferöffnungsweite.

Stimme: hart und unbiegsam; stark verlagert und hoch; Zunge lag während des Sprechens gekrümmt und nach hinten verlagert im Munde; Räusperzwang; leicht eintretender Brechreiz, da durch Lampenfieber (u. ä.) Austrocknung des Mundes.

Ausbildung: Es gelang verhältnismäßig gut, ihn zu lösen, womit sich auch seine Sprechweise besserte.

Theaterpraxis: Er ist seit Jahren an einem kleinen Theater als Schauspieler und Regisseur tätig.

*Schauspieler* (11 bis 15)

*Beispiel 11:* Schauspielerin

Ausgezeichnete Darstellerin. Sie ist temperamentvoll, besitzt sehr viel Humor; sie kann nicht stillsitzen, sondern muß fortgesetzt im Zimmer auf und ab gehen. Sie ist sprunghaft in der Arbeit, aber von leichter Auffassungsgabe, phantasievoll und von erstaunlicher Nachahmungsfähigkeit.

Artikulatorisch vorbildlich. Es besteht ein auffallender Gegensatz zwischen ihrer stimmlichen Leistung im Privaten und auf der Bühne. Im Spontangespräch ist ihre Hochatmung auffallend, verbunden mit hörbarem Luftschnappen; die Stimme klingt rauh und brüchig; alle Vokale stark verlagert; Stimme setzt manchmal aus. Auf der Bühne ist sie in Rollen, die ihrem natürlichen Temperament sehr nahekommen oder die sie persönlich besonders schätzt, stimmlich wie umgewandelt: sie hat eine kräftige Stimme von dunklem Timbre; sie spricht völlig ohne Anstrengung der Halsmuskulatur, allerdings mit leicht nach oben verschobener Atmung.

In weniger vertrauten Rollen brechen die privaten Fehler auch für den Laien sichtbar und hörbar durch: die Stimme klingt heiser und z. T. spitz und dünn (ohne daß es unbedingt der Rolle entspräche!); ihre Sprechweise wirkt angestrengt.

Nach etwa 16 Zusammenkünften konnte sie die sprechtechnischen Gesetze bewußt auf der Bühne auch dort anwenden, wo ihr Verhältnis zur Rolle weniger günstig war. Ihre private Sprechweise ließ sich nicht verbessern.

*Beispiel 12:* Schauspielerin

Sie hatte ihre sprechtechnische Ausbildung bei einem Gesangspädagogen erhalten, der ihr ganzes Vertrauen besaß. Ihre Stimme war vor allem in die Höhe getrieben worden; alle Vokale wurden bewußt in die Nase gesprochen. Ihre Bühnenwirksamkeit (sie war Schauspielerin an einer mittleren Bühne der DDR) war dadurch stark eingeschränkt, da sie alle Rollen stark näselte und im allgemeinen viel zu hoch sprach. Auffallend war das starke Anschwellen der Halsmuskulatur und die Blutdruckerhöhung im Kopf während des Sprechens lauter Passagen.

Nach der Beseitigung der näselnden Stimmgebung, brach das gesamte stimmtechnische Gebäude zusammen (sie war vorübergehend nicht mehr fähig, laut zu rufen, ohne ein Gefühl der Anstrengung zu haben). Allmählich wurde eine neue Stimmqualität erreicht (sicherlich vor allem, weil sich die Schauspielerin noch in einem günstigen Alter befand), womit auch die schauspielerische Qualität stieg!

*Beispiel 13:* Schauspielerin

Eine gute Darstellerin einer mittleren Bühne der DDR. Stark hypochondrisch (sie führte immer irgendwelche Mittelchen gegen Hals- und Kehlkopferkrankungen mit sich); klagte über dauernde Halsschmerzen und Heiserkeit. Die fachärztliche Untersuchung blieb o. B.

Ihre Stimme klang leicht belegt; die Atmung wirkte forciert; stimmliche Übungen wurden nur mit Anstrengung und mit dem sichtbaren Gefühl der Unlust gemacht. Dennoch suchte sie ehrlich nach einem Ausweg. Gegenüber der Sprecherziehung war sie skeptisch.

Nach Überwindung ihrer Skepsis, stellte sich schon nach 5 Zusammenkünften eine vor allem für sie merkliche Besserung ein. Allmählich kräftigte sich die Stimme immer mehr, und sie fühlte sich auch nach den Vorstellungen nicht mehr stimmlich angestrengt. Rückfälle in die alten Depressionen sind aber durchaus möglich!

*Beispiel 14:* Schauspieler

Verhauchte und brüchige Stimme. Er hatte vor einigen Jahren Stimmlippenknötchen, die operiert worden waren. Guter Schauspieler. Empfindlich und schnell deprimiert, etwas hypochondrisch.

Er sprach auf der Bühne und im Privaten zu hoch, die Stimme setzte manchmal aus, das Lachen war schrill und spitz (unmännlich). Daneben sprach er auch mit tiefer, rauher Stimme. Auffallend war die stark näselnde Tongebung (Kompensationsstimme).

Nach 26 Zusammenkünften war eine einigermaßen befriedigende Beherrschung der mittleren Sprechstimmlage und einer gestützten Atemführung erreicht. Die stimmliche Belegtheit hatte sich etwas gebessert.

*Beispiel 15:* Schauspieler

Guter Darsteller. Intelligent; jede schauspielerische Handlung wird genau auf ihren realistischen Kern von ihm überprüft. Er ist von kräftiger, untersetzter Statur; alles, was er tut, macht er mit enormem Kraftaufwand.

Seine Artikulation war oft unpräzise, nicht aus Artikulationsfaulheit, sondern weil ihm eine Selbstverständlichkeit und Eleganz der Bewegungen fehlte; darum wirkte seine Artikulation dick und roh.

Stimmlich neigte er zum Pressen („er trompetete"). Die Vokale bildete er übertrieben nasal.

Interessant ist der Vergleich zweier Aufführungen des gleichen Stückes, in dem er die Hauptrolle spielte (das Theater war mit dem Stück sehr viel auf Tournee):

Premiere: gut verständlich; in der Rolle sicher; spricht schnell, aber deutlich und gut artikuliert, mit richtiger Sinngebung; die Ausbrüche sind gepreßt, aber sie werden durchgehalten; starker Speichelauswurf beim Sprechen.

Nach etwa 20 Vorstellungen: nur noch wenig verständlich; genuschelt, „kloßige" Sprechweise; die Ausbrüche sind gebellt, heiser, oft biphonal; er macht den Eindruck eines stimmlich völlig Verausgabten; sein Spiel ist unsicher, unpräzise.

Der betreffende Schauspieler hat drei Stadien während der 20 Vorstellungen durchgemacht (er stand damals am Anfang seiner schauspielerischen Laufbahn):

1. Stadium: Brustatmung; gepreßte Stimmgebung bei Zungenverlagerung; Artikulation gut verständlich.

2. Stadium: Um sich stimmlich zu behaupten, preßt er noch mehr; dadurch Verkrampfung auch der Hals- und Gesichtsmuskulatur; Artikulation gewalttätig, ohne präzise zu sein.

3. Stadium: funktionelle Heiserkeit; biphonal; um die Verkrampfung der Hals- und Gesichtsmuskulatur zu überwinden, verzichtet er auf aus-

schöpfende Artikulationsbewegungen; dadurch Nuscheln, Unverständlichkeit und Unsicherheit; starke Speichelabsonderung, wechselnd mit zeitweiliger Trockenheit im Halse.

In dem gleichen Stück ergab bei einem anderen Hauptdarsteller – dessen stimmliche Leistung schon zur Premiere besser war – nach der 20. Vorstellung die sprecherzieherische Begutachtung folgendes Bild:

Stimmlich noch gut und im Bereich des Hygienischen; lediglich die Atmung hat sich etwas nach oben verschoben, wodurch auch die Stimme einen etwas härteren Klang bekommen hat. Piano ohne Glanz.

Der unter Beispiel 15 angegebene Schauspieler konnte nach einer gründlichen sprecherzieherischen Unterweisung über etwa ein halbes Jahr die hyperkinetische Sprechweise bewußt überwinden.

# PHONETISCHE UMSCHRIFT (API)

Nachfolgend bringen wir dem Leser eine Übersicht über die in diesem Buch benutzten phonetischen Transkriptionszeichen (mit Ausnahme derer, die nicht von der Grundschrift abweichen). Wir hielten uns dabei an die Zeichen, wie sie im Internationalen Phonetischen Alphabet (API) niedergelegt worden sind.

| Zeichen: | gesprochen: | geschrieben: | Beispielwort: |
|---|---|---|---|
| [a] | offen, kurz | a | Ball |
| [a·] | lang | a | Bahn |
| [ɛ] | offen, kurz | e, ä | fechten, Held, hält |
| [ɛ·] | offen, lang | ä | Bär, Mädchen |
| [e·] | geschlossen, lang | e | Tee |
| [ə] | ungespannt, „gemurmelt" | e | haben, besaß |
| [I] | offen, kurz | i | Fisch |
| [i·] | geschlossen, lang | i, ie | Sieb |
| [ɔ] | offen, kurz | o | hoffen |
| [o·] | geschlossen, lang | o | Hohn |
| [U] | offen, kurz | u | Butter |
| [u·] | geschlossen, lang | u | Mut |
| [œ] | offen, kurz | ö, oe | Töchter |
| [ø·] | geschlossen, lang | ö, oe | Öde |
| [Y] | offen, kurz | ü, ue | Büttel |
| [y·] | geschlossen, lang | ü, ue | Bühne |
| [s] | stimmloses s | s, ss, ß | Skat |
| [z] | stimmhaftes s | s | Saat |
| [ʃ] | stimmlos | sch | schon |
| [ʒ] | stimmhaft | g | Genie |
| [ç] | vorderes, stimmloses | ch | ich |
| [x] | hinteres, stimmloses | ch | ach |
| [ŋ] | hinterer Nasallaut | ng | Klang |
| [r] | Zungenspitzen-r | r | Rind |
| [R] | Zäpfchen-r | r | Rind |
| [v] | stimmhaft | w | Wind |
| [ʔ] | Zeichen nach FORCHHAMMER für die Kompression der Stimmlippen. | | |

ISBN 3-89487-004-4

© Henschel Verlag Berlin 1963
4. Auflage 1993
Schutzumschlaggestaltung: Günter Hennersdorf
Printed in Germany
Fotomechanischer Nachdruck
Druck und Binderei: Offizin Andersen Nexö Leipzig GmbH